Jochen K. Beeck
Passagierflugzeuge der Fluggesellschaften Europas

Jochen K. Beeck

Passagierflugzeuge der Fluggesellschaften Europas

Die Abbildung auf der Titelseite zeigt den Airbus A321-131 D-AIRE (C/N 484), dessen Ablieferung am 14. April 1994 an die Lufthansa erfolgte.

Bildnachweis: Alle Bilder aus der Privatsammlung des Autors, sofern nicht anders angegeben.

Die teilweise geminderte Bildqualität ist auf das Alter der Abbildungen und die Umstände des Entstehens zurückzuführen.

Eine Haftung des Autors oder des Verlages und seiner Beauftragten für Personen-, Sach- und Vermögensschäden ist ausgeschlossen.

ISBN 3-613-02239-7

1. Auflage 2003
Copyright © by Motorbuch Verlag, Postfach 103743, 70032 Stuttgart.
Ein Unternehmen der Paul Pietsch-Verlage GmbH & Co.

Lektorat: Alexander Burden
Einbandgestaltung: Katja Draenert unter Verwendung von Vorlagen aus dem Archiv des Verfassers
Druck: Schwertberger GmbH, 86687 Kaisheim
Bindung: Conzella, 85609 Aschheim-Dornach
Printed in Germany

Inhalt

Einführung

Das vorliegende Buch beschreibt detailliert die Entwicklung der europäischen Luftverkehrsgesellschaften, vom Nordkap bis Zypern, vom Ende des Zweiten Weltkriegs bis heute. Die Geschichten von rund 230 der wichtigsten und interessantesten Passagier- und Frachtfluggesellschaften werden in Text und Bild vorgestellt, einschließlich einer herausragenden Bilddokumentation über die jeweils eingesetzten Flugzeugtypen und Farbgebungen. Detaillierte Bildtexte runden das Erscheinungsbild dieses Werkes ab. Aus Platzgründen konnten aber nicht alle Fluggesellschaften und deren Flugzeuge in diesem Buch berücksichtigt werden, sodass der interessierte Leser vielleicht die eine oder andere von ihm favorisierte Fluglinie hier nicht finden wird. Da das Buch einen starken historischen Bezug hat, fanden heute nicht mehr existierende Fluggesellschaften und deren bildliche Darstellung besondere Beachtung.
Trotz eingehender Recherchen wird das Buch nicht frei von Auslassungen und Fehlern sein, deswegen kann der Leser auch keinen Anspruch auf Vollständigkeit und Korrektheit aller in diesem Werk gemachten Angaben erheben.
Die in diesem Buch verwendeten Fotos stammen alle aus dem Privatarchiv des Autors und wurden bisher zum Teil noch nicht veröffentlicht. Da viele der Aufnahmen oft unter Eile und im fliegerischen Alltag entstanden sind, kann es vorkommen, dass die eine oder andere Aufnahme nicht unbedingt professionellen Ansprüchen gerecht wird. Andere Aufnahmen sind aufgrund ihres Alters möglicherweise nicht ganz farbecht, was auch mit dem damals verwendeten Filmmaterial zusammenhängt. Gleichwohl handelt es sich oft um Aufnahmen seltener Flugzeugtypen oder um Flugzeuge mit besonderer Bemalung, sodass dieses Bildmaterial dennoch Eingang in die vorliegende Dokumentation gefunden hat.

Baltikum

Air Baltic

Air Baltic entstand als neue nationale lettische Fluggesellschaft im September 1995 durch den Zusammenschluss der privaten **Baltic International** und der staatlichen Latavio - Latvian Airlines. An dem neuen Unternehmen war der lettische Staat mit einer Kapitalmehrheit von 51% beteiligt. Weitere Teilhaber waren Baltic International USA, SAS und zwei Investmentfirmen. Erstes Flugzeug der neuen Fluglinie war eine Saab 340, der im Frühjahr 1996 drei Avro RJ70 folgten. Die Übernahme der früheren Latavio-Routen konnte erst nach der langwierigen Abwicklung dieser Fluggesellschaft im Jahre 1998 durchgeführt werden, weswegen Air Baltic bis dahin in ihrer strategischen Entwicklungsmöglichkeit behindert wurde. Nach dem Ausstieg der Baltic International USA zum Jahresende 1998 übernahm SAS im Januar 1999 deren Anteile und transferierte einige Fokker 50 für den Einsatz auf den Routen von Riga nach Kopenhagen und Stockholm. Weitere Zielorte sind Frankfurt, Hamburg, Helsinki, Kiew, London, Minsk, Moskau, München, Tallinn, Vilnius und Warschau. Air Baltic fliegt in enger Kooperation mit **SAS, Lufthansa, Finnair** und **Estonian Air.**

Flotte:	
3 Avro RJ 70	2 Saab 340
3 Fokker 50	

Vorläufer der halbstaatlichen lettischen Air Baltic war die aus dem örtlichen Aeroflot-Direktorat hervorgegangene und mit Tu-134A operierende Latavio - Latvian Airlines.

Auf den wichtigen Routen über die Ostsee nach Dänemark und Schweden setzt Air Baltic drei vom SAS übernommene Fokker 50 ein.

Baltic International

Das Unternehmen wurde 1992 als Gemeinschaftsunternehmen von texanischen Geschäftsleuten und der neugegründeten, aus dem örtlichen Aeroflot-Direktorat hervorgegangenen Latavio-Latvian Airlines mit dem Ziel gegründet, als eigenständige Tochtergesellschaft Flüge ins westliche Ausland durchzuführen. Da in der ehemaligen sowjetischen Republik Lettland zu diesem Zeitpunkt noch kein eigenständiges Luftfahrtregister existierte, konnte der Flugbetrieb zu Zielorten in Skandinavien und nach London-Gatwick erst zum Jahresende 1993 aufgenommen werden. Neben einer von Latavio ins Unternehmen eingebrachten Tupolew Tu-134A kam noch eine gemietete DC-9-10 zum Einsatz, die später durch eine ebenfalls geleaste Boeing 727-100 ersetzt wurde. Aufgrund wirtschaftlicher und technischer Probleme musste Baltic International im Spätsommer 1995 den Flugbetrieb einstellen. Das Streckennetz wurde von der neugegründeten halbstaatlichen Fluggesellschaft **Air Baltic** übernommen. Auch der US-Investor Baltic International USA transferierte seine Investition in die neue Airline

Von der staatlichen Latavio - Latvian Airlines übernahm Baltic International diese Tu-134A.

Nachdem die Passagierkapazität der auf der London-Route eingesetzten DC-9-10 nicht mehr ausreichte, mietete Baltic International diese Boeing 727-100 aus den USA.

Estonian Air

Estonian Air wurde am 1. Dezember 1991 von der Regierung des neuen Staates Estland als die nationale Fluggesellschaft gegründet. Noch im selben Monat erfolgte die Betriebsaufnahme des Linienverkehrs mit einer Verbindung zwischen Tallinn und Helsinki mit Tu-134A. Weitere Strecken, primär zu skandinavischen Zielorten, wurden in schneller Folge eröffnet. 1995 ordnete die staatliche Privatisierungskommission die Umwandlung in eine öffentliche Gesellschaft an. 34% des Gesellschafterkapitals verblieben beim Staat, die Mehrheit der Anteile verteilte sich auf verschiedene Investoren unter Führung der dänischen Maersk Air. Im Rahmen einer Flottenmodernisierung als direkte Folge der Privatisierung mietete Estonian Air zwei Boeing 737-500, sodass die veralteten Tu-134 ausgemustert und verkauft werden konnten. In Tallinn, der Heimatbasis von Estonian Air, verfügt man über einen Werftbetrieb. Neben Linienflügen nach Amsterdam, Frankfurt, Hamburg, Helsinki, Kopenhagen, Kiew, London, Minsk, Moskau, Oslo, Riga, Stockholm und Vilnius werden saisonal auch europaweite Charterflüge durchgeführt. Mit **Finnair** und **SAS** bestehen Kooperationsabkommen. Mit der Ablösung der letzen Yak-40 durch zwei Fokker 50 auf den Regionalrouten verfügt Estonian Air seit März 2000 nur noch über westliches Fluggerät.

Flotte:
3 Boeing 737-500
2 Fokker 50

Vom örtlichen Aeroflot-Direktorat übernahm die neugegründete nationale estnische Fluggesellschaft Estonian Air Flugzeuge vom Typ Tupolew Tu-134A/Tu-134A-3.

Auf Regionalstrecken kam bis 1998 die dreistrahlige Yak-40 zum Einsatz, wurde dann aber durch Fokker 50 ersetzt.

Heute bildet die Boeing 737-500 das Rückgrat der Estonian Air-Flotte. ES-ABD (C/N 26323/2770) gelangte im Februar 1996 zur Auslieferung und ist wie das Schwesterflugzeug ES-ABC von der Leasinggesellschaft ILFC gemietet.

Seit März und Mai 2000 kommen auf den Regionalrouten der Estonian Air zwei Fokker 50 zum Einsatz, die von Elmo Ventures Ltd. gemietet sind und zuvor bei Maersk Air im Einsatz standen. ES-AFM, ex OY-MMU (C/N 20153) wurde als erste Maschine des Duos übernommen.

Lithuanian Airlines

Als erste Fluggesellschaft der von der ehemaligen Sowjetunion in die Unabhängigkeit entlassenen Baltischen Republiken begann Lithuanian Airlines schon 1991 mit einem eigenständigen Flugbetrieb. Die aus acht Tu-134A, fünf Yak-42D, sieben Yak-40, vier An-24 und drei An-26 (Frachter) bestehende Flotte wurde vom ehemaligen Aeroflot-Direktorat übernommen. Das Unternehmen orientierte sich sofort nach Westeuropa und Skandinavien. Eine von der irischen GPA Group gemietete Boeing 737-200 führte am 20. Dezember 1991 den Erstflug nach Kopenhagen durch. Beim Aufbau des Flugbetriebs fungierte die ungarische **MALEV** als Berater und übernahm die Pilotenschulung für die Boeing 737. Ende 1992 wurde Lithuanian Vollmitglied der IATA. Mit Zulauf weiterer Boeing 737 konnten mehrere Tu-134 verkauft werden, und auch für die An-24 und Yak-40 fanden sich Abnehmer, sodass die Flotte weiter vereinheitlicht werden konnte. 1994 führte die Gesellschaft eine neue Flugzeugbemalung ein. Mit Indienststellung der Flugzeugmuster Saab 340 und Saab 2000 in den Jahren 1996 und 1998 erfolgte die Außerdienststellung der verbliebenen Tu-134A und die Yak-40 wurden an das Tochterunternehmen Aviakompanija Lietuva transferiert. 1999 führte Lithuanian Airlines nochmals eine neue Farbgebung ein. Internationale Flugziele sind Amsterdam, Berlin, Frankfurt, Hamburg, Helsinki, Istanbul, Kiew, Kopenhagen, London, Paris, Rom, Stockholm, Tallin, Vilnius und Warschau. In der Russischen Föderation werden Moskau, Ekaterinburg, Mineralyne Vody, St. Petersburg, Odessa, Samara, Tashkent und Ufa angeflogen.

Mit **Air Baltic, Finnair** und **LOT** bestehen Kooperationsverträge.

Flotte:	
2 Boeing 737-200 Advanced	2 Saab 2000
1 Boeing 737-300	2 Yakowlew Yak-42D (abge-
2 Saab 340	stellt, zum Verkauf)

Vom ehemaligen Aeroflot-Direktorat Litauen übernahm Lithuanian Airlines Ende 1991, neben anderen Flugzeugen, acht Tu-134A und vier An-24.

Derzeit betreibt Lithuanian Airlines zwei Saab 340B auf ihren Regionalstrecken. Als erste Maschine konnte LY-SBA (C/N 248) im Dezember 1996 in Dienst gestellt werden.

Das größte bei Lithuanian Airlines eingesetzte Flugzeugmuster ist die 120-sitzige Boeing 737-300, hier in der neuesten Bemalungsvariante.

Belgien

Air Belgium

Air Belgium wurde am 3. Mai 1979 in Brüssel als Abelag Airways gegründet und nahm im darauf folgenden Monat den Passagiercharterflugbetrieb zu Urlaubszielen im Mittelmeerraum, zu den Kanarischen Inseln und nach Madeira mit einer, von Pacific Western Airlines in Kanada erworbenen, Boeing 707-300 auf. 1980 änderte das Unternehmen aus Marketinggründen seinen Namen in Air Belgium. Ab 1982 wurde die Boeing 707 durch zwei Boeing 737-200 ersetzt. Fast gleichzeitig führte man auch eine attraktive, gelb-rote Bemalung der Flugzeuge ein. Mit dem Austausch der Boeing 737-200 durch eine Boeing 737-300 begann im Jahre 1986 die Flottenerneuerung. 1988 folgte eine größere Boeing 737-400 und 1989 gelangte schließlich eine Boeing 757-200 zur Ablieferung. Das gelb-rote Farbmuster wurde, leicht überarbeitet, beibehalten und in den 90er-Jahren nochmals verändert.

In den verkehrsschwachen Wintermonaten vermietete Air Belgium ihre Flugzeuge an andere Fluggesellschaften, zumeist in Übersee. Hierzu gehörten Ontario Worldair, Bahamasair und America West Airlines. Nach dem Erwerb des Reiseunternehmens Sun International, Eigentümer der Air Belgium, durch die britische Airtours-Gruppe wurde Air Belgium ab Februar 1998 in den Airtours-Flugbetrieb integriert und, wegen bestehender Überkapazitäten, viel für Subcharter-Aufträge herangezogen. Eine Standardisierung der Flotte auf das Flugzeugmuster Airbus A320 war vorgesehen, doch traf man bei **Airtours** die strategische Entscheidung zur Auflösung der Air Belgium zum Jahresende 2001.

Air Belgium 737-200 OO-ABB in der alten Abelag-Bemalung.

Lange Jahre bildete das Flugzeugmuster Boeing 737-200 das Rückgrat der Air Belgium-Flotte. Hier zeigt OO-PLH die neue, attraktive Farbgebung.

Die Boeing 737-400 OO-ILJ in den neuen Airtours-Farben.

Nachfolgemuster der Boeing 737-200 wurde bei Air Belgium die Boeing 737-400. OO-ILJ zeigt hier die neue Farbvariante.

Um dem zunehmenden Kapazitätsbedarf gerecht zu werden, flog bei Air Belgium diese einzelne Boeing 757-200 OO-ILI, hier in einer überarbeiteten gelb-roten Bemalung.

BIAS - Belgian International Air Services

BIAS wurde im Jahre 1959 in Antwerpen gegründet, begann den Flugbetrieb aber erst 1965, nachdem man von **SABENA** das im Auftrag der libyschen Inlandsfluggesellschaft Linair beflogene Streckennetz übernommen hatte. Die DC-3 des BIAS flogen in Linair-Bemalung bis 1972.

Mit einer von SABENA übernommenen Douglas DC-6B begann BIAS ab 1965 mit weltweiten Frachtcharterflügen. Weitere drei DC-6B folgten bis zum Ende der 60er-Jahre. Unglücklicherweise stürzte eine dieser Maschinen (OO-ABG) am 18. Februar 1966 während des Anfluges auf Mailand-Linate in dichtem Nebel ab, wobei alle vier Besatzungsmitglieder den Tod fanden.

BIAS engagierte sich auch sehr stark in der Vertragsfliegerei, hier flog man speziell in Afrika Frachtdienste im Auftrag der Air Congo. Eine Zeit lang übertrug SABENA der BIAS die operationelle Verantwortung für die regionalen Zubringerrouten nach Eindhoven und Rotterdam. Hierfür erwarb BIAS eine einzelne De Havilland DH.114 Heron, das einzige jemals in Belgien registrierte Flugzeug dieses Typs. Nach weniger als einem Monat Einsatzzeit wurde das Flugzeug bei einer Boden-

kollision mit einer Piper Apache stark beschädigt und an Keegan Aviation nach Großbritannien verkauft.

1969 stellte man die Frachtfliegerei wegen Auftragsmangel ein, verkaufte die DC-6-Flugzeuge und verlagerte die hauptsächliche Geschäftstätigkeit auf den für SABENA durchgeführten Regionalflugverkehr. Hierfür wurde eine kleine Flotte von Fokker F-27 Friendship beschafft.

Anfang 1971 stieg BIAS mit einer von United Airlines erworbenen SE.210 Caravelle ins Pauschalreisegeschäft ein und flog von Brüssel und Antwerpen aus zu den Sonnenzielen rund ums Mittelmeer. In der Sommersaison 1972 mietete das Unternehmen zusätzlich zwei DC-8-32. Da dieser Geschäftszweig sich nicht als sehr gewinnträchtig erwies, verkaufte BIAS die Caravelle im Juni 1972 an Locatel und die beiden DC-8 an Delta International. 1973 wurden die letzen vier für Linair operierten DC-3 außer Dienst gestellt und durch zwei Fokker F-27 ersetzt, die dort bis zum Vertragsende 1976 im Einsatz standen. Nach dem Verlust der für SABENA beflogenen Regionalstrecken war 1978 das letzte operative Jahr für BIAS und der Flugbetrieb musste eingestellt werden. Die letzte verbliebene F-27 vermietete das Unternehmen am 31. Dezember 1978 für zwei Jahre an die niederländische **NLM**. Anschließend wurde die Maschine an Fokker retourniert.

BIAS flog diese De Havilland DH.114 im Auftrag der SABENA auf Regionalstrecken in die Niederlande.

Neben zwei Douglas DC-8-32 flog BIAS diese einzelne SE.210 Caravelle auf Pauschalreise-Charterdiensten.

City Bird

Der belgische Unternehmer und Hotelier Victor Hasson verkaufte im April 1996 seine in wirtschaftlichen Schwierigkeiten steckende Euro Belgian Airlines an den britischen Unternehmer Richard Branson, Eigentümer der **Virgin Atlantic Airlines**, und schmiedete neue Pläne für eine Langstreckenfluggesellschaft. Bereits im August 1996 gründete seine City Hotel Group die City Bird Airlines und bestellte drei MDC MD-11, mit denen am 27. März 1997 der Flugbetrieb nach Miami und Orlando in den USA und zu Zielen in der Karibik aufgenommen wurde. 1998 erhielt das Unternehmen zwei weitere MD-11, die exklusiv für die belgische **SABENA** auf Strecken nach Afrika zum Einsatz kamen. SABENA erwarb auch einen dreiprozentigen Anteil an City Bird. 1999 stieg City Bird mit zwei Airbus A300B4F ins Frachtfluggeschäft ein. Die Flugzeuge kamen im Unterauftrag für **Air France** und die israelische CAL - Cargo Air Lines zum Einsatz. Nahezu zeitgleich übernahm City Bird von Leasinggesellschaften zwei Boeing 767-300 als Unterstützung der MD-11. Mit der Übernahme der Europadienste für die kongolesische Fluggesellschaft Lignes Congolaises (früher Air Zaire) geriet man in Konkurrenz zur SABENA, mit der bisher ein gutes Geschäftsver-hältnis unterhalten werden konnte. Folgenschwer war die deswegen ausgesprochene Vertragskündigung für die Bedienung der SABENA-Afrikarouten. Die kostspielige vorzeitige Rückgabe von zwei MD-11 an den Eigentümer MDC/Boeing brachte City Bird in große finanzielle Schwierigkeiten, von denen sich das Unternehmen nie richtig erholen konnte.

Im Frühjahr 2000 stieg man in Konkurrenz zu **SOBELAIR**, der SABENA-Chartertochter, in den europäischen Chartermarkt ein. Mit Boeing 767-300 und Boeing 737-400, später auch mit neu gelieferten Boeing 737-800, bot City Bird Verbindungen in die Mittelmeerregion und auf die Kanarischen Inseln an. Gleichzeitig gründete die City Hotel Group in Frankreich die City Bird France, um auf dem dortigen Chartermarkt nach dem Konkurs mehrerer französischer Fluggesell-schaften das entstandene Vakuum aufzufüllen. Hierzu wurde eine Boeing 737-400 in das französische Luftfahrtregister übertragen.

Ein rückläufiger Luftfrachtmarkt, wirtschaftliche Probleme bei SABENA und die unmittelbaren Folgen der Terroranschläge in den USA am 11. September 2001 führten bei City Bird zu derart massiven finanziellen Engpässen, dass die Einstellung des Flugbetriebs und die Liquidation des Unternehmens erforderlich wurde.

Wichtigstes Flug-zeugmuster bei City Bird war die MDC MD-11, hier ist OO-CTB in der attrakti-ven grünen Farb-gebung zu sehen.

Auf Charterdiensten und im Auftrag anderer Fluggesellschaften kamen Boeing 767-300 zum Einsatz.

Auf solchen Charterdiensten, für welche die Boeing 767 zu groß war, setzte City Bird das Flugzeugmuster Boeing 737-400 ein.

DAT - Delta Air Transport

Die Firma begann mit dem Flugbetrieb im Februar 1973 unter dem Namen Delta International. Von **BIAS** übernahm man zwei Douglas DC-8-32, nachdem dieses Unternehmen im Jahr zuvor den Pauschalreiseverkehr eingestellt hatte. Alleiniger Eigentümer war die Reederei Compagnie Maritime Belge, die zum Jahresanfang 1973 51% der BIAS übernahm. Bereits im März desselben Jahres wurde Delta von der Compagnie Van Hool aufgekauft, die ihrerseits Hauptanteilseigner an einer weiteren belgischen Fluglinie, der **Pomair**, war. Delta verkaufte daraufhin ihre beiden DC-8-32 an Pomair. Nach der Liquidation der Pomair engagierte sich DAT zwischen 1973 und 1975 wieder im Pauschalreisegeschäft und betrieb hierfür eine aus fünf Douglas DC-6 und einer Boeing 720-022 bestehende Flotte.

Die Regionalflugabteilung wurde 1967 als DAT - Delta Air Transport gegründet. Der Flugbetrieb begann am 19. September desselben Jahres und man flog mit einer einzelnen Beech Queen Air im Auftrag der niederländischen **KLM** die Linienverbindung Antwerpen–Amsterdam. Kurze Zeit später bediente DAT im Auftrag der **SABENA** die Routen Brüssel–Eindhoven und Antwerpen–Eindhoven mit einer gemieteten DC-3. Bis Oktober 1972 hatten Convair 440 die veralteten DC-3 auf diesen Diensten abgelöst. Auf Frachtcharterdiensten fanden DC-3F (C-47) und Douglas DC-4 Verwendung. Eine weitere Flottenerneuerung erfolgte 1977 mit dem Erwerb von fünf Fairchild-Hiller FH-227 aus Beständen der Ozark Air Lines (4) und **Pan Adria Airways** (1). Für die Bedienung der Route Antwerpen–Amsterdam mietete DAT zwischen April und November 1980 eine einzelne Nord 262A von der dänischen **Cimber Air**, die gemeinsam mit der niederländischen **NLM** betrieben wurde. Zur Mitte der 80er-Jahre beflog DAT im Auftrag der SABENA nahezu alle Kurzstrecken im grenzüberschreitenden Verkehr und wurde somit zu einem der wichtigsten Partnerunternehmen der nationalen belgischen Luftverkehrsgesellschaft. Mit Einführung der zentralen Operationen von Brüssel aus erfolgte eine Erhöhung der Flugfrequenzen auch auf den Kurz- und Ultra-Kurzstrecken, wofür sich die FH-227 als zu groß und inzwischen auch als zu alt erwiesen. Als Ersatz beschaffte DAT eine Flotte der zweimotorigen Embraer EMB-120 Brasilia, und auf den verkehrsstärkeren Strecken kamen Fokker F-28 Fellowship zum Einsatz. Die Umstellung auf eine reine Strahlflugzeugflotte erfolgte zur Mitte der 90er-Jahre mit der Einführung des Flugzeugmusters BAe 146/Avro RJ85.

Im Rahmen des **Swissair**-Engagements bei SABENA sollte auch die Fusion der Tochterunternehmen **Crossair** und DAT erfolgen, doch kam man später von diesem Vorhaben ab. Von dem SABENA-Konkurs im November 2001 war auch DAT betroffen, doch gelang eine Reorganisation aus eigener Kraft. Als **SN Brussels Airlines** werden seitdem Avro RJ85 auf dem ehemaligen SABENA-Kurzstreckennetz eingesetzt.

Als letzte DC-6 der DAT stand OO-VFG zwischen Januar 1975 und März 1978 im Einsatz.

Nach der Liquidation der belgischen Charterfluggesellschaft Pomair übernahm DAT deren Pauschalreiseverträge und beschaffte hierfür Douglas DC-6 aus verschiedenen Quellen, sowie diese einzelne Boeing 720-022 von United Airlines aus den USA. OO-VGM stand vom 18. Mai 1974 bis zum Verkauf an einen US-Flugzeughändler am 19. November 1975 im Einsatz.

Viele Jahre lang bildete die 48-sitzige Fairchild-Hiller FH-227B das Rückgrat der DAT-Flotte. Als letztes Exemplar wurde OO-DTE (C/N 534) am 26. Dezember 1980 übernommen.

Nachfolgemuster der FH-227B wurde ab Ende der 80er-Jahre die aus brasilianischer Produktion stammende EMB-120 Brasilia. OO-DTI (C/N 121) gelangte im März 1989 zur Auslieferung.

Auf den verkehrs-
starken Routen
kamen ab 1987 ins-
gesamt sieben
Fokker F-28 zum
Einsatz. Als erstes
dieser Flugzeuge
wurde OO-DJA (C/N
11163) im Februar
1987 übernommen.
Bis 1997 wurden
diese Maschinen
sukzessive durch
BAe 146-200/Avro
RJ85 ersetzt.

Die BAe 146-200
OO-DJD (C/N E2077)
kam im Dezember
1989 in die
DAT-Flotte. Zuvor
flog die Maschine
als G-UKRH bei der
britischen Flug-
gesellschaft Air UK.

Nach einer erfol-
greichen Reorgani-
sation infolge des
SABENA-Kollapses
fliegt DAT jetzt als
SN Brussels Airlines
die Avro RJ85-
Flotte auf dem ehe-
maligen SABENA-
Kurzstreckennetz.

SABENA

Mit dem unrühmlichen Konkurs im November 2001 endete die Firmengeschichte einer der ältesten europäischen Fluggesellschaften. SABENA steht für »Societe Anonyme Belge d'Exploitation de la Navigation Aerienne« und wurde am 23. Mai 1923 als Nachfolgeunternehmen der ersten belgischen Fluggesellschaft SNETA (Syndicat National pour l'Etude des Transports Aeriens) gegründet. Neben der Entwicklung eines europäischen Streckennetzes bestand die Hauptaufgabe der SABENA in der Aufrechterhaltung einer Flugverbindung zwischen Belgien und der damaligen afrikanischen Kolonie Belgisch-Kongo. Ende 1924 bediente SABENA Amsterdam, Rotterdam, Straßburg und Basel. Weitere Städte folgten im Laufe der nächsten Jahre. In den Jahren 1926 und 1927 vollbrachte SABENA weitere Pionierleistungen beim Aufbau eines Flugstreckennetzes im Kongo. Der erste Linienflug zwischen Brüssel und Leopoldville (später Kinshasa, Zaire) konnte aber erst am 23. Februar 1935 durchgeführt werden, nachdem das hierfür geeignete Fluggerät zur Verfügung stand. Nach der Besetzung Belgiens durch deutsche Truppen im Zweiten Weltkrieg musste SABENA ihren Flugbetrieb in Europa einstellen und hielt nur noch das afrikanische Streckennetz aufrecht. Von Leopoldville aus flog man zur Goldküste (heute Ghana), nach Südafrika und nach Kairo. Hier bestand Anschluss in Richtung Europa mit den Flugzeugen der britischen **BOAC**. Bereits 1939 erhielt SABENA zwei Douglas DC-3, die aber während des Krieges zerstört wurden.

Die Wiederaufnahme eines geregelten Nachkriegsflugverkehrs erfolgte im Jahre 1946 mit einer aus DC-3 (C-47) bestehenden Flotte, welche aus Überschussbeständen der USAAF und RAF stammten. Bis 1953 stießen weitere DC-3 hinzu und SABENA wurde nach der **Air France** größter europäischer Betreiber dieses Flugzeugmusters. Die im Kongo eingesetzten DC-3 wurden nach der Unabhängigkeit des Landes im Jahre 1960 der neugegründeten Air Congo übergeben und die meisten der übrigen DC-3 gelangten ab 1959 bei der libyschen Linair zum Einsatz. Mit dem 1965 erfolgten Verkauf dieses Bereederungsvertrags an **BIAS** übernahm das belgische Luftfahrtunternehmen auch die DC-3 der SABENA. Die letzten DC-3 wurden erst 1970 an die **DAT** und nach Nigeria verkauft.

Zwischen Januar und April 1946 erhielt SABENA drei demilitarisierte Douglas C-54 (DC-4), die umgehend auf der Route Brüssel–Leopoldville zum Einsatz kamen. Weitere fünf Exemplare dieses Flugzeugmusters folgten in den beiden folgenden Jahren. Der erste Transatlantikdienst zwischen Brüssel und New York, via Shannon und Gander, wurde am 4. Juni 1947 mit einer DC-4 aufgenommen. Mit der Übernahme der ersten drei Douglas DC-6 im Juli, September und Oktober 1947 erfolgte die Ablösung der DC-4 auf den wichtigsten Fernstrecken. Werksneue DC-6B kamen ab 1953, und Maschinen vom Typ DC-7C »Seven Seas« ab 1956 zum Einsatz. Anlässlich der Brüsseler Weltausstellung mietete SABENA zur Unterstützung ihrer DC-7C auf den Transatlantikrouten zwischen Mai und Oktober 1958 zwei Lockheed L.1049H Super Constellation der Seaboard & Western Airlines in voller SABENA-Bemalung.

Auf dem europäischen Streckennetz lösten ab 1949 neue Convair CV-240 die DC-3 auf den wichtigsten Routen ab. Ab Mitte 1956 erfolgte hier die Flottenvereinheitlichung auf den Flugzeugtyp Convair CV-440 Metropolitan. Als erstes Strahlmuster kam auf den Mittelstrecken am 18. Februar 1961 die Caravelle 6N auf der Route Brüssel–Nizza zum Einsatz, von der SABENA am 14. Dezember 1959 acht Exemplare bestellt hatte. In Ergänzung wurden 1963 zwei weitere Caravelle 6N bestellt und eine einzelne Caravelle 3 von Air France gemietet. Die Caravelle ersetzte das Muster CV-440 auf den meisten europäischen Hauptstrecken und die DC-6B auf den Routen in den Mittleren Osten. 1965 bestellte SABENA vier Exemplare der neuen dreistrahligen Boeing 727-100, die zwischen April und Juli 1967 zur Ablieferung gelangten. Eine fünfte Maschine folgte im Oktober 1968. Mit der Überstellung von drei Caravelle 6N an die Chartertochter **SOBELAIR** erfolgte ab 1971 die allmähliche Außerdienststellung der Caravelle und das letzte Exemplar, OO-SRF, verließ am 5. Juni 1978 die Flotte. Mit der Ablieferung der ersten sechs Boeing 737-200 begann 1974 die Vereinheitlichung der Mittelstreckenflotte auf diesen Flugzeugtyp. Weitere acht 737-200 kamen 1975 hinzu.

Als erste europäische Fluggesellschaft setzte SABENA am 23. Januar 1960 die vierstrahlige Boeing 707-329 im Transatlantikdienst zwischen Brüssel und New York ein. Drei Tage später erfolgte ihr Ersteinsatz auf

Die DC-6 OO-CTK, hier in der ursprünglichen SABENA-Bemalung, flog zwischen Mai 1953 und Oktober 1961 für die Gesellschaft.

der Kongo-Route. Die letzte DC-6B verließ im Frühjahr 1965 die Flotte, die letzte DC-7C im Oktober 1967.

Als erstes Großraumflugzeug erhielt SABENA im November und Dezember 1970 zwei Boeing 747-129, welche die Boeing 707 auf den Nordatlantikrouten ablösten. Im September 1973, Juni 1974 und Oktober 1975 folgten drei MDC DC-10-30CF. Zwei weitere DC-10 gelangten im Juli und August 1980 zur Ablieferung, doch erst im Juni 1985 erfolgte die Außerdienststellung der letzten Boeing 707.

1984 setzte SABENA mit dem Airbus A310-300 erstmals Großraumgerät auf stark frequentierten Mittelstrecken ein. Im Herbst 1986 führte SABENA einen täglichen, in Zusammenarbeit mit **British Caledonian Airways - BCAL** beflogenen, Liniendienst von Brüssel nach Atlanta (via London/Gatwick) ein. Im März 1987 erweiterte man das Streckennetz um die afrikanischen Ziele Niamey (Niger), Lome (Togo), Cotonou (Benin) und Luanda (Angola). Ferner stand das Unternehmen in Verhandlungen mit dem skandinavischen **SAS** hinsichtlich gemeinsamer Transatlantikdienste und der Kooperation in anderen Geschäftsfeldern. Aufgrund der unbefriedigenden Ergebnisse brach SAS die Verhandlungen im Herbst 1987 ab und versuchte die Übernahme der BCAL.

Im Rahmen eines schwierigen Umstrukturierungsprozesses ging SABENA zwischen 1993 und 1994 eine enge Partnerschaft mit Air France ein, in deren Folge die Neuausrichtung der Flotte auf die europäische Airbusfamilie erfolgte. Hierfür mietete SABENA zunächst zwei A340-200 von Air France. 1995 zeigte die SAir Group unter **Swiss-air**-Führung Interesse an SABENA und beteiligte sich schließlich maßgeblich an dem Unternehmen. SABENA wurde Mitglied in der »Qualiflyer Group« und schrieb erstmals seit vielen Jahren wieder Gewinne. Auch die Flotte wurde mit Airbus A319, A320, A321 und A330 weiter vereinheitlicht und es wurde eine neue Bemalung eingeführt. SABENA hielt Beteiligungen an Delta Air Transport, SOBELAIR und **City Bird**.

Eine Pionierrolle übernahm SABENA mit dem Aufbau eines Hubschrauber-Kurzstreckennetzes, das mit von Bell 47D-1 durchgeführten Postflügen ab 21. August 1950 bedient wurde. Passagierdienste folgten ab dem 1. September 1953 mit Sikorsky S.55, ab Oktober 1956 kam das Nachfolgemuster S.58 zum Einsatz. 1960 verbanden diese Dienste Brüssel mit elf Städten im In- und Ausland, aber da sich der Flugbetrieb zunehmend unwirtschaftlich entwickelte, stellte SABENA diese Operationen im Sommer 1966 ein.

Bis zur Einführung der Boeing 707 war die DC-7C, hier OO-SFC, das größte und schnellste Flugzeugmuster der SABENA auf den Transatlantik- und Afrikarouten. OO-SFC kam als dritte DC-7C am 20. Dezember 1956 zur Flotte und wurde im Oktober 1967 als EC-BNG an die spanische Charterfluglinie Spantax verkauft.

Als letzte DC-6B gelangte OO-SDQ am 17. Mai 1955 zur Ablieferung. Mehrfach wurde die Maschine an die spanische Aviaco vermietet, bevor sie am 21. Oktober 1969 wiederum als letzte SABENA-DC-6 die Flotte in Richtung Afrika verließ.

Auch nach der Einführung der SE.210 Caravelle war die Convair 440 wichtiger Bestandteil der SABENA-Mittelstreckenflotte. OO-SCS flog vom 14. November 1956 bis zum 4. März 1968 bei der Fluglinie.

Für lange Jahre war die Boeing 707 das wichtigste Langstreckenflugzeug der SABENA. Zunächst kamen fünf der abgebildeten Boeing 707A, Serie 329, zwischen Dezember 1959 und Juni 1960 zur Ablieferung. Ab 1962 folgten weitere neun mit Mantelstromtriebwerken ausgerüstete Exemplare der Serie -329B.

Mit der SE.210 Caravelle 6N erhielt SABENA ihr erstes strahlgetriebenes Mittelstreckenmuster. OO-SRF kam als sechste von insgesamt zehn Caravelle am 28. April 1961 zur Flotte und wurde als letzes Flugzeug dieses Musters erst am 6. Juni 1978 als F-BXOO an die französische Europe Aero Services - EAS verkauft.

In den 70er- und 80er-Jahren war die Boeing 737-200 das Standard-Mittelstreckenflugzeug der SABENA. Als siebte Maschine kam OO-SDG am 12. Juni 1975 zur Ablieferung.

SABENA erhielt am 19. November (OO-SGA) und 4. Dezember 1970 (OO-SGB) zwei Boeing 747-100, die für lange Jahre die Flaggschiffe der Flotte waren.

1986 und 1990 lösten modernere Boeing 747-300 die veralteten 747-100 ab. Als erste dieser Flugzeuge kam die abgebildete OO-SGC am 10. Juni 1986 zur Ablieferung. Die Außerdienststellung der Maschine erfolgte im Oktober 1999 nach der Ablösung durch Airbus A340.

Speziell für die Dienste nach Afrika und Fernost beschaffte SABENA insgesamt fünf DC-10-30. Als letzte Maschine wurde OO-SLE am 15. August 1980 geliefert.

Auf stark frequentierten Mittelstrecken kamen ab Februar und März 1984 zwei A310-222 zum Einsatz (OO-SCA und OO-SCB), die im Februar 1987 von einem dritten Exemplar ergänzt wurden.

Im Rahmen des Flottenerneuerungsprogramms der gesamten Qualiflyer Group unter Führung der schweizerischen SAir Group kam ab Sommer 1999 auch das Flugzeugmuster Airbus A320 bei SABENA zum Einsatz.

SOBELAIR

SOBELAIR (Societe Belge de Transports par Air SA) wurde am 30. Juli 1946 als Charterfluggesellschaft gegründet. Ziel war die Durchführung von Bedarfsflügen in Belgisch-Kongo und innerhalb Afrikas. Hauptsächlich sollten Charterflüge nach Belgisch-Kongo durchgeführt werden. Mit DC-3 flog man Zubringerdienste zu den SABENA-Hauptstrecken im Kongo. Langstreckenflüge nach Brüssel erfolgten ab 1949 mit DC-4. 1948 übernahm **SABENA** die Mehrheit der Anteile an SOBELAIR. Die letzte im Kongo eingesetzte DC-3 wurde im Januar 1956 ausgemustert und durch Cessna 310 ersetzt. Nach der Unabhängigkeit des Kongo wurde das Engagement in diesem Land nach und nach verringert und 1962 schließlich ganz eingestellt. SOBELAIR verlegte seinen Hauptsitz nach Brüssel und wurde das Charterflugunternehmen der SABENA zur Durchführung von Pauschalreisediensten.

Für Langstreckencharter kamen zunächst zwei von SABENA gemietete DC-4, später eine DC-6B zum Einsatz, die 1971 durch drei SE.210 Caravelle 6N ersetzt wurden. Eine vierte Caravelle folgte im Jahr darauf. Ab 1976 wurden die Caravelles verkauft und SOBELAIR standardisierte ihre Flotte zunächst auf das Flugzeugmuster Boeing 707, von dem insgesamt neun Exemplare betrieben wurden. Für die Mittelstrecken beschaffte man ab Ende der 70er-Jahre die Boeing 737-200 und nachdem 1988 die letzte Boeing 707 verkauft wurde, bestand die Flotte zunächst nur noch aus den Boeing 737. In Anlehnung an die neue SABENA-Bemalung führte im Frühjahr 1993 auch SOBELAIR eine neue Farbgebung ein. 1994 erhielt SOBELAIR die erste Boeing 767-300, eine weitere Maschine folgte im Frühjahr 1996. Damit wurden dann auch wieder Langstreckenflüge nach Afrika und in die Karibik durchgeführt. Saisonbedingt mietet SOBELAIR auch Flugzeuge an, zumeist Boeing 737 und Airbus A300/A320 von SABENA und anderen Fluggesellschaften. Bis zum Kollaps der SAir Group im Herbst 2001 bildete SOBELAIR mit Air Europe Italy, **Balair**, **LTU** und **Volare** die so genannte »Leisure-Alliance«.

Das Standard-Langstreckenmuster in den 90er-Jahren war die Boeing 767-300.

Wichtigstes Flugzeugmuster in der SOBELAIR-Flotte war das Flugzeugmuster Boeing 737-300/-400.

Virgin Express

Im November 1991 gründete der Unternehmer Victor Hasson, Eigentümer der City Hotel Gruppe, aus den Überresten der in Konkurs gegangenen TEA - Trans European Airlines die EBA - Euro Belgian Airlines. Der Flugbetrieb begann am 1. April 1992 mit geleasten Boeing 737-300. Im April 1996 erwarb Richard Branson, Gründer der britischen Fluggesellschaft **Virgin Atlantic Airways**, die EBA. Ziel seiner europäischen Expansionspläne war der Aufbau einer Billigfluglinie für Passagierlinien- und Passagiercharterflüge. Der Name des Unternehmens wurde in Virgin Express geändert und eine Flottenerneuerung auf den Flugzeugtyp Boeing 737-300/-400 vorgenommen. Das existierende Streckennetz konnte, mit wenigen operationellen Änderungen, übernommen werden und neben dem Charter- wurde auch das Liniengeschäft zügig ausgebaut. Mit **SABENA** vereinbarte man eine enge Kooperation. So übernahm Virgin Express die Verbindung Brüssel–London/Heathrow in eigener Regie und bediente diese mehrmals täglich im so genannten »Code-share« mit der belgischen nationalen Fluggesellschaft. Ende 1996 konnte Virgin Express ihre erste werksneue Boeing 737-300 in der auffälligen knallroten Bemalung übernehmen. Wichtigster Verkehrsknoten der Gesellschaft ist Brüssel-National, ab hier werden neben den Liniendiensten auch die meisten Charterflüge angeboten, denn diese bilden immer noch den Hauptbestandteil des Flugaufkommens. 1997 erfolgte die Börsennotierung der Virgin Express und seitdem befinden sich 49% der Unternehmensanteile in Streubesitz. Ab 1998 verfolgte das Unternehmen mit der Eröffnung immer neuer Routen eine aggressive Expansionspolitik und ab Anfang 2000 wurde für kurze Zeit auch Berlin angeflogen. Im Juni desselben Jahres gelangten die ersten beiden Exemplare von insgesamt acht bestellten Boeing 737-800 zur Auslieferung. Diese Maschinen sind zur Ablösung der 737-400 vorgesehen.

Flotte:	
12 Boeing 737-300	2 Boeing 737-800
7 Boeing 737-400	

Die Boeing 737-3M8 OO-LTL (C/N 25041/2024) ist eine von zwölf Maschinen der Serie -300, die auf Linien- und Charterflügen der Virgin Express zum Einsatz kommen. Das 1991 gebaute Flugzeug kam im März 1992 zur Flotte und ist mit 149 Sitzplätzen ausgestattet.

VLM

Die VLM (Vlaamse Luchttransport Maatschappij NV) wurde im Februar 1992 in der flämischen Handelsmetropole Antwerpen gegründet und nahm am 15. Mai 1993 den Flugbetrieb zwischen Antwerpen und dem London City Airport auf. VLM ist eine typische Regionalfluggesellschaft mit europäischer Ausrichtung, die einen regelmäßigen Linienverkehr von kleineren Flughäfen aus anbietet. Neben Antwerpen unterhält das Unternehmen weitere Einsatzzentren in Rotterdam und Mönchengladbach. Die Flotte besteht aus sieben Fokker 50, dem Standardtyp der Gesellschaft, von denen zwei Maschinen mit niederländischer Registrierung fliegen und von Rotterdam aus zum Einsatz kommen. Die Geschäftspolitik ist auf eine vorsichtige Marktexpansion ausgerichtet, und man fliegt auch Subcharter für andere Fluggesell-

schaften. Die ursprünglich in den Farben des Vorbesitzers gehaltenen Fokker 50 erhielten 1998 eine neue blau-weiße Bemalung mit einem dominierenden flämischen Löwen auf dem Leitwerk. Inzwischen tragen alle VLM-Flugzeuge diese Bemalung. Neue Routen führen nach Manchester und Hannover, saisonal werden auch Guernsey und Jersey bedient. VLM ist mit über 150 wöchentlichen Abflügen der inzwischen größte Kunde am Antwerpener Flughafen Deurne. Kooperationsabkommen bestehen mit **KLM/KLM CityHopper**, KLM UK, **Lufthansa** und **Luxair**.

Flotte:
7 Fokker 50

VLM »Wings of Flanders« betreibt derzeit eine Flotte von sieben gemieteten Fokker 50. Die Maschinen sind für die Beförderung von 50 Passagieren ausgelegt und haben ein maximales Startgewicht von 20.820 kg. OO-VLN fliegt seit April 1993 bei VLM.

Bulgarien

Balkan Bulgarian Airlines

Die Balkan Bulgarian Airlines hat ihre Wurzeln in der 1947 gegründeten staatlichen Bulgarshe Vazdusne Sobstenie (BVS), die ab Juli desselben Jahres ein kleines regionales Streckennetz und eine internationale Verbindung nach Prag, via Belgrad, bediente. Nach zweijähriger Betriebszeit erfolgte eine Reorganisation der Fluggesellschaft als bulgarisch-russisches Gemeinschaftsunternehmen unter dem neuen Namen TABSO. Die neue Gesellschaft begann ihren Flugbetrieb 1949 mit einer von den sowjetischen Partnern eingebrachten Lisunov Li-2 Flotte. 1954 übernahm der bulgarische Staat alle Unternehmensanteile. Ab 1956 ergänzten neu gelieferte IL-14 die veralteten Li-2, aber erst mit der Indienststellung der viermotorigen IL-18 im Jahre 1962 sah sich das Unternehmen in der Lage, ein nennenswertes internationales Streckennetz aufzubauen. Aufgrund der großen Reichweite der IL-18 richtete man neue Routen nach Westeuropa, Afrika und in den Mittleren Osten ein und die Flotte wurde schließlich auf acht Exemplare ausgebaut. Mit der Verfügbarkeit der 1966 neu gelieferten An-24 erfolgte die Ausmusterung der letzten Li-2 und der veralteten IL-14 auf den Inland- und Regionaldiensten. Ab Mitte der 70er-Jahre gehörte Balkan zu den wenigen Betreibern des dreistrahligen Regionalmusters Yak-40, von der zwölf Exemplare im Einsatz standen.

Für den stetig steigenden Touristik-Charterverkehr zu den Schwarzmeer-Badeorten Burgas und Varna gründete man 1968 das Tochterunternehmen **Bulair**. Hierfür stellte TABSO sechs IL-18 und zwei An-12, letztere für den Luftfrachttransport, zur Verfügung. Zeitgleich änderte sich der Name TABSO zur einprägsameren Balkan - Bulgarian Air Transport, ab 1972 Balkan Bulgarian Airlines. 1968 war auch das Jahr, in dem mit Ablieferung der Tu-134 der Strahlbetrieb begann und auf vielen Routen erhebliche Zeiteinsparungen erreicht werden konnten. Gleichzeitig führte das Unternehmen auch eine neue, attraktive rot-weiße Flugzeugbemalung ein. Ab 1972 ersetzten neu gelieferte Tupolew Tu-154B die älteren IL-18 auf den wichtigsten Routen, und auch die Bulair wurde wieder reintegriert. Ab 1985 erfolgte die Ablieferung der Tu-154M mit verbesserten Leistungen.

Nach dem Wechsel des politischen Systems zu Beginn der 90er-Jahre erfolgte auch bei Balkan die technische Neuausrüstung mit Fluggerät westlicher Hersteller. Von **Air France** mietete man zwei Boeing 767-200 für den Einsatz auf Langstreckendiensten, für die Mittelstrecken übernahm man zunächst drei Boeing 737-500 und vier Airbus A320. Das Rückgrat der Flotte bildeten aber weiterhin die Tu-154 und die An-24. Frachtdienste übernahmen drei An-12 und zwei zu Frachtern umgebaute IL-18.

Eine Privatisierung des stark defizitären Unternehmens mit israelischen Investoren schlug fehl, und nachdem der bulgarische Staat die Fluglinie nicht mehr finanziell unterstützen konnte, musste der Betrieb am 14. Februar 2001 eingestellt werden.

Die ab 1956 gelieferten IL-14 bildeten lange Jahre das Rückgrat der Kurzstreckenflotte.

Erst mit der Indienststellung der viermotorigen IL-18 im Jahr 1962 sah sich Balkan in der Lage, ein nennenswertes internationales Streckennetz aufzubauen. Insgesamt standen acht solcher Flugzeuge im Einsatz.

Wie bei vielen osteuropäischen Fluggesellschaften war auch bei Balkan die Tu-154B/Tu-154M mehr als 20 Jahre lang das wichtigste Flugzeugmuster im Flottenbestand.

Seit ihrer Flotteneinführung im Jahr 1966 war die An-24 das Standard-Kurzstreckenflugzeug bei Balkan.

Nach dem politischen Wechsel in Bulgarien war auch Balkan bestrebt, ihre aus unwirtschaftlichen, sowjetischen Flugzeugtypen bestehende Flotte durch moderne westliche Muster zu ersetzen. Für den Einsatz auf ihren Langstrecken mietete die Gesellschaft deshalb zwei Boeing 767-200 von der Air France.

Als Nachfolgemuster der Tu-154M auf den Mittelstrecken stellte Balkan die Boeing 737-300 in Dienst. LZ-BOE ist hier in der letzten, ab 1999 eingeführten Farbgebung zu sehen.

Dänemark

Cimber Air

Cimber Air wurde kurz nach dem Zweiten Weltkrieg in Sonderburg gegründet und begann mit dem Flugbetrieb im Jahre 1946 unter dem Namen Sonderjyllands Flyveselskap. Am 2. August 1950 kaufte der dänische Pilot Ingolf L. Nielsen das Unternehmen, welches 1953 in Cimber Air umbenannt wurde. Ursprünglich konzentrierte man sich auf das Chartergeschäft, aber 1963 begann die Gesellschaft mit dem Betrieb regionaler Liniendienste von Sonderburg nach Hamburg, via Flensburg. Der Streckenabschnitt zwischen Flensburg und Hamburg wurde später von Cimber Air's deutschem Tochterunternehmen beflogen. Zum Einsatz kamen kleine Flugzeuge der Typen De Havilland DH.104 Dove und DH.114 Heron, welche ab 1967 von den größeren und leistungsfähigeren Nord N.262 abgelöst wurden. Die deutsche Cimber Air GmbH hatte ihren Sitz in Flensburg und bediente in eigener Regie die Routen Flensburg–Kiel–Hamburg und Kiel–Münster, sowie Flensburg–Saarbrücken als Subunternehmen der **Lufthansa**. Da das Unternehmen nicht sonderlich erfolgreich wirtschaften konnte, wurden Ende 1975 alle Verbindungen eingestellt.

Ab November 1971, nachdem Cimber Air Mitglied des aus **SAS** und Maersk Air bestehenden Danair-Konsortiums wurde, begann das Unternehmen mit Linienflügen von Kopenhagen nach Sonderburg und Skydstrup. Für diese neuen Liniendienste beschaffte man weitere N.262, mit denen gute Erfahrungen gemacht worden waren.

Cimber Air war der weltweit erste Betreiber des seinerzeit revolutionären Kurzstreckenjets VFW 614, von denen das Unternehmen zwei Exemplare im Einsatz hatte. Diese wurden später durch die Fokker F-28 ersetzt. Da diese Flugzeuge nicht ganzjährig wirtschaftlich betrieben werden konnten, bemühte sich Cimber Air weltweit um Leasingverträge für ihre Flugzeuge. Während die F-28 eine Zeit lang für Saudi Arabian Airlines flogen, kamen einige N.262 auf Zubringerstrecken für die deutsche **DLT**, dem Vorläufer der **Lufthansa CityLine**, zum Einsatz.

Ab 1989 lösten die neuen ATR-42 die veralteten N.262 in der Flotte ab, und die Zusammenarbeit mit SAS und Lufthansa wurde intensiviert. Nach der Wiedervereinigung Deutschlands vertiefte sich das Verhältnis mit Lufthansa, als Cimber Air verstärkt Routen zwischen Dänemark und dem nordöstlichen Teil Deutschlands übertragen wurden. Schließlich wurde Cimber Air ein Team Lufthansa-Partner. Da das SAS nicht über eine eigene Regionalfluggesellschaft verfügte, beteiligte sich das Unternehmen 1998 am Kapital der Cimber Air, welche 2001 komplett übernommen wurde.

Das französische Turbopropflugzeug Nord N.262A bildete für lange Zeit das Rückgrat der Cimber Air-Flotte und wurde erst durch die modernere ATR-42 ersetzt. Cimber Air kaufte OY-TOV (C/N 54) im März 1972 von der deutschen Regionalfluggesellschaft IFG. Nach einer Einsatzzeit von 22 Jahren wurde das Flugzeug am 7. November 1994 an die französische Brit'Air verkauft.

Heute betreibt Cimber Air neben zwei Maschinen des Typs Canadair RJ200ER und drei ATR-72-212A noch zwölf ATR-42 der Serien 300 und 500. OY-CIC, eine Maschine der Serie 300 (C/N 024), gelangte als dritte Maschine des Unternehmens am 4. November 1986 zur Ablieferung. Sie wurde am 6. April 1999 ausgemustert und beim Hersteller Avions de Transport Regional (ATR) für ATR-42-500 in Zahlung gegeben.

Cimber Air's Einstieg ins Jet-Geschäft war kein großer Erfolg beschieden. Das Unternehmen erwarb 1979 zwei Fokker F-28-3000 neu vom Hersteller. OY-BRM (C/N 11143) gelangte am 10. April 1979 zur Ablieferung und flog zwischen August 1980 und Dezember 1986 für die Saudia in Saudi-Arabien.

Conair

Conair A/S, die Kurzbezeichnung der Consolidated Aircraft Corporation, wurde im Oktober 1964 als Nachfolger der Flying Enterprise A/S gegründet. Am 1. April 1965 wurde der Flugbetrieb mit drei Douglas DC-7 aufgenommen. Später ersetzten fünf Boeing 720-025 die veralteten Propellerflugzeuge. Die Gesellschaft flog im Auftrag ihres Eigentümers, dem dänischen Reiseveranstalter Spies Tours, ausschließlich Pauschalreise-Charterflüge zu den Sonnenzielen rund um das Mittelmeer. Ferner wurden auch innereuropäische Ad-hoc-Charterflüge durchgeführt. Außerdem hatte Conair die Genehmigung für Passagiercharterflüge in die USA. Die Boeing 720B standen bis zum Ende der Sommersaison 1987 im Dienst und wurden dann im Rahmen einer Flottenerneuerung durch drei von **Scanair** erworbene Airbus A300B ersetzt. Als eine der ersten europäischen Charterfluggesellschaften flog Conair den Airbus A320. Ab 1991 kamen sechs Flugzeuge der Serie -231 zum Einsatz.

Um einen möglichen Konkurs abzuwenden, fusionierte Conair am 1. Januar 1994 mit der sich ebenfalls in wirtschaftlichen Schwierigkeiten befindenden Scanair, dem Charterflug-Tochterunternehmen des skandinavischen SAS, zur Premiair, welche inzwischen vom britischen Reiseveranstalter **Airtours** übernommen wurde.

Bei Conair stand diese DC-7 OY-DFR (C/N 44144/468) von Januar 1967 bis zur Außerdienststellung im Dezember 1971 im Einsatz.

Airbus A300B4-120 OY-CNL (C/N 128) wurde als SE-DFL am 17. Januar 1984 von Scanair übernommen und 1. Februar 1987 nach Erwerb als OY-CNL umregistriert. Nach der Fusion mit Scanair ging die Maschine am 1. Januar 1994 in das Eigentum der Premiair über.

Maersk Air

Die Reederei A.P. Moeller, Eigentümer der weltweit bekannten Schifffahrtslinie Maersk Line, gründete im Jahre 1969 die Maersk Air als Charterflugunternehmen für eigene Flugdienste. Der Flugbetrieb wurde im Januar 1970 mit zwei Flugzeugen, einer Fokker F-27 und einem HS.125 Geschäftsjet, aufgenommen. Noch im selben Jahr übernahm man die kleinere Falck Air, die neben regionalen Linienflügen nach Odense und Aarhus auch Sanitäts- und Rettungsflüge durchführte. Neben **Sterling** wurde Maersk Air zum zweiten dänischen Anbieter von Pauschalreise-Charterflügen zu den mediterranen Sonnenzielen, später gesellte sich noch die **Conair** hinzu. Zu diesem Zweck beschaffte die Fluggesellschaft zwischen 1973 und 1974 fünf Maschinen des Typs Boeing 720B, die von Northwest Orient Airlines aus den USA erworben wurden. Wirtschaftlichere Boeing 737-200 ersetzten diese Maschinen ab 1976.

Auf regionalen Linien- und Charterdiensten kamen Turbopropmaschinen des Typs HS.748, und ab 1981 insgesamt fünf DHC-7 zum Einsatz. Eine weitere Expansion erfolgte 1983 mit der Übernahme der Air Business, einer anderen Regionalgesellschaft, und in Billund wurde eine neue Operationsbasis eingerichtet. Von dort beflogen DHC-7 die Routen nach Sonthad und Rönne. Ende der 80er-Jahre führte das Regionalstreckennetz bereits zu Zielen in Deutschland und in den Niederlanden, weswegen schnelleres Fluggerät erforderlich wurde. Im Juli 1988 stieß die erste von acht Fokker 50 zur Flotte. Diese Maschinen ersetzten auch die DHC-7 auf den innerdänischen Routen.

Ein weiteres Standbein von Maersk Air war das Leasinggeschäft, in dem das Unternehmen beachtliche Erfolge verbuchen konnte. Obwohl zunächst nur über den flugschwachen Winter Flugzeuge an andere

Zur Erstausstattung der Maersk Air gehörten sechs Fokker F-27 (OY-APA bis -APF), die zwischen Dezember 1969 und Oktober 1971 ausgeliefert wurden. OY-APC (C/N 10431) absolvierte am 9. Februar 1970 ihren Erstflug und kam am 14. Februar 1970 als dritte Maschine zu Maersk Air. Der Verkauf an die französische Regionalfluggesellschaft Air Rouergue (F-BYAC) erfolgte am 14. Dezember 1976.

Gesellschaften vermietet wurden, kamen aber schon bald Maschinen auch auf längeren Kontrakten heimatfern zum Einsatz. So waren einige Boeing 737 langfristig an **British Airways** und die **Deutsche BA** vermietet. Als eine der ersten Fluggesellschaften weltweit, erteilte Maersk Air Aufträge für die neueste Generation der Boeing 737. Im März 1998 erhielt das Unternehmen die erste Boeing 737-700 und ältere 737-300 konnten nach und nach ausgemustert werden. Seit Mai 2000 kommt auch der Canadair Regional Jet zum Einsatz, diese Maschinen lösten die letzten Fokker 50 ab.

Im Juli 1993 expandierte Maersk Air nach Großbritannien und beteiligte sich an der Regionalfluggesellschaft Birmingham European Airways, die wenig später vollständig übernommen und in Maersk Air UK umbenannt wurde. Heute fliegt das Unternehmen als Partner von British Airways Boeing 737-500 und Maschinen des Typs Canadair Regional Jet für British Regional Airways. Ein weiteres Tochterunternehmen ist Star Air in Dänemark mit einer Flotte von Fokker F-27, mit denen vorwiegend Frachttransporte durchgeführt werden.

Boeing 720-051B OY-APY (C/N 18421/244) kam als erste Maschine dieses Musters am 8. Februar 1973 in die Flotte der Maersk Air. Zuvor flog OY-APY bei Northwest Orient Airlines als N728US und wurde schließlich am 12. November 1979 als G-BHGE an die britische Monarch Airlines verkauft.

Die Boeing 737-2L9 OY-MBV (C/N 22735/825) kam als letzte der ersten drei 737-200 am 23. Dezember 1981 zur Auslieferung und stand bei Maersk Air bis zum 25. Oktober 1990 im Einsatz. Heute fliegt die Maschine als PK-RIR bei der indonesischen Mandala Airlines.

Insgesamt beflogen acht Fokker 50 die Regionalstrecken der Maersk Air. OY-MMS (C/N 20148) kam am 24. Februar 1989 zur Flotte und stand bis zum Februar 1998 im Einsatz. Seit November 1998 fliegt die Maschine als YL-BAR bei Air Baltic.

Die neuen Boeing 737-7L9, hier OY-MRH, lösen ab dem Jahr 2000 nach und nach die 737-500 als Arbeitspferd bei Maersk Air ab.

Nachfolgemuster der Fokker 50 auf den Regionalstrecken ist der Canadair Regional Jet. Das Bild zeigt OY-MBP kurz nach der Auslieferung.

Das Maersk Air Tochterunternehmen Star Air fliegt mit einer vornehmlich aus F-27 bestehenden Flotte hauptsächlich Frachtdienste innerhalb Westeuropas. OY-SRR (C/N 10392) flog bei dem Unternehmen zwischen April 1988 und Juli 1994.

Das Tochterunternehmen Maersk Air UK fliegt von seiner Heimatbasis Birmingham aus mit einer Flotte von fünf Boeing 737-5L9 Liniendienste für British Airways. G-MSKC (C/N 25066/2038) wurde als dritte Maschine am 3. Dezember 1996 von Maersk Air übernommen. Zuvor flog sie dort seit Mai 1991 als OY-MAE.

Premiair

Premiair entstand am 1. Januar 1994 durch die Fusion der dänischen **Conair** und der **Scanair**, dem Charterflugunternehmen des SAS. Der dänische Reisekonzern Spieß besaß Anteile an beiden Fluggesellschaften und im November 1993 wurde aus Wettbewerbsgründen die Zusammenführung der beiden Fluglinien beschlossen. Die Scandinavian Leisure Group war der Gesellschafter der Premiair. Die Flugzeuge von Scanair und Conair erhielten eine neue und einheitliche Bemalung und operierten von der Hauptbasis Kopenhagen/Kastrup, sowie von Oslo und von Stockholm aus. Die Eigenständigkeit währte nicht lange, denn schon 1996 kaufte die britische **Airtours International** die Spieß Holding und erwarb damit auch die Kontrolle über Premiair, welche dann der Airtours Aviation Division zugeordnet wurde. Die Bemalung der Flugzeuge wurde optisch angeglichen nur noch der Schriftzug erinnert an Premiair. 1999 erhielt Premiair zwei Airbus A330, welche vorwiegend auf Langstrecken in die Karibik und nach Fernost zum Einsatz kommen.

MDC DC-10-10 SE-DHY (46983/252) wurde aus der Scanair-Flotte eingebracht, kehrte aber erst im April 1994 von einem Leasingvertrag bei der US-Gesellschaft Sun Country Airlines zurück. Im Rahmen eines Flottenerneuerungsprogramms kaufte die Scandinavian Leisure Group 1997 das Flugzeug und vermietete es an Premiair zurück. Am 25. Oktober 2000 wurde die Maschine als G-TDTW an Airtours International Airways abgegeben.

Airbus A320-231 OY-CND (C/N 163) »Merkur« flog ursprünglich bei Conair und stieß nach dem Zusammenschluss mit Scanair am 1. Januar 1994 zur Premiair-Flotte. Am 26. Februar 1997 wurde die Maschine als G-RDVE von Airtours International Airways übernommen.

Sterling Airways
Sterling European Airways

Im Mai 1962 gründete der dänische Reiseveranstalter Tjaereborg, der von dem evangelischen Pastor Eilif Krogager ins Leben gerufen worden war, eine eigene Fluggesellschaft. Das Unternehmen verschaffte breiten Bevölkerungsschichten, besonders aber Familien, die Möglichkeit einer günstigen Reise in die Mittelmeergebiete. Mit zunächst zwei von der **Swissair** erworbenen Propellerflugzeugen des Typs Douglas DC-6B ging Sterling Airways A/S am 7. Juli 1962 an den Start, der Erstflug führte von Kopenhagen nach Palma de Mallorca. Innerhalb kurzer Zeit wuchs die DC-6-Flotte auf zehn Exemplare, die aber schon ab 1965 von Caravelle 10B abgelöst wurden. Inlandsdienste wurden im Unterauftrag der Danair A/S mit zwei Fokker F-27 beflogen, die auch auf Kurzstrecken-Charterflügen zum Einsatz kamen.

Das erste Exemplar der größeren und leistungsfähigeren Caravelle 12 wurde am 12. März 1971 in Dienst gestellt. In den darauf folgenden Jahren bildete die Caravelle das Rückgrat der Flotte, bis im November 1973 die erste Boeing 727-200 bei der Fluggesellschaft eintraf. Mit der Übernahme von drei DC-8-63 konnten Mitte der 80er Jahre die Caravelle 12 auf den langen Charterstrecken abgelöst werden.

Sterling Airways gründete auch eine Reihe von ausländischen Tochterunternehmen, namentlich Sterling Airways Sweden, Sterling Airways Norway und Sterling Philippines, doch mussten diese Unternehmungen aus wirtschaftlichen Gründen bald wieder eingestellt werden. Die Gesellschaft half 1989 beim Aufbau der portugiesischen **Air Columbus** und hielt 34% deren Geschäftsanteile. Als Nachfolgemuster der Boeing 727 orderte Sterling die größere zweistrahlige Boeing 757, von der die erste Maschine, auf Basis einer Leasingvereinbarung, rechtzeitig zur Sommersaison 1989 in Dienst gestellt wurde. Die erste eigene 757 gelangte 1991 zur Ablieferung. Gleichzeitig führte man auch eine neue Farbgebung ein. Als Anfang der 90er-Jahre eine weltweite Rezession einsetzte, war davon auch der skandinavische Chartermarkt und damit auch Sterling betroffen. Steigender Wettbewerbsdruck und einbrechende Auslastungszahlen führten zu einschneidenden Sparmaßnahmen hinsichtlich der Mitarbeiterzahlen und der eingesetzten Flugzeuge. Trotzdem blieb die wirtschaftliche Lage prekär. Nach einem erfolglosen Kooperationsversuch mit der französischen Fluggesellschaft EAS - Europe Aere Service musste Sterling Airways am 22. September 1993 den Flugbetrieb einstellen und Konkurs anmelden.

Der Firmenmantel, Namensrechte und Konkursmasse wurden von einer Auffanggesellschaft übernommen, die 1994 als Sterling European Airlines mit einigen Boeing 727-200F wieder an den Start ging. Zunächst führte das Unternehmen nur Frachtflüge für TNT durch. Erst 1996 erhielt Sterling wieder Passagierflugzeuge, hier vertraute man auf die altbewährte Boeing 727-200.

Wiederum flogen Urlauber von dänischen Flughäfen, zumeist von Billund und Kopenhagen, zu europäischen Sonnenzielen. Nach dem Einstieg neuer Gesellschafter erfuhr die Sparte Passagierflug ab 1998 einen massiven Ausbau. Boeing 737-300 und -500 ersetzten die alten Maschinen vom Typ 727 und es wurden fabrikneue 737-800 bestellt. Die Flugzeuge fliegen jeweils in unterschiedlichen, farbfrohen Bemalungen. Zum Beginn des neuen Jahrtausends fliegt Sterling als skandinavischer Arm der **Britannia Airways** und einige 737-800 haben deren Farbgebung. Weiterhin werden auch die Frachtflüge für TNT International durchgeführt, und diese Dienste wurden über die letzten Jahre stetig ausgeweitet. Alle Fracht-727 fliegen in TNT-Bemalung und kommen von der TNT-Basis in Lüttich aus zum Einsatz.

DC-6B SE-ENZ (C/N 45320/930) wurde am 10. Juni 1968 von Yemen Airways (4W-ABF) erworben und flog zunächst als OY-STT, bevor die Maschine im Juni 1971 an das Tochterunternehmen Sterling Sweden transferiert wurde. Die Maschine stand dort bis zum Verkauf an einen US-Flugzeughändler im März 1973 im Einsatz.

Sterling erhielt diese SE.210 Caravelle 10B3 OY-STH (C/N 262) am 4. April 1969 direkt vom Hersteller. Die Maschine flog bis November 1991 bei der Gesellschaft und wurde danach in Kopenhagen abgestellt. Am 26. November 1992 erwarb die kolumbianische Fluggesellschaft Aerosucre das Flugzeug als HK-3805.

Ursprünglich für Luxair gebaut, wurde diese Fokker F-27-500 als OY-STO (C/N 10341) am 16. Mai 1968 an Sterling Airways geliefert. Eingesetzt wurde sie auf innerdänischen Liniendiensten im Auftrag der Danair A/S, aber auch für Kurzstrecken-Charterdienste. Insgesamt flogen zwei F-27 bei Sterling. OY-STO wurde am 3. Oktober 1973 als VH-EWO an die australische East-West Air verkauft. Heute fliegt die Maschine als Frachtflugzeug bei Farner Air Transport mit der Registrierung PH-FLM.

Mitte der 80er-Jahre flogen drei DC-8-63 bei Sterling alle wichtigen Langstreckendienste. OY-SBL (46054/453) kam am 9. Mai 1984 von Thai International (HS-TGY) und wurde am 28. Oktober 1986 zum Einsatz bei Scanair an das SAS verkauft.

Neben der SE.210 Caravelle bildete die Boeing 727-200 lange Jahre das Rückgrat der Sterling-Flotte. Ab 1986 kamen Boeing 727 mit längerer Reichweite (Rumpfmitteltank) zum Einsatz und lösten die DC-8-63 auf den Langstrecken zu den Kanarischen Inseln ab. Boeing 727-2B7 OY-SBH (22164/1743) flog vor ihrem Erwerb am 16. Oktober 1986 bei der US Air als N772AL. Nach dem Konkurs von Sterling Airways wurde die Maschine im November 1993 in Kopenhagen abgestellt und im März 1994 von der neu gegründeten Sterling European Airways übernommen.

Als Nachfolgemuster der Boeing 727-200 kommt seit dem Ende der 90er-Jahre bei Sterling die Boeing 737-800 zum Einsatz. Die Boeing 737-8Q8 OY-SEB (C/N 28214/78) wurde am 30. Juli 1998 von ILFC übernommen.

1989 bestellte Sterling zur Ablösung der veralteten DC-8-63 zwei Boeing 757-200 (OY-SHA C/N 371 und -SHB C/N 387). OY-SHB gelangte am 25. September 1991 zur Ablieferung und flog bei der Airline bis zum Konkurs am 22. September 1993.

Deutschland

Aero Lloyd

Aero Lloyd Flugreisen GmbH ist derzeit Deutschlands kleinste Charterfluggesellschaft. Das Unternehmen wurde am 5. Dezember 1980 als Aero Lloyd (Flugreisen Luftverkehrs KG) gegründet und am 20. Dezember 1980 ins Register eingetragen. Der Flugbetrieb begann im März 1981 mit drei ehemaligen SE.210 Caravelle 10R der **Aviaco** von der Heimatbasis Frankfurt/Main zu Zielorten in den traditionellen Gebieten rund um das Mittelmeer. Ab 1982 wurden von Frankfurt, Düsseldorf und München aus vornehmlich Ziele in Jugoslawien, Griechenland und Spanien angeflogen. Zur Auslastung der Flugzeuge trug auch der Reiseveranstalter Air Charter Market bei, der jahrelang einen Anteil der Gesellschaft hielt. Weitere Gesellschafter waren die Kaufleute Jan Klimitz und Reinhold Bräumer. Zur Flottenerneuerung und als Ergänzung der Caravelle erwarb Aero Lloyd 1982 drei Maschinen vom Typ MDC DC-9-32 von der indonesischen Garuda. Die erste Maschine, D-ALLA (C/N 47673/779, ex PK-GNK) gelangte am 9. März 1982 zur Ablieferung, gefolgt von D-ALLB (C/N 47680/781 ex PK-GNL) und D-ALLC (C/N 47672/778 ex PK-GNJ) am 15. März 1982. Die ersten Streckeneinsätze mit dem neuen Flugzeugtyp erfolgten im Mai 1982. Zu diesem Zeitpunkt hatte D-ALLA 16.166 Flugstunden und 11.251 Landungen absolviert, D-ALLB 15.533 Flugstunden und 10.701 Landungen, und D-ALLC 16.073 Flugstunden und 11.192 Landungen. Eine weitere Expansionsphase erlebte die Gesellschaft ab 1986 mit dem Zulauf der ersten MDC MD-83 mit 167 Sitzen am 25. März 1986 (D-ALLD, C/N 49402/1261), gefolgt von der ersten von vier georderten MD-87 mit 137 Sitzen im Frühsommer 1987. Mit dem Ersteinsatz im Mai 1986 bildete die MD-80 bis zur Mitte der 90er-Jahre das Rückgrat der Aero Lloyd-Flotte. In diesem Zeitraum waren bis zu 22 MD-82/83/87 im Einsatz.

Mit dem ehrgeizigen Ziel der **Lufthansa** auf innerdeutschen Strecken durch Unterbietung der Flugpreise einen Teil des lukrativen Geschäfts streitig zu machen, stieg Aero Lloyd mit Beginn des Winterflugplans am 31. Oktober 1988 ins Liniengeschäft ein. Als erste Strecken wurden Frankfurt–Hamburg, Frankfurt–München und Hamburg–Düsseldorf beflogen. Am 1. Dezember 1989 folgte der erste internationale Liniendienst zwischen München und London-Gatwick, gefolgt von Verbindungen nach Paris und Zürich. Nach dem Konkurs der **German Wings** übernahm Aero Lloyd von diesem Unternehmen zwei MD-83 und die Route Frankfurt–Berlin/Tegel. Auch für Aero Lloyd verlief das Liniengeschäft verlustreich und führte zu großen wirtschaftlichen Problemen. Nach der Zusage zur Einstellung aller Liniendienste kaufte sich Lufthansa 1992 in die Gesellschaft ein. Die gesellschaftsrechtlichen Strukturen veränderten sich dahingehend, dass heute eine Bank die Kapitalmehrheit hält. Die letzte DC-9-32 verließ Ende 1993 die Flotte und im darauf folgenden Jahr wurde durch die Bestellung werksneuer Airbus A320 und A321 eine Flottenerneuerung eingeleitet. Der erste Airbus A320 traf, in einer neuen Farbgebung, im Januar 1996 in Frankfurt ein und die sukzessive Ausmusterung der MD-80-Flotte begann. Die Umstellung auf eine homogene Airbus-Flotte wurde mit der Übernahme der ersten beiden A321 im Februar 1998 weiter ausgebaut und im September 2001 abgeschlossen.

Konzentrierte man sich in früheren Jahren nur auf deutsche Abflughäfen, so expandierte Aero Lloyd ab dem Ende der 90er-Jahre ins benachbarte Ausland mit Abflügen von österreichischen Flughäfen (u.a. Salzburg, Linz) und Luxemburg. Aero Lloyd hat die Hauptbasis in Frankfurt/Main, eine weitere Basis befindet sich am Flughafen München.

Routen:

Charterdienste von Berlin, Bremen, Düsseldorf, Frankfurt, Hamburg, Hannover, Köln, München, Münster/Osnabrück, Nürnberg, Saarbrücken und Stuttgart nach Alicante, Almeria, Antalya, Arrecife, Brindisi, Calvi, Catania, Dubrovnik, Faro, Fuerteventura, Funchal, Gerona, Heraklion, Hurghada, Ibiza, Jerez, Kairo, Kalamata, Karpathos, Kavala, Korfu, Kos, Lamezia Terme, Larnaca, Las Palmas, Luxor, Mahon, Malaga, Monastir, Mykonos, Neapel, Olbia, Palermo, Palma de Mallorca, Paphos, Rhodos, Samos, Santorin, Sharm el Sheik, Skiathos, Split, Tel Aviv, Teneriffa, Thessaloniki und Zakynthos.

Flotte:

8 Airbus A320-200	6 MDC MD-83
12 Airbus A321-200	

Aero Lloyd begann ihren Flugbetrieb 1981 mit einer Flotte von drei SE.210 Caravelle 10R, die von der spanischen Aviaco erworben wurden. D-ABAK (C/N 232) kam im März 1981 zur Flotte und ist hier in der ursprünglichen Bemalung abgebildet. Die Außerdienststellung der Maschine erfolgte im November 1990.

SE.210 Caravelle 10R D-ABAK (C/N 232) in der zweiten Bemalungsvariante, die mit der Übernahme der DC-9-32-Flotte eingeführt wurde.

Eine neue, farbenfrohe Bemalung führte Aero Lloyd in den 80er-Jahren mit der Indienststellung ihrer neuen MDC MD-80-Flotte ein. Obwohl bereits in der Ausmusterungsphase, wurden auch die Caravelle noch umlackiert. D-ACVK (C/N 176) »Otto Trump« parkt hier zwischen zwei Flügen in Düsseldorf.

Die von MDC als Ersatz für die DC-9-30 entwickelte MD-87 blieb ein Exot am deutschen Himmel. Hierzulande war Aero Lloyd die einzige Fluglinie, die diesen Flugzeugtyp im Einsatz hatte (D-ALLI/-ALLJ/-ALLK). Die MD-87 erwies sich im Chartereinsatz aber als unrentabel und wurde schnell wieder abgestoßen. D-ALLJ (C/N 49768/1595) kam am 7. Juni 1989 zur Ablieferung, der Verkauf erfolgte am 31. Januar 1997 an einen amerikanischen Flugzeughändler.

Eine erste Flottenerneuerung erfolgte bei Aero Lloyd im Jahre 1982 als das Unternehmen drei zweistrahlige Mittelstreckenflugzeuge vom Typ MDC DC-9-32 von der indonesischen Garuda erwarb. Die zweite Maschine, D-ALLB (C/N 47680/781 ex PK-GNL) konnte am 8. Juni 1982 übernommen werden. Im Januar 1991 kaufte Midwest Express in den USA das Flugzeug, die es noch heute als N201ME im Einsatz hat.

Flaggschiff der Aero Lloyd-Flotte ist der Airbus A321. D-ALAP (C/N 1421) wurde am 2. Februar 2001 in Dienst gestellt und ist von der International Lease Finance Corporation (ILFC) gemietet.

Air Commerz

Diese kurzlebige deutsche Charterfluggesellschaft wurde 1970 als Steuerabschreibungsmodell gegründet und hatte ihre Heimatbasis in Hamburg. Der Flugbetrieb konnte rechtzeitig zur Sommersaison 1970 aufgenommen werden und neben zwei eigenen Boeing 707 kamen auch zwei Vickers Viscount 800 zum Einsatz, die von der irischen **Aer Lingus** geleast wurden. Das hauptsächliche Betätigungsfeld dieser Flugzeuge waren so genannte Gastarbeiterflüge und Ad-hoc-Charter, obwohl die 707 manchmal auch zu exotischen Ziele wie Bali starteten. Wirtschaftlich stand das Unternehmen von Beginn an auf schwachen Beinen und die massive Unterkapitalisierung verhinderte eine strategische Expansion. Auch konnten oftmals fällige Rechnungen für Flugsicherungsgebühren und die Abfertigungsentgelte der Flughäfen nicht bezahlt werden, sodass zeitweise die Boeing 707 stillgelegt werden mussten. Nach einer ergebnislos verlaufenen Suche nach

frischem Kapital oder einem finanzstarken Partner musste am 1. September 1972 der Weg zum Konkursrichter angetreten werden.

Vickers Viscount 808 EI-AKO (C/N 421) flog mit der Zulassung D-ADAN zwischen März 1970 und August 1972 bei Air Commerz. Das Unternehmen kaufte das Flugzeug von der irischen Aer Lingus, die es nach dem Konkurs der Air Commerz zurücknahm.

Air Berlin

Die Fluggesellschaft mit Hauptsitz in Berlin wurde im Juli 1978 nach amerikanischem Recht als Air Berlin USA gegründet. Erste Charterflüge zu Sonnenzielen am Mittelmeer starteten im April 1979 von Berlin-Tegel aus mit Boeing 707 im Auftrag deutscher Reiseveranstalter. Hier trat Air Berlin die Nachfolge der in Konkurs gegangenen Aeroamerica an. Ein Transatlantikdienst nach Florida, mit Zwischenstopp in Brüssel, wurde von Oktober 1980 bis Oktober 1981 angeboten, aber wegen Unwirtschaftlichkeit dann wieder eingestellt. Danach tauschte Air Berlin die 707 gegen ein Mittelstreckenflugzeug vom Typ Boeing 737-200 aus. Eine Boeing 737-400 mit 167 Plätzen kam ab April 1990 zum Einsatz. Nach der Wiedervereinigung Deutschlands wurde Air Berlin im April 1991 nach deutschem Recht als Air Berlin GmbH & Co Luftverkehr KG neu gegründet. Abflüge blieben jetzt nicht mehr auf Berlin beschränkt und die Aktivitäten im Bundesgebiet wurden zügig ausgebaut. In den Jahren 1994-1996 wurde die Flotte mit dem Zukauf weiterer 737-400 dem erweiterten Bedarf angepasst. Vorausschauend erteilte das Unternehmen Lieferoptionen für die neue Boeing 737-800. Mit der Ablieferung der ersten Boeing 737-800 im Jahre 1998 wurde auch das farbliche Erscheinungsbild von Air Berlin geändert. Ebenfalls 1998 führte Air Berlin von zwei deutschen Flughäfen so genannte Shuttleflüge, zunächst nach Palma de Mallorca, ein. Air Berlin verfolgt hinsichtlich der Flotten- und Passagierentwicklung die Strategie eines eigenständigen, kontinuierlichen Wachstums. 1999 wurden erstmals über drei Millionen Passagiere befördert.

Routen:

Charterflüge von 14 deutschen Flughäfen zu Zielen rund ums Mittelmeer und nach Ägypten, Zielorte sind u.a. Agadir, Alicante, Almeria, Antalya, Arrecife, Athen, Djerba, Faro, Fuerteventura, Funchal, Heraklion, Hurghada, Ibiza, Korfu, Larnaca, Las Palmas, Luxor, Mahon, Malaga, Monastir, Palma de Mallorca, Paphos, Rhodos, Teneriffa, Thessaloniki und Zakynthos.

Flotte:

14 Boeing 737-800	4 Boeing 737-400

Air Berlin begann im April 1979 mit Charterflügen unter dem Namen Air Berlin USA. Als erstes Flugzeug kam eine Boeing 707-300 zum Einsatz, die wenig später durch das Muster Boeing 737 ersetzt wurde.

Von Juni 1982 bis Ende April 1986 leaste Air Berlin USA diese Boeing 737-2K5 von Hapag-Lloyd Flug. N2941W (C/N 22596/763) flog dort als D-AHLD. Heute steht die Maschine in El Salvador bei TACA International Airlines mit der Kennung N231TA im Einsatz.

Die Boeing 737-400 bildete für lange Jahre das Rückgrat der Air Berlin-Flotte. D-ABAD (C/N 25178/2199) war von GPA Group/General Electric Capital Corporation zwischen 21. Januar 1992 und 23. April 1997 an Air Berlin vermietet. Auf dem hinteren Rumpfteil trägt die Maschine den Sticker zur Berliner Olympia-Bewerbung 2000.

Ende der 90er-Jahre lösten bei Air Berlin die Boeing 737NG zügig die älteren 737-400 ab. Die Boeing 737-86J D-ABAS (C/N 28073/200) gelangte als sechste Maschine dieser Serie am 11. Februar 1999 zur Ablieferung. Nach Hapag-Lloyd Flug wurde Air Berlin zur zweiten deutschen Fluggesellschaft, die Maschinen vom Typ 737-800 in den Einsatz nahm.

Air Bremen

Anfang 1988 wurde in Bremen die Air Bremen als Regionalfluggesellschaft gegründet. Die Zielsetzung war, Direktflüge zwischen Bremen und den wichtigsten europäischen Wirtschaftszentren durchzuführen. Als Anteilseigner zeichneten das Bremer Industrieunternehmen HIBEG, sowie zwei Schifffahrtslinien und eine Versicherungsgesellschaft. Im März 1989 konnte der Flugbetrieb mit zwei Saab 340 zu den Zielorten Amsterdam, Brüssel, Kopenhagen und London aufgenommen werden. Im März 1990 übernahm die

Gesellschaft ihre dritte Saab 340. Zur Jahresmitte 1990 tauchten erste Anzeichen einer Finanzkrise wegen Unterkapitalisierung auf, und das Land Bremen sprang zur Aufrechterhaltung des Flugbetriebs mit einer Finanzhilfe von mehreren Millionen DM ein. Gespräche über eine Kooperation mit der **Lufthansa** und der niederländischen **KLM** mussten erfolglos abgebrochen werden. Da auch keine anderen finanzstarken Partner gefunden werden konnten, stellte Air Bremen den Flugbetrieb am 22. August 1990 ein und die Eigentümer fällten daraufhin die Entscheidung zur Liquidation des Unternehmens.

Air Bremen leaste die Saab 340 D-CHBA (C/N 141) von der schwedischen Salenia Aviation A/B vom 20. Februar 1989 bis zur Betriebseinstellung am 22. August 1990.

Atlantis Airways AG

Die im August 1968 entstandene Atlantis Airways entsprang der 1966 gegründeten Nordseeflug und wuchs über die kommenden Jahre zu einer der größten deutschen Charterfluggesellschaften. Als erstes Flugzeug leaste das Unternehmen für ein Jahr eine Douglas DC-7C vom **SAS** und begann von ihrer Heimatbasis in Frankfurt/Main mit der Durchführung von Pauschalreise-Charterflügen zu den Sonnenzielen am Mittelmeer. Zweites Standbein des Unternehmens waren die so genannten Gastarbeiterflüge nach Südeuropa und in die Türkei. Die Genehmigung für Transatlantik-Charterflüge wurde Atlantis im September 1968 erteilt. Am 1. November 1968 erhielt das Unternehmen seine erste Langstreckenmaschine, eine MDC DC-8-32, die von Greyhound Leasing aus den USA gemietet wurde. Dieses frühere Swissair-Flugzeug stand zuvor schon bei einer anderen deutschen Fluggesellschaft, der **Südflug**, im Einsatz. Eine zweite DC-8-32 folgte im Dezember desselben Jahres. 1969 erfolgte die Einwerbung weiterer Kapitalgeber zur Finanzierung neuer Flugzeuge. Zu diesem Zweck gründete man die Flugkapital GmbH mit einem Anlage

volumen von 40 bis 50 Millionen DM. Zeitgleich wurde bei Atlantis die Gesellschaftsform von einer GmbH in eine AG geändert. Im April 1970 gelangte die erste von drei werksneuen DC-8-63CF zur Ablieferung, gefolgt von den anderen beiden Maschinen im April und Mai 1971. Eine der älteren DC-8-32 konnte sodann untervermietet werden. Für ihre Europadienste beschaffte Atlantis ebenfalls bei MDC drei DC-9-32, die im Januar, Februar und April 1970 übernommen werden konnten. Obwohl 1971 mehr als eine halbe Millionen Fluggäste befördert werden konnten, geriet die Gesellschaft zunehmend in wirtschaftliche Schwierigkeiten. Einerseits konnten nicht genügend neue Kapitalgeber für die notwendige Betriebsfinanzierung gefunden werden, andererseits gelang es der Geschäftsführung nicht, die Flugzeugflotte während der nachfrageschwachen Wintermonate an Dritte zu vermieten. Als es dem Unternehmen auch nach der Sommersaison 1972 nicht gelang positive wirtschaftliche Resultate vorzuweisen, war man zur Einstellung des Flugbetriebs gezwungen. Am 20. Oktober 1972 ging die Atlantis AG in Konkurs und die letzten beiden DC-9 wurden im Januar und März 1973 in die USA verkauft.

Atlantis startete 1966 den Flugbetrieb als Nordseeflug GmbH, der Name wurde 1968 in Atlantis Airways GmbH geändert. Erstes Flugzeug des Unternehmens war die DC-3 D-CNSF.

Als erstes eigenes Flugzeug kam bei Atlantis die für ein Jahr vom SAS gemietete Douglas DC-7C D-ABYF (C/N 44933/734) ab 21. März 1968 zum Einsatz. Die Maschine kehrte am 21. März 1969 an das SAS zurück, wurde in Kopenhagen/Kastrup abgestellt und im Mai 1970 verschrottet.

Als erstes Strahlflugzeug erhielt Atlantis am 1. Dezember 1968 die Douglas DC-8-32 D-ADIM (C/N 45416/54), welche bis zur Betriebs-einstellung am 19. Oktober 1972 im Einsatz stand. Zuvor flog die Maschine als HB-IDA bei der Swissair.

Die Douglas DC-8-63CF D-ADIZ (C/N 46145/548) gelangte als dritte und letzte Maschine dieses Musters (D-ADIX/-ADIY/-ADIZ) am 26. Mai 1971 zur Ablieferung.

Atlantis verfügte über drei Maschinen des Typs MDC DC-9-32 (D-ADIS/-ADIT/-ADIU), die auf den Ferienrouten ins Mittelmeergebiet zum Einsatz kamen. Abgebildet ist DC-9-32 D-ADIS (C/N 47459/549), die am 15. Januar 1970 an Atlantis geliefert wurde, auf dem Abnahmeflug vor der kalifornischen Küste. Ab Januar 1973 flog die Maschine bei Republic Airlines als N942N und steht heute noch bei Northwest Airlines im Dienst.

Augsburg Airways

Augsburg Airways hat ihre Wurzeln in der Interot Air Service, die für Angehörige der Firmen Haindl Papier und Interot Internationale Spedition seit 1979 einen regelmäßigen Charterservice betrieb. Zunächst kam eine Firmenmaschine vom Typ Beechcraft 200 Super King Air zum Einsatz. 1986 wurde dieser Firmenflugbetrieb in einen planmäßigen Bedarfsverkehr umgewandelt und eine zweite King Air angeschafft. Ab Herbst 1987 flog man von Augsburg nach Düsseldorf und Hamburg. Die Nachfrage entwickelte sich positiv, sodass im September 1988 und im darauf folgenden Mai 1989 die beiden King Air durch größere und leistungsfähigere Beechcraft 1900C ersetzt wurden. Im Dezember 1989 wurde Interot die Linienflugberechtigung erteilt, was strategisches Wachstum in den bestehenden Märkten ermöglichte. Ab Oktober 1990

kam auf der Strecke Augsburg–Düsseldorf erstmals eine geleaste DHC-8-100 zum Einsatz. Positive Betriebsergebnisse veranlassten das Unternehmen zur Bestellung von drei eigenen DHC-8. Die deutsche Wiedervereinigung schaffte weitere Wachstumsmöglichkeiten und der Firmenname wurde in Interot Airways geändert. Köln/Bonn und London wurden in das Streckennetz aufgenommen. Durch eine neuerliche Namensänderung am 1. Januar 1996 in Augsburg Airways bekannte sich das Unternehmen nachdrücklich zum Standort Augsburg. Mit der Einführung des Winterflugplans 1996 flog Augsburg Airways erstmals Regionalstrecken im Auftrag der **Lufthansa**, und wurde wenig später der erste Partner im Team Lufthansa. Eine zweite Basis wurde auf dem Flughafen München eingerichtet, und mit der Vergrößerung der Flotte um weitere DHC-8 konnten für Lufthansa weitere Regionalstrecken von anderen Regionalflughäfen bedient werden.

Die Wurzeln des Lufthansa-Partners Augsburg Airways liegen bei Interot Airways, die 1987 den Linienflugbetrieb zwischen Augsburg und Düsseldorf aufnahm. Als erstes Flugzeug gelangte dort die Beech 1900C D-CISA (C/N UB-74) zum Einsatz.

Die Flotte der Augsburg Airways besteht ausschließlich aus DHC-8-300. D-BMUC (C/N 350) ist seit dem 15. März 1996 im Einsatz und von Tyrolean Airways gemietet.

Aviaction

Aviaction - Hanseatische Luftreederei GmbH wurde am 22. Dezember 1969 mit dem Ziel gegründet, von ihrer Basis am Flughafen Hamburg Pauschalreise-Charterflüge in die Urlaubsgebiete rund um das Mittelmeer durchzuführen. Auch kleinere Regionalflughäfen, von denen bislang kein Urlauberverkehr ausging, sollten bedient werden. Zu diesem Zweck errichtete man in Kassel-Kalden eine zweite Basis und das Unternehmen wurde in Aviaction - Hanseatische Luftreederei GmbH und in Aviaction - Kassel Flugtouristik GmbH geteilt. Jedes Unternehmen zeichnete voneinander unabhängig am 30. Juli 1970 eine Kaufordre für je eine Fokker F-28 Fellowship, gefolgt von einer weiteren Bestellung des gleichen Typs der Aviaction - Kassel am 14. Dezember 1971. Die Ablieferung des ersten Flugzeugs erfolgte in Hamburg am 26. Februar 1971 und mit dem Erhalt der Flugbetriebslizenz konnte Aviaction am 28. März 1971 den Betrieb aufnehmen. Der ersten erfolgreichen Sommersaison folgte ein ertragsarmer Winter, was zu erheblichen Finanzproblemen bei der jungen Fluggesellschaft führte. Deshalb konnte auch die Option zum Kauf einer vierten F-28 nicht umgewandelt werden. Mit einer recht dünnen Finanzdecke startete man in die Sommersaison 1972. Finanzielle Entlastung kam für Aviaction durch die Vermietung einer F-28 an die norwegische **Braathens S.A.F.E.** von Januar bis April 1973. Diese

Fluggesellschaft war vertraglich auch für die Wartung der Aviaction-Flotte verantwortlich. Nach einer nur mäßig erfolgreichen Sommersaison 1973 verstärkten sich die wirtschaftliche Probleme des Unternehmens und man sah sich im Dezember 1973 zur Betriebseinstellung gezwungen. Die Flugzeuge wurden daraufhin von Fokker zurückgefordert.

Aviaction flog mit drei Fokker F-28-1000 (D-AHLA, -AHLB und -AHLC) Urlaubercharterdienste ans Mittelmeer. Eine vierte Maschine, D-AHLD, wurde nicht mehr übernommen. D-AHLA (C/N 11027) stand vom 25. Februar 1971 bis zur Rückgabe an Fokker BV am 11. Dezember 1973 in Dienst.

Bavaria

Die Münchener Bavaria, eine der bekanntesten deutschen Charterfluggesellschaften, flog in ihren Anfangsjahren zwischen 1960 und 1963 Luftfrachtdienste im Auftrag der **Lufthansa**. Hierzu wurden von Lufthansa zwei Douglas DC-3 übernommen. Eine weitere Maschine wurde 1963 aus den USA erworben. Im November desselben Jahres begann der Gründungsdirektor von Bavaria, Max Schwabe, Kaufverhandlungen mit dem britischen Flugzeughersteller Handley Page für eine kleine Flotte von HP.7 Dart Herald. Am 28. Januar 1964 erfolgte die Vertragsunterzeichnung für eine solche Maschine, plus zwei Optionen. Die Maschine mit der Registrierung D-BIBI gelangte am 1. Mai 1964 zur Ablieferung und mit nur diesem einen Flugzeug konnten während der Sommersaison 1964 mehr als 12.000 Fluggäste befördert werden. Nach diesem erfolgreichen Start wandelte Bavaria ihre Optionen in Festbestellungen um, sodass am 29. März 1965 D-BEBE und am 4. April 1966 D-BOBO zur Ablieferung gelangten. Mit dieser kleinen HP.7-Flotte flog Bavaria Urlauber zu Zielen in Italien, Spanien, auf dem Balkan und in Nordafrika. Neben den Passagierdiensten flogen die Heralds auch nahezu alle zeitkritischen Zeitungsauslieferungsflüge. 1966 erreichte die Bavaria-Flotte 8000 Flugstunden und beförderte rund 80.000 Passagiere und 4000 Tonnen Fracht.

Mit Einführung der ersten »Holiday Jets« vom Typ BAC 1-11 übertrug man den Heralds die Frachtrouten und die frühmorgendlichen Zeitungsauslieferungsflüge von München nach Mailand, Venedig und Hamburg.

Die erste BAC 1-11, D-ANDY, übernahm Bavaria im Dezember 1967 und stellte sie mit Wirkung des Frühjahrs-/Sommerflugplans 1968 in Dienst. Die mit der Srs. 400 gemachten guten Erfahrungen führten 1969 zur Bestellung von zwei größeren Maschinen der Serie 528, ein weiteres Exemplar wurde 1971 bestellt. Das erste dieser Flugzeuge, D-AMUC, gelangte am 3. Dezember 1970 zur Auslieferung, gefolgt von D-ALFA am 26. Februar 1971 und schließlich D-ANUE am 15. März 1972. Zur Umgehung des saisonalen Auslastungsproblems während der Wintermonate führte Bavaria Auftragsflüge für andere Fluggesellschaften durch und vermietete ihre Heralds an die israelische Fluglinie Arkia. Mit der Fokussierung auf den Passagierchartermarkt wurden die Heralds bald überflüssig und gelangten zwischen 1967 und 1970 zum Verkauf.

Der Unternehmer Josef Schörghuber, der schon Eigentümer der **Germanair** war, wurde 1974 neuer Hauptanteilseigner an Bavaria. Die Fusion beider Unternehmen zur Bavaria-Germanair erfolgte am 1. Januar 1977, aber schon im April desselben Jahres verkaufte Josef Schörghuber seine Gesellschafteranteile an die aufstrebende und kapitalstarke Hapag-Lloyd Gruppe. Die Fusion zwischen Bavaria-Germanair und **Hapag-Lloyd Flug** wurde zunächst vom Bundeskartellamt untersagt, nach langwierigen rechtlichen Verfahren mit Wirkung zum 1. Januar 1979 aber doch genehmigt.

Bavaria erwarb von Lufthansa deren DC-3-Flotte, darunter auch D-CADO.

Zur saisonalen Verstärkung ihrer Flotte leaste Bavaria die BAC 1-11-402AP G-AYHM (C/N 161) vom 1. August 1970 bis zum 4. Januar 1971.

Nachdem sich die BAC 1-11 Srs. 400 als zu klein für den Urlaubercharterdienst erwies, erwarb Bavaria die größere Srs. 500. Als letztes Exemplar gelangte D-ANUE (C/N 238), eine Maschine der Srs. 528FL, am 15. März 1972 zur Ablieferung. Heute fliegt die Maschine bei Astan Air als YR-JBB.

Für die Sommersaison 1976 benötigte Bavaria zusätzliche Kapazität und mietete zwischen Mai und September 1976 vom Hersteller diese BAC 1-11-518FG G-AXMG (C/N 201). Die Maschine trägt eine Interims-Bemalung und unter dem Kabinenstreifen bereits die Logos der späteren Bavaria-Germanair.

Bavaria-Germanair

Bavaria-Germanair entstand am 1. Januar 1977 durch den Zusammenschluss der Bavaria Gesellschaft Schwabe & Co. KG (gegründet 1957) und Germanair Bedarfsluftfahrt GmbH & Co. KG (gegründet 1964 als Südwestflug). Josef Schörghuber, seit 1971 Hauptanteilseigner der Germanair und seit 1974 im Besitz der Bavaria, wurde auch in dem neuen Unternehmen Hauptanteilseigner. Durch diese Fusion stieg Bavaria-Germanair zum drittgrößten deutschen Charterflugunternehmen nach **Condor** und **LTU** auf. Die Gesellschaft flog weiterhin ausschließlich Pauschalreiseflüge von allen großen deutschen Flughäfen, speziell von ihren Basen in Frankfurt/Main und München, zu Urlaubszielen rund um das Mittelmeer. Die Durchführung von so genannten Gastarbeiterflügen spielte im Flugbetrieb nur eine untergeordnete Rolle.

Bereits im April 1977 verkaufte der Unternehmer Schörghuber seine Gesellschafteranteile an die aufstrebende und kapitalstarke Hapag-Lloyd Gruppe. Obgleich zunächst vom Bundeskartellamt untersagt, wurde die Fusion der Fluggesellschaft mit der **Hapag-Lloyd Flug** zum 1. Januar 1979 genehmigt.

Ab dem 1. März 1977 firmierten Bavaria und Germanair als Bavaria-Germanair. Die BAC 1-11-528FL D-AMUC flog zuvor bei Bavaria. Ab Januar 1979 war das Flugzeug dann in den Farben von Hapag-Lloyd unterwegs.

Als erste Charterfluggesellschaft der Welt hatte Germanair ab 1975/76 zwei A300B4 im Einsatz, D-AMAX (C/N 012) und D-AMAY (C/N 020). Nach dem Zusammenschluss zu Bavaria-Germanair flog D-AMAY in deren Farben und wurde im Januar 1979 in die Hapag-Lloyd-Flotte integriert.

BerLine

Die BerLine - Berlin-Brandenburgisches Luftfahrtunternehmen GmbH, wurde am 1. November 1991 von ehemaligen Interflug-Mitarbeitern gegründet. Aus den Beständen der ehemaligen DDR-Staatsfluglinie konnten fünf Flugzeuge vom Typ Iljuschin IL-18 erworben werden. Zwei dieser Maschinen wurden zu Frachtflugzeugen umgerüstet und mit einem seitlichen Frachttor versehen. Ab Februar 1993 setzte das Unternehmen zwei Fokker 100 ein, welche von der französischen Fluglinie Air Littoral gemietet wurden. Mit diesen Flugzeugen flog BerLine vom Heimatflughafen Berlin-Schönefeld Pauschalreiseflüge und Ad-hoc-Charterdienste zu Zielen innerhalb Europas. Während der ersten Sommersaison beförderte man bereits über 60.000 Passagiere, doch konnten die Flugzeuge nicht kostendeckend betrieben werden und das Unternehmen musste den Betrieb einstellen. Während die Fokker 100 umgehend an den Eigentümer retourniert wurden, fanden die diversen IL-18 nach längerer Abstellzeit neue Betreiber in der Ukraine und in Bulgarien.

Infolge der Abwicklung der früheren DDR-Fluglinie Interflug gründeten einige ihrer ehemaligen Mitarbeiter die IL-18 Cargo, aus der später die BerLine hervorging. Die IL-18 D-AOAP wurde nachträglich mit einem Frachttor versehen und nach Auflösung der BerLine an die bulgarische Air Zory verkauft.

Nach dem Aus der BerLine versuchte man nach einer Reorganisation als German European Airlines mit IL-18 wieder an den Start zu gehen. D-AOAO, eine Schwestermaschine der D-AOAP erhielt zwar eine neue Bemalung, die Gesellschaft aber keine Betriebsgenehmigung.

Um nicht ausschließlich vom Frachtgeschäft mit einer Flotte veralteter IL-18 abhängig zu sein, mietete BerLine für ihre Pauschalreise-Charterdienste in der Sommersaison 1993 diese Fokker 100 F-GIOX (C/N 11249) von TAT European Airlines.

Calair

Calair war eine weitere kurzlebige deutsche Charterfluggesellschaft, die mit einer Flotte von fünf Boeing 720 zum Jahresanfang 1970 an den Start ging. Diese Maschinen konnten kostengünstig von der amerikanischen Eastern Air Lines erworben werden und trafen zwischen Dezember 1970 und Januar 1971 in Deutschland ein. Rechtzeitig zur Frühjahrs-/Sommersaison 1971 konnte der Flugbetrieb aufgenommen werden, und man flog Passagiercharterdienste zumeist von Hamburg und Frankfurt/Main zu den Sonnenzielen am Mittelmeer. Da das Unternehmen von Beginn an unterkapitalisiert war, geriet es nach einer

guten Saison 1971 in wirtschaftliche Schwierigkeiten. Zwar gelang es, zwei Flugzeuge zurück in die USA zu verkaufen, doch reichte das hierdurch erwirtschaftete Geld nicht, um in die Sommersaison 1972 starten zu können. Die restlichen drei Flugzeuge wurden im Frühjahr 1972 in Frankfurt wegen ausstehender Flugsicherungs- und Abfertigungsgebühren festgesetzt und im März 1972 musste Calair Konkurs anmelden.

Die drei Boeing 720 blieben bis Anfang 1973 in Frankfurt abgestellt und wurden dann in einer spektakulären Geheimoperation via Portugal nach Rhodesien (heute Zimbabwe) verkauft, wo sie noch viele Jahre bei Air Rhodesia und Air Zimbabwe im Dienst standen.

1970 kaufte die kurzlebige Calair vier Boeing 720-025 der amerikanischen Eastern Air Lines. Als erste Maschine gelangte D-ACIP (C/N 18162/240) am 22. Dezember 1970 zum Einsatz. Ab März 1973 war das Flugzeug in Frankfurt abgestellt und wurde am 13. April 1973 auf abenteuerlichem Wege nach Rhodesien (heute Zimbabwe) überführt. Dort stand das Flugzeug als VP-YNL/Z-YNL bei Air Rhodesia/Air Zimbabwe bis zum Januar 1975 im Einsatz.

Condor Flugdienst GmbH

Condor Flugdienst, die seit Anfang 2002 in den Farben der Thomas Cook Reisegruppe operiert, war jahrzehntelang die Charterflug-Tochtergesellschaft der **Lufthansa**. Das Unternehmen wurde im Jahre 1955 unter dem Namen Deutsche Flugdienst GmbH unter Beteiligung der Bundesbahn, der Lufthansa und zwei Schifffahrtslinien aus der Taufe gehoben. Anfänglich bestand die Flotte aus Vickers Viking, die aber schon bald durch Convair 340 abgelöst wurden. 1959 geriet die Deutsche Flugdienst GmbH in wirtschaftliche Schwierigkeiten und wurde, ausgestattet mit Staatsbürgschaften, komplett von der Lufthansa übernommen.

Die Condor Luftreederei GmbH wurde 1957 durch den Oetker-Konzern gegründet und flog mit zwei Convair 440 Urlaubercharterdienste von Hamburg zu Urlaubszielen in der Mittelmeerregion.

1961 erwarb Lufthansa die Condor vom Oetker-Konzern und verschmolz diese mit der Deutsche Flugdienst GmbH zur Condor Flugdienst GmbH. Die Convair 340/440 wurden ins Ausland verkauft und durch moderne Vickers Viscount 814D aus Lufthansa-Beständen ersetzt.

Ab 1963 stellte man bei Lufthansa Überlegungen an, die Regionalstrecken durch eine eigenständige Regionalfluggesellschaft zu lassen, und dafür Condor zu nutzen. Entsprechende Pläne wurden 1965 durch den Kauf von zwei Fokker F-27 realisiert. Zwischen 1965 und 1968 war Condor für den Betrieb der beiden Flugzeuge auf den wichtigsten Regionalstrecken verantwortlich. Die Maschinen flogen in Condor-Bemalung und mit dem Schriftzug der Lufthansa.

Mit dem Einsatz einer von Lufthansa transferierten Boeing 727-30 begann für Condor 1965 das Jet-Zeitalter und gleichzeitig die Ausmusterung der Viscount-Flotte. Fast ein Jahrzehnt lang bildete die 727-30 das Rückgrat der Condor Flotte, bis mit dem Einsatz der größeren Boeing 727-230 ab 1973 die Ablösung des Vorgängermusters begann. Zwischen 1969 und 1971 erfolgte auf den europäischen Strecken zu kleineren Flughäfen der Einsatz der Boeing 737-130, doch erwies sich dieses Flugzeugmuster für den Urlauberverkehr als zu klein. Erst ab 1981 kam die größere Boeing 737-230 als zweites Mittelstreckenflugzeug neben der 727-230 wieder zum Einsatz.

Am 1. Januar 1969 kaufte Lufthansa die wirtschaftlich angeschlagene **Südflug** und übertrug Condor die Bedienung deren Zielorte.

1967 flog Condor erstmals Langstrecken-Charterdienste in die USA und nach Fernost. Hierfür stellte Lufthansa zunächst Boeing 707-430, später 707-330B aus eigenen Beständen zur Verfügung. Als erste Charterfluggesellschaft der Welt erhielt Condor am 2. April 1971 die Boeing 747, den »Jumbo Jet«. Ein zweites Exemplar folgte im Jahr darauf. Mit diesen neuen Flugzeugen konnte das Langstreckennetz weiter ausgebaut werden und umfasste fortan neben den USA und dem Fernen Osten auch Südamerika, sowie West- und Ostafrika. Als Folge der Rezession Ende der 70er-Jahre mussten weltweit Überkapazitäten im Flugbetrieb abgebaut werden, und auch Condor ersetzte 1979 ihre beiden Boeing 747 durch die kleinere DC-10-30. Eine dritte DC-10 kam ab 1981 zum Einsatz.

Eine umfassende Flottenerneuerung begann ab 1987 mit der Einführung des Großraumflugzeugs Airbus A310 und der schrittweisen Ausmusterung der Boeing 727-200. Gemietete 737-300 ersetzten die kleineren 737-200. Mit der Bestellung von zunächst fünf Boeing 757-200 endete 1987 auch die seit der Gründung bestehende gemeinsame Flottenpolitik mit der Lufthansa. Im März 1990 konnte Condor ihre erste Boeing 757 in Dienst stellen. Um der steigenden Nachfrage gerecht zu werden, wurde die Flotte erweitert. Die erste Maschine des neuen Langstreckenmusters Boeing 767-330ER kam im Oktober 1992 zur Condor. Mit der Übernahme der neunten 767 im September 1994 verließen die letzten Airbus A310 die Flotte und auch die DC-10, lange Jahre das Rückgrat der Langstreckenflotte, kam nunmehr verstärkt auf stark frequentierten Mittelstrecken nach Spanien und Griechenland zum Einsatz.

Die Konsolidierung des Flugreisemarktes erforderte neues strategisches Denken bei den Charterfluggesellschaften, weswegen sich

Als Ersatz für die veralteten Convair 340/440 erhielt Condor am 1. November 1961 von der Lufthansa zwei Vickers Viscount 814D (D-ANIP, D-ANUR).

Condor 1995 an mehreren Reiseveranstaltern beteiligte. Damit konnten die Auslastungskapazitäten der eigenen Flotte sichergestellt werden. Zur weiteren Steigerung der Wettbewerbsfähigkeit wurde 1997 die Condor Berlin GmbH gegründet, eine Billigfluglinie, die mit einer Flotte von zwölf Airbus A320 vorwiegend von Berlin aus operiert.

Condor war einer der Erstkunden für die verlängerte Boeing 757-300, von denen neun Maschinen bestellt wurden. Die ersten vier Flugzeuge (D-ABOE, -ABOF, -ABOG und -ABOH) gelangten im März 1999 zur Ablieferung, gefolgt von drei weiteren Einheiten (D-ABOB, -ABOC und -ABOA) im Mai und Juni 1999. Damit konnten nun auch die letzten beiden DC-10 ausgemustert werden.

Condor ist mit 40% an Sun Express beteiligt und nimmt am Vielfliegerprogramm der Lufthansa/»Star Alliance« teil.

Flotte:	
16 Boeing 757-200	9 Boeing 767-300ER
13 Boeing 757-300	

Für ihre Langstrecken-Charterdienste betrieb Condor zwischen 1967 und 1984 insgesamt neun Boeing 707-430/-330B, die von Lufthansa transferiert wurden. D-ABUF (C/N 18928/457), eine 707-330B, flog zwischen April 1978 und März 1981 bei Condor.

Boeing 727 ersetzten ab 1966 die Viscount 814D in der Condor-Flotte. Als erste Maschine transferierte Lufthansa am 6. April 1966 die 727-30 D-ABIK (C/N 18366/98) an Condor, die dort bis zum 15. Januar 1976 im Einsatz war. Insgesamt verfügte Condor bis Juni 1982 über sieben 727-30.

Als erste Charterfluggesellschaft der Welt stellte Condor 1971 die Boeing 747 in Dienst, von der insgesamt zwei Exemplare im Einsatz waren. Zur Bewältigung von Kapazitätsproblemen wurde D-ABYR (C/N 21643/352) vom 11. Januar 1972 bis zum 2. Mai 1980 von Lufthansa gemietet.

Nachfolger der Boeing 727-30 wurde die größere 727-230, die für lange Jahre das Rückgrat der Condor-Flotte bildete. Insgesamt hatte die Gesellschaft neun dieser Flugzeuge im Einsatz. D-ABVI (C/N 20791/1022) gelangte am 22. März 1974 zur Ablieferung und flog bis zu ihrem Verkauf an den US-Flugzeughändler EXATCO am 12. Dezember 1989 für Condor. Danach flog sie als SX-CBI bei Olympic Airways und wurde am 12. August 1997 bei einem Landeunfall in Thessaloniki (Griechenland) irreparabel beschädigt.

Als Ergänzung zur Boeing 727-200 kamen ab Frühjahr/Sommer 1981 zunächst zwei Einheiten (D-ABFT/-ABHD) der kleineren Boeing 737-230 zum Einsatz. Zwei weitere Maschinen folgten im Oktober 1981 und März 1982. D-ABHD (C/N 22635/774) kam als zweite Maschine am 25. Juni 1981 zur Flotte. Am 2. Januar 1988 prallte sie im Anflug auf Izmir (Türkei) gegen einen Berghang. Dies war der erste Totalverlust der Condor seit ihrem Bestehen.

Ab 1987 erhielt Condor fünf Boeing 737-330 (D-ABWA, -ABWB, -ABWC, -ABWD und -ABWE). D-ABWE (C/N 23837/1514) kam als letzte Maschine am 7. März 1988 zur Flotte. Das Flugzeug wurde im September 1993 zum Kombi-Frachter 737-330(F) umgebaut und am 10. September 1993 an die Lufthansa abgegeben.

Lufthansa vermietete den Airbus A300B4-2C D-AIBB (C/N 057) zwischen dem 15. Juni 1987 und 16. Oktober 1987 an Condor.

Zur Deckung einer erhöhten Kapazitätsnachfrage erhielt Condor Anfang 1985 drei Airbus A310-203. Als erstes Flugzeug wurde D-AICM (C/N 356) am 10. Januar 1985 in Dienst gestellt, gefolgt von D-AICN (C/N 359) und D-AICP (C/N 360). Als letzte Maschine verließ D-AICM am 1. April 1991 die Flotte und wurde, ebenso wie die beiden anderen Flugzeuge, an Lufthansa abgegeben.

Das Rückgrat der Condor-Langstreckenflotte bildet die Boeing 767-330ER. Als letzte Maschine wurde D-ABUI (C/N 26988/562) am 15. Januar 1995 werksneu von der Lufthansa Leasing GmbH übernommen.

Mit der Ablieferung der verlängerten Boeing 757-330 ab Frühjahr 1999 konnte Condor die letzten MDC DC-10-30 außer Dienst stellen. D-ABOF gelangte am 13. März 1999 als zweite Maschine zur Auslieferung.

Für lange Jahre bildeten drei MDC DC-10-30 (D-ADPO, -ADQO und -ADSO) das Rückgrat der Condor-Langstreckenflotte. D-ADPO (C/N 46595/299) kam am 21. November 1979 werksneu zur Condor.

Condor mietete zwischen Juli und November 1986 diese DC-8-73CF, D-ADUC (C/N 46106/490), von German Cargo.

Nachfolger des A310 und der Boeing 727-200 wurde bei Condor ab 1990 die Boeing 757-230, die derzeit das Rückgrat der Mittelstreckenflotte bildet. D-ABNF (C/N 25140/373) gelangte am 29. Juli 1991 als sechste Maschine zur Ablieferung und wurde anlässlich des 40. Firmengeburtstages mit dieser attraktiven Bemalung des Künstlers James Rizzi versehen (»Rizzibird«).

Contact Air Interregional

Contact Air Flugdienst GmbH & Co. KG, eine Regionalfluggesellschaft mit Sitz in Stuttgart, wurde 1972 als Geschäftsreise-Flugunternehmen gegründet. Mit zwei Gates Learjet 35A führte die Firma neben Geschäftsflügen auch Ambulanzflüge und Kleinfrachtdienste innerhalb Europas, Nordafrikas und dem Nahen Osten durch. Der Sprung ins Regionalfluggeschäft erfolgte im Dezember 1982 mit der Übernahme der ersten von später insgesamt vier 19-sitzigen BAe Jetstream 31. Mit diesen Maschinen wurden ab 1983 eigene Liniendienste zwischen Münster/Osnabrück, Stuttgart und München durchgeführt. Im Auftrag der DLT bediente Contact Air die Route Saarbrücken–Düsseldorf. 1987 erfolgte erstmals der Einsatz der größeren DHC-8-100, die neben eigenen Routen auch Strecken im Auftrag der DLT beflog. Mit der Übernahme weiterer

DLT-Strecken wurde der Firmenname in Contact Air Interregional geändert und die DHC-8-Flotte wurde stetig erweitert. Neben Flugzeugen der Serie -100 kamen auch größere Maschinen der Serie -300 zum Einsatz, die zumeist in der Bemalung der DLT flogen.

1996 erhielt Contact Air nach **Augsburg Airways** als zweite Regionalfluggesellschaft einen Team Lufthansa-Vertrag und übernahm zwischen Mai 1996 und März 1997 alle Fokker 50 der **DLT/Lufthansa CityLine**.

Flotte:
11 Fokker 50

Contact Air betrieb mehere DHC-8 für die DLT. Nur wenige dieser Maschinen trugen die Farben der Contact Air. DHC-8-100 OE-LLO war kurzzeitig von Tyrolean Airways gemietet.

Nachdem die Lufthansa CityLine komplett auf Strahlflugzeuge umgestellt hatte, wurden alle Fokker 50 an den Team Lufthansa-Partner Contact Air abgegeben. D-AFKK (C/N 20205) wurde im April 1994 von der CityLine transferiert. Alle Maschinen fliegen jetzt in der blauen Farbgebung von Team Lufthansa.

Conti-Flug

Das Unternehmen wurde 1964 in Köln gegründet und führte von seiner Basis am Flughafen Köln/Bonn zunächst Geschäftsreiseflüge, Krankentransporte und sonstige Charterflüge durch. 1992 erhielt Conti-Flug einen Vertrag der Airbus Industrie für einen täglichen Liniendienst von Hamburg nach Toulouse. Für diese und für eine weitere Verbindung von Berlin zum London City-Airport beschaffte das Unternehmen Maschinen vom Typ BAe 146-200. Neben diesen Linienflügen wurden an Wochenenden auch Charterflüge durchgeführt. Ab Herbst 1993 wurde Riga ins Streckennetz aufgenommen und weitere Streckenexpansionen angestrebt. Da die in Eigenregie bedienten Liniendienste nie ein positives operatives Geschäftsergebnis aufwiesen, geriet Conti-Flug zunehmend in wirtschaftliche Schwierigkeiten, welche letztendlich die Einstellung des Flugbetriebs zur Folge hatten. Der Airbus-Vertrag wurde anschließend von der ebenfalls am Köln/Bonner Flughafen ansässigen **WDL Aviation** übernommen.

Mit dieser BAe 146-200 D-AJET (C/N E2201) flog EPC Conti-Flug von Ende 1991 bis Mitte 1994 den werktäglichen Airbus-Liniendienst zwischen Hamburg/Finkenwerder und Toulouse.

Deutsche BA (DBA)

Gegründet wurde die Deutsche BA im Jahr 1992 durch den Verkauf der deutschen Regionalfluglinie **Delta Air** an **British Airways** und die Übertragung der noch aus alliierter Besatzungszeit herrührenden innerdeutschen Verkehrsrechte nach Berlin von der Muttergesellschaft an das neue Unternehmen. Zunächst setzte »Die neue Linie im Land« weiterhin die Saab 340 der Delta Air auf den Regionalstrecken ein; die Hauptstrecken zwischen München, Düsseldorf und Berlin wurden mit von der dänischen **Maersk Air** gemieteten Boeing 737-300 beflogen. In der Aufbauphase 1992/93 erfolgte die Aufnahme der ersten internationalen Ziele (Ankara, Moskau) und weiterer innerdeutscher Verbindungen. Zur Bedienung aufkommensschwacher Routen mietete die Deutsche BA ab 1994 fünf Fokker 100 von der französischen Fluglinie **TAT**, die bis 1997 im Einsatz standen. Auf den Regionalstrecken lösten 1995 werksneue Saab 2000 die alten Saab 340 ab.
Mit Wirkung vom 1. Januar 1995 erfolgte die Verlegung des Firmensitzes von Berlin nach München. 1997 trennte sich die Deutsche BA von der Regionaldivision und verkaufte die Propellerflugzeuge an die französische Regional Airlines, mit der man eine kurzlebige strategische Partnerschaft einging. Neue Boeing 737-300 standardisierten die Flotte auf einen Typ und in der Farbgebung lehnte man sich

an British Airways und an deren kunstvolle »Ethnic Tails«-Leitwerke an. Auf der Suche nach Konzepten für einen wirtschaftlich positiven Flugbetrieb wurde im Laufe der letzten fünf Jahre das Streckennetz mehrfach geändert, wobei die internationalen Routen weitgehend eingestellt wurden. Zuletzt blieben nur noch London und Barcelona übrig, doch mit dem Jahreswechsel 2002 entschied man sich bei Deutsche BA zum Betrieb eines rein innerdeutschen Streckennetzes. Zeitgleich signalisierte die Muttergesellschaft British Airways die Bereitschaft zum Verkauf der DBA.
Im Rahmen anstehender Verkaufsverhandlungen der Fluggesellschaft an den Billiganbieter **Easyjet** erhielt man 2002 weitgehende wirtschaftliche Eigenständigkeit, die durch eine Namensänderung auf den Flugzeugen in DBA und eine neue Farbgebung dokumentiert wird.
Als Tochtergesellschaft von British Airways gehört die Deutsche BA zur »Oneworld Alliance«.

Flotte:
18 Boeing 737-300

Die Deutsche BA mietete zwischen 1994 und 1997 insgesamt fünf Fokker 100 (D-ADFA bis D-ADFE) von der französischen TAT. Hier rollt D-ADFC (C/N 11315) in Düsseldorf an den Start.

In Anlehnung an das Mittelstreckenkonzept der Muttergesellschaft British Airways standardisierte man bei DBA die Flotte auf das Flugzeugmuster Boeing 737-300. D-ADBE (C/N 24569/1775), zwischen Oktober 1995 und Oktober 1998 im Einsatz, trägt hier die farbenfrohe »Bauhaus«-Bemalung.

Ab 1995 kamen auf den Regionalstrecken der DBA fünf Saab 2000 (D-ADSA bis D-ADSE) zum Einsatz. Mit der Aufgabe dieser Dienste endete auch Einsatzzeit der Saab 2000 bei der DBA. D-ADSE (C/N 025) kam im November 1995 zur Ablieferung.

Mit der neuen, im Frühjahr 2002 eingeführten Farbgebung, demonstriert die Deutsche BA ihre größere Unabhängigkeit von der Muttergesellschaft British Airways. Boeing 737-31S D-ADBV (C/N29266/3092) kam am 1. Februar 1992 zur DBA.

Delta Air

Die Stuttgarter Logistikgruppe Scholpp gründete 1978 in Friedrichshafen am Bodensee die Delta Air, die mit einer DHC-6 Twin Otter den werktäglichen Linienflugverkehr auf den Strecken von Friedrichshafen nach Stuttgart und Zürich durchführte. 1982 stieß ein 18-sitziger Fairchild Metroliner III zur Flotte, dem 1984 ein zweites Exemplar folgte. Im selben Jahr mietete Delta Air von Dornier eine Do 228, mit der ein Werksverkehr zwischen Friedrichshafen und Oberpfaffenhofen betrieben wurde.

Im Jahre 1985 wurde Delta Air unter finanzieller Beteiligung der schweizerischen **Crossair** in eine GmbH umgewandelt und erhielt ab Mai 1987 den Status einer Liniengesellschaft. Seitdem wurden einige Strecken im Auftrag der **Lufthansa** mit Saab 340, die ab 1986 zur Flotte kamen, beflogen. 1992 erfolgte, unterstützt durch ein Bankenkonsortium, der Verkauf von Delta Air an **British Airways** und die Umbenennung in **Deutsche BA**. Der Betriebssitz wurde von Friedrichshafen nach München verlegt.

Delta Air betrieb eine Flotte von fünf Saab 340 auf Regionalstrecken (D-CDIA bis D-CDIE). D-CDIB gelangte als zweite Maschine zum Einsatz.

DLT - Deutsche Luftverkehrsgesellschaft mbH

DLT entstand am 1. Oktober 1974 durch die Reorganisation der OLT - Ostfriesische Lufttransport, deren Ursprünge wiederum auf die 1958 gegründete Ostfriesische Lufttaxi zurückgehen. Diese Reorganisation war erforderlich, um die Regionaldienste operationell und wirtschaftlich von den Versorgungsflügen zu den ostfriesischen Inseln zu trennen. Zu den ersten von DLT mit DHC-6 Twin Otter beflogenen Routen zählten Friedrichshafen–Zürich, Kassel–Düsseldorf, Hof–Bayreuth–Frankfurt und Hof–Bayreuth–Nürnberg–Stuttgart. Eine andere wichtige Route, bis heute bei dem Nachfolger Lufthansa CityLine im Streckennetz enthalten, verbindet Münster/Osnabrück mit Frankfurt/Main. Mitte 1975 wurde das DLT-Netzwerk um die Strecken Friedrichshafen–München und München–Nürnberg erweitert, und 1976 wurde mit der Verbindung München–Innsbruck die erste internationale Route in Betrieb genommen. Im März 1977 traf die erste von drei bestellten 33-sitzigen Shorts SD3-30 bei DLT ein und kam auf den Strecken zum Einsatz, auf denen die DHC-6 zu klein wurde. Zu

diesem Zeitpunkt war das Unternehmen Deutschlands größte Regionalfluggesellschaft und um dieses auch zu dokumentieren, wurde das Unternehmen im Mai 1977 in DLT - Deutsche Regional Luftverkehrsgesellschaft mbH - German Domestic Airlines, umbenannt. Mit Wirkung vom 3. April 1978 flog DLT erstmals Liniendienste im Auftrag der **Lufthansa** zwischen Bremen und Kopenhagen und zwischen Hannover und Amsterdam. Diese Dienste konnten erfolgreich durchgeführt werden, weswegen sich Lufthansa zum Erwerb von 26% der DLT-Anteile entschloss. Daraufhin erfolgte ein erneuter Namenswechsel zur DLT - Deutsche Luftverkehrsgesellschaft mbH. Während der kommenden Jahre erhöhte Lufthansa ihren Anteil an der DLT und hielt 1979 einen Anteil von 40% an dem Unternehmen. Die restlichen 60% befanden sich in den Händen der AGIV - Aktiengesellschaft für Industrie und Verkehrswesen. Im selben Jahr erschienen die DLT-Flüge erstmals im Lufthansa-Flugplan und DLT verstärkte ihre Tätigkeit für die führende deutsche Fluglinie. Neue Routen verbanden Düsseldorf mit Nürnberg, Stuttgart und Saarbrücken. Inzwischen war die Flotte von Shorts SD3-30 auf sechs Einheiten angewachsen und die DHC-6 beflogen nur noch die Ultra-Kurzstrecken ab Hof und Bayreuth. Um

Mit dem Einsatz des Flugzeugmusters Shorts SD3-30 konnte DLT ihr Regionalstreckennetz weiter effizient ausbauen.

Mit der Übernahme vieler Regionalstrecken der Lufthansa benötigte DLT größeres und schnelleres Fluggerät und bestellte sechs HS.748 (D-AHSA bis D-AHSF). Als Farbgebung wählte man zunächst ein auffälliges Rot, hier demonstriert an der gemieteten G-BCDZ. Später wurde in Anlehnung an Lufthansa eine konservative weiß/blaue Bemalung eingeführt.

der gestiegenen Nachfrage gerecht zu werden, musste größeres Fluggerät beschafft werden und die erste von sechs bestellten Hawker Siddeley HS.748 gelangte am 29. März 1981 zur Ablieferung. Sie ersetzten die SD3-30, welche an Command Airways in den USA verkauft wurden. Zur Frühjahrs-/Sommersaison 1981 übernahm DLT von Lufthansa die Verbindungen München–Venedig, München–Genf, Nürnberg–Wien, Stuttgart–Wien und, saisonal, Düsseldorf–Westerland/Sylt. Da der eigene Flottenbestand zur Bedienung all dieser Routen nicht ausreichte, musste DLT zusätzlich Flugzeuge von anderen Gesellschaften mieten. Dazu gehörten Fokker F-27 der **WDL** und Fairchild Metroliner des **Nürnberger Flugdienst - NFD**.

Mitte der 80er-Jahre wurden weitere internationale Strecken im Auftrag der Lufthansa geflogen: München–Mailand und Frankfurt–Guernsey. Da sich die HS.748 für einige Routen als zu groß erwies, bestellte DLT die damals neu auf den Markt gekommene EMB-120 Brasilia von Embraer. Als das neue Flugzeugmuster am 3. Februar 1986 erstmals flugplanmäßig auf den neuen Strecken von Düsseldorf nach Birmingham, Bristol und Glasgow eingesetzt wurde, war DLT der

erste Betreiber dieses Typs in Europa. Wenig später wurden mit den Embraer auch die Strecken von Köln/Bonn nach Paris und Mailand eröffnet, während auf der Verbindung Düsseldorf–Genf zunächst F-27 der WDL zum Einsatz kamen.

Im August 1987 stellte DLT ihre erste 50-sitzige Fokker 50 auf der Route Hamburg–Kopenhagen in Dienst, und dieses Flugzeugmuster bildete für die nächsten Jahre das Rückgrat der DLT-Flotte. 1988 wurden die HS.748 ausgemustert und verkauft, zwei Maschinen aber zunächst an **British Airways** vermietet und nach ihrer Rückgabe 1991 sofort abgestellt. Im selben Jahr endeten auch alle eigenen Flugdienste der DLT und man operierte nunmehr ausschließlich die Regionaldienste der Lufthansa. AGIV schied als Gesellschafter aus und Lufthansa erwarb deren Geschäftsanteile. Die Verwaltung wurde von Kriftel bei Frankfurt auf den Flughafen Köln/Bonn verlegt, wo ein eigenes Wartungszentrum entstand.

Mit der Umbenennung in **Lufthansa CityLine**, verbunden mit einer Reorganisation auf Lufthansa-Standard, endet am 1. März 1992 die Geschichte der DLT.

Die erste an DLT gelieferte HS.748 war die D-AHSA.

Auf kürzeren Regionalstrecken kam bei DLT eine Flotte der in Brasilien hergestellten Embraer EMB-120 zum Einsatz. D-CEMB kam als zweites Flugzeug zur Ablieferung.

Zur Bewältigung von Kapazitätsbedarf aufgrund ihres rasanten Streckenausbaus mietete DLT in den 80er-Jahren Fluggerät anderer deutscher Luftverkehrsgesellschaften, so auch diese Fokker F-27-200 D-BAKU (C/N 10137) von der Essener WDL.

Größtes Flugzeug in der DLT-Flotte war die Fokker 50, welche die HS.748 ablöste.

Euroberlin France

Die Linienfluggesellschaft Euroberlin France wurde im September 1988 als Joint Venture zwischen **Air France** (Beteiligung 51%) und **Lufthansa** (Beteiligung 49%) mit dem Ziel gegründet, der deutschen Fluggesellschaft den lang ersehnten Zugang zum Berlin-Markt zu ermöglichen. Dieser war ihr bis dahin aufgrund des Viermächte-Status der Stadt verschlossen geblieben. Der Flugbetrieb konnte rechtzeitig zum Beginn des Winterflugplans 1988 aufgenommen werden. Zum Einsatz kam eine kleine Flotte von Boeing 737-300, die von der britischen Charterfluggesellschaft **Monarch Airlines** geleast wurde. Während die Cockpitbesatzungen ebenfalls von Monarch gestellt wurden, kamen als Kabinenpersonal eigene Mitarbeiter zum Einsatz. Vom Heimatflughafen Berlin-Tegel wurden im Bundesgebiet die Ziele Frankfurt/Main, Köln/Bonn, München und Stuttgart angeflogen. Auf diesen Flugstrecken stand Euroberlin in Konkurrenz zu PanAm und **British Airways**, während die Rotation (Paris)–Düsseldorf–Berlin–Düsseldorf–(Paris) weiterhin exklusiv von Air France bedient wurde. Neben den Linienflügen erfolgten auch saisonale Charterflüge zu europäischen Sonnenzielen rund um das Mittelmeer, sowie nach Großbritannien, Irland und Skandinavien. Nach der Wiedervereinigung Deutschlands erhielt die Lufthansa das uneingeschränkte Verkehrsrecht von und nach Berlin, sodass die Euroberlin France eigentlich überflüssig wurde. Zunächst jedoch übernahm Lufthansa den Mehrheitsanteil der Air France und betrieb die Gesellschaft als Billigfluglinie unter dem geänderten Namen Euroberlin. Als 1991 PanAm ihr IGN (Intra-German-Network) an die Lufthansa verkaufte und somit als Mitbewerber im Rennen um Marktanteile ausschied, war dies ein weiterer Grund, über die Auflösung der Euroberlin nachzudenken. Dieser Schritt wurde letztendlich mit dem Ablauf des Sommerflugplans 1994 vollzogen, und die verbliebenen drei Boeing 737 wurden an Monarch Airlines retourniert.

Euroberlin unterhielt eine reine Boeing 737-300 Flotte.

Eurowings

Eurowings Luftverkehrs AG wurde mit Wirkung zum 1. Januar 1993 durch den Zusammenschluss von **NFD-Nürnberger Flugdienst** und **RFG-Regional Fluggesellschaft** ins Leben gerufen, nachdem der Mehrheitsgesellschafter beider Unternehmen, Albrecht Knauf, größere Synergieeffekte durch eine gemeinsame Operation gefordert hatte. Das Rückgrat der neuen Flotte bildete das Flugzeugmuster ATR-42/ATR-72, welches beide Unternehmen bereits im Einsatz hatten. Die verbliebenen Fairchild Metroliner und Do 228 wurden verkauft.
Neben eigenen Liniendiensten innerhalb Deutschlands verkehrte Eurowings auch zunehmend im Auftrag anderer Gesellschaften, hier speziell für **Air France** und **KLM**. Auf Strecken mit hohem Aufkommen kam ab 1995 die BAe 146-200 zum Einsatz.
Im selben Jahr gründete man das rechtlich selbstständige Touristik-Tochterunternehmen Eurowings Flug GmbH und bestellte hierfür bei Airbus Industrie zwei A319. Bis zum Eintreffen dieser Flugzeuge führten zwei BAe 146-200 mit 98 Sitzplätzen die Charterdienste durch. Die Ablieferung der beiden A319 erfolgte im Januar und März 1997. Vier weitere A319 folgten von 1998 bis 2001.
Bei der Luftverkehrs AG ergänzte ab Frühjahr 1996 die BAe 146-300, von der zurzeit vier Maschinen im Dienst stehen, die kleinere -200. Auf den aufkommensschwachen Regionalstrecken ersetzten oder ergänzten ab 1997 modernere ATR-42-500 und ATR-72-212 die Vorgängermuster der Serien -300 und -202.
Das Jahr 2001 gilt als Wendepunkt in der Unternehmensphilosophie. Die strategischen Kooperationsabkommen mit Air France und KLM wurden aufgekündigt, dafür übernahm Eurowings Regionalstrecken der **Lufthansa**, die sich auch mit einer Kapitalminderheit an dem Unternehmen beteiligte. Nach einer Genehmigung durch das Bundeskartellamt konnte Lufthansa kurze Zeit später 40% des Aktienkapitals der Eurowings erwerben. Seitdem wird ein umfassender Flottenaustausch angestrebt und die ATR-42/ATR-72 werden sukzessive durch neue Maschinen vom Typ Canadair Regional Jet ersetzt. Ferner soll Eurowings alle BAe 146 der **Lufthansa CityLine** übernehmen.
Zum Herbst 2002 wurde der rückläufige Charterflugbetrieb eingestellt und die dadurch frei werdenden A319 kommen bei Germanwings von Köln/Bonn aus auf inländischen und europäischen Strecken zum Einsatz.

Flotte:	
7 ATR-42-300/-300QC	6 BAe 146-200
10 ATR-42-500	4 BAe 146-300
6 ATR-72-202	6 Airbus A319-112
4 ATR-72-212	

Die ATR-42 bildet das Rückgrat der Eurowings-Flotte. D-BCRN flog zuvor bei der RFG.

Als erstes Strahlmuster der Eurowings kam die BAe 146-200 zum Einsatz. D-ACFA stieß am 20. Oktober 1994 zur Flotte, zuvor flog die Maschine bei Conti-Flug.

Für Eurowings Flug, das Charterflugunternehmen der Eurowings, stehen seit 1997 insgesamt fünf Airbus A319 im Einsatz. Als zweite Maschine gelangte im März 1997 D-AKNG (C/N 654) zur Ablieferung.

General Air

General Air wurde im Jahre 1962 in Kiel unter dem Namen General Air Seebäderflug GmbH gegründet. Ziel war es, planmäßige Passagierflüge und Charterdienste im norddeutschen Raum und zu den Friesischen Inseln durchzuführen, primär von Kiel und Hamburg nach Sylt und Helgoland. Zusätzlich wurden Lufttaxi-Dienste, Rundflüge und Geschäftscharterflüge angeboten. Gründungsmitglied und wichtigster Teilhaber war Dr. Hans Salb, Vorsitzender des Hamburger Privat- und Handelsbankhauses Mertz & Co.

Wurde der Flugbetrieb anfangs mit zunächst zwei kleinen Maschinen vom Typ Piper Aztec und Cessna F150L wahrgenommen, so machte eine stetig steigende Nachfrage zum Ende der 60er-Jahre den Einsatz größerer Flugzeuge erforderlich. Im Hinblick auf die kurze Piste auf Helgoland-Düne fiel die Wahl auf den STOL-Flugzeugtyp De Havilland DHC-6 Twin Otter. Die erste Maschine stieß in 19-sitziger Ausführung im Februar 1967 zur Flotte. Ein zweites Exemplar folgte im März 1968 und das Streckennetz wurde systematisch um weitere Ziele im norddeutschen Raum erweitert. Hierzu zählten Flensburg, Lübeck, Bremen und Bremerhaven und auch die Dienste ab Kiel wurden intensiviert.

Zu Beginn des Jahres 1969 wurde General Air eine Art Vorläufer der heutigen Regionalfluggesellschaften, nachdem das Unternehmen einige für die **Lufthansa** Verlust bringende Regionalstrecken übernahm und diese im Auftrag der Lufthansa bediente. Hierbei handelte es sich um die Routen von Hamburg, Bremen, Hannover und Frankfurt nach Saarbrücken und Hannover. Zu diesem Zweck erwarb General Air im April 1969 zwei Kolbenmotorflugzeuge vom Typ Convair CV-440 von der Lufthansa, die dort zur Ausmusterung vorgesehen waren. Nachdem sich diese Regionaldienste im Verlauf der ersten beiden Betriebsjahre erfolgreich entwickelten, entschied man sich bei General

Air, solche Dienste auch in eigener Regie und unter dem wachsamen Auge der Lufthansa durchzuführen. Hierzu wurde von der Lufthansa eine weitere CV-440 erworben. Auch die Seebäderdienste nach Sylt und Helgoland erfreuten sich wachsender Beliebtheit, sodass die Twin Otter-Flotte um ein weiteres Exemplar aufgestockt werden musste. Um auch in den verkehrsschwachen Zeiten außerhalb der Sommersaison diese Strecken Gewinn bringend befliegen zu können, erfolgte bei Dornier die Bestellung von zwei Do 28D Skyservant, die später um ein drittes Exemplar erweitert wurde. Neben der französischen Corsair war General Air der einzige zivile Betreiber dieses Flugzeugtyps im regulären Luftverkehr. Leider konnten diese Maschinen die in sie gesetzten Erwartungen nicht erfüllen und führten zu schmerzhaften finanziellen Einbußen, sodass sie schon Anfang 1972 wieder aus dem Verkehr gezogen wurden. An ihrer Stelle beschaffte man eine weitere Twin Otter aus den USA.

Mit dem zunehmenden Erfolg ihres Geschäftskonzepts wagte man die Entwicklung von kleineren Flughäfen hin zu Regionalflughäfen und General Air war die erste Fluglinie, die den Flugplatz Kassel-Calden in den Linienflugbetrieb einband. Dienste führten nach Köln, Düsseldorf, Frankfurt, Saarbrücken und Hannover. Auch in der Flottenpolitik setzte General Air neue Signale. Nachdem die Zeit der Propellerflugzeuge in Deutschland bei der Lufthansa und den namhaften Charterflugunternehmen zu Ende gegangen war, läutete auch General Air im Jahre 1971 mit der Bestellung von zunächst zwei dreistrahligen Yak-40 aus sowjetischer Produktion das Jet-Zeitalter im Regionalflugverkehr ein. Später wurden noch drei weitere Maschinen dieses Typs bestellt. Die ungewöhnliche Wahl fiel auf die Yak-40, weil damals kein kleineres westliches Strahlmuster als die Boeing 737-100 verfügbar war und die VFW-Fokker 614 sich noch im Entwicklungsstadium befand. Im Hinblick auf eine weitere positive Geschäftsentwicklung wurden Optionen für zwei zusätzliche Yak-40 und zwei VFW-614

General Air flog insgesamt drei ehemalige Lufthansa CV-440 auf innerdeutschen Regionaldiensten. D-ACEF stand vom 18. April 1969 bis zum 27. April 1972 im Einsatz.

Als einzige deutsche Fluggesellschaft beschaffte General Air 1971 zunächst zwei Yakowlew Yak-40 bei der sowjetischen Außenhandels-organisation Aviaexport. D-BOBB, später umregistriert in D-COBB, flog bis März 1974 bei General Air.

Für die Insel- und Küstenfliegerei verfügte General Air über eine Flotte von vier DHC-6 Twin Otter. D-IDHC kam als erstes dieser Flugzeuge am 24. Januar 1967 zur Ablieferung und musste am 17. Mai 1972 nach einem Landeunfall auf dem Flugplatz Helgoland/Düne als Totalverlust abge-schrieben werden.

platziert. Im Herbst 1971 fiel die Entscheidung, das Regional-streckennetz vom Seebäderdienst getrennt zu betreiben, weswegen im Mai 1972 die General Air Nord GmbH als Tochterunternehmen gegründet wurde.

Nach einem nervenaufreibenden und sehr kostenintensiven Zulas-sungsverfahren kamen die ersten beiden Yak-40 zeitverzögert ab Juni 1972 auf den Regionalstrecken zum Einsatz und lösten dort die CV-440 ab. Der letzte Flug einer Convair hatte aber bereits zuvor statt-gefunden, als D-ACOH am 16. Mai 1972 ihren letzten Umlauf Frankfurt–Saarbrücken–Hamburg absolvierte.

Mit der Ablieferung der restlichen drei Yak-40 im Oktober und November 1972 konnten neue Regionaldienste zwischen Kassel und Lübeck, Frankfurt und München, sowie zwischen Lübeck und Bremen, Köln/Bonn und Frankfurt eingerichtet werden. Die Freude an den neuen Maschinen wurde allerdings durch technische Probleme und Ersatzteilmangel erheblich getrübt und aufgrund der damit zusam-menhängenden zahlreichen Flugverspätungen und Flugausfälle büßte General Air viel Vertrauen bei den Passagieren ein, weswegen

Lufthansa die in ihrem Auftrag beflogenen Routen wieder in eigener Regie betrieb. Mit dem Verbleib des saisonabhängigen Seebäder-flugdienstes und eines arg geschrumpften Regionalstreckennetzes konnte General Air keinen Gewinn bringenden Flugbetrieb durch-führen, sodass die ohnehin strapazierte Finanzlage vollends außer Kontrolle geriet und das Unternehmen zum Jahresende 1973 unter Zwangsverwaltung gestellt werden musste. Die Yak-40 wurden unverzüglich außer Dienst gestellt und das Regionalstreckennetz auf-gegeben. Nur der Seebäderflugdienst konnte aufrechterhalten werden, und im März 1974 fand sich mit der Hamburger HADAG AIR ein Käufer für die Überreste der einst Erfolg versprechenden General Air.

Die Abwicklung der General Air gestaltete sich noch als recht schwierig, und erst im Dezember 1975 fanden vier der fünf Yak-40 ihren Weg zurück in die Sowjetunion. Die ursprünglich vierte Maschine, D-BOBD, schoss bei ihrem Abgabeflug am 9. Dezember 1975 bei der Landung in Saarbrücken über die Landebahn hinaus und zerschellte an dahinter liegenden Bäumen.

German Cargo Services

Die German Cargo Services GmbH verdankt ihre Entstehung der Abschaffung eines veralteten Gesetzes im Jahre 1977, welches bis dahin Vollfracht-Charterflüge ab der Bundesrepublik Deutschland untersagte. Treibende Kraft hinter den Maßnahmen zur Gesetzesänderung war der Lufthansa-Konzern, dem wegen diesem Gesetz viele lukrative Aufträge an **Cargolux** und **SABENA** verloren gingen. Vorbereitungen zur Grün-dung einer unabhängig vom Konzern agierenden Tochtergesellschaft begannen in der zweiten Jahreshälfte 1976 und am 10. März 1977

wurde in Frankfurt die German Cargo Services GmbH (GCS) gegründet. Der Flugbetrieb begann am 8. Mai 1977 mit einer von der **Lufthansa** gemieteten Boeing 707-330C Frachtmaschine und führte von Frankfurt nach Hongkong. Schon bald wurden weitere Frachtdienste von Lufthansa zur GCS übertragen. Eine zweite Boeing 707-330C der Lufthansa stieß im Mai 1977 zur GCS-Flotte. Hauptziele der curry-farbenen Flugzeuge waren Afrika und der Mittlere Osten, aber es führten auch zahlreiche Charterflüge nach Südamerika und in den Fer-nen Osten. Von Frankfurt/Main und Köln, aber gelegentlich auch von München aus wurden vorwiegend die Zielorte Kairo, Khartoum, Juba,

Mit zunächst zwei von der Lufthansa übernommenen Boeing 707-330C-Frachtern begann German Cargo im Frühjahr 1977 den Flugbetrieb. Markenzeichen der Fluglinie war die ungewöhnliche curryfarbene Bemalung der Maschinen. Insgesamt hatte das Unternehmen vier 707C im Einsatz, die ab 1984 von der größeren DC-8-73CF abgelöst wurden. Als erste Maschine kam D-ABUA am 4. April 1977 zur Flotte, die sie am 20. Juni 1985 mit dem Verkauf an Transcorp Australia verließ.

Dar-es-Salaam und Nairobi sowie Abu Dhabi, Doha und Sharjah angeflogen. Transportiert wurde nahezu alles was fliegbar ist, doch spezialisierte sich GCS auf den Transport von lebenden Tieren.

Da das Frachtaufkommen stetig wuchs, übernahm GCS in den Jahren 1978 und 1979 die letzten beiden Boeing 707-Frachter der Lufthansa und damit auch die verbliebenen reinen Frachtliniendienste des Unternehmens.

Um einerseits der weiter steigenden Nachfrage gerecht zu werden und andererseits die verschärften Fluglärmvorschriften zu erfüllen, musste sich GCS gegen Mitte der 80er-Jahre Gedanken über ein Nachfolgemuster für die Boeing 707 machen. Zu dieser Zeit modifizierte das US-Wartungsunternehmen Cammacorp gerade einige DC-8 »Super Sixty« zu DC-8-71 oder -73 mit modernen CFM56-Triebwerken und neuer Avionik für verschiedene amerikanische Fluggesellschaften, u.a. für Delta Air Lines, United Air Lines und die Flying Tigers. In der Frachtversion konnten diese Flugzeuge 18 Standardpaletten auf dem Hauptdeck und nicht palettisierte Fracht in den Unterflur-Fraträumen transportieren. Die maximale Nutzlast lag bei 48,8 Tonnen gegenüber den zirka 35 Tonnen Nutzlast und nur 13 Palettenpositionen bei der Boeing 707. Die DC-8-73 schien GCS ideal für ihre Bedürfnisse zu sein und so kaufte das Unternehmen fünf solcher Maschinen via Cammacorp von den Flying Tigers (4) und von Arrow Air (1), die zwischen Juli und Oktober 1984 zur Ablieferung kamen. Zeitgleich wurden zwei Boeing 707 an Lufthansa zurückgegeben, gefolgt von den verbliebenen zwei Exemplaren im Laufe des ersten Halbjahres 1985. Mit dem Einsatz der DC-8 veränderten sich die Betriebsstrukturen bei der GCS erheblich. Hatte sich bisher die Lufthansa um Besatzung und Wartung gekümmert, so mussten jetzt eigene Piloten eingestellt und auch ein eigenes Wartungszentrum eingerichtet werden.

Zwischen Juli 1985 und November 1986 betrieb GCS eine DC-8 in Passagierkonfiguration für **Condor**, wobei GCS die Cockpitbesatzungen und Condor das Kabinenpersonal stellte.

Zur Kapitalbeschaffung wurden alle fünf Maschinen im Herbst 1988 an die Deutsche Leasing AG verkauft und für zehn Jahre zurückgemietet.

Zu Beginn der 90er-Jahre übertrug Lufthansa verstärkt Frachtrouten an GCS, welche wiederum die meisten ihrer planmäßig beflogenen Charterdienste in Liniendienste umwandelte. Verstärkt wurde außerdem die Präsenz in Fernost, Indien und an der US-Ostküste, aber auch innerhalb Europas. Hierzu transferierte Lufthansa zunächst zwei Boeing 737QC Frachtmaschinen, und kurze Zeit später drei von der Kombiversion zu Vollfrachtern umgebaute Boeing 747 mit seitlicher Frachttür im hinteren Rumpfbereich. Die reinen Boeing 747F mit Bugtor wurden aber weiterhin von Lufthansa selbst betrieben und erst später an **Lufthansa Cargo Airlines** abgegeben.

Während Ziele wie Hongkong von Frankfurt aus direkt angeflogen wurden, baute GCS ein Frachtzentrum in Sharjah am Arabischen Golf auf. Die meisten DC-8-Flüge aus Ostafrika und vom indischen Subkontinent endeten hier, die Fracht wurde auf Boeing 747 umgeladen und nach Frankfurt weiterbefördert. Für die Europa- und Nordatlantikdienste wurde ein neues Frachtzentrum auf dem Flughafen Köln/Bonn eingerichtet. Die mit Boeing 737QC beflogenen Routen führten nach Italien (Mailand), in die Türkei (Istanbul) und die skandinavischen Länder (Stockholm, Helsinki). Bei erhöhtem Kapazitätsbedarf wurde zusätzliches Fluggerät gechartert. Für einen längeren Zeitraum kam eine ehemalige **Interflug/BerLine** Iljuschin IL-18 der bulgarischen Air Zory zum Einsatz. Die Nordatlantikdienste zwischen Frankfurt, Köln und New York-JFK wurden zunächst mit DC-8 und Boeing 747 beflogen, ab 1992 jedoch auf Boeing 747 vereinheitlicht. Die DC-8 kamen hier nur noch vereinzelt zum Einsatz.

Im Rahmen der Konzernumorganisation bei Lufthansa ab 1992 ging German Cargo im Mai 1993 in Lufthansa Cargo Airlines auf. Eine weitere Neuorganisation führte dann am 1. Januar 1995 zur heutigen Lufthansa Cargo Aktiengesellschaft.

Nachfolgemuster der Boeing 707 bei German Cargo wurde die DC-8-73F, von der insgesamt fünf Exemplare im Einsatz standen. D-ADUE, eine Maschine der Serie -73AF, (C/N 46044/432) kam am 15. Juli 1984 zur Flotte und flog ihren ersten Einsatz am 6. August desselben Jahres. Im September 1996 wurde sie in die neugegründete Lufthansa Cargo Airlines eingebracht und im Mai 1997 ausgemustert. Derzeit ist das Flugzeug als N606AL bei Emery Worldwide Airlines im Einsatz.

Die nächtlichen Frachtrouten nach England, Südosteuropa und Skandinavien wurden durch die beiden von Lufthansa übernommenen Boeing 737-230QC D-ABGE (C/N 20257/274) und D-ABHE (C/N 20258/276) beflogen.

German Wings

Im Jahre 1983 kaufen die Unternehmerbrüder Kimmel das kleine Lufttaxi-Unternehmen Airflight und bauten es systematisch aus. 1986 wurden sie Alleineigentümer der Firma und der Firmenname wurde in German Wings geändert. Die bereits geschmiedeten Pläne für einen Linienflugbetrieb wurden konkretisiert und die entsprechenden Genehmigungen beantragt. Im Februar 1988 erhielt German Wings die Linienfluglizenz, doch erst am 10. April 1989 konnte der Flugbetrieb mit einer Flotte von vier MDC MD-83 auf den Strecken von München nach Frankfurt, Köln/Bonn, Hamburg und Paris aufgenommen werden. Der Passagierkomfort entsprach höchsten Ansprüchen, denn die Flugzeugkabinen waren nur mit 114 an Stelle der sonst üblichen 172 Sitzplätze ausgestattet. Als Bordservice wurden Speisen und Getränke gereicht, eine Dienstleistung, die es auf innerdeutschen Routen schon jahrelang nicht mehr gegeben hatte. Diese Vorteile, in Kombination mit attraktiven Flugpreisen, brachten der neuen Fluggesellschaft binnen kurzer Zeit viel Anerkennung und Sympathie beim Publikum ein.

Bereits in der Gründungsphase schlug German Wings ein wütender Konkurrenzkampf entgegen, welcher nach Aufnahme des Flugbetriebs an Intensität zunahm und letztlich nur auf gerichtlichem Wege zugunsten der Fluggesellschaft entschieden werden konnte. Verschiedene öffentliche und privatwirtschaftliche Kräfte sorgten für eine derart massive wirtschaftliche Benachteiligung von German Wings, dass diese in der Existenz bedroht wurde. Aus nicht nachvollziehbaren Gründen verweigerte man der Fluggesellschaft beispielsweise attraktive Start- und Landezeiten auf fast allen Flughäfen oder Abkommen mit anderen Fluglinien. So war German Wings erst spät in der Lage, die Flugfrequenzen auf ihren wichtigsten Routen konkurrenzfähig aufzustocken. Hierzu mietete man eine weitere MD-80 von einer französischen Fluggesellschaft. Trotz aller Anstrengungen verschlechterte sich die finanzielle Lage zusehends, und im Frühjahr 1990 waren selbst die Großinvestoren (Burda und ein bayerisches Bankunternehmen) nicht mehr willens oder in der Lage, die auflaufenden Verluste zu übernehmen. Am 30. April 1990 musste German Wings den Flugbetrieb einstellen und Konkurs anmelden. Wieder scheiterte ein Erfolg versprechendes Unternehmen an den Widrigkeiten deutscher Bürokratie und am massiven, teilweise diskriminierenden, Konkurrenzgebaren der größten deutschen Fluggesellschaft. Wieder war ein Mitbewerber erfolgreich ausgeschaltet worden und wieder hielt die von **Lufthansa** und deren Tochterunternehmen bestimmte monopolistische Eintönigkeit ihren Einzug auf den deutschen Inlandsrouten.

Ähnliche Erfahrungen machten einige Zeit später auch die **Deutsche BA** und die kleinere **Germania** bei dem Versuch, ein Stück von diesem profitträchtigen Markt zu erobern. Den Ausgang dieses neuerlichen Ringens darf der interessierte Fluggast gespannt erwarten.

Am 10. April 1989 begann German Wings mit einer Flotte von vier MDC MD-83 den Linienflugbetrieb auf innerdeutschen Routen und nach Paris. D-AGWC (C/N 49847/1585) wurde als drittes Flugzeug am 10. Mai 1989 in Dienst gestellt. Nach dem Konkurs der German Wings stellten die Eigentümer, die F & F Burda KG, die Maschine im Juni 1990 zunächst in Lemwerder bei Bremen ab. Nach dem Verkauf an ein amerikanisches Finanzierungsunternehmen flog D-AGWC ab Oktober 1990 bei Aero Lloyd, und seit dem 12. November 1997 als HB-IUM bei Crossair.

Germanair

Germanair Bedarfsluftfahrt GmbH wurde unter dem Namen Südwestflug GmbH im September 1965 gegründet und betrieb von ihrer Heimatbasis auf dem Frankfurter Rhein/Main-Flughafen aus zunächst eine Douglas DC-6 auf Charter- und Pauschalreiseflügen rund um das Mittelmeer. Zwei weitere DC-6 wurden im September 1968 von der niederländischen Fluggesellschaft **Transavia** erworben, um der gestiegenen Nachfrage gerecht zu werden. Im Monat darauf, im Oktober 1968, erhielt das Unternehmen den prestigeträchtigeren Namen Germanair. Dem allgemeinen Trend zum Strahlflugzeug folgend, bestellte Germanair zunächst drei BAC 1-11 der Serie 500, die als Ersatz für die veralteten DC-6 vorgesehen waren. Da aufgrund voller Auftragsbücher bei BAC die georderten 1-11 erst nach der Sommersaison 1969 geliefert werden konnten, mietete Germanair für diesen Zeitraum eine DC-9-15 vom Hersteller McDonnell Douglas. Bei diesem Flugzeug handelte es sich um eine ehemalige Swissair-Maschine. Nach dem Ende der Sommersaison 1969 wurde dieses Flugzeug an den Hersteller retourniert, die letzten beiden DC-6 ausgemustert, und die Flotte auf das Flugzeugmuster BAC 1-11-500 standardisiert.

1971 erwarb der Unternehmer Josef Schörghuber 80% der Holdinggesellschaft und wurde damit der Hauptanteilseigner der Fluglinie. Im Mai desselben Jahres modernisierte Germanair ihr Erscheinungsbild mit einer attraktiveren Farbgebung in blau/rot und einem neuen Firmenlogo im Leitwerk. Zeitweise führten die Flugzeuge auch das Logo der Arabella-Gruppe. 1972 expandierte Germanair weiter und wurde eine der führenden deutschen Charterfluggesellschaften. Die Flotte von BAC 1-11 wurde um zwei weitere Exemplare auf fünf Maschinen erweitert. Die Flugzeuge konnten günstig vom Hersteller erworben werden, da sie aus der Konkursmasse der deutschen Fluglinie Paninternational stammten und abgestellt waren. Neben Frankfurt/Main wurde München zur Hauptdrehscheibe der Germanair-Operationen. Auch das Streckennetz wurde erheblich ausgeweitet und umfasste nunmehr auch Zielorte in Nordafrika und auf den Kanarischen Inseln.

Für die ebenfalls in Frankfurt/Rhein-Main ansässige Bonair bestellte und betrieb Germanair vier Maschinen vom Typ Fokker F-28 Fellowship.

Dieses kleine zweistrahlige Muster war ideal für die Bedienung kleinerer Flughäfen mit geringerem Passagieraufkommen. Als Bonair 1974 aus dem Fluggeschäft ausstieg, übernahm Germanair deren F-28.

Das Jahr 1974 markierte ein Jahr fortgesetzten Wachstums. Im Glauben an steigende Passagierzahlen bestellte Germanair als eine der ersten Fluggesellschaften überhaupt zwei Exemplare des neuen europäischen Großraumflugzeugs vom Typ Airbus A300B.

Josef Schörghuber übernahm die Anteilsmehrheit beim Mitbewerber **Bavaria** und führte die Geschäftsfelder beider Fluggesellschaften zusammen. Im Hinblick auf die Lieferung des ersten der beiden bestellten A300B und zur Vermeidung einer möglichen Überkapazität wurde die BAC 1-11-Flotte um zwei Einheiten reduziert. Ein Interessent war schnell gefunden und so wurde bereits vor der Hauptsaison die erste 1-11 an die philippinische Fluggesellschaft PAL - Philippine Airlines verkauft und für die Sommersaison durch die Anmietung eines baugleichen Musters ersetzt. Zum Jahresende 1974 erfolgte die Abgabe der zweiten Maschine an PAL.

Mit der Lieferung des ersten A300B im Mai 1975 wurde Germanair der erste Betreiber dieses Flugzeugtyps überhaupt in Deutschland – noch vor der **Lufthansa**, die ihren ersten A300B4 im Februar 1976 erhielt. Die bereits 1974 begonnene Reorganisation wurde 1975 fortgesetzt, indem Germanair die Abflugorte im Süden Deutschlands der Bavaria überließ und verstärkt in Düsseldorf, Bremen, Hamburg und Hannover aktiv wurde. So erwuchs das Unternehmen zur Konkurrenz der noch kleinen, aber finanzstarken **Hapag-Lloyd-Flug**, ein Umstand, der sich wenige Jahre später bitter rächen sollte.

Zunächst aber wurden Germanair und Bavaria 1976 in einer Holding zusammengefasst, mit dem Ziel des Zusammenschlusses zu einer einzigen Fluggesellschaft unter dem Namen **Bavaria-Germanair** ab dem 1. Januar 1977. Offiziell übernommen wurde der Flugbetrieb von den Vorgängergesellschaften aber erst im März 1977.

Mit Blick auf die kommenden Ereignisse wurde im Frühjahr 1976 die gesamte F-28-Flotte abgestoßen, indem die Maschinen verkauft oder vermietet wurden. Zeitgleich übernahm man den zweiten A300B4, der in München stationiert wurde. Die erste Maschine kam zumeist ab Frankfurt/Rhein-Main zum Einsatz.

Germanair begann den Flugbetrieb im September 1965 als Südwestflug zunächst mit dieser Douglas DC-6 D-ABAH und mit Urlauberflügen ins Mittelmeergebiet.

Die DC-6B D-ABAZ wurde im Oktober 1968 von der niederländischen Fluggesellschaft Transavia erworben, bei der das Flugzeug als PH-TRI im Einsatz stand. Im Juni 1970 verkaufte Germanair D-ABAZ an einen amerikanischen Flugzeughändler.

Das Rückgrat der Germanair-Flotte bildete das Flugzeugmuster BAC 1-11 Srs. 524FF. D-AMUR (C/N 195) gelangte als zweites Flugzeug am 16. Dezember 1969 zur Ablieferung und wurde im November 1974 als RP-C1185 an Philippine Airlines verkauft.

BAC 1-11-524FF D-AMAT (C/N 235), ursprünglich für die britische Court Line Aviation vorgesehen, kam am 8. Mai 1971 zur Germanair und trägt hier die Bemalung der Arabella Gruppe, die 1972 eingeführt wurde.

BAC 1-11-524FF D-AMOR (C/N 197), in der bekanntesten aller Germanair-Bemalungen, rollt in Frankfurt/Main zur Parkposition. Als dritte Maschine gelangte D-AMOR am 20. März 1970 zur Ablieferung und wurde am 1. März 1977 in die Flotte der neu gegründeten Bavaria-Germanair eingebracht.

Zwischen April und August 1969 mietete Germanair die DC-9-15 D-AMOR (C/N 45787/127) »Lovebird« von der McDonnell Douglas Corporation. Zuvor flog die Maschine als HB-IFE bei der Swissair AG. Letzter Betreiber des Flugzeugs war bis 1997 Northwest Airlines (N9348).

Für die Bonair betrieb Germanair ab 1972 vier Fokker F-28-1000 Fellowship (D-AGAB, -AGAC, -AGAD und -AGAE. Als Bonair 1974 aus dem Fluggeschäft ausstieg, übernahm Germanair die Flugzeuge. D-AGAC (C/N 11050) »Bremen« flog ab dem 25. April 1972 für die Gesellschaft.

Germania Fluggesellschaft

Die Germania Fluggesellschaft GmbH entstand am 1. Juni 1986 durch die Umfirmierung der im Jahre 1978 gegründeten SAT Fluggesellschaft GmbH, die im September 1978 mit einer Fokker F-27 ihren Flugbetrieb aufnahm. Später kamen Caravelle 10R (ex LTU) und Boeing 727-100 (ex Hapag-Lloyd) hinzu. Diese Flugzeuge wurden zwischen Herbst 1986 und Herbst 1987 ausgemustert und durch fabrikneue Boeing 737-300 ersetzt. Neben den üblichen Charterflügen ins Mittelmeergebiet, nach Nordafrika, zu den Kanarischen Inseln, in die Türkei und nach Madeira flog Germania auch Auftragscharter für andere Fluggesellschaften und für diverse Reiseveranstalter. Die wichtigsten Partner waren hier Condor und Hetzel Reisen. Zwei Boeing 737 der Germania flogen während der Saisonperioden 1988/89 in DFD-Bemalung, einem Gemeinschaftsunternehmen mit Condor.

Mit der Wiedervereinigung Deutschlands 1990 verlegte Germania ihren Betriebssitz von Köln/Bonn nach Berlin, um dort – mit Erfolg – neue Märkte zu erschließen. Erstmals konnten Berliner nach Jahrzehnten wieder zur »Berliner Badewanne« fliegen, als die Germania während der Sommermonate eine Linienverbindung nach Heringsdorf an der Ostsee einrichtete. Mit dem Zulauf von sechs weiteren Boeing 737-300 ab Frühjahr 1992 erhielten die Flugzeuge ein moderneres äußeres Erscheinungsbild.

Im Jahre 1995 stieg Germania schließlich mit einem Mehrheitsanteil beim Reiseveranstalter Heztel ein, nachdem dieser zuvor in finanzielle Schwierigkeiten geraten war. 1997 schließlich wurde mit der Bestellung von zunächst sechs Boeing 737NG die Entscheidung zu einer Flottenerneuerung getroffen. Diese Flugzeuge der Serie -700 konnten rechtzeitig zur Sommersaison 1998 übernommen werden, während die Boeing 737-300 sukzessive ausgemustert wurden. Zum Jahresende 1998 war der Flottenaustausch abgeschlossen. Einige Flugzeuge fliegen als so genannte »Logojets« im Auftrag der LTU-Gruppe und anderen Reiseveranstaltern.

1999 engagierte sich Germania mit dem Erwerb und der gleichzeitigen Rückvermietung von neun MDC MD-80 der Crossair verstärkt im Leasingbereich, wobei auch einige verbliebene Exemplare der Boeing 737-300 ihren Weg nach Brasilien fanden.

Germania wurde als SAT - Special Air Transport gegründet und begann den Flugbetrieb im April 1978 mit einer Fokker F-27. 1978 kaufte SAT drei SE.210 Caravelle 10R von der LTU. D-ABAW (C/N 239) kam am 28. August 1978 zur SAT und wurde im November 1986 als TC-AKA an die türkische Istanbul Airlines verkauft.

Nachfolgemodell der Caravelle und Boeing 727-100 wurde bei Germania die Boeing 737-300. Als erste Maschine kam D-AGEA (C/N 23970/1467) am 20. November 1987 zur Ablieferung und fliegt seit dem 13. Februar 1998 als N221DL bei Delta Air Lines in den USA.

Ab 1998 löste die Boeing 737-700 die älteren 737-300 bei Germania ab. Während D-AGER im neuen Farbkleid zu sehen ist, fliegt D-AGEM mit TUI-Bemalung.

Hamburg Airlines

Der Hamburger Geschäftsmann Eugen Block gründete Hamburg Airlines am 15. April 1988. Das Unternehmen übernahm die Operationen der zuvor in Konkurs gegangenen Regionalfluggesellschaft Holiday Express und deren Flugzeuge. Der Flugbetrieb begann am 9. Juni 1988 mit einer Dornier Do 228 auf den Strecken von Hamburg nach Rotterdam und Westerland/Sylt. Nach der Beschaffung einer weiteren Do 228 konnte im darauf folgenden Monat das Streckennetz nach Antwerpen und Göteborg ausgedehnt werden. Schon bald erwies sich die Do 228 als ungeeignet, und im Oktober 1988 mietete Hamburg Airlines ihre erste DHC-8-100. Nach der deutschen Wiedervereinigung bezog das Unternehmen die ostdeutschen Flughäfen verstärkt in ihr Streckennetz ein. Es wurden viele Strecken der in Konkurs gegangenen **Tempelhof Airways** übernommen und eine zweite Basis am Berliner Flughafen Tempelhof eingerichtet. Als zweites Standbein baute man eine Charterflugabteilung auf und führte mit einer gemieteten Fokker 100 Charterflüge nach Alicante, Malaga, Palma/Mallorca und Ibiza durch. 1990 flog Hamburg Airlines erstmals internationale Liniendienste nach London-Gatwick, aber auch zu solch exotischen Zielen wie Riga und Kaliningrad.

Am 5. Januar 1993 verkaufte Eugen Block seine unterkapitalisierte und von Verlusten geplagte Gesellschaft an das 1991 gegründete Charterflugunternehmen **Saarland Airlines**. Der Konkurs der Saarland Airlines zum Jahresende 1993 hatte natürlich auch negative Auswirkungen auf den Flugbetrieb der Hamburg Airlines.
Es war wieder Eugen Block, der Hamburg Airlines am 1. Dezember 1993 als Hamburg Airlines Luftfahrtgesellschaft zu neuem Leben erweckte. Neben den DHC-8 kamen nunmehr auch gemietete Maschinen vom Typ BAe 146 auf dem ehemaligen Streckennetz zum Einsatz, das in direkter Konkurrenz zur **Lufthansa CityLine** bedient wurde. Neue Routen nach Wilna (Vilnius) und Riga wurden eröffnet. Mit den BAe 146 erfolgte auch die Wiederaufnahme der Charterdienste nach Spanien. Erfolg versprechende Kooperationsabkommen konnten mit **Air UK**, **Crossair** und **LTU** abgeschlossen werden, doch die gesteckten Ziele wurden verfehlt und die Gesellschaft geriet wieder in die roten Zahlen. Gespräche über eine operationelle Zusammenarbeit mit **Augsburg Airways** verliefen ergebnislos, und Bemühungen um einen Vertrag mit Team Lufthansa im Herbst 1997 blieben ebenfalls ohne Erfolg. Daraufhin entschied sich Eugen Block für eine Schließung des Unternehmens zum Jahresende 1997. Am 21. Dezember 1997 führte eine DHC-8 den letzten Flug der Hamburg Airlines durch und am 31. Dezember 1997 erfolgte die Liquidation der Firma.

Wichtigstes Regionalflugzeug in der Flotte der Hamburg Airlines war die DHC-8, von der fünf Maschinen (drei DHC-8-100 und zwei -300) im Einsatz standen. D-BOBO, eine DHC-8-100, kam als erstes dieser Flugzeuge im Juni 1989 zum Einsatz.

Mit der gemieteten Fokker 100 F-OGQA (C/N 11272) führte Hamburg Airlines zwischen Mai 1990 und Mai 1991 Charterflüge zum spanischen Festland und auf die Balearen durch.

Hapag-Lloyd Fluggesellschaft

Hapag-Lloyd Flug, eine der großen deutschen Charterfluggesellschaften, wurde am 20. Juni 1972 von der bekannten Reedereigruppe Hapag-Lloyd AG als selbstständige Tochtergesellschaft Hapag-Lloyd Flugzeug GmbH in Bremen gegründet. Der Flugbetrieb begann im März 1973 mit einer aus drei Boeing 727-100 bestehenden Flotte, die von der japanischen Fluglinie All Nippon Airways erworben wurden. Von Bremen, Hannover, Hamburg, Frankfurt und Düsseldorf aus wurden die üblichen Sonnenziele im gesamten Mittelmeerraum angeflogen. Die Verkehrsnachfrage stieg ständig, sodass weitere Transportkapazität benötigt wurde. Da man mit den Leistungsdaten der 727-100 recht zufrieden war, übernahm man bis 1976 weitere fünf Maschinen desselben Typs von verschiedenen Vorbesitzern.

Nach zähen Übernahmeverhandlungen verkaufte Josef Schörghuber, Eigentümer der **Bavaria-Germanair**, seine Gesellschaft im April 1977 an Hapag-Lloyd, doch das Bundeskartellamt verweigerte zunächst die Zustimmung, sodass die Firmen erst im Januar 1979 fusionieren konnten. Die Flottenzusammenführung zog sich noch bis in den April hinein und der Firmenname wurde in Hapag-Lloyd Fluggesellschaft GmbH geändert. Von besonderem strategischen Interesse war für Hapag-Lloyd in diesem Zusammenhang die sofortige Verfügbarkeit von drei Großraumflugzeugen des Typs Airbus A300B, da die erste ihrer beiden eigenen A300B noch nicht zur Ablieferung gelangt war. Die BAC 1-11-500 war, anders als bei ihren Vorbesitzern, für Hapag-Lloyd nicht das geeignete Flugzeugmuster und alle Maschinen dieses Typs wurden zum schnellstmöglichen Verkauf ausgeschrieben. Nach Übernahme der Bavaria-Germanair wurde Bremen als Hauptbasis zu klein, sodass ein neuer Standort an einem größeren Flughafen gesucht werden musste. Die ehemalige Germanair-Basis am Frankfurter Rhein/Main-Flughafen schied von vornherein aus, weil Hapag-Lloyd nicht in direkte Konkurrenz zur dort dominanten **Condor** treten wollte. Schließlich siedelte das Unternehmen nach Hannover über, dem Sitz des Hauptkunden TUI, und errichtete dort eine neue Hauptverwaltung mit Wartungszentrum. Ein Problem stellte jedoch die Überholung der Triebwerke des A300B dar. Hier gab es nur die Alternative einer Inanspruchnahme von Leistungen der Lufthansa-Technik in Hamburg oder den teuren und zeitraubenden Transport der Triebwerke zum Flugzeughersteller nach Toulouse. Diese Möglichkeiten empfand man bei der Fluglinie als nicht akzeptabel. Schließlich wurde man sich jedoch mit dem Münchner Triebwerkshersteller MTU einig, dass dieser in Hannover ein eigenes Triebwerkswartungszentrum – die MTU Maintenance GmbH – aufbauen sollte um dort die Wartung der A300B-Turbinen für die Hapag-Lloyd zu übernehmen. Mit dem Einsatz des A300B und mit dessen großer Reichweite konnte Hapag-Lloyd ihr Streckennetz auf Ziele in Nord- und Westafrika ausdehnen, während Ziele auf den Kanarischen Inseln jetzt nonstop angeflogen wurden. Während die Boeing 727-100-Flotte 1979/80 um drei Exemplare der Serie -200 ergänzt wurde, bestellte man als Ersatz für die BAC 1-11 bei Boeing sechs Maschinen des Typs 737-200 Advanced zur Ablieferung 1981/82.

1987 wurde zur Anpassung an den künftigen Bedarf eine weit reichende Flottenerneuerung beschlossen, welche sich eng an den Wünschen der TUI orientierte. Die verbliebenen sechs A300B wurden gegen die kleinere A310 mit größerer Reichweite ausgetauscht, sodass Hapag-Lloyd ab 1988 erstmals in der Lage war auch Flüge in die USA und in die Karibik durchzuführen. Auf den Mittelstrecken ersetzten Boeing 737-400 die letzten Boeing 727. Im Frühjahr 1990 erfolgte mit der Ablieferung der ersten Boeing 737-500 die schrittweise Ablösung der gleich großen, aber inzwischen veralteten Boeing 737-200.

Eine weitere Flottenerneuerung, die Hapag-Lloyd zum Betreiber der modernsten deutschen Charterflotte machte, erfolgte 1997 mit der Einführung der Boeing 737NG-800 (NG = Next Generation), von denen das Unternehmen zunächst acht Exemplare bestellte. Bis 2001 ist diese Flotte auf 25 Einheiten angewachsen, wobei zwischenzeitlich die Teilflotten 737-400 und 737-500 weitestgehend ausgemustert und verkauft wurden. Anfang 1999 wurde das ehemalige Industrieunternehmen Preussag Hauptanteilseigner an der TUI, Hapag-Lloyd und dem britischen Reiseveranstalter JMC, der aber aus wettbewerbsrechtlichen Gründen schon bald wieder verkauft werden musste. An seiner Stelle erwarb Preussag die Thomson Travel mit der Fluggesellschaft **Britannia Airways**. Während Britannia Airways Deutschland GmbH umgehend aufgelöst wurde, wird jetzt in allen anderen Betriebsbereichen eine strategische Vereinheitlichung – »Streamlining« genannt – verwirklicht. Auch in der Flottenpolitik wird es weit reichende Veränderungen und Anpassungen geben und ab 2003 soll die schrittweise Ausmusterung des Airbus A310 erfolgen. Im Spätsommer 2001 wurde das erste Flugzeug in einer neuen, gemeinsamen Farbgebung vorgestellt.

Durch die Übernahme der Bavaria-Germanair im Januar 1979 kamen auch deren BAC 1-11-500 in den Bestand der Hapag-Lloyd-Flotte. D-ANUE (C/N 238) wurde am 29. Oktober 1981 als G-BJRU an British Caledonian Airways verkauft. Heute fliegt die Maschine als YR-JBB bei Astan Air.

Die ursprüngliche Hapag-Lloyd-Flotte bestand aus acht gebraucht erworbenen Boeing 727-100. Die Boeing 727-81 D-AHLN (C/N 18952/306) kam am 12. Dezember 1972 als JA8317 von All Nippon Airways und wurde im Mai 1986 an SAT, die spätere Germania, verkauft.

Als Nachfolgemuster der 727-100 kaufte Hapag-Lloyd 1979/80 drei werksneue Boeing 727-2K5 (D-AHLT C/N 21851, D-AHLU C/N 21852 und D-AHLV C/N 21853). Als erste Maschine gelangte D-AHLT am 30. November 1979 zur Ablieferung. Am 1. Dezember 1989 wurde sie als ET-AJU zum Einsatz bei Ethiopian Airlines an Shannonair Leasing verkauft.

Wichtigster Flugzeugtyp in der Hapag-Lloyd-Flotte war der Airbus A300B4, von dem neun Maschinen im Einsatz standen. Den A300B4-203 D-AHLJ (C/N 169) erwarb man am 28. Juni 1985 von Boeing((xxx Autor: Stimmt das? Oder sollte das nicht eher ‚Airbus' heißen? xxx)), zuvor flog die Maschine als 9V-STD bei Singapore Airlines. Nach einem Gastspiel als G-BMNA bei Dan-Air London (29. April bis 18. Dezember 1986) wurde D-AHLJ am 31. März 1988 als JA8276 an Japan Air Systems verkauft.

Nachfolgemuster des A300B4 wurde der Airbus A310-200/-300. Der A310-204WL D-AHLZ (C/N 468) steht bei Hapag-Lloyd seit dem 22. März 1988 im Einsatz.

Als Ergänzung zur Boeing 727 beschaffte Hapag-Lloyd 1981/82 fünf Boeing 737 2K5. Als letzte Maschine kam D-AHLI (C/N 22601/833) am 29. Januar 1982 zur Flotte. Im Mai 1988 erfolgte der Verkauf an die jugoslawische Aviogenex als YU-AOG.

Bis zur Einführung der Boeing 737-800 bildete die 737-4K5 mehrere Jahre das Rückgrat der Hapag-Lloyd-Flotte. D-AHLJ (C/N 24125/1689) gelangte am 29. März 1989 zur Ablieferung.

Hier zeigt sich die Boeing 737-8K5 D-AHLQ im neuen Farbkleid der »World of TUI«.

IFG - Interregionale Fluggesellschaft mbH

Die IFG wurde 1967 von der Düsseldorfer Charterfluggesellschaft **LTU** in Kooperation mit der nordrhein-westfälischen Landesregierung mit dem Ziel gegründet, die Landeshauptstadt Düsseldorf durch den Aufbau eines Regionalstreckennetzes mit den anderen deutschen Wirtschaftszentren zu verbinden. Mit Landesfördermitteln kaufte die IFG, die als Tochtergesellschaft der LTU firmierte, eine Nord 262A, mit der im August 1967 der Flugbetrieb aufgenommen wurde. Eine weitere Nord 262A stieß im März 1969 dazu und zur selben Zeit transferierte LTU, zur Schaffung der erforderlichen Kapazitäten, zwei ihrer Fokker F-27 and die IFG. Eine dritte F-27 der LTU kam ab Juni 1972 zum Einsatz. Die wichtigsten IFG-Routen verbanden Düsseldorf mit Hamburg, Bremen, Hannover und Saarbrücken. Auf den meisten dieser Strecken stand IFG in direktem Wettbewerb mit **General Air**, einer anderen deutschen Regionalfluggesellschaft.

Als Nachwirkung der Ölkrise von 1973 verschlechterte sich die wirtschaftliche Lage der IFG, sodass eine ökonomische Fortführung des

Flugbetriebs nicht mehr möglich war. Mitte 1974 stellte IFG ihren Flugbetrieb ein und wurde liquidiert. Alle Flugzeuge, mit Ausnahme einer F-27 die an LTU zurückging, wurden verkauft.

IFG flog zwei N.262A auf ihren Regionalstrecken ab Düsseldorf. D-CIFG gelangte am 29. März 1969 zur Flotte und wurde nach der Auflösung des Unternehmens 1974 an die dänische Cimber Air verkauft.

Interflug

Interflug (Gesellschaft für Internationalen Flugverkehr mbH) war bis zu ihrer Auflösung im Herbst 1991 die staatliche Fluggesellschaft der DDR, und wurde im Mai 1954 unter dem Namen Deutsche Lufthansa gegründet. Aufgrund eines Beschlusses des Internationalen Gerichtshofes in Den Haag war es der ostdeutschen Lufthansa untersagt unter diesem Namen zu operieren, was aber bis zum September 1963 ignoriert wurde. Um trotzdem Flüge in den Westen durchführen zu können, gründete die ostdeutsche Lufthansa in Zusammenarbeit mit dem ostdeutschen »Deutsches Reisebüro« am 18. September 1958 die Interflug GmbH. Mit den sich zunehmend intensivierenden Handelsbeziehungen zwischen der DDR und einigen westeuropäischen Staaten wurde auch die Einrichtung von Flugverbindungen dorthin erforderlich. Zur leichteren Erlangung von Luftverkehrsrechten in diese Staaten akzeptierte die DDR-Regierung schließlich den Richterspruch von Den Haag, und im September 1963 übernahm Interflug alle Geschäftsbereiche der ostdeutschen Lufthansa.

Der gesamte Flugverkehr in der DDR oblag dem Verteidigungsministerium, und der Generaldirektor der Interflug bekleidete gleichzeitig die Position des stellvertretenden Verteidigungsministers. Aus diesem Grund betrieb die Interflug auch eine große Anzahl von Verkehrs- und Transportflugzeugen im Auftrag der Luftverteidigungsstreitkräfte und anderer staatlicher Einrichtungen.

Der Flugbetrieb in der Deutschen Demokratischen Republik begann am 1. Juli 1955 und der erste offizielle Flug erfolgte am 16. September 1955 mit einer Regierungsdelegation an Bord, die zur Unterzeichnung des Staatsvertrags zwischen der DDR und der Sowjetunion nach Moskau geflogen wurde. Die ersten Liniendienste begannen am 4. Februar 1956 auf der Route Berlin (Schönefeld)–Warschau mit Ilyushin IL-14P, gefolgt am 16. Mai 1956 von der Route Berlin–Prag–Budapest–Sofia. Der erste Linienflug nach Bukarest fand am 19. Mai 1956 statt, und Moskau wurde ab dem 7. Oktober 1956 ins Streckennetz aufgenommen. Ein Linienflugbetrieb innerhalb der DDR begann erst am 16. Juni 1957, das Inlandstreckennetz verband Berlin mit Leipzig, Dresden, Erfurt und dem Ostseebad Barth.

Flüge nach Westeuropa begannen am 27. Februar 1959 zwischen Leipzig und Kopenhagen anlässlich der Leipziger Frühjahrsmesse. Ab Frühjahr 1960 löste die IL-18B, eine Turboprop-Mittelstreckenmaschine, die mit Kolbenmotoren angetriebenen IL-14P auf den wichtigsten Routen ab, zunächst auf der Verbindung Berlin–Moskau, wobei die Flugzeit halbiert werden konnte. Mit dem Ausbau des Langstreckennetzes ab Mitte der 60er-Jahre wurden einige IL-18B zu IL-18D mit größerer Reichweite und höherem Startgewicht umgebaut. Mit der Lieferung der AN-24B Ende 1965 wurden auch auf Kurz- und Mittelstrecken die inzwischen völlig veralteten IL-14 bis Ende 1966 abgelöst, und nur ein Exemplar fand als Messflugzeug weiter Verwendung. Im Regierungseinsatz wurden noch bis 1977 zwei Avia-14, ein DDR-Lizenzbau der IL-14, betrieben.

Das erste Strahlmuster wurde die Tupolew Tu-124V, von der zwei Exemplare im Regierungsauftrag betrieben wurden. Erstes kommerzielles Strahlflugzeug war die Tupolew Tu-134, von der 1967 zunächst vier Maschinen bestellt wurden und deren Ablieferungen im Sommer 1968 begannen. Bis zuletzt bildete dieses Flugzeugmuster das Rückgrat der Mittelstreckenflotte und löste die IL-18 auf allen wichtigen Routen ab. Zu den wichtigsten Zielorten im Mittelstreckennetz zählten Moskau, Leningrad (St. Petersburg), Warschau, Prag, Budapest, Bukarest, Sofia, Wien, Amsterdam, Kopenhagen und Helsinki.

Ab 1970 wurden IL-18 auch auf den Langstrecken sukzessive durch das moderne, vierstrahlige Muster IL-62 abgelöst, wobei die Flugzeiten wiederum halbiert werden konnten. Zunächst kam das neue Flugzeugmuster auf der Route Berlin–Moskau zum Einsatz, später dann auch auf Routen nach Nikosia, Damaskus, Bagdad, Beirut, Kairo, Khartoum, Tripolis, Algier, Freetown, Conakry und Hanoi (via Karachi). Ende 1974 konnte nach langer Vorbereitungszeit auch die längste Verbindung, von Berlin nach Havanna (via Gander), in Betrieb genommen werden. Mit weiteren politischen Veränderungen konnten dem Langstreckennetz noch Maputo (via Lagos), Brazzaville, Luanda, Addis Abeba, Dubai, Peking und Singapur hinzugefügt werden. Mit der Ablieferung der IL-62M, welche über eine größere Reichweite verfügte als die IL-62, kam die IL-18-Flotte verstärkt auf Sekundärrouten und auf Langstrecken-Charterdiensten zum Einsatz. Es wurden auch reine

Die Iljuschin IL-14 gehörte zur Grundausstattung der Deutschen Lufthansa (Ost), die 1963 als Interflug deren Flugbetrieb fortführte. DM-SAL flog bis in die 80er-Jahre als Flugvermessungsmaschine.

Frachtdienste mit diesem Flugzeugmuster geflogen. 1975 gab Interflug das gesamte Inlands- und Kurzstreckennetz auf und alle AN-24B wurden abgestellt. Diese Maschinen fanden alle neue Verwendung bei der vietnamesischen Fluglinie Hang Khong Viet Nam (später Vietnam Airlines).

Während der Leipziger Frühjahrsmessen fand regelmäßig eine Vielzahl von Charterflügen statt, auch zu Zielen die normalerweise nicht angeflogen wurden. Hierzu zählten auch Großbritannien und der westliche Teil Deutschlands. Flüge zwischen den beiden deutschen Staaten durften aber nicht direkt stattfinden, sondern wurden durch dänischen oder tschechoslowakischen Luftraum geführt.

Zwischen 1982 und 1985 reaktivierte Interflug für kurze Zeit nochmals ihr Inlandstreckennetz mit Verbindungen zwischen Berlin, Dresden, Erfurt und Leipzig. Auf den werktäglich beflogenen »Salon-Service«-Diensten kamen neu erworbene Let L-410UVP Turbolet aus tschechoslowakischer Produktion zum Einsatz. Danach wurden die Maschinen hauptsächlich für Geschäftscharterdienste eingesetzt.

Ab 1987 machte man sich bei Interflug Gedanken bezüglich einer umfassenden Flottenerneuerung. Für die Langstrecken war als Ersatz für die IL-62/IL-62M die neue IL-96 vorgesehen, während die Tu-204 das Muster Tu-134A auf den Mittelstrecken ablösen sollte. Für Routen auf denen die Tu-134 nicht rentabel eingesetzt werden konnte – beispielsweise von Berlin nach Kopenhagen, Prag und Warschau – plante man eine kleine Flotte von vier bis sechs Flugzeugen des Musters IL-114 zu beschaffen. Nachdem sich aber die Einsatzreife dieser Muster immer weiter hinauszögerte, sah man sich nach Alternativen auf dem westlichen Flugzeugmarkt um. Unter Einschaltung hoher politischer Kreise in Ost und West traten die Spitzenvertreter der Interflug in Verkaufsverhandlungen mit Airbus Industrie. Geplant war der Erwerb von drei Maschinen des Typs A310-300, die schließlich auch im Juni und September 1989, kurz vor der politischen Wende in der DDR, zur Ablieferung kamen. Damit betrieb Interflug als erste Luftverkehrsgesellschaft eines Ostblocklandes westliches Fluggerät. Im Jahr 1990 kam für wenige Monate noch eine von Tyrolean Airways gemietete Dash 8-103A zum Einsatz. Als Nachfolgemuster für die Tu-134 war zwischenzeitlich die Tu-154M vorgesehen, mit denen Partnergesellschaften wie LOT, Balkan und CSA recht gute Erfahrungen gemacht hatten. Zunächst erfolgte eine Bestellung über drei Maschinen für die Regierungsstaffel, der eine weitere Bestellung von insgesamt acht Flugzeugen folgen sollte. Die Lieferung der drei VIP-Maschinen sollte noch 1989 erfolgen, während die Übergabe von

sechs Maschinen 1990 und zwei weiterer Exemplare 1992 erfolgen sollte. Aufgrund der politischen Ereignisse gelangten aber nur zwei der drei VIP-Maschinen zur Ablieferung und zum kurzfristigen Einsatz.

Nach der deutschen Wiedervereinigung wurde eine zweite Linienfluggesellschaft neben der Lufthansa überflüssig, sodass die Zukunft der Interflug zur Disposition stand. Nachdem Lufthansa sich mehrfach geweigert hatte das Unternehmen ganz oder auch nur teilweise in den eigenen Flugbetrieb zu integrieren, fiel 1991 die politische Entscheidung zur Auflösung der Interflug zum 1. Januar 1992.

Während ihres Bestehens war Interflug in vier Bereiche aufgeteilt. Neben dem bereits beschriebenen Bereich Luftverkehr gab es noch den Bildflug, den Agrarflug und die Pilotenausbildung. Bei Bildflug waren die Luftbildfotografie und die industrielle Fliegerei angesiedelt, sowie ab 1985 die Geschäftscharterdienste. Die Flotte bestand aus einer größeren Anzahl von Kamov Ka-26 und einigen Mil Mi-8 Hubschraubern und den Flächenflugzeugmustern Antonov AN-2 und Let L-410UVP Turbolet. Der Agrarflug wurde in den vier Bezirken Leipzig, Kyritz, Magdeburg und Anklam verwaltet. Alljährlich mussten zirka 4,5 Millionen Hektar Feldfläche bearbeitet werden, wozu nahezu 300 Sprühflugzeuge zum Einsatz kamen. Damit war Interflug, neben der Agrarflugabteilung der Aeroflot, der weltweit größte Betreiber von Landwirtschaftsflugzeugen. In der Flugschule erfolgte die Umschulung von Piloten des Militär- oder Agarflugdienstes zu Verkehrspiloten, sowie die Musterzulassung von Verkehrspiloten auf neue Flugzeugtypen.

Im Laufe ihrer Firmengeschichte blieb auch Interflug nicht von Unfällen verschont. Der schwerste dieser Unfälle ereignete sich am 14.August 1972, als die IL-62 DM-SEA kurz nach dem Start von Berlin-Schönefeld in der Nähe von Königs Wusterhausen in einem Feld zerschellte und alle 156 Insassen den Tod fanden. Im rückwärtigen Teil des Flugzeugs, hinter der Passagierkabine, war durch ein Leck Hydraulikflüssigkeit in Brand geraten. Während die Piloten versuchten zum Flughafen zurückzukehren und Kraftstoff abzulassen, griff das Feuer auf das gesamte Heck über, welches schließlich abbrach.

Am 24. Oktober 1958 brannte die VEB-IL-14 DM-SAI während eines Notfalltrainings aus, und im Februar 1963 stürzte die Ilyushin IL-14P DM-SBL in der Nähe von Königsbrück ab.

Die Antonov AN-2 DM-SKS der Bildflug-Division stürzte am 26. Juli 1964 während eines Industrieflug-Einsatzes in der Nähe von Magdeburg ab.

Im Januar 1967 brannte die IL-18B DM-STF in Moskau während eines

Mit der Lieferung des Turbopropmusters Antonow An-24B ab Ende 1965 wurden auf Kurz-und Mittelstrecken die inzwischen völlig veralteten IL-14 abgelöst.

Erstes Strahlmuster wurde die Tupolew Tu-124V, von der zwei Exemplare im Regierungsauftrag betrieben wurden.

Werftaufenthalts aus und wurde durch ein baugleiches Flugzeug aus Aeroflot-Beständen ersetzt.

Die Tupolew Tu-134 DM-SCD verunglückte am 1. September 1975, wobei 26 Menschen ums Leben kamen. Während des ILS-Anflugs auf den Flughafen Leipzig geriet die Maschine unter den Gleitpfad und schlug zirka 300 Meter vor dem Landebahnanfang in einem Feld auf und brannte aus.

Die Tu-134A DM-SCM musste nach einem Unfall am 22. November 1977 in Berlin-Schönefeld als Totalverlust abgeschrieben werden.

Am 26. März 1979 stürzte die IL-18D DM-STL kurz nach dem Start in Luanda, Angola, infolge eines Triebwerkausfalls ab. 10 Menschen starben. Die IL-62M DDR-SEW schoss am 17. Juni 1989 beim Start in Berlin-Schönefeld über die Startbahn hinaus, da die Sicherungsbolzen zur Verstellung des Höhenleitwerks vor dem Start nicht entfernt worden waren. Die Maschine konnte deswegen keine Höhe gewinnen, rammte einige Träger der Anflugbefeuerung und kam mit abgeknickten Tragflächen außerhalb der Flughafenumzäunung zum Stillstand. Dabei kamen 20 Insassen ums Leben.

Auch nach Einführung der Tupolew Tu-134 stellte die Iljuschin IL-18 einen wesentlichen Bestandteil der Interflug-Langstreckenflotte dar. Die IL-18D D-AOAS, vormals DM-STM/DDR-STM, flog ab März 1974 für die Interflug und ging im Januar 1992 in den Besitz der glücklosen BerLine über.

Erstes kommerzielles Strahlflugzeug war die Tupolew Tu-134, von der 1967 zunächst vier Maschinen bestellt worden waren und deren Ablieferungen im Sommer 1968 begannen. Später wurden diese Maschinen durch die verbesserte Tu-134A ersetzt. Bis zuletzt bildete dieses Flugzeugmuster das Rückgrat der Mittelstreckenflotte. Abgebildet ist die Tu-134A D-AOBQ.

Die Iljuschin IL-62M kam Mitte der 70er-Jahre als Ergänzung zur IL-62 zum Einsatz und war bis zur Auflösung der Interflug deren wichtigstes Langstreckenflugzeug.

Als Nachfolgemuster für die Tu-134 wurde 1987 die Tu-154M ausgewählt, mit denen Partnergesellschaften wie LOT, Balkan und CSA gute Erfahrungen gemacht hatten. Zunächst erfolgte eine Bestellung über drei Maschinen für die Regierungsstaffel. Aufgrund der politischen Ereignisse gelangten aber nur zwei dieser Flugzeuge zur Ablieferung und zum kurzfristigen Einsatz.

Kurz vor der politischen Wende erhielt Interflug im Juni und September 1989 drei Langstreckenflugzeuge vom Typ A310-300. Damit arbeitete Interflug als erste Luftverkehrsgesellschaft eines Ostblocklandes mit westlichem Fluggerät.

1990 kam für wenige Monate die von Tyrolean Airways gemietete DHC-8-103A OE-LLI zum Einsatz.

Jetair

Jetair wurde 1982 in München von zwei ehemaligen Piloten der **Bavaria-Germanair** gegründet, die das Unternehmen zunächst ohne Flugzeuge aufbauten. Man hatte große Zukunftspläne und wollte an die Erfolge der früheren Bavaria anknüpfen. Zur Erreichung dieses Ziels war ein hoher Kapitalaufwand nötig, der durch die Ausgabe von Fonds und Gesellschaftsanteilen erbracht werden sollte. Das sodann eingeworbene Kapital reichte aber nicht aus, um die Beschaffung von zwei neuen Boeing 737-200 zu ermöglichen, weswegen man sich auf dem Gebrauchtflugzeugmarkt nach geeignetem Fluggerät umsah. Im Mai 1984 kaufte Jetair eine Boeing 727-100 (D-AJAA) von International Air Leases in den USA, die zuvor bei Air Panama im Einsatz stand. Da zu diesem Zeitpunkt bereits alle Charterverträge für die Sommersaison vergeben waren, konnte Jetair ihr Flugzeug nur sporadisch einsetzen. Zwischen dem 11. August und dem 22. September 1984 konnte man die Boeing 727 als OO-JAA kurzfristig an die belgische **Sobelair** vermieten. Zum Ende der Sommersaison im Oktober 1984 musste das Flugzeug jedoch mangels Aufträge stillgelegt werden. Mit großen Hoffnungen startete das junge Unternehmen in die Sommersaison 1985, und man konnte eine Anzahl von Charterverträgen mit verschiedenen Reiseveranstaltern abschließen. Zur Bewältigung des Flugbetriebs wurde für die Dauer von sechs Monaten eine zweite Boeing 727-100 angemietet. Bald zeigte sich jedoch, dass die Einkünfte aus den abgeschlossenen Verträgen nicht zur Deckung der Flugbetriebs- und Verwaltungskosten ausreichten und Jetair rutschte in die Verlustzone. Aufgrund der bestehenden Unterkapitalisierung waren die Kreditinstitute nicht zur Anhebung oder Verlängerung der Kredite bereit, sodass Jetair am 18. Dezember 1985 den Flugbetrieb einstellen musste und am darauf folgenden Tag in Liquidation ging. Einige Jahre später mussten sich die beiden Firmengründer vor Gericht wegen Kapitalanlagebetrugs und betrügerischen Konkurses verantworten und wurden zu Haftstrafen verurteilt.

Im Mai 1984 kaufte Jetair die Boeing 727-81 D-AJAA (C/N 18951/237) von International Air Leases in den USA. Kurzzeitig war die Maschine als OO-JAA an die belgische Sobelair vermietet.

LTS - Lufttransport Süd
LTU Süd

Am 25. August 1983 wurde in München die LTS-Lufttransport Süd Geschäftsführungs AG gegründet, gefolgt am 5. Dezember 1983 von der LTS-Lufttransport Süd AG & Co Fluggesellschaft. Mit finanzieller Unterstützung der Düsseldorfer **LTU** wurde so eine neue Charterfluggesellschaft ins Leben gerufen.

Am 25. Mai 1984 erhielt LTS ihr erstes Flugzeug, eine Boeing 757-200, die nach nur wenigen Einsatztagen beim Anflug auf München durch Hagelschlag schwer beschädigt wurde. Zwei weitere 757-200 stießen 1985 und 1986 zur Flotte. Am 1. Juni 1987 endete mit der Übernahme der wirtschaftlichen Kontrolle durch die LTU die Unabhängigkeit der LTS, die mit Wirkung des 1. November 1987 als LTU Süd firmierte. Für Langstreckenflüge ab München beschaffte LTU Süd 1989 drei Boeing 767-300ER und auch die 757-Mittelstreckenflotte wurde vergrößert.

Als Teil eines groß angelegten Kostensenkungskonzepts strebte man bei der LTU die Fusion beider Unternehmen an. Nach erteilter Genehmigung durch das Bundeskartellamt und anderer Behörden wurden 1997 die notwendigen Schritte hierfür eingeleitet und im darauf folgenden Jahr konnte der Zusammenschluss von LTU und LTU Süd vollzogen werden. Zu diesem Zeitpunkt bestand die Flotte von LTU Süd aus zwölf Boeing 757-200 und sechs Boeing 767-300ER.

Bei LTU-Süd kamen auf den Mittelstrecken Boeing 757-200 und auf den Langstrecken nach Fernost und in die Karibik Boeing 767-300ER zum Einsatz. 757-2G5 D-AMUZ (C/N 24497/228) flog von Mai 1989 bis Juni 1979 bei LTU-Süd. 767-3G5ER D-AMUS (C/N 24258/255) gelangte am 17. Februar 1989 zur Ablieferung und wurde am 1. November 1997 an LTU transferiert.

LTU International Airways

LTU wurde am 8. Februar 1955 in Frankfurt/Main als Lufttransport-Union durch den britischen Unternehmer Dromgoole gegründet und nahm mit einer einzelnen Cessna 310 am 20. Oktober desselben Jahres den Flugbetrieb auf. Hauptgesellschafter und späterer Alleininhaber war der Duisburger Bauunternehmer Conle, der die Fluggesellschaft zunehmend als Abschreibungsinstrument benutzte. Um eine mögliche Verwechslung des Firmennamens mit einer anderen Gesellschaft auszuschließen, wurde die LTU 1958 in Lufttransport-Unternehmen umbenannt. Im selben Jahr verlegte man den Hauptsitz und die Heimatbasis von Frankfurt nach Düsseldorf.

Mit der Vickers Viking, von der zunächst drei Exemplare beschafft wurden, erhielt LTU 1956 ihr erstes großes Flugzeugmuster. Ab Sommer 1956 flogen diese Maschinen Urlauber unter dem Firmenmotto »Fliegen ist für alle da« von deutschen Flughäfen in die Mittelmeerregion, zumeist an die spanische Festlandküste und auf die Balearen. In verkehrsschwachen Zeiten kamen die Vikings auf Frachtflügen zum Einsatz. Zur Sommersaison 1957 wurde die Viking-Flotte auf fünf Flugzeuge aufgestockt, und mit einer DH.104 Dove und einer Bristol 170 Freighter stießen zwei neue Flugzeugtypen zur Flotte. Im Sommer

1958 wurde mit dem Einsatz von zwei 72-sitzigen Douglas DC-4 die Transportkapazität nahezu verdoppelt. Diese Flugzeuge standen bis 1960 im Einsatz und wurden dann durch moderne Maschinen vom Typ Fokker F-27 Friendship ersetzt. Mit dem Zulauf weiterer F-27 wurden auch die Vikings ausgemustert, die letzte dieser Maschinen verließ 1963 die Flotte. Das Jet-Zeitalter begann für LTU 1965 mit der Indienststellung der SE.210 Caravelle, gefolgt von vier kleineren Fokker F-28 Fellowship 1969.

In Zusammenarbeit mit der Landesregierung Nordrhein-Westfalens wurde von 1967 bis 1974 die Regionalfluggesellschaft **IFG** als Tochterunternehmen betrieben. Hier gelangten zwei Nord 262A und drei ehemalige F-27 der LTU zum Einsatz.

Im Sommer 1973 erhielt LTU ihren ersten L-1011 TriStar, ein zweites Exemplar dieses Großraumflugzeugs wurde 1975 angeschafft. Zeitgleich erfolgte die Ausmusterung der F-28, die sich aufgrund der stetig steigenden Kapazitätsnachfrage als zu klein erwiesen. Die Caravelles flogen in der Sommersaison 1977 letztmalig für die LTU und wurden anschließend ausgemustert. Die letzten drei dieser Maschinen kaufte die SAT-Flug (heute **Germania**). Weitere TriStar stießen zur Flotte, und es war dieser Flugzeugtyp, der für LTU den Durchbruch zur zeitweise größten deutschen Charterfluggesellschaft brachte.

Zu Beginn der 80er-Jahre verfügte LTU über eine reine Lockheed TriStar-Flotte. Hier werden fünf dieser Maschinen während des morgendlichen »Line-Up« auf ihren Tagesdienst vorbereitet.

Mit der Vickers Viking, von der zunächst drei Exemplare beschafft wurden, erhielt LTU 1956 ihr erstes großes Flugzeugmuster.

Insgesamt standen elf TriStar, davon zwei Langstreckenmaschinen der Serie -500, in Diensten der LTU und ermöglichten die Aufnahme von Zielen im Ferntourismus nach Südostasien, Ostafrika und in die USA. 1989 beantragte man die Zulassung als Linienfluggesellschaft, und im Herbst 1990 wurde eine entsprechende Genehmigung für einige Strecken erteilt. Mit Zulauf der ersten MD-11 zum Jahresende 1991 setzte ein Flottenerneuerungsprozess ein, der 1996 mit neuen Großraumflugzeugen des Typs Airbus A330 seinen Abschluss fand. Diese ersetzten bei LTU den TriStar, der letzte Einsatz eines L-1011 erfolgte im Mai 1996. In der Absicht zur Errichtung einer eigenen Regionalfluggesellschaft kaufte LTU im Frühjahr 1996 den RAS - Rheinland Air Service. 1998 wurde **LTU Süd** in die Muttergesellschaft integriert und die Bemalung der Flugzeuge vereinheitlicht. Gravierende Veränderungen brachte das Jahr 1998. Die schweizerische SAir-Gruppe (**Swissair**) übernahm die Mehrheit der Unternehmensanteile und einige der MD-11, die nach Einführung des A330 zur Ausmusterung anstanden. Die SAir reorganisierte die gesamte LTU-Gruppe und integrierte auch das spanische Tochterunternehmen LTE. Das Regionalflugkonzept wurde fallen gelassen und die Fluggesellschaft RAS im Jahr 2000 an die Firma Wings Factor verkauft. Zusammen mit **Sobelair**, **Air Europe Italy** und **Balair** gehörte LTU nun zur European Leisure Group. Mit dem Niedergang der SAir Gruppe begannen schwere Zeiten für LTU und ein Konkurs konnte nur durch den Einstieg des REWE-Konzerns verhindert werden. Eine erneute Reorganisation führte zu einschneidenden Kapazitätsanpassungen und damit zur Ausmusterung der Boeing 767-300 zugunsten des Airbus A330-300/-200. Airbus A320 und A321 werden in naher Zukunft die Boeing 757 ersetzen. Neben Condor und Hapag-Lloyd Flug ist LTU die drittgrößte Charterfluggesellschaft Deutschlands.

Flotte:	
2 Airbus A320-200	7 Airbus A330-300
14 Boeing 757-200	4 Airbus A330-200

1957 flog LTU ihre Frachtdienste vorwiegend mit der Bristol 170 Freighter D-BODO.

Unter dem Motto »Wir düsen nach Süden« erfolgte 1965 mit der SE.210 Caravelle die Einführung des ersten Strahlmusters bei der LTU. Bis zur Umrüstung der Flotte auf L-1011 bildete die Caravelle, von der insgesamt sieben Exemplare der Serien III und 10R zum Einsatz gelangten, das Rückgrat der Flotte. Die Caravelle 10R D-ABAV (C/N 243) kam am 28. Februar 1968 zur Ablieferung und wurde im Mai 1979 an die Fluggesellschaft SAT (heute Germania) verkauft.

Ab 1969 unterstützten vier Fokker F-28 Fellowship die Caravelles auf dem LTU-Streckennetz. F-28-1000 D-ABAQ (C/N 11004) wurde am 24. Februar 1969 werksneu an LTU geliefert und am 25. April 1973 an Itavia verkauft. Dort erhielt das Flugzeug später die Registrierung I-TIDU.

Im Sommer 1973 erhielt LTU ihren ersten L-1011 TriStar. Dieser Flugzeugtyp war es, der LTU den Durchbruch zur zeitweise größten deutschen Charterfluggesellschaft brachte. Insgesamt standen elf TriStars, davon zwei Langstreckenmuster der Serie -500, in Diensten der LTU und ermöglichten die Aufnahme von Zielen im Ferntourismus nach Südostasien, Ostafrika und in die USA.

D-AERU (C/N 1125) kaufte die LTU am 25. Oktober 1977 von Lockheed, nachdem die amerikanische Fluggesellschaft PSA die Maschine zuvor nicht übernommen hatte. Nach dem Umbau zur L-1011-100 flog D-AERU bis zum 30. April 1994 bei LTU und wurde dann über die ILFC (International Lease Finance Corporation) als N181AT an American Trans Air abgegeben.

Der TriStar L-1011-500 D-AERV (C/N 1195) flog vor seinem Ankauf durch die LTU am 14. April 1989 als N511PA bei PanAm und United Air Lines. Die Maschine wurde am 12. Februar 1994 ausgemustert und als VIP-Flugzeug VR-CGF an einen Betreiber nach Hongkong verkauft.

LTU übernahm am 26. April 1995 die Boeing 757-28A D-AMUQ (C/N 26278/671) als werksneu geliefertes Leasingflugzeug von der ILFC.

Im Rahmen einer umfassenden Flottenerneuerung werden derzeit die Boeing 757 durch Airbus A320 ersetzt. Als erstes dieser Flugzeuge kam D-ALTA zur Ablieferung.

Der Airbus A330-200 ist das ideale Fluggerät zur Bedienung extremer Langstrecken, z.B. Düsseldorf–Los Angeles. Als viertes Exemplar dieser Serie kam D-ALPD zur Ablieferung.

Lufthansa Cargo

Die Lufthansa Cargo Aktiengesellschaft wurde im Rahmen einer Lufthansa-Konzernumorganisation am 1. Januar 1995 gegründet, indem die Aktivitäten der Lufthansa Cargo Airlines mit den verbliebenen Frachtoperationen der Lufthansa-Stammfluglinie zusammengefasst wurden. Hierzu transferierte Lufthansa die beiden verbliebenen Boeing 747F an das neue Unternehmen. Das Streckennetz wurde verstärkt auf Nonstopverbindungen mit Boeing 747 ausgerichtet, das Frachtzentrum in Sharjah wurde aber trotzdem beibehalten. Da die DC-8 für einige Abflughäfen in Indien zu groß waren, beteiligte sich Lufthansa 1996 dort beim Aufbau der Frachtfluggesellschaft Hinduja Cargo Services, die mit einer kleinen Flotte von Boeing 727-200F Zubringerdienste nach Sharjah durchführten. Weiter gehende Aktivitäten entwickelte man in Fernost, dort wurde unter anderem eine neue Direktverbindung nach Shanghai eingerichtet. Auch das europäische Streckennetz wurde erweitert, weswegen eine zusätzliche Boeing 737 der Serie 300F angemietet werden musste. Diese Maschine kam zumeist auf Umläufen nach Großbritannien (Manchester) und auf die Iberische Halbinsel zum Einsatz.

Mit stetig steigender Kapazitätsnachfrage erwiesen sich die DC-8-73F bald als zu klein, sodass sich das Unternehmen ernsthaft nach einem Nachfolgemodell umsehen musste. Alle fünf DC-8 wurden deshalb 1996 an einen amerikanischen Flugzeughändler verkauft, von denen zwei Maschinen aber für ein Jahr zurückgemietet wurden, um den Charterverkehr und die Afrika-Dienste betreiben zu können.

Die Wahl des DC-8-Nachfolgers fiel auf die MD-11F, ebenfalls ein Produkt aus dem Hause McDonnell Douglas. Dieser Hersteller wurde kurze Zeit später vom Mitbewerber Boeing übernommen und alle in der Produktion verbliebenen Flugzeugtypen unter dessen Markennamen vertrieben. Zunächst orderte Lufthansa Cargo vier dieser Flugzeuge mit einer Nutzlast von jeweils 91,7 Tonnen bei einem maximalen Abfluggewicht von nahezu 286 Tonnen (vgl. Boeing 747-230F, 378 Tonnen). Die Ablieferungen der MD-11F erfolgten im Laufe des Jahres 1998, doch zwischenzeitlich hatte die Gesellschaft ihre Bestellung auf insgesamt elf Exemplare erhöht und Optionen für drei weitere Maschinen erteilt. Nach Bekanntgabe der Produktionseinstellung für die MD-11 wurden diese Optionen umgehend in Festbestellungen umgewandelt, und die letzte MD-11 konnte im Februar 2001 übernommen werden. Mit nunmehr 14 dieser Flugzeuge im Einsatz ist Lufthansa Cargo der größte Betreiber der MD-11 in Europa.

Mit Ablieferung der ersten vier MD-11 erfolgte eine abermalige Neuausrichtung der Flottenpolitik, der das Kurzstrecken-Netzwerk in Europa zum Opfer fiel. Nachdem die Boeing 737-300F bereits im Herbst 1997 an den Eigentümer retourniert wurde, folgten im Sommer 1998 die verbliebenen Boeing 737-200QC. Mit der Rückgabe dieser beiden Maschinen endete die lange Verbundenheit der Lufthansa mit diesem Flugzeugmuster, die mit der Einführung von sechs Exemplaren (D-ABBE/CE/DE/FE/GE/HE) im Zeitraum von Dezember 1969 bis Februar 1971 begonnen hatte.

Die Flotte der Lufthansa Cargo besteht ausschließlich aus Langstrecken-Großraumfrachtern der Typen Boeing 747-200F und MD-11F.

Ab 1998 ersetzte Lufthansa Cargo ihre fünf DC-8-73CF durch die größere MD-11F. D-ADUE (C/N 46044/432) flog seit der Firmengründung am 1. Mai 1993 bis zum Verkauf an einen amerikanischen Flugzeughändler am 20. Mai 1997 bei der Gesellschaft. Heute fliegt die Maschine als N606AL bei Emery Worldwide Airlines.

Lufthansa CityLine

Als Nachfolgegesellschaft der **DLT** begann die Lufthansa CityLine am 1. März 1992 ihren Flugbetrieb unter dem Dach des Lufthansa-Mutterkonzerns. Die Hauptbasis befindet sich am Flughafen Köln/Bonn, wo auch ein eigener Wartungs- und Reparaturhangar errichtet wurde. In Folge einer Verwaltungs- und Flottenreorganisation fiel die Entscheidung zum Betrieb einer reinen Strahlflugzeugflotte. Das Unternehmen orderte als erste europäische Fluggesellschaft den 50-sitzigen Canadair Regional Jet, und das erste Flugzeug der Serie 100LR traf im Oktober 1992 in Köln/Bonn ein. Die turbopropgetriebenen Fokker 50 wurden an den Team Lufthansa-Partner **Contact Air** abgegeben. Da sich der Flugbetrieb äußerst positiv entwickelte, transferierte Lufthansa weitere Routen an die CityLine. Sehr bald schon erwies sich der Regional Jet als zu klein, weswegen ab Oktober 1994 die 85-sitzige Avro RJ85 zum Einsatz kam. Seit Februar 2001 fliegen bei CityLine auch die ersten von zehn bestellten Exemplaren des 68-sitzigen Canadair RJ700.

Mit der spektakulären Bestellung von 60 Flugzeugen wurde CityLine zum so genannten »Launch Carrier« des neuen Fairchild/Dornier 728 Jet und ermöglichte damit die Entwicklungsarbeiten dieses Flugzeugmusters. In Folge der Insolvenz des Herstellers Anfang 2002 wurde die Order aber storniert und CityLine ist nun auf der Suche nach einem entsprechenden Ersatzmuster. Größte Chancen haben hier die CL900 von Bombardier und die Embraer ERJ-170/175.

Flotte:	
11 Fokker 50 (Contact Air)	10 Canadair CL700
33 Canadair RJ100LR	18 Avro RJ85
10 Canadair RJ200LR	

Lufthansa CityLine übernahm die Fokker 50-Flotte von der DLT.

Als erste europäische Fluggesellschaft beschaffte Lufthansa CityLine ab Oktober 1992 den Canadair Regional Jet RJ100LR. D-ACLR fliegt seit dem 15. November 1995 bei dem Unternehmen.

Größtes Flugzeugmuster bei Lufthansa CityLine ist der Avro RJ85, von dem 18 Maschinen im Einsatz stehen. D-AVRG (C/N E2266) gelangte am 8. September 1995 zur Ablieferung.

Lufthansa

Die Deutsche Lufthansa AG ist die rechtliche Nachfolgegesellschaft der Vorkriegs-Lufthansa, die am 6. Januar 1926 durch den Zusammenschluss der damals führenden deutschen Fluggesellschaften Aero Lloyd und Junkers Luftverkehr Königsberg entstand. Das Unternehmen entwickelte sich schnell zu einer der weltweit führenden Fluglinien und erbrachte Pionierleistungen auf Langstreckenflugrouten, speziell nach Südamerika und in den Fernen Osten. Ferner wurden mit Sindicato Condor und Eurasia Tochterunternehmen in Südamerika und China unterhalten. Lufthansa musste nach der Kapitulation Deutschlands im April 1945 den Flugbetrieb einstellen und es dauerte nahezu zehn Jahre, bis Deutschland die Teilnahme am Flugverkehr wieder gestattet wurde.

Zwischenzeitlich wurden aber Anstrengungen zur Reaktivierung der Lufthansa unternommen. Am 6. Januar 1953 gründete ein Interessentenkreis von Wirtschaftsvertretern mit der Unterstützung der Deutschen Bundesbahn und dem Bundesland Nordrhein-Westfalen in Köln die Luftag, eine Dachgesellschaft für den Luftverkehr. Schon bald darauf konnte das Kapital durch private Geldgeber und die deutsche Bundesregierung beträchtlich erhöht werden, wodurch der Luftag die Bestellung von vier Langstreckenflugzeugen des Typs Lockheed L.149 Super-G-Constellation und vier Mittelstreckenflugzeugen vom Typ Convair CV-340 möglich wurde. Am 6. August 1954 wurde die Luftag in Deutsche Lufthansa AG umbenannt, und der Flugbetrieb konnte am 1. April 1955 mit CV-340 auf innerdeutschen Strecken aufgenommen werden. Erste Auslandsrouten folgten bereits kurze Zeit später nach London, Paris und Madrid. Die erste L.1049G traf am 15. April 1955 in Hamburg ein, und bereits am 1. Mai desselben Jahres waren drei dieser Flugzeuge abgeliefert. Der Transatlantik-Liniendienst begann am 8. Juni 1955 und führte dreimal wöchentlich von Hamburg nach New York, via Düsseldorf/Frankfurt und Shannon. Damit war Lufthansa die erste europäische Fluggesellschaft, welche die L.1049G im Einsatz hatte. Am 23. April 1956 wurde eine neue Direktverbindung zwischen Düsseldorf und Chicago, via Manchester, eröffnet. Nach der Ablieferung zweier weiterer L.1049G konnte Lufthansa ihr Langstreckennetz erweitern, und am 15. August 1956 wurde die legendäre Vorkriegsroute nach Südamerika wieder eröffnet. Diese führte von Hamburg, via Frankfurt nach Rio de Janeiro, Sao Paulo und Buenos Aires. Zwischenstopps wurden in Paris

und Dakar eingelegt. Nur wenig später, am 12. September 1956, wurde mit Istanbul, Beirut, Bagdad und Teheran der Mittlere Osten in das Streckennetz aufgenommen. Die innerdeutschen Flugabschnitte hierfür waren Hamburg–Düsseldorf–Frankfurt oder Hamburg–Düsseldorf–München. Die Südamerikaroute wurde im Mai 1958 nach Santiago de Chile verlängert, und die erste Fernostroute nach Bangkok konnte im November 1959 eröffnet werden. Auf den Europastrecken löste 1957 die CV-440 das Vorgängermuster CV-340 ab, welches dann vorwiegend auf Inlandsrouten zum Einsatz kam. Im Dezember 1958 erhielt Lufthansa mit der viermotorigen Vickers Viscount 814D ihr erstes Turbopropflugzeug, das die langen Mittelstrecken von der CV-440 übernahm. Für den Transatlantikverkehr beschaffte Lufthansa 1957 die schnellere Lockheed L.1649A Super Star, sodass die dort frei werdenden L.1049G auf anderen Routen eingesetzt werden konnten. Die Ablieferung der ersten L.1649A erfolgte im September 1957 und mit Wirkung des Frühjahrs-/Sommerflugplans 1958 übernahm dieser Flugzeugtyp alle New York-Verbindungen und ermöglichte erstmals ganzjährige Nonstopdienste in beiden Richtungen. Im März 1958 wurden zwei L.1049G zum Verkauf ausgeschrieben, kamen dann aber letztendlich von Hamburg, Köln und Frankfurt aus auf den Strecken nach Madrid und Lissabon zum Einsatz. Am 1. März 1959 ersetzten Viscount 814D die L.1049G auf den Routen zur iberischen Halbinsel, und lösten gleichzeitig auch die »Super Connies« auf den Strecken in den Mittleren Osten ab. Auf den Fernostrouten ersetzten L.1649A die L.1049G, sodass als einzige Fernstreckenverbindung die Routen nach Teheran noch von L.1049G beflogen wurden.

Ein eigenes Frachtstreckennetz wurde bereits 1956 eingerichtet, und zu diesem Zweck beschaffte Lufthansa drei gebrauchte Douglas DC-3. Diese Flotte wurde 1957 um zwei ex-Deutsche Flugdienst Vickers Viking vergrößert. Gleichzeitig erweiterte man das Streckennetz um die zweimal wöchentlich beflogene Langstreckenroute Frankfurt–New York, auf der eine gemietete Douglas DC-4 zum Einsatz kam. Am 1. April 1959 wurde diese Maschine durch eine L.1049H Super Constellation der Transocean Airlines ersetzt. Zwischen Dezember 1959 und Juni 1960 mietete man eine baugleiche Maschine der Flying Tiger Line.

Zwischen März 1964 und Sommer 1969 kamen auf den europäischen Frachtdiensten zunächst drei, später fünf Curtiss C-46 zum Einsatz. Diese Maschinen operierten unter einem so genannten ACMI-

Lufthansa bestellte 1953 zunächst vier Convair 340 für den Einsatz auf Kurz- und Mittelstrecken. N8424H (C/N 148), die nicht zur Ablieferung gelangte, ist hier mit einer frühen Lufthansa-Bemalung zu sehen. Diese Farbgebung wurde aber nie eingeführt und gegen ein gefälligeres Design ausgetauscht.

Die zweimotorige Convair Metropolitan war während der 50er- und 60er-Jahre das Standard-Mittelstreckenverkehrsflugzeug der Lufthansa. Die letzten Exemplare flogen bis mitte des Jahres 1968

Die Convair 440-0 D-ACAT (C/N 464) übernahm Lufthansa am 1. November 1961 von der Condor Flugdienst. Die Maschine stürzte am 28. Januar 1966 beim Anflug auf den Flughafen Bremen ab.

Kontrakt (Aircraft, Crew, Maintenance, Insurance = Flugzeug, Besatzung, Wartung, Versicherung) der Capitol Airways und flogen in voller Lufthansa-Bemalung.

Das Jet-Zeitalter begann bei Lufthansa mit der Indienststellung der vierstrahligen Boeing 707-430, die ab dem 17. März 1960 die L.1649A auf der Route Hamburg–Frankfurt–New York ersetzten. Die Chicago-Dienste wurden im Mai desselben Jahres auf das neue Flugzeugmuster umgestellt, und Mitte 1960 kamen auf allen Nordatlantikrouten ausschließlich Boeing 707 zum Einsatz. Zwei der freigesetzten L.1649A wurden zu Frachtflugzeugen umgebaut und lösten im Februar 1960 die gemietete L.1049H auf der Frachtstrecke zwischen Frankfurt und New York ab. Die übrigen L.1649A ersetzten L.1049G auf den Diensten Frankfurt–Madrid, und Viscount 814D auf der Route Frankfurt–Mailand. Die Ablieferung der ersten von insgesamt acht bestellten Mittelstreckenmaschinen Boeing 720B begann 1961. Sie sollten auf den langen Europastrecken und in den Nahen und Mittleren Osten zum Einsatz kommen. Zunächst wurden diese Maschinen aber am 20. Mai 1961 auf den Südamerikarouten in Dienst gestellt und eröffneten im März und Mai 1962 neue Strecken nach Afrika (Lagos und Johannesburg). Am 17. Mai 1961 verließ letztmalig eine L.1049G Hamburg mit Ziel Südamerika, und der letzte Einsatz einer L.1049G nach Teheran erfolgte am 29. Juni 1961. Am darauf folgenden Tag übernahmen Boeing 720B diese Route.

Ab dem 1. November 1961 kamen L.1049G erstmals auf Inlandsrouten mit großer Kapazitätsnachfrage zum Einsatz. Diese so genannten Airbus-Routen führten von Frankfurt nach Düsseldorf, Hamburg und München.

Am 1. April 1961 stellte Lufthansa den mit L.1649A(F) geflogenen Frachtdienst nach New York ein und übertrug diese Strecke der Seaboard World Airlines, die hier ihre moderne und schnellere Canadair CL-44 zum Einsatz brachte. Mit Wirkung desselben Tages ersetzten Viscount 814D die L.1049G auf allen Routen nach Paris und Rom, sodass die »Super Connies« international nur noch auf den täglich beflogenen Diensten Frankfurt/München–Madrid, Hamburg/Frankfurt–Nizza/Barcelona und Hamburg/Frankfurt–Mailand zum Einsatz kamen.

Nachdem der neuen Boeing 727 der Vorzug vor der SE.210 Caravelle gegeben wurde, verfügte Lufthansa gegenüber ihren Mitbewerbern für die Bedienung des Mittelstreckennetzes nur über eine Flotte propellergetriebener Flugzeuge. Zur Ausgleichung dieses Nachteils mietete man kurzzeitig vier Caravelles von Air France, sowie – zwischen 1962 und 1968 – einige Finnair-Caravelles. Lufthansa war der erste europäische Kunde für das neue dreistrahlige Mittelstreckenmuster 727 von Boeing, und die Ablieferungen an die deutsche Fluglinie begannen im Februar 1964. Der so genannte Europa Jet ersetzte die Viscount 814D und Boeing 720B auf den wichtigsten Europarouten und Inlandsdiensten. Im Januar und Februar 1964 kehrten zwei an World Airways vermietete L.1649A zurück und wurden verkauft. Die beiden L.1649A(F) erfuhren einen Rückbau zur Passagiervariante und kamen ab Juli 1964 nur noch auf innerdeutschen Strecken zum Einsatz. Die verbliebenen L.1049G flogen innerhalb Europas ausschließlich als Ersatzflugzeuge oder zur saisonalen Flugplanverstärkung.

Anfang 1965 schrieb Lufthansa Geschichte, als sie mit der Boeing 737 als erste Fluggesellschaft außerhalb der USA Erstkunde für ein Verkehrsflugzeug von Boeing wurde. 21 Exemplare wurden von diesem als »City Jet« bezeichneten Flugzeugtyp bestellt, die Lieferungen begannen im Dezember 1967. Dieses neue Flugzeugmuster löste bis Ende 1968 die Viscount 814D ab. Die letzte L.1649A wurde Anfang 1966 außer Dienst gestellt, gefolgt von der L.1049G, deren letzter Flug auf dem innerdeutschen Streckennetz am 11. Mai 1967 durchgeführt wurde. Nach einigen Monaten Einsatz als Ersatzmaschine wurde die letzte L.1049G im Oktober 1967 endgültig außer Dienst gestellt.

Das Großraum-Zeitalter brach mit Einführung der Boeing 747 im März 1970 an. Mit der kleineren MDC DC-10-30, die erstmals im November 1973 zum Einsatz gelangte, brach Lufthansa zum ersten Mal mit der Tradition Flugzeuge ausschließlich von Boeing zu beziehen. DC-10 ersetzten die Boeing 707B auf allen wichtigen Fernstrecken, auf denen der »Jumbo Jet« nicht wirtschaftlich betrieben werden konnte. Mit dem europäischen Airbus A300B kam ab Februar 1973 erstmals ein Großraumflugzeug auf den Mittelstrecken zum Einsatz. Ab Mitte der 80er-Jahre wurden diese Maschinen durch den verlängerten A300B4-600 und den kleineren A310, für den die Lufthansa gemeinsam mit Swissair der Erstbesteller war, abgelöst.

Lufthansa ist für ihre konsequente Flottenerneuerungspolitik bekannt und so bestellte man 1987 die neue Boeing 747-400 als Ersatz für die in die Jahre gekommene 747-200B. Die Ablieferung des ersten Exemplars, D-ABVA, erfolgte am 23. Mai 1989. Derzeit hat Lufthansa 30 dieser Flugzeuge im Einsatz. 1988 war Lufthansa gemeinsam mit der Air France Erstbesteller für den Langstrecken-Airbus vom Typ A340, dessen erste Ablieferung an Lufthansa am 13. Dezember 1993 erfolgte.

Auch auf der Mittelstrecke lösten Airbus-Flugzeuge die älteren Boeing 727-200 und 737-200 ab. Das Rückgrat dieser Teilflotte bildet der A320, mit der D-AIPA kam das erste Exemplar am 16. Oktober 1989 zur Ablieferung. Im Januar 1994 folgte der A321 und im Juli 1996 der »kleine« A319.

1997 wurde Lufthansa vollständig privatisiert und die Mehrheit der Aktien befindet sich in Streubesitz. Im selben Jahr gründete Lufthansa mit United Airlines, SAS, Air Canada und Thai International die »Star Alliance«, den weltweit größten wirtschaftlichen Zusammenschluss von Luftverkehrsgesellschaften. Hundertprozentige Tochtergesellschaften sind **Lufthansa Cargo** und **Lufthansa CityLine**. Ferner hat Lufthansa

Direktbeteiligungen an Air Dolomiti, **Condor Flugdienst**, **Luxair** und **SAS**. Als Partner im Team Lufthansa fliegen Air Littoral, **Augsburg Airways**, **Cimber Air**, **Contact Air** und Rheintalflug innerdeutsche und europäische Strecken im Auftrag der Lufthansa.

Flotte:	
30 Boeing 737-530	2 Airbus A300B4-605R
39 Boeing 737-330	6 Airbus A340-200
4 Boeing 737-330QC	8 Airbus A340-300
21 Airbus A319	16 Airbus A340-300X
33 Airbus A320	4 Boeing 747-200B Combi
26 Airbus A321	7 Boeing 747-400 Combi
4 Airbus A310-304	23 Boeing 747-400
11 Airbus A300B4-603	

Die Lockheed L.1049G Super Constellation gehörte zur Erstausstattung der Lufthansa. Das Unternehmen beschaffte zunächst vier dieser Flugzeuge für den Einsatz auf der Nordatlantikroute nach New York. D-ALID (C/N 4647) gehörte zur zweiten Serie der an Lufthansa gelieferten L.1049G und gelangte am 7. August 1956 zur Ablieferung. Am 30. September 1967 wurde das Flugzeug aus dem Dienst genommen und in Frankfurt/Main abgestellt. Der Verkauf an Hank Wharton's North American Aircraft Trading Corporation erfolgte am 29. Februar 1968. Anschließend kam die Maschine als 5T-TAH auf Versorgungsflügen nach Biafra zum Einsatz.

Bei Lufthansa standen insgesamt vier der eleganten Lockheed L.1649A-98 Super Star im Einsatz. D-ALAN (C/N 1040) kam als zweite Maschine am 20. Dezember 1957 zur Lufthansa und wurde im Mai 1960 zum Frachtflugzeug umgebaut. Im April 1964 erfolgte der Rückbau in die Passagierkonfiguration. Die Ausmusterung erfolgte am 14. Februar 1966 mit dem Verkauf an einen amerikanischen Flugzeughändler.

Lufthansa übernahm drei Vickers Viking von der Firma Deutsche Flugdienst für den Einsatz als Frachtmaschinen. D-BONE flog von Februar 1960 bis November 1961 für die Lufthansa.

Bis zur Ablieferung der Boeing 737-130 bildete das viermotorige Propellerturbinen-Flugzeugmuster Vickers Viscount 814D das Rückgrat der Lufthansa-Mittelstreckenflotte. D-ANAF (C/N 447), hier in der ursprünglichen Farbgebung, flog bei Lufthansa vom 6. Januar 1962 bis zur Außerdienststellung am 30. Januar 1969. Noch heute findet die Maschine für Ausbildungszwecke Verwendung.

Anläßlich der Ablieferung ihrer neuen Boeing 737-130 modernisierte Lufthansa ihr Erscheinungsbild und alle Flugzeuge im aktiven Dienst erhielten die neue Farbgebung. D-ANAD (C/N 340) gelangte als erste Lufthansa-Viscount am 10. Januar 1959 zur Ablieferung und wurde erst am 26. Juli 1971 an die Nora Air Service verkauft.

Zwischen 1963 und 1969 mietete Lufthansa kurzzeitig mehrere Curtiss C-46 Frachtflugzeuge von der amerikanischen Capitol Airlines. N9891Z (C/N 33242) flog vom 16. März 1964 bis zum 18. November 1969 auf dem LH-Frachtstreckennetz und kam zumeist auf der Route Frankfurt–London zum Einsatz.

Als erstes Strahlmuster beschaffte Lufthansa insgesamt acht Boeing 707-430 Intercontinental, die zwischen 1960 und 1965 zur Ablieferung gelangten. Die erste Lieferserie umfasste vier Flugzeuge (D-ABOB, -ABOC, -ABOD und -ABOF). D-ABOB (C/N 17718/90) »Berlin« traf am 3. Februar 1960 in Hamburg ein und gelangte erstmals am 24. Februar 1960 planmäßig zum Einsatz. Im Januar 1977 wurde D-ABOB als 9Q-CRT an Pearl Air verkauft und musste infolge eines Landeunfalls am 9. August 1977 in Sanaa, Jemen, als Totalverlust abgeschrieben werden.

Die Ablieferung der ersten von insgesamt acht bestellten Mittelstreckenmaschinen vom Typ Boeing 720B, die auf den langen Europastrecken und in den nahen und Mittleren Osten zum Einsatz kommen sollten, begann 1961. Als erste Maschine konnte D-ABOH (C/N 18057/190) »Köln« am 8. März 1961 übernommen werden. Nach nur kurzer Einsatzzeit verkaufte Lufthansa ihre 720B-Flotte an PanAm. D-ABOH wurde der amerikanischen Fluggesellschaft am 12. März 1964 als N783PA übergeben.

Als Nachfolger für die Boeing 707-430 beschaffte Lufthansa für ihr Langstreckennetz insgesamt 15 707-330. Die Boeing 707-330B D-ABUM (C/N 19316/547) »Bremen« kam am 30. Januar 1967 zur Lufthansa und wurde am 10. Mai 1985 als 6O-SBT an Somali Airlines verkauft.

Auf der Suche nach einem Nachfolgemuster für die Boeing 707-430 evaluierte Lufthansa 1966 das Konkurrenzmuster Douglas DC-8-50, entschied sich aber für die Beschaffung der Boeing 707-330B mit Pratt & Whitney Mantelstromtriebwerken und verbesserten Leistungen. Der DC-8 Prototyp N8008D, zur DC-8-51 modifiziert, flog von Mai bis Oktober 1966 auf den Transatlantikdiensten der Lufthansa.

Als Nachfolgemuster für die veraltete Vickers Viscount 814D entschied sich Lufthansa 1964 zur Beschaffung des dreistrahligen Mittelstreckenmusters Boeing 727-30C. Als erste Maschine gelangte D-ABII (C/N 19310/395) am 18. April 1967 zur Ablieferung und stand bis 20. Februar 1979 im Einsatz.

Bis zur Einführung des Airbus A320 bildete die Boeing 727-230 das Rückgrat auf den verkehrsstarken und langen Mittelstrecken der Lufthansa. D-ABPI (C/N 20677/932) wurde am 2. April 1973 an Condor geliefert im Dezember 1979 an die Lufthansa transferiert.

Anfang 1965 orderte Lufthansa als erste Fluggesellschaft außerhalb der USA 21 Exemplare der neuen Boeing 737 als Ersatz für die Vickers Viscount 814D. Die Lieferungen begannen im Dezember 1967. Die Boeing 737-130 D-ABET (C/N 19030/113) »Baden-Baden« flog zwischen dem 31. Dezember 1968 und dem 29. Juli 1981 auf dem Kurz- und Mittelstreckennetz der Lufthansa.

Nachfolgemuster der Boeing 737-130 wurde die größere und leistungsstärkere 737-230. Die neue »Baden-Baden«, D-ABHW (C/N 22634/840) gelangte am 19. Februar 1982 zur Auslieferung und wurde am 15. Juli 1993 als 9A-CTE an Croatia Airlines verkauft.

Mit Einführung der mit CFM56-Triebwerken ausgestatteten Boeing 737-330 erfolgte ab 1986 die schrittweise Ablösung der Boeing 737-230. Als zweites Exemplar kam am 11. September 1986 D-ABXB (C/N 23523/1271) »Passau« zur Auslieferung, die im Februar 1993 zur Version -330QC für den wechselseitigen Passagier- oder Frachtbetrieb umgebaut wurde. Gegenwärtig betreibt Lufthansa 39 Boeing 737-330 und vier 737-330QC.

Lufthansa gehörte weltweit zu den ersten Betreibern der Boeing 747, von denen im Frühjahr 1970 drei Exemplare in Dienst gestellt wurden. Die abgebildete 747-230B D-ABYT (C/N 22363/490) »Hamburg« ist eine Kombi-Maschine der zweiten Generation für den Passagier- und Frachttransport und gelangte am 19. November 1980 zur Ablieferung. Heute fliegt D-ABYT als reines Frachtflugzeug bei Lufthansa Cargo Airlines.

Die Boeing 747-400 ist das derzeit leistungsstärkste Verkehrsflugzeug der Welt und hat bei Lufthansa das Vorgängermuster 747-230 weitgehend abgelöst. Am 23. Mai 1989 konnte Lufthansa mit der D-ABVA (C/N 23816/723) »Berlin« ihre erste 747-430 als neues Flaggschiff in Betrieb nehmen.

Ab Anfang 1974 lösten zunächst vier Exemplare der neuen MDC DC-10-30 die Boeing 707-330 auf solchen Langstrecken ab, die für den Einsatz der 747 wirtschaftlich uninteressant waren. Als drittes Flugzeug kam am 11. Februar 1974 D-ADCO (C/N 47923/123) zur Ablieferung. Insgesamt hatte Lufthansa bis Mitte der 90er-Jahre elf DC-10-30 im Einsatz.

Auf den verkehrsstarken Mittelstrecken setzte Lufthansa ab Frühjahr 1976 fünf Airbus A300B2 (D-AIAA bis D-AIAE) ein. Als letztes dieser Flugzeuge gelangte D-AIAE (C/N 052) »Neustadt an der Weinstraße« am 7. Januar 1978 zur Ablieferung. Unterstützt wurden die A300B2 ab Herbst 1977 von sechs Exemplaren des leistungsstärkeren A300B4 (D-AIBA bis D-AIBF).

Ab 1983 flogen bei Lufthansa und Condor insgesamt 13 Maschinen des Typs Airbus A310-203. D-AICL (C/N 273) flog bei Lufthansa vom 20. Januar 1984 bis zur Außerdienststellung am 23. Februar 1994. Im August 1994 erfolgte der Umbau zum Frachter A310-203F, anschließend kam die Maschine bei Federal Express als N409FE zum Einsatz.

Mit der Einführung des Airbus A320-211 im Oktober 1989 erfolgte bei Lufthansa die zügige Außerdienststellung der Boeing 727-230 und Boeing 737-230. Derzeit bildet die Flugzeugfamilie A319/A320/A321 das Rückgrat der LH-Mittelstreckenflotte. Vom A320 stehen 33 Exemplare im Einsatz. (D-AIPA bis D-AIPZ und D-AIQA bis D-AIQS). D-AIPM (C/N 104) »Troisdorf« wurde am 29. März 1990 von Lufthansa übernommen.

Der A321-112, von dem 26 Maschinen betrieben werden, kommt bei Lufthansa seit Januar 1994 vorzugsweise auf stark frequentierten und langen Mittelstrecken zum Einsatz. D-AIRE (C/N 484) gelangte als fünftes Exemplar am 14. April 1994 zur Ablieferung.

Als jüngstes und kleinstes Mitglied in der Lufthansa-Flotte steht der Airbus A319 seit Juli 1996 im Einsatz. Derzeit fliegen 21 Maschinen dieses Typs auf Kurz- und Mittelstrecken. D-AILE (C/N 627) stieß am 22. November 1996 zur Flotte.

Auf den Langstrecken hat der Airbus A340 inzwischen die DC-10-30 und Boeing 747-230 abgelöst. Derzeit fliegen bei Lufthansa sechs A340-200, acht A340-300 und 16 A340-300X mit extremer Reichweite.

Zwischen 1965 und 1968 war Condor für den Betrieb der beiden Fokker F-27 D-BARI (C/N 10268) und D-BARO (C/N 10270) auf wichtigen Regionalstrecken der Lufthansa verantwortlich. Die Maschinen flogen in Condor-Bemalung mit Lufthansa-Schriftzug.

NFD - Nürnberger Flugdienst

Der NFD wurde im Juli 1974 als Lufttaxi-Unternehmen in Nürnberg gegründet und startete seinen Flugbetrieb im folgenden Jahr. Im Laufe der kommenden Jahre konnte die Geschäftstätigkeit um die Bereiche Geschäftsreisen, Kleinfrachtdienste, Ambulanzflüge und Flugnavigations-Kalibrierungsflüge erweitert werden. Erste Regionalflüge wurden mit Wirkung vom 1. April 1980 angeboten. Schon bald reichte die Kapazität der eingesetzten Beech King Air 200 nicht mehr aus, sodass ab 1982 eine Flotte von 18/19-sitzigen Fairchild Metroliner beschafft wurde. Diese umfasste Mitte der 80er-Jahre neun Maschinen. Liniendienste führten von der Basis am Flughafen Nürnberg nach Paris, Amsterdam, Hannover, Mailand, Kopenhagen, Nizza und Brüssel. Ferner flog man zwischen Hannover und Düsseldorf. Zur selben Zeit übernahm NFD von der führenden deutschen Regionalfluggesellschaft, der **DLT**, Aufträge zur Bedienung der Routen Frankfurt/Main–Münster/Osnabrück, Hannover–Amsterdam und Hannover–Brüssel. Für die Ultra-Kurzstrecken kaufte NFD 1985 eine Dornier Do 228, doch konnte dieser Flugzeugtyp die in ihn gesteckten Erwartungen nicht erfüllen. Um der Forderung der DLT nach Kapazitätsaufstockung nachzukommen, bestellte NFD zunächst zwei ATR-42 beim Hersteller, die im Oktober 1986 und im März 1987 zur Auslieferung gelangten. Ende der 80er-Jahre hatte das Unternehmen acht

dieser 42-sitzigen Flugzeuge im Einsatz, und auf den aufkommensstärksten Strecken kamen zwei der größeren ATR-72 mit 68 Sitzplätzen zum Einsatz. Mit der Übernahme weiterer ATR-42/ATR-72 erfolgte die Ausmusterung der Metroliner, und auch die einzelne Do 228 verließ die Flotte. Für TNT wurde eine Zeitlang ein Frachtflugzeug vom Typ BAe 146-200QT betrieben.

Mit dem Zusammenschluss von NFD - Nürnberger Flugdienst und **RFG - Regional Fluggesellschaft** zum 1. Januar 1993 entstand **Eurowings**.

Da dieser Flugzeugtyp die in ihn gesteckten Erwartungen nicht erfüllen konnte, kaufte der NFD 1985 nur eine einzelne Dornier Do 228 (D-CHOF) für die Bedienung seiner Ultra-Kurzstrecken.

Ab 1982 beschaffte der NFD eine Flotte von 18/19-sitzigen Fairchild Metroliner, die bis Mitte der 80er-Jahre auf neun Exemplare angewachsen war. Zum Ende der 80er-Jahre wurden die letzten Metros durch ATR-42 abgelöst. Die Metro III D-CABB (C/N 500) wurde am 23. Mai 1982 übernommen. Dieses Flugzeug stürzte am 8. Februar 1988 während eines Wintergewitters im Anflug auf Düsseldorf ab.

Mit der 48-sitzigen ATR-42-300 verfügte der NFD über das ideale Flugzeugmuster für den Einsatz auf verkehrsstarken Regionalstrecken. D-BDDD (C/N 110) wurde am 1. Januar 1993 an die, durch Fusion mit der RFG geschaffenen, Eurowings übergeben.

Paninternational Fluggesellschaft mbH

Das Unternehmen wurde 1968 als Germania Fluganlage GmbH ins Leben gerufen, doch musste der Firmenname nach einem Rechtstreit mit Germanair noch vor Betriebsaufnahme in Panair umbenannt werden. In Ermangelung einer eigenen Flugbetriebslizenz wurde der Flugbetrieb am 5. Februar 1969 mit einer SE.210 Caravelle der französischen Trans-Union aufgenommen. Anfang Juni 1969 erhielt Panair ihre Flugbetriebslizenz, und am 13. Juni 1969 erfolgte die Ablieferung der ersten von insgesamt vier BAC 1-11 Srs. 500. Für den Reiseveranstalter Paneuropa flog man von Hamburg, Düsseldorf und München zu den Urlaubsgebieten am Mittelmeer und nach Nordafrika. Auf Druck der Pan American World Airways (PanAm) musste der Firmenname abermals geändert werden, und mit Wirkung des 1. Januar 1970 firmierte Panair als Paninternational. Unmittelbar vor Beginn der Sommersaison 1970 erhielt Paninternational zwei weitere BAC 1-11, und der Firmensitz wurde von Düsseldorf nach München verlegt. Im August desselben Jahres unternahm die Fluggesellschaft erste Schritte zur Aufnahme von Lang-

streckenverbindungen nach Ost- und Westafrika und kaufte zu diesem Zweck zwei Boeing 707 von American Airlines. Diese Maschinen kamen im Dezember 1970 in London an, durften aber aufgrund einer unvollständigen Dokumentation nicht nach Deutschland importiert werden. Da sich die Ablieferung der Flugzeuge bis in den März 1971 hinzog, musste Paninternational zu hohen Kosten Ersatzflugzeuge anmieten. Die vierte und letzte BAC 1-11 gelangte am 12. März 1971 zur Ablieferung, aber die Flottenkapazität reichte nicht aus, die vertraglichen Verpflichtungen sicherzustellen, sodass weitere Flugzeuge gemietet werden mussten, was wiederum zu finanziellen Engpässen führte. Zudem stellte sich heraus, dass die mängelbehafteten Boeing 707 nicht kostendeckend zu betreiben waren. Diese Probleme führten zu einem nahezu vollständigen Zusammenbruch des Flugplans was inakzeptable Verspätungen zur Folge hatte. Als am 6. September 1971 die BAC 1-11 D-ALAR kurz nach dem Start in Hamburg aufgrund von Triebwerksproblemen auf der neuen Autobahn Hamburg–Kiel eine missglückte Notlandung durchführen musste, war die Reputation der Paninternational vollends dahin und die meisten Reiseveranstalter annullierten ihre

Am 13. Juni 1969 erfolgte die Ablieferung der ersten BAC 1-11 Srs. 515FB (D-ALAT, C/N 187) an Panair. Ab 1. Januar 1970 firmierte Panair als Paninternational.

Transportverträge mit der Fluggesellschaft. Mitte September 1971 wurde eine Boeing 707 in Dubrovnik wegen ausstehender Lande- und Abfertigungsgebühren festgesetzt. Im Oktober sah sich Paninternational zur Rückgabe beider Boeing 707 an American Airlines gezwungen. Am 6. Oktober 1971 wurde Paninternational die Flugbetriebslizenz entzogen und der Flugbetrieb eingestellt. Tausende Urlauber strandeten an ihren Urlaubsorten und mussten

von anderen Fluggesellschaften zurück nach Deutschland gebracht werden.
Anfang 1972 erhielt Paninternational ihre Flugbetriebslizenz unter Auflagen zurück. Eine Wiederaufnahme des Flugbetriebs war aber nicht mehr möglich, da die British Aircraft Corporation ihre BAC 1-11 wegen ausstehender Zahlungen beschlagnahmt hatte. Im März 1972 musste Paninternational Konkurs anmelden.

Als dritte und vorletzte Maschine erhielt Paninternational am 20. März 1970 die BAC 1-11 Srs. 515FB D-ALAS (C/N 208). Nach dem Konkurs des Unternehmens wurde das Flugzeug am 18. März 1972 an den Hersteller retourniert.

Zur Aufnahme von Langstreckenverbindungen nach Ost- und Westafrika kaufte Paninternational 1970 zwei Boeing 707-123B (D-ALAL, C/N 17638/26 und D-ALAM, C/N 17637/17) von American Airlines. Wegen ausstehender Bezahlung wurde D-ALAM am 22. Oktober 1971 an den Eigentümer retourniert.

RFG - Regionalflug GmbH

Die RFG wurde 1976 in Dortmund gegründet. Das Hauptgeschäftsfeld bestand in der Durchführung von Geschäftsreise- und Ambulanzflügen. Mit der Übernahme der ersten Fairchild Metroliner wurden auch Passagier- und Frachtcharterflüge angeboten. Saisonale Passagiercharterflüge mit festen Flugzeiten erfolgten während der Sommermonate zwischen Dortmund und Westerland/Sylt. 1984 stieg RFG ins Liniengeschäft ein und beflog Routen von Dortmund und Paderborn nach München, Nürnberg, Stuttgart und Frankfurt/Main. 1985 wurde eine Auslandsstrecke zwischen

Paderborn und London/Gatwick eröffnet, die aber wegen schlechter Auslastungszahlen schon bald wieder eingestellt werden musste. Aufgrund der positiven Geschäftsentwicklung entschloss man bei RFG 1986 die Beschaffung von zwei ATR-42, die im März und September 1987 zur Ablieferung gelangten.
Anfang der 90er-Jahre kaufte der Hauptanteilseigner der RFG, Dr. Albrecht Knauf, den größeren Konkurrenten **NFD - Nürnberger Flugdienst**. Konsequent wurde die Fusion beider Unternehmen vorbereitet und am 1. Januar 1993 vollzogen. Das neue Unternehmen trug den Namen **Eurowings** und ist heute nach der **Lufthansa CityLine** Deutschlands zweitgrößte Regionalfluggesellschaft.

Ab 1987 kamen auf den wichtigsten RFG-Routen zwei ATR-42-300 (D-BCRM, C/N 038 und D-BCRN, C/N 053) zum Einsatz. Beide Maschinen flogen ab 1. Januar 1993 bei Eurowings.

Südavia Fluggesellschaft

Südavia wurde am 19. Juni 1984 als Regionalfluggesellschaft ins Leben gerufen, hatte ihre Wurzeln aber in der bereits 1980 gegründeten Münchener Flugzeugfirma BN Rent-a-Plane. Zunächst wurde ab August 1984 die Verbindung München–Saarbrücken als Bedarfsflugroute beflogen, gefolgt von der Strecke München–Verona 1985. An den Wochenenden führte das Unternehmen auch reguläre Charterflüge zwischen München und der Insel Elba durch. Auf allen diesen Diensten gelangte eine Beech 90 zum Einsatz.

Am 25. Juli 1986 erhielt Südavia die Linienflugberechtigung und begann umgehend einen Liniendienst zwischen München und Pisa, für den eigens eine Beech King Air 200 beschafft wurde. Ende März 1987 traf die erste Dornier Do 228 bei Südflug ein und diese Maschine eröffnete eine neue Linienverbindung zwischen München und Straßburg. Da die Do 228 keine Druckkabine hatte, war sie für die Flüge über die Alpen nach Italien ungeeignet, weswegen ab November 1987 auf diesen Strecken eine gemietete Beech 1900 zum Einsatz kam. Eine weitere Beech 1900 stieß im Februar 1988 zur Flotte und Südavia begann mit Auftragsflügen für die **DLT**, um unnötige Konkurrenz zu vermeiden. Aufgrund der schnellen Expansion traten bei der Gesellschaft finanzielle Engpässe auf. Anfang 1989 mietete Südavia Embraer EMB-120 von DLT zur Bedienung der Route München–Saarbrücken und eine Übernahme des Unternehmens durch die DLT schien in greifbarer Nähe, doch zerschlugen sich diese Pläne in letzter Minute.

Mitte 1989 konnte eine Investorengruppe, die auch Anteile an der Fluggesellschaft Air Exel hielt, als Kapitalgeber gewonnen werden. Die neuen Investoren erhielten 43,9% der Unternehmensanteile und brachten zwei Saab 340 in das Unternehmen ein, woraufhin die gemieteten EMB-120 an DLT retourniert wurden. Am 2. April 1990 entzog das Bundesverkehrsministerium der Südavia die Betriebsberechtigung wegen Überschuldung, weswegen der Flugbetrieb umgehend zum Erliegen kam und Südavia Konkurs anmelden musste. Beide Saab 340 und Beech 1900 gingen an ihre Eigentümer zurück.

Die Saab 340 HB-AHZ stand nur kurze Zeit bei Südavia im Einsatz.

Südflug

Südflug - Süddeutsche Fluggesellschaft mbH & Co. KG wurde 1952 gegründet und begann 1955 einen Lufttaxi- und Geschäftsreiseflugbetrieb vom Flughafen Stuttgart mit einigen Kleinflugzeugen. Ab Ende der 50er-Jahre kamen zweimotorige Aero Commander und Beech Queen Air zum Einsatz.

Als zu Beginn der 60er-Jahre das Touristikgeschäft boomte, expandierte auch Südflug. Zunächst stießen zwischen August 1961 und März 1963 drei Flugzeuge vom Typ De Havilland DH.114 Heron zur Flotte, denen allerdings keine lange Einsatzzeit beschieden war. 1962 erfolgte eine Reorganisation der Südflug mit der Neuausrichtung auf den Pauschalreise-Charterverkehr. Hierfür erwarb man zwei Langstreckenflugzeuge vom Typ Douglas DC-7C von der niederländischen **KLM** und begann mit Flügen zu nahezu allen bekannten Zielen im Mittelmeerraum. Die Ausweitung des Streckennetzes in die USA und nach West- und Ostafrika erforderte 1964 den Kauf weiterer DC-7C, und 1966 hatte die Gesellschaft sechs solcher Flugzeuge im Einsatz. Das Jet-Zeitalter begann bei Südflug am 23. Dezember 1967 mit der Übernahme der ersten von zwei DC-8-32 (D-ADIR, ex HB-IDC) aus Beständen der Swissair. Die zweite DC-8 (D-ADIM, ex HB-IDA) stieß am 15. März 1968 zur Flotte. Rechtzeitig zur Sommersaison 1968 erhielt Südflug zwei brandneue Mittelstreckenmaschinen vom Typ DC-9-32. D-ACEB (C/N 47218/312) gelangte am 21. Mai 1968 zur Auslieferung, gefolgt von D-ACEC (C/N 47219/325) am 13. Juni 1968. Die letzten drei DC-7C wurden im August 1968 außer Dienst gestellt und an Hank Wharton's North American Aircraft Trading verkauft, der sie anschließend für Versorgungsflüge in Biafra einsetzte.

Wegen Überexpansion geriet Südflug bereits Anfang 1968 in wirtschaftliche Schwierigkeiten und ernsthafte Finanzlücken erforderten im Oktober 1968 den Verkauf des Unternehmens an **Condor Flugdienst**, die Chartertochter der **Lufthansa**. Alle Flugzeuge wurden verkauft und Südflug mit Wirkung zum 1. Januar 1969 mit der Condor verschmolzen. Beide DC-9-32 konnten noch im Oktober 1968 an die **Swissair** verkauft werden, D-ACEB als HB-IFX und D-ACEC als HB-IFY. Die DC-8-32 D-ADIR fand eine neue Heimat beim Konkurrenzunternehmen **Atlantis Airways AG**, und nur D-ADIM flog für wenige Monate in Condor-Farben.

Im Mai und Juni 1968 gelangten mit D-ACEB und D-ACEC zwei werksneue Douglas DC-9-32 zur Ablieferung bei Südflug. Nach der Auflösung der Gesellschaft wurden sie als HB-IFX und HB-IFY an Swissair verkauft.

Als Ersatz für die veralteten Douglas DC-7C beschaffte Südflug zwei ehemalige DC-8-32 der Swissair, die im Dezember 1967 und März 1968 als D-ADIR und D-ADIM zum Einsatz gelangten. D-ADIR (C/N 45526/89) »Jupiter« wurde am 1. November 1968 an die Atlantis AG verkauft. Letzter Betreiber dieses Flugzeugs war Thai International, wo es als HS-TGU ab 28. April 1973 zum Einsatz kam. Weniger als einen Monat später, am 10. Mai 1973, geriet die Maschine bei der Landung in Katmandu (Nepal) über die Piste hinaus und musste als Totalverlust abgeschrieben werden.

Tempelhof Airways

Tempelhof Airways USA (TAUSA) wurde 1981 in Fort Lauderdale, Florida, gegründet und nahm im April 1982 mit zweimotorigen Piper Navajo den Lufttaxi-Flugbetrieb an ihrer Basis in Berlin-Tempelhof auf. Im darauf folgenden Jahr wurden erstmals Ambulanzflüge durchgeführt.

Im Januar 1985 eröffnete man im Auftrag der Computerfirma Siemens-Nixdorf einen planmäßigen Charterflugbetrieb zwischen Berlin und Paderborn, wobei eine Nord 262A zum Einsatz kam. Eine zweite Nord 262A wurde kurze Zeit später für Liniendienste ab Berlin nach Dortmund, Braunschweig, Augsburg und Luxemburg beschafft. 1988 wurde das Streckennetz um den Zielort Hamburg erweitert, und mit der Saab 340 kam erstmals eine moderne Turbopropmaschine zum Einsatz. Nach der Wiedervereinigung Deutschlands geriet Tempelhof Airways in wirtschaftliche Bedrängnis durch Mitbewerber, die ebenfalls Regionaldienste nach Berlin und in die neuen Bundesländer anboten. Ende Oktober 1990 entschied man sich zur Einstellung des eigenen Streckennetzes und die Flugzeuge wurden an **RFG** und **Sabena** vermietet. Da eine Umfirmierung der Firma nach deutschem Recht aus finanziellen Gründen nicht realisierbar erschien, erfolgte zum Jahresende die Auflösung der Tempelhof Airways.

Wichtigster Flugzeugtyp der Tempelhof Airways war die Nord Aviation N.262A, von der zwei Exemplare im Einsatz standen.

1988 kam mit der Saab 340 erstmals ein modernes Turbopropmuster bei Tempelhof Airways zum Einsatz.

Transportflug

Transportflug nahm im Sommer 1965 den Flugbetrieb mit einer von Interocean Airlines erworbenen Douglas DC-4 auf. Die Fluggesellschaft spezialisierte sich auf Frachtcharterverträge die in eigener Regie oder für andere Fluggesellschaften, insbesondere für die **Lufthansa**, durchgeführt wurden. Bis 1967 stieg die Anzahl der eingesetzten DC-4 (C-54) auf drei Exemplare. Trotzdem reichte die Frachtkapazität bald nicht mehr aus, und 1968 wurde die Route Frankfurt/Main–Manchester an die irische **Aer Turas** untervergeben. Der Grund hierfür war, dass Transportflug eine ihrer DC-4 auf Vollzeitbasis an **Alitalia** vermietet hatte. Das Kapazitätsproblem wurde mit der Übernahme einer anderen deutschen Frachtfluglinie, der All-Air, am 31. März 1969 gelöst. Dieses Unternehmen flog ebenfalls Frachtflüge mit der DC-4 (C-54). Im Laufe das Jahres 1969 kaufte Transportflug zwei Douglas DC-6A der **Germanair**, doch mit der Einführung der Boeing 737-200QC bei der Lufthansa im Dezember 1969 verlor Trans-

portflug ihre wichtigsten Transportverträge und musste wenig später den Flugbetrieb einstellen.

Transportflug nahm im Sommer 1965 mit einer von Interocean Airlines erworbenen Douglas DC-4 den Flugbetrieb auf. Bis 1967 stieg die Zahl der eingesetzten DC-4 auf drei Exemplare.

WDL Aviation

1955 gründete Theodor Wüllenkemper in Essen die Firma WDL - Westdeutsche Luftwerbung. Geschäftsgegenstand der Gesellschaft war die Werbung mittels Luftfahrzeugen und Luftschiffen, die als Werbefläche dienten. Von ihrer Basis am Flughafen Essen-Mülheim bot WDL auch Rund- und Bedarfsflüge mit 4-6 sitzigen Kleinflugzeugen an. Im Lauf der Jahre erfuhr das Fracht- und Passagierchargeschäft zunehmende Bedeutung, weswegen größeres Fluggerät beschafft werden musste. 1974 kam die erste Fokker F-27 zum Einsatz. Die Bereederung der Fokker-Flotte übertrug man der neugegründeten WDL Flugdienst GmbH am Flughafen Düsseldorf-Lohausen. Als die **DLT** Anfang der 80er-Jahre ihr Regionalstreckennetz aufbaute, bediente sie sich aufgrund von Kapazitätsmangel jahrelang der Hilfe von WDL. Ende der 80er-Jahre verfügte DLT über genügend eigenes Fluggerät und die Transportverträge mit der WDL wurden nicht verlängert. Auf der Suche nach neuen Aufgaben für ihre F-27-Flotte konnte das Unternehmen Frachttransportverträge mit verschiedenen Paketdiensten abschließen. 1991 verlegte die neu formierte WDL Aviation GmbH ihre Basis und den Unternehmenssitz an das zentrale Frachtzentrum am Flughafen Köln/Bonn und übernahm die Verteilung von Frachtsendungen inner-

halb Deutschlands und Europas. Im Mai 1992 startete WDL den Versuch, ins boomende Touristikgeschäft einzusteigen und auf der Suche nach einem geeigneten – und preiswerten – Flugzeug wurde man bei der slowenischen **Adria Airways** fündig. Im Dezember 1992 mietete man mit Blick auf die kommende Sommersaison einen Airbus A320, der wegen Auftragsmangel aber bereits im März 1993 an Adria retourniert wurde.

Die erste grundlegende Flottenerneuerung seit Gründung der WDL erfolgte 1998. WDL erhielt ihre erste BAe 146, die auf Passagiercharterflügen zum Einsatz kommt. Zwei weitere BAe 146 folgten 1999, mit denen der werktägliche Airbus-Werksverkehr zwischen Hamburg/Finkenwerder und Toulouse durchgeführt wird. Über ein Nachfolgemodell der alternden F-27 wird allerdings noch nicht ernsthaft nachgedacht.

Flotte:	
1 Learjet 55	1 BAe 146-200
16 Fokker F-27-600F	1 BAe 146-300
1 BAe 146-100	

Wichtigster Flugzeugtyp der WDL Aviation ist die Fokker F-27, von der 16 Exemplare als Frachter im Einsatz stehen.

Für den Einstieg ins boomende Touristikgeschäft mietete WDL im Dezember 1992 einen Airbus A320 der slowenischen Adria Airways. Wegen Auftragsmangel wurde die Maschine aber bereits im März 1993 retourniert.

Weitere Fluggesellschaften:

Continentale Deutsche Luftreederei

Dieses Unternehmen flog von seiner Basis am Flughafen Hamburg vornehmlich Passagier- und Frachtcharterdienste für deutsche Seeschifffahrtsgesellschaften. Bis zu seiner Auflösung im Jahre 1963 betrieb Continentale eine Flotte bestehend aus einer Douglas DC-3A, fünf DC-4/C-54 und zwei DC-6B. Eine C-54B verunglückte am 17. Juni 1961 in Kano, Nigeria.

Continentale betrieb ihre vornehmlich aus DC-4/C-54 bestehende Flotte in unterschiedlicher Farbgebung. D-ANEK (C/N 10458) wurde als OO-SBO erworben und nach dem Konkurs der Firma als G-ASKD verkauft.
D-ABEB (C/N 10530), eine C-54B-DC, musste nach einem Unfall am 17. Juni 1961 in Kano, Nigeria, als Totalverlust abgeschrieben werden.

DFD - Deutsche Ferienflugdienste

Die Gründung des DFD erfolgte 1989 durch die **Condor**, um den Betrieb von zwei Boeing 737-35B der **Germania** auf Condor-Routen zu ermöglichen. 1990 wurde DFD aufgelöst, da Condor die Maschinen nun direkt von Germania mieten und zum Einsatz bringen konnte.

Zwischen 1989 und 1990 kam die Boeing 737-35B D-AGED (C/N 24269/1628) bei DFD zum Einsatz.

Elbeflug

Elbeflug betrieb zwei von **Germanair** erworbene Douglas DC-6A auf Charterdiensten, doch 1971 musste der Flugbetrieb infolge wirtschaftlicher Probleme eingestellt werden. Vier von der Bundeswehr übernommene Nord Noratlas Transportflugzeuge gelangten nicht mehr zum Einsatz.

Nur kurze Zeit betrieb Elbeflug diese Douglas DC-6A D-ABAZ (C/N 43296).

NAS - Nora Air Service

Die kurzlebige Nora Air Services mietete zur Aufnahme des Betriebs von Passagier- und Frachtcharterflügen im Frühjahr 1972 die Vickers Viscount 808C der **Air Commerz**. Vier weitere Viscount 814D wurden von der **Lufthansa** erworben, kamen aber nicht zum Einsatz. Diese Maschinen verkaufte NAS im Verlauf des Jahres 1972 an **British Midland Airways**. Der beabsichtigte Kauf von vier sowjetischen Jak-40 konnte nicht verwirklicht werden.

Nora Air Service konnte ihre vier von der Lufthansa erworbenen Vickers Viscount 814D, darunter D-ANAD (C/N 340), nicht in Betrieb nehmen. Die Maschinen wurden an British Midland Airways verkauft.

RAS Fluggesellschaft

Diese Regionalfluggesellschaft wurde 1973 als Rheinland Air Service gegründet und führte mit Shorts 360 vorwiegend Frachtcharterdienste ab Düsseldorf und Mönchengladbach zu Zielorten innerhalb Deutschlands und dem benachbarten Ausland durch. Im Frühjahr 1996 übernahm **LTU** die Gesellschaft mit dem Ziel der Gründung einer eigenen Regionalfluglinie. Nachdem dieser Plan nicht verwirklicht werden konnte, verkaufte man die Firma im Laufe des Jahres 2000 an das niederrheinische Unternehmen Wings Factor. Die Shorts 360 wurden verkauft und durch

zwei ATR-42-320 (D-BOOM, C/N 315 und D-BVIP, C/N 333) ersetzt. Da sich der innerdeutsche Linienverkehr negativ entwickelte, musste RAS 2002 den Flugbetrieb einstellen und die beiden ATR-42 gelangten zum Verkauf.

RAS war der einzige deutsche Betreiber bei dem die Shorts SH.360 auf Passagier- und Frachtflügen zum Einsatz kam.

Saarland Airlines

Saarland Airlines wurde 1991 gegründet, um Pauschalreise-Charterdienste ab Saarbrücken, Düsseldorf, Köln/Bonn und anderen kleineren deutschen Regionalflughäfen durchzuführen. Für die Sommersaison 1992 mietete man ab April 1992 zunächst Boeing 737-300 von der dänischen Fluglinie **Maersk Air**. Auf der Basis eines Mietkauf-Vertrags übernahm man eine weitere 737-300 und diese Maschine wurde am 18. November 1992 in das deutsche Luftfahrtregister eingetragen. Im Hinblick auf eine Flottenstandardisierung wollte man zur Sommersaison 1993 fünf Airbus A320-231 von Orix Aircraft Leasing beschaffen und die gemieteten Maersk Air-737 retournieren. Da sich die Verhandlungen mit Orix in die Länge zogen, mietete Saarland Airlines von März bis Dezember 1993 zwei A320-231 der dänischen **Conair**. Ebenfalls ins Auge gefasst wurde die Anmietung einer DC-10-30 zur Aufnahme von Fernverbindungen in die Karibik.

Am 5. Januar 1993 verkaufte Eugen Block seine unterkapitalisierte und von Verlusten gebeutelte **Hamburg Airlines** an Saarland Airlines. Aufgrund von Überexpansion bei gleichzeitigem Nachfragerückgang

geriet Saarland Airlines in wirtschaftliche Schwierigkeiten und musste im Dezember 1993 Konkurs anmelden.

Die kurzlebige Saarland Airlines hatte für die Sommersaison 1993 zwei Conair-Airbus A320 im Einsatz, eines dieser Flugzeuge war die abgebildete OY-CNF.

Finnland

Finnair

In Finnland kam der Flugverkehr 1945 aufgrund des eingeführten Alliierten Militärrechts völlig zum Erliegen. Im Verlauf des Jahres 1946 erwarb die neue finnische Regierung 70% der nationalen finnischen Vorkriegsfluggesellschaft Aero O/Y und deren Streckenrechte. Im darauf folgenden Jahr erhielt Finnland seine uneingeschränkte Lufthoheit zurück und am 1. November 1947 führte Aero O/Y seinen ersten Linienflug auf der Strecke Helsinki–Stockholm durch. Zum Einsatz kam auch hier wieder die unverwüstliche DC-3, von der insgesamt neun Exemplare aus Überschussbeständen der USAAF erworben wurden. 1951 änderte man den Firmennamen in Finnish Airlines, doch schon 1953 wurde der heutige Name Finnair eingeführt, welcher allerdings erst seit Juli 1968 offiziellen Bestand hat.

Die ersten Routen nach Deutschland wurden am 15. April 1951 eröffnet, die Ziele waren Hamburg und Düsseldorf. Sie sind heute immer noch Bestandteil des weit verzweigten Streckennetzes. Ab 1953 ersetzten Convair 340 die DC-3 auf allen wichtigen internationalen Diensten. Am 1. September 1954 wurde eine neue Route von Helsinki nach London eröffnet, gefolgt von Helsinki–Moskau am 18. Februar 1956. Damit war Finnair die erste nicht kommunistische Fluggesellschaft die Moskau anflog. Im selben Monat erfolgte die Ablieferung der ersten Convair 440 Metropolitan und die verbliebenen DC-3 kamen nunmehr ausschließlich auf Inlandsrouten zum Einsatz. Das internationale Streckennetz wurde stetig ausgeweitet, 1957 kamen Frankfurt, Köln, Basel und Genf hinzu. Finnair gehörte zu den Erstkunden für das neue französische Strahlflugzeug SE.210 Caravelle 1A, von dem die Fluggesellschaft am 18. Januar 1958 zunächst drei Exemplare bestellte. Diese gelangten Anfang 1960 zur Ablieferung. Das neue Flugzeugmuster kam am 1. April 1960 auf den Strecken Helsinki–Stockholm und Helsinki–Frankfurt erstmals zum Einsatz. Die Caravelle 1A wurden schon bald auf den verbesserten Standard der Caravelle 3 umgerüstet, und ein viertes Exemplar stieß 1962 zur Flotte.

Inzwischen hatten Studien ergeben, dass die neue, mit Pratt & Whitney-Triebwerken ausgestattete, Caravelle 10B3 den Betriebsanforderungen der Finnair besser entsprach. Anfang 1962 erteilte die Gesellschaft eine Order für acht solcher Flugzeuge und die erste Caravelle 10B3 gelangte im Juli 1964 zur Ablieferung. Gleichzeitig gab man alle Caravelle 3 beim Hersteller in Zahlung. Bis zur Einführung der MDC DC-9 bildete die Caravelle das Rückgrat der Finnair-Flotte. **Kar-Air**, eine private finnische Gesellschaft, wurde 1962 übernommen. Die Erstauslieferung der DC-9-14 erfolgte am 23. Januar 1971 und dieses Flugzeugmuster sollte in den kommenden Jahren das Rückgrat der Mittelstreckenflotte von Finnair bilden. Insgesamt hatte Finnair neun DC-9-14/-15, eine DC-9-15MC Frachtversion, sieben DC-9-41 und 18 DC-9-51 im Einsatz. Als erste DC-9-51 gelangte OH-LYN (C/N 47694/805) am 23. Januar 1976 zur Ablieferung. Finnair war mit den Bestellungen für die MD-83 im Februar 1984 und MD-87 im Dezember 1984 einer der Erstkunden für diese Flugzeugmuster. Die erste MD-83 OH-LMR (C/N 49284/1209) gelangte am 19. Oktober 1985 zur Ablieferung, und die erste MD-87 OH-LMA (C/N 49403/1404) folgte am 1. November 1987.

Erst Ende der 60er-Jahre nahm Finnair ihre ersten Fernstrecken auf. Ab dem 27. Januar 1969 flogen die neu gelieferten MDC DC-8-62 auf der Route Helsinki–Kopenhagen–Amsterdam–New York/JFK. Die DC-8 fanden außerdem auf Charterflügen in die Mittelmeerregion Verwendung. Als erstes Großraumfluggerät der Fluggesellschaft kam am 27. Januar 1975 die DC-10-30 zur Ablieferung, deren Ersteinsatz erfolgte ab dem 4.2.1975 auf den Nordatlantikrouten. Die DC-8-62 fanden jetzt vermehrt im Charterflugbetrieb Verwendung, wurden aber zuweilen auch auf langen Mittelstrecken eingesetzt. Die längste Nonstopverbindung zwischen Helsinki und Tokio, mit einer Flugzeit von 13 Stunden, wurde im April 1983 eröffnet. Im Dezember 1985 flog Finnair mit DC-10 erstmals nach Singapur, via Bangkok. Im Juni 1988 eröffnete Finnair mit einer durchschnittlichen Flugzeit von nur acht Stunden die schnellste Nonstopverbindung zwischen Europa und der Volksrepublik China auf der Route Helsinki–Peking. Vier MDC MD-11 (OH-LGA bis -LGD) gelangten ab Ende 1990 zur Ablieferung und ersetzten auf den Langstrecken das alte Arbeitspferd der Finnair, die DC-10-30.

Erstes Fluggerät nach dem Zweiten Weltkrieg war, abgesehen von einigen kleineren Flugzeugen, die DC-3. OH-LCH stand bei Finnair vom 19. Juli 1948 bis zum 29. Juli 1970 im Einsatz. Dann wurde die Maschine als DO-11 an die finnische Luftwaffe abgegeben.

1951 fiel die Entscheidung des DC-3 Nachfolgers auf die Convair 340, von der Finnair drei Exemplare bestellte. Als erste Maschine kam OH-LRA (C/N 40) am 27. Januar 1953 zur Ablieferung. 1956 wurde das Flugzeug auf den Standard CV-440-40 umgerüstet und erst am 30. November 1971 in die USA verkauft. Am 10. Juni 1973 wurde die Maschine, in Diensten bei Air Cambodge, auf dem Flughafen von Phnom-Penh, Kambodscha, bei einem Raketenangriff am Boden zerstört.

Auf Inlands- und Regionalstrecken erwiesen sich die DC-9-14/-15 als unwirtschaftlich, sodass dort ab 1980 drei Fokker F-27 zum Einsatz kamen, die man von **Icelandair** erwarb. Ab 1986 wurden diese durch neue ATR-42 ersetzt.

Mit 22 Zielorten bedient Finnair derzeit eines der dichtesten inländischen Streckennetze, gemessen an der Bevölkerungspopulation. Zusätzlich werden 34 internationale Verbindungen, zumeist in Europa, bedient. Fernstrecken führen nach Fernost (Singapur, Bangkok, Peking, Tokio) und Nordamerika (New York, Los Angeles, Seattle, Montreal). Saisonale Charterflüge werden zu mehr als 40 Zielen angeboten.

Finnair war Vorreiter grenzüberschreitender Kooperationen mit anderen Fluggesellschaften, als im Oktober 1989 ein entsprechender Vertrag mit **SAS** und **Swissair** unterzeichnet werden konnte und am 25. März 1990 in Kraft trat. Im April 1991 erzielte man eine Übereinkunft mit **Aeroflot** zur Gründung eines Gemeinschaftsunternehmens mit dem Ziel der Entwicklung eines international ausgerichteten Streckennetzes nach westlichem Standard. Ab 1993 sollten bis zu acht DC-9 der Finnair zum Einsatz kommen, doch in Folge des politischen Umbruchs in der Sowjetunion musste dieses Vorhaben aufgegeben werden.

1993 wurde Kar-Air in die Finnair integriert, gefolgt von Finnaviation im Jahr 1996. Als Ersatz für die in die Jahre gekommenen DC-9-41/-51 erhielt Finnair 1997 die Boeing 757 und führte gleichzeitig eine neue Bemalung ein. Eine weitere Flottenerneuerung erfolgte ab 1999 mit Airbus A319, A320 und A321. Weiterhin ist Finnair seit 1999 Partner in der »Oneworld Alliance«.

Von der leistungsstarken SE.210 Caravelle 10B3 bestellte Finnair acht Exemplare. Als erstes dieser Flugzeuge gelangte OH-LSA (C/N 181) »Helsinki« am 22. Juli 1964 zur Ablieferung. Im März 1981 kaufte die französische Charterfluggesellschaft EAS die Maschine als F-BMKS.

Die DC-9-51 OH-LYN (C/N 47694/805) kam als erste Maschine dieser Version am 23. Januar 1976 zur Finnair-Flotte. Derzeit sind noch zehn dieser 122-sitzigen Flugzeuge bei Finnair im Einsatz.

Von der MDC MD-82/-83 Serie fliegen bei Finnair zurzeit noch 22 Exemplare, die in Kürze aber von Airbus A320/A321 abgelöst werden.

Um der steigenden Nachfrage, speziell im Pauschalreise-Chartergeschäft, gerecht zu werden, vergrößerte Finnair 1975 ihre Langstreckenflotte um eine DC-8-62. Diese Maschine, OH-LFZ (C/N 45987/366) »Jean Sibelius« wurde von der französischen UTA erworben, bei der sie zuvor als F-BOLG flog. Sie stand bei Finnair von Dezember 1975 bis Dezember 1985 im Einsatz und wurde dann an das Tochterunternehmen Kar-Air transferiert. Heute fliegt die Maschine in den USA als Frachter mit der Registrierung N804AX bei Airborne Express.

Die dreistrahlige MDC DC-10-30 löste 1975 die kleineren DC-8-62 auf den wichtigsten Langstreckendiensten ab. Die große Reichweite und hohe Nutzlast erlaubten es Finnair, neue Langstrecken in den Fernen Osten anzubieten. OH-LHB (47957/201) kam am 6. Mai 1975 als zweite Maschine zur Ablieferung. Nach einer Anzahl von Vermietungen an andere Fluggesellschaften verkaufte Finnair das Flugzeug am 30. Mai 1997 als N17085 an die First Security Bank of Utah.

Fokker F-27 OH-LKA (C/N 10239) war das erste von drei Flugzeugen dieses Typs welche die Finnair 1980 für den Einsatz auf Inland- und Regionaldiensten von der isländischen Icelandair erwarb. OH-LKA flog solche Routen vom 25. April 1980 bis zum Verkauf an die schweizerische Sunshine Aviation (HB-ISG) im Mai 1988.

Der Airbus A300B4-203 OH-LAB (C/N 302) gelangte am 13. März 1983 zur Ablieferung. Von März 1987 bis März 1990 flog die Maschine für Kar-Air. Nach der Rückgabe an Finnair flog OH-LAB, gemeinsam mit dem Schwesterflugzeug OH-LAA (C/N 299) hauptsächlich Charterdienste. Am 19. Mai 1998 wurde OH-LAB als G-SWJW an die britische Air Scandic International Aviation verkauft.

Zurzeit fliegen bei Finnair vier Airbus A321-211. Als erstes dieser Flugzeuge gelangte OH-LZA (C/N 941) im Januar 1999 zur Ablieferung. Auf dem Finnair-Streckennetz ersetzen die 166-sitzigen A321 veraltete DC-9-51.

Kar-Air O/Y

Kar-Air, die Kurzbezeichnung für Karhumaki Airways, wurde 1947 als Tochterunternehmen des seit den 20er-Jahren bestehenden Flugzeugreparatur- und Flugzeugwartungsunternehmens Veljekset Karhumaki gegründet. Im selben Jahr wurde der Linienflugbetrieb auf finnischen Inlandsrouten mit De Havilland Rapides aufgenommen und Helsinki mit den Provinzzentren Joensuu, Jyvaskyla, Vaasa und Sundsvall verbunden. Diese Regionaldienste wurden in Ergänzung zum Liniennetz der **Finnair** beflogen, nicht in Konkurrenz. Im Februar 1951 ersetzten Lockheed Lodestars die Rapides. Ab 1954 kamen auf den wichtigsten Routen DC-3 zum Einsatz, die dort 1957/58 durch zwei größere und schnellere Convair 440 abgelöst wurden. Die letzte DC-3 absolvierte im August 1967 ihren Linieneinsatz.

In den späten 50er-Jahren errichtete Kar-Air ein Tochterunternehmen in Schweden und 1961 wurde die erste DC-6B in das schwedische Register eingetragen. Mit diesem Flugzeug stieg das Unternehmen in das lukrative Ad-hoc-Frachtchargeschäft ein und eine Zeit lang wurde auch ein Frachtliniendienst von Helsinki nach Malaga und Teneriffa, via Göteborg und Luxemburg, durchgeführt.

Infolge von wirtschaftlichen Turbulenzen stellte Kar-Air den Flugbetrieb 1956 ein, konnte ihn aber nach einer Reorganisation im Januar 1957 wieder aufnehmen. 1962 erwarb Finnair zunächst 28,9% Anteile an Kar-Air, die später auf 35% aufgestockt wurden. Ab 1964 flog Kar-Air im Auftrag der Finnair Frachtliniendienste zwischen Helsinki und Frankfurt, Düsseldorf, Amsterdam, London/LHR und Manchester mit der Klappheck-Variante der DC-6B. Diese Dienste wurden nach dem Verkauf der DC-6B im Juli 1982 an Finnair zurückgegeben und wurden bis Ende der 80er-Jahre von einer DC-9-15MC bedient.

Mit Hilfe der Finnair beschaffte Kar-Air im November 1972 eine DC-8-51 für die in eigener Regie geflogenen Pauschalreise-Charterdienste nach Südeuropa. Diese DC-8 wurde 1984 verkauft und durch eine DC-8-62 aus Beständen der Finnair ersetzt. Im Februar 1987 transferierte Finnair ihre beiden Airbus A300B4 an Kar-Air und die DC-8 fand eine neue Heimat in den USA. 1990 integrierte Finnair alle Tochterunternehmen unter einem Dach, und damit verlor auch Kar-Air ihre Identität.

Für internationale Frachtdienste erwarb Kar-Air am 12. Juni 1964 von der US-Fluggesellschaft Northwest Orient Airlines (N577) die DC-6B OH-KDA (C/N 45202/880). Im April 1968 erfolgte der Umbau zum Frachter DC-6BF mit Klappheck. Im Juni 1982 wurde das Flugzeug als N867TA an Trans-Air-Link in die USA verkauft.

Für die in eigener Regie durchgeführten Pauschalreise-Charterflüge betrieb Kar-Air zwischen November 1972 und Juni 1984 diese einzelne DC-8-51 OH-KDM (C/N 45628/151). Dann wurde das Flugzeug in Helsinki abgestellt und im Februar 1985 als Ersatzteillager an den belgischen Flugzeughändler AirXport verkauft. Bereits im Mai desselben Jahres wurde die Maschine in Brüssel verschrottet.

Der Airbus A300B4 OH-LAB (C/N 302) kam bei Kar-Air von März 1987 bis März 1990 auf Passagiercharterflügen zum Einsatz.

Frankreich

Aéromaritime

Die Compagnie Aéromaritime d'Affretement S.A. wurde 1966 als hundertprozentiges Tochterunternehmen der **UTA** zur Durchführung von Charter- und Sonderflügen ins Leben gerufen. Die Aufnahme des Flugbetriebs erfolgte 1967 mit Flugzeugen des Musters Douglas DC-6B. Bekannt wurde Aéromaritime aber mit dem Betrieb von vier »Super Guppy«-Flugzeugen, umgebauten Boeing 377, für den »SkyLink« von Airbus Industrie. Die Maschinen flogen über viele Jahre hinweg Flugzeugkomponenten von den verschiedenen Airbus-Partnerwerken zur Endmontage nach Toulouse, bis sie durch die A300-608ST »Beluga« abgelöst wurden.

Mitte der 80er-Jahre stieg UTA ins europäische Charterfluggeschäft ein und übertrug Aéromaritime dieses Geschäftsfeld. Zum Einsatz kamen Boeing 737-300 und -400, die eine UTA-identische Farbgebung erhielten. Aufgrund der günstigeren Kostenstruktur gegenüber der Muttergesellschaft bewirtschaftete Aéromaritime auch einige Langstreckendienste der UTA und erhielt hierfür zwei Boeing 747. Ein weiteres Geschäftsfeld der Aéromaritime war das kurz- oder mittelfristige Flugzeugleasinggeschäft.

1990 übernahm **Air France** die UTA und damit auch Aéromaritime. Unter dem Dach der Groupe Air France erfolgte die geschäftliche Neuausrichtung aller Tochtergesellschaften. Die »SkyLink«-Dienste für Airbus Industrie wurden beendet und Aéromaritime übernahm dafür alle Langstreckencharter nach Afrika und in die USA. Hierfür überstellte Air France ihre Flotte von Boeing 767-200ER an Aéromaritime. Der neue Name Aéromaritime International war aber nur kurzlebig, da zum Jahresende 1991 alle Tochterunternehmen, also auch UTA und Aéromaritime, in die Air France integriert wurden und damit ihre Eigenständigkeit verloren.

Nachdem die Bemühungen der Air France zur Rettung der multinationalen afrikanischen Fluglinie Air Afrique im Frühjahr 2002 endgültig gescheitert waren, entschied man sich im Sommer desselben Jahres zur Gründung der Société Nouvelle d'Exploitation Aéromaritime International, welche ab Frühjahr 2003 von ihrer Heimatbasis am Flughafen Marseille aus mit einer Flotte von Boeing 737-300/-500 und Boeing 767 Ziele in Zentral- und Westafrika bedienen soll. Zur Durchführung innerafrikanischer Routen sollen bis zu vier 737-300 in Banjul (Gambia) stationiert werden, nachdem die Einrichtung einer solchen Basis in Abidjan (Elfenbeinküste) aufgrund der zurzeit dort herrschenden Unruhen nicht mehr in Betracht kommt.

Die Boeing 737-300 war das Arbeitspferd bei Aéromaritime. G-OUTA (C/N 23635/1436) wurde als erste Maschine am 9. Februar 1988 von British Midland gemietet und am 22. Juni desselben Jahres als F-GFUA in das französische Register übernommen.

Die beiden von UTA bestellten Boeing 767-200 gelangten erst nach der Übernahme durch die Air France zur Auslieferung und wurden nur für wenige Monate durch das UTA-Tochterunternehmen Aéromaritime betrieben.

Aerotour

Das Luftfahrtunternehmen Aerotechnique war Mitte der 70er-Jahre Eigentümer einiger an **CATAIR** vermieteter Caravelle, doch entschied man sich 1976 zum Aufbau einer eigenen Charterfluggesellschaft. Das neue Unternehmen erhielt den Namen Aerotour und begann im selben Jahr mit dem Flugbetrieb, für den zwei von CATAIR zurückgekehrte SE.210 Caravelle zur Verfügung standen. Von **Alitalia** und **JAT** erwarb Aerotour fünf Caravelle 6N. Aus rechtlichen Gründen waren die meisten Flugzeuge in der Eignerschaft der Tochterunternehmen Aerot'ex, Aerotechnique und Aero-Centre Limoges. Charter- und Ad-hoc-Flüge führten zu vielen Zielen innerhalb Europas und im Mittelmeergebiet. Ende der 70er-Jahre ergänzten zwei Boeing 737-200 die Caravelle, doch im Verlauf des Jahres 1980 musste Aerotour aufgrund wirtschaftlicher Schwierigkeiten den Flugbetrieb einstellen.

Aerotour kaufte diese Caravelle 6N F-BVPZ (C/N 218) im Februar 1978 von der jugoslawischen JAT (YU-AHF). Im April 1981 übernahm Corse Air International die Maschine.

Air Alsace

Air Alsace wurde am 15. August 1962 als Lufttaxi-Unternehmen in Colmar gegründet. Man betrieb eine kleine, aus Cessnas und Piper Navajos bestehende, Flotte, hatte aber auch Ambitionen zum Aufbau eines Regionalflugbetriebs, um das Elsass effizienter an die Hauptstadt Paris und andere französische Wirtschaftszentren anzubinden. Ab Juni 1974 flog das Unternehmen mit Geschäftsflugzeugen vom Typ Aerospatiale Corvette von Colmar nach Lyon, via Belfort. In enger Kooperation mit der nationalen **Air France**, die kein Interesse an eigenen Regionaldiensten hatte, flog man von Straßburg nach Amsterdam, Brüssel, Köln/Bonn und Rom. Für die Strecken nach Mailand und London/Gatwick mietete Air Alsace eine Fokker F-28 und betrieb diese in voller Air France-Bemalung.

Die Liniendienste entwickelten sich erfolgreich und noch 1974 übernahm man die kleinere Air Vosges und deren Route Epinal–Paris. 1975 ersetzten Nord 262A und Fokker F-27 die Corvettes auf den meisten Liniendiensten; diese kamen nunmehr auf Ultra-Kurzstrecken und auf Charterflügen zum Einsatz. Air Alsace war einer der wenigen Betreiber des in Deutschland entwickelten Flugzeugmusters VFW/Fokker 614, von dem drei Exemplare vom Hersteller gemietet wurden. Die erste Maschine konnte am 3. Juni 1976 auf der Route Colmar–Paris in Dienst gestellt werden. Da die VFW 614 nicht den Erwartungen entsprach, erfolgte deren Rückgabe 1979 und als Ersatz beschaffte Air Alsace eine weitere Fokker F-28. 1981 übernahm **TAT** - Touraine Air Transport die Air Alsace und Air Alpes und vereinigte die Operationen dieser drei Unternehmen zur TAT - Transport Aerien Transregional.

Ein wichtiges Flugzeugmuster im Flottenbestand der Air Alsace war die Fokker F-27 und F-GCMA (C/N 10228) flog vom 15. Februar 1980 bis zum 15. August 1982 bei der Gesellschaft.

Air Alsace war einer der wenigen Betreiber der deutschen VFW 614. Bei der F-GATG (C/N MG.05) handelt es sich um die zweite Serienmaschine, die am 2. Februar 1976 vom Hersteller geleast wurde und bis zum 21. Februar 1977 bei Air Alsace im Einsatz stand.

Air Charter

Die Fluggesellschaft wurde am 3. Februar 1966 als Tochterunternehmen der **Air France** unter dem Namen SAFA - Société Aerienne Francaise d'Affretement gegründet und nahm im Juli desselben Jahres den Flugbetrieb auf. Zum Einsatz kamen SE.210 Caravelle, die von der Muttergesellschaft gemietet wurden. Hauptziele waren Urlaubsgebiete im Mittelmeerraum. 1970 erfolgte die Umbenennung in ACI - Air Charter International und aufgrund eines aufgestockten Eigenkapitals wurden die zuvor gemieteten Flugzeuge gekauft. 1972 erwarb ACI zwei Boeing 727-200 von der amerikanischen Fluglinie PSA, und mit diesem Flugzeugtyp konnten erstmals Nonstopflüge von Paris zu den Kanarischen Inseln und in den Süden Marokkos durchgeführt werden. 1978 trat Air France 20% seiner Geschäftsanteile an **Air Inter** ab, die sich im Gegenzug verpflichtete, keine Charterdienste auf dem Air France-Streckennetz

Das Flugzeugmuster Airbus A310-300 gab nur ein kurzes Gastspiel bei Air Charter. F-GJEZ (C/N 638) stand bei der Fluggesellschaft von Oktober 1997 bis April 1998 im Einsatz.

Für lange Jahre war die SE.210 Caravelle der wichtigste Flugzeugtyp bei Air Charter International. Aufgrund von Kapazitätsmangel mietete das Unternehmen langfristig weitere Caravelle von anderen französischen Fluggesellschaften, so auch F-BJTU (C/N 189) von Europe Aero Service.

Bis zum Einsatz des Airbus A300B war die Boeing 727-200 das größte Flugzeugmuster bei Air Charter. Von Januar 1991 bis Juni 1994 mietete das Unternehmen F-GCDA (C/N 22081 / 228) von der Air France. Heute fliegt die Maschine als EP-ASA bei Iran Asseman Airlines.

anzubieten. Ab Mai 1979 kamen erstmals werksneue Boeing 727-200 zum Einsatz, die einige der älteren Caravelle ablösten.

Anfang 1986 erfolgte die Umbenennung des Unternehmens in Air Charter und die Einführung einer zeitgemäßen Flugzeugbemalung. Im selben Jahr erhielt Air Charter die Genehmigung zur Durchführung von Langstrecken-Charterflügen in die französischen Überseeterritorien. Hierzu überstellte Air France zwei ältere Boeing 747-128. Zum Einsatz auf verkehrsstarken Charterrouten setzte Air Charter ab 1988 Airbus A300B ein und das Langstreckennetz wurden zu Zielen in die USA ausgedehnt. Aufgrund starker Kapazitätsnachfrage mietete Air Charter langfristig Maschinen von anderen Fluggesellschaften, darun-

ter SE.210 und Boeing 737 der **Europe Aero Service** und der **Euralair**.

1994 und 1995 erfolgte aufgrund einer Flottenneuausrichtung die weitgehende Außerdienststellung der bewährten, aber veralteten Caravelle und die Einführung der fortschrittlichen Airbus A310 und A320. Mit dem Zusammenschluss von Air France und Air Inter entfiel auch die Notwendigkeit zum Unterhalt einer eigenständigen Charterfluggesellschaft. Anfang 1998 fiel die Entscheidung zur Auflösung der Air Charter mit Wirkung zum Ende der Sommersaison und im November desselben Jahres erfolgte die Betriebseinstellung mit anschließender Liquidation des Unternehmens.

Air France

Air France (Compagnie Nationale Air France) wurde am 30. August 1933 als die nationale Fluggesellschaft Frankreichs durch den Zusammenschluss von vier Pionierfluglinien, Air Orient, Air Union, CIDNA (Compagnie Nationale de Navigation Aérienne) und SGTA (Société General de Transport Aérien), sowie der Compagnie General Aeropostale gegründet. Letzteres Unternehmen war 1931 in Konkurs gegangen, blieb aber als Firmenmantel erhalten und wurde mit in die Air France integriert. Die neue Fluggesellschaft verfügte über 259 Flugzeuge 35 verschiedener Typen, von denen 172 einmotorig waren. Das Streckennetz verband ausschließlich die europäischen Hauptstädte miteinander, und die am stärksten frequentierte Route führte von Paris nach London/Croydon. Air France übernahm auch das Südamerika-Streckennetz der Aeropostale, welches bis nach Buenos Aires reichte, und die Air Orient-Strecke nach Saigon, die ab dem 4. August 1938 nach Hongkong weitergeführt wurde. Hauptaugenmerk lag aber auf der Entwicklung des afrikanischen Streckennetzes entlang der Nord- und Westküste, das die französischen Überseebesitzungen miteinander und mit der Hauptstadt Paris verband. Kurz vor Ausbruch des Zweiten Weltkriegs führte Air France mit neu entwickelten Flugbooten Langstreckentestflüge über den Nordatlantik durch.

Unmittelbar nach Kriegsende erfolgte der Wiederaufbau der französischen Zivilluftfahrt, die mit Wirkung vom 1. Januar 1946 verstaatlicht wurde. Der neue Name der Air France lautete Société Nationale Air

France. Das Rückgrat der jungen Flotte bildeten aus Militärbeständen erworbene Douglas DC-3 (C-47) und DC-4 (C-54), sowie 85 Junkers Ju-52/3m und AAC.1 (Ju-52/3m Lizenzbauten). Zwischen 1945 und 1948 wurden die Ju-52 durch die französische Neukonstruktion Sud Est (Bloch) SE.161 Languedoc ersetzt. In Ermangelung eines eigenen Langstreckenmusters unterzeichnete die französische Regierung am 25. Oktober 1945 einen Kaufvertrag für vier Lockheed L.049 Constellation, von denen das erste Exemplar am 24. Juni 1946 zur Ablieferung gelangte. Im Laufe der nächsten zehn Jahre wurde Air France zum weltweit zweitgrößten Betreiber der Constellation und Super Constellation nach der amerikanischen Trans World Airlines - TWA. Aufgrund eines zeitweiligen Flugverbots der Constellation musste Air France den Eröffnungsflug über den Nordatlantik nach New York am 1. Juli 1946 mit einer DC-4 durchführen. Nach einer Reihe von Streckenerprobungsflügen übernahmen die L.049 die Nordatlantik-route am 3. Januar 1947 von der DC-4, und bereits im Juni 1947 kamen die leistungsstärkeren L.749 zum Einsatz. Von diesem Muster betrieb Air France bis zum Jahresende bereits vier Exemplare.

Am 1. September 1948 erfolgte die erste Teilprivatisierung der Air France. 70% der Anteile hielt der französische Staat, 30% private Investoren. Da sich die 44 im Einsatz befindlichen Languedoc-Flugzeuge als störanfällig und vergleichsweise unwirtschaftlich erwiesen, erfolgte bereits ab 1949 deren Ablösung. Zunächst ersetzten L.049 die SE.161 auf allen Routen nach Nordafrika, Kairo und Rom. Zeitgleich lösten Constellations die DC-4 auf der Südamerika-Route nach Buenos

Aires (via Madrid, Dakar, Recife, Rio de Janeiro und Montevideo) ab. Anfang 1949 bestellte Air France sechs L.749A, gefolgt von einer weiteren Order über vier solcher Flugzeuge am 25. Oktober 1950. Im selben Jahr wurden die vier ursprünglichen L.049 verkauft und durch vier L.749 aus Beständen der Pan American World Airways ersetzt. Mit diesen Maschinen eröffnete Air France neue Routen nach Tananarive auf Madagaskar (via Kairo und Nairobi), Teheran (via Genf und Damaskus), Lydda/Tel Aviv und Kalkutta (via Kairo und Karatschi). Anfang 1953 erweiterte Air France ihr Streckennetz in Fernost und nach Australien. Außerdem gab es einen neuen Direktservice nach Mexico City, Kolumbien und Venezuela über die Westindischen Inseln. 1953 war auch das letzte Betriebsjahr für die SE.161, die nach und nach der französischen Luftwaffe (Armee de l'Air) übergeben wurden. Nachfolgemuster wurden die britische Vickers Viscount 708 und die einheimische Breguet Br.763 Provence. Das erste von insgesamt neun dieser ungewöhnlichen doppelstöckigen Flugzeuge gelangte noch Ende 1952 zur Ablieferung, die restlichen Maschinen im Laufe des darauf folgenden Jahres. Der Ersteinsatz erfolgte am 27. Februar 1953 auf den Strecken Marseille–Algier und Marseille–Tunis. Die Br.763 konnte 107 Passagiere befördern, 59 im Ober- und 48 im Unterdeck und kam vorwiegend zwischen Südfrankreich (Marseille, Nizza), Nordafrika (Marokko, Algerien, Tunesien) und Korsika zum Einsatz. Zwischen Mai und Dezember 1953 kamen sechs Viscount 708 zur Ablieferung, die auf den europäischen Hautstrecken Verwendung fanden. Das Muster bewährte sich so gut, dass zwischen Mai und August 1954 weitere sechs dieser Flugzeuge zur Verstärkung der Mittelstreckenflotte beschafft wurden.

Der Ersteinsatz der Viscount erfolgte am 15. September 1953 auf der »Rennstrecke« Paris–London.

Im Langstreckenverkehr fiel Air France eine Pionierrolle zu, als die Gesellschaft am 26. August 1953 das britische Strahlmuster De Havilland DH.106 Comet 1A auf der Route Paris–Rom–Beirut in Betrieb nahm. Wenig später war die Comet auch auf einigen wichtigen Fernost-Routen anzutreffen. Wegen der geringen Reichweite der Comet vertraute Air France ihre Nordatlantikrouten weiterhin der Lockheed Constellation an und beschaffte 1953 die »gestreckte« Version L.1049C Super Constellation, welche ab dem 20. November 1953 zwischen Paris und New York zum Einsatz gelangte. Anfang 1954 orderte Air France drei Exemplare der leistungsstärkeren L.1049G, später wurde diese Bestellung auf zehn Flugzeuge aufgestockt. Mit Ablieferung der L.1049G zum Jahresende 1955 übernahmen diese Flugzeuge alle Transatlantikdienste nach Nord-, Mittel- und Südamerika, die wichtigsten Westafrika-Dienste, sowie die Routen nach Beirut, Bagdad, Teheran und Tokio. Die L.749A beflogen die verbliebenen Strecken nach Mittel- und Fernost, sowie alle Ostafrika- und Indik-Routen nach Entebbe, Nairobi, Livingston und Mauritius. Charterflüge in die USA und nach Kanada wurden ebenfalls von L.749A durchgeführt. Auf den Nordafrika-Strecken nach Oran, Algier und Tunis unterstützten L.749A zeitweise die dort planmäßig eingesetzten DC-4 und Br.763. Am 9. Juli 1957 lieferte Lockheed die erste L.1649A Starliner an Air France und dieses Muster kam ab dem 8. August 1957 exklusiv auf der Route Paris–New York zum Einsatz. Dadurch verringerte sich die Reisezeit gegenüber der L.1049G um nahezu zwei Stunden auf rund 16 Stun-

Die Douglas DC-3 gehörte zur Grundausstattung der Air France in der unmittelbaren Nachkriegszeit. In den 60er-Jahren flogen einige dieser unverwüstlichen Maschinen auf Nachtpoststrecken, so auch F-BAIF.

den. Die Starliner waren die ersten Flugzeuge der Air France, die den Nordatlantik planmäßig nonstop in beiden Richtungen überqueren konnten. L.1649A kamen auch exklusiv auf der am 10. April 1958 eingerichteten Polroute zwischen Paris und Tokio, via Anchorage, zum Einsatz. Zu diesem Zeitpunkt war Air France der größte Constellation-Betreiber außerhalb der USA. Die Air France-Flotte umfasste 16 L.749A, 22 L.1049C/G und zehn L.1649A. Von Ende 1957 bis Mai 1958 ersetzten »Connies« die Viscount auf den meisten Europarouten, da die Viscount-Flotte technischen Modifikationen unterzogen werden musste.

Die Air France war die erste Fluggesellschaft der Welt, die das revolutionäre strahlgetriebene Kurz- und Mittelstreckenmuster SE.210 Caravelle in Betrieb nahm. Bereits zwischen dem 23. Mai 1956 und Oktober 1956 unterzog das Unternehmen den Prototyp Streckentauglichkeitstests zwischen Paris und nordafrikanischen Zielorten. Die gewonnenen positiven Erfahrungen führten am 10. Juli 1958 zur Bestellung von zwölf Maschinen, plus zwölf Optionen. Der Jungfernflug der Caravelle im Linieneinsatz erfolgte am 6. Mai 1959 zwischen Paris/Orly und Istanbul. 1960 bestellte Air France weitere Caravelle, wodurch die Flotte auf 29 dieser Maschinen anwuchs. Am 2. Februar 1960 begann mit der Indienststellung der Boeing 707-328 »Intercontinental« das eigentliche Jet-Zeitalter auf dem Langstreckennetz der

Air France. Die Constellations wurden auf zweitrangige Routen abgeschoben, nachdem bereits die Caravelle die meisten L.749 auf den Routen nach Rom, Athen und Istanbul, sowie Lissabon und Prag ersetzt hatte. Ab dem 13. Dezember 1960 flogen Boeing 707 auch alle Verbindungen nach Fernost. Bis zum Herbst 1963 hatten beide Strahlmuster die Constellations auch auf allen Afrikarouten abgelöst. Zwei L.1049G wurden zu Frachtern umgebaut und kamen ab dem 2. Februar 1961 auf den reinen Frachtflügen zwischen Paris und New York zum Einsatz. Im Laufe desselben Jahres ließ Air France zwei weitere L.1049G zu Frachtern umrüsten, die ab November 1961 zwischen Paris, Niamey und Abidjan eingesetzt werden konnten.

Eine reine Frachtroute Paris–London eröffnete man im Herbst 1962 und im Dezember 1963 wurde Manchester in das Luftfrachtnetz aufgenommen. Die L.1049G(F) führten die europäischen Frachtflüge bis zum Winter 1964/65 durch und wurden anschließend von Br.763 ersetzt, die zuvor von den Passagierdiensten nach Nordafrika abgezogen worden waren. Sechs der neun Br.763 überstellte Air France an die Armee de l'Air, die drei verbliebenen Exemplare wurden zu Br.763 »Universal«-Frachtern umgebaut. L.1049G(F) flogen weiterhin die Frachtflüge nach New York, bis sie auch dort ab dem 31. August 1965 durch Boeing 707F abgelöst wurden. Die L.1049G und L.1049G(F) verblieben bis zur Jahresmitte 1968 als »Backup«-Flugzeuge in der Flotte

Die Lockheed Super Constellation gilt immer noch als das eleganteste Verkehrsflugzeug ihrer Zeit. Nach der amerikanischen TWA war Air France größter Betreiber der Constellation und Super Constellation. F-BGNG (C/N 4516), eine L.1049C, kam am 2. Oktober 1953 zur Air France und gehörte damit zur ersten Serie der an die Gesellschaft ausgelieferten Maschinen. Das Flugzeug erfuhr Umrüstungen zur L.1049E und L.1049G und wurde im Mai 1961 schließlich zum Frachter umgebaut. CATAIR erwarb die Maschine im Juni 1968.

Beim Aufbau ihres neuen Langstreckennetzes nach dem Zweiten Weltkrieg spielte die Lockheed Constellation bei Air France eine wichtige Rolle. L.749A F-BAZF (C/N 2625) kam als zweites Exemplar am 20. Januar 1950 zur Ablieferung. 1961 flog die Maschine kurzzeitig, wie auf der Abbildung erkennbar, für Air Inter und wurde im Juni 1962 endgültig außer Dienst gestellt.

Erstes Langstreckenmuster der Air France nach dem Zweiten Weltkrieg war die DC-4.

Nur Air France hatte als ziviles Luftverkehrsunternehmen die Breguet Br.763 im Einsatz. Neun Exemplare dieser schwerfällig anmutenden Flugzeuge pendelten zwischen Südfrankreich und Nordafrika.

und wurden anschließend abgewrackt oder an französische Charterflugunternehmen verkauft.

In den 60er-Jahren bildeten die Boeing 707 und die Caravelle das Rückgrat der Mittel- und Langstreckenflotte der Air France. Ab Mitte 1964 beschäftigte man sich bei der Fluggesellschaft aber bereits mit der Evaluierung eines Caravelle-Nachfolgemusters und da kein vergleichbares französisches Modell verfügbar war, fiel die Wahl auf die amerikanische Boeing 727-200. Obwohl technisch bereits weitgehend veraltet, gelangten im März, April und Mai 1968 die letzten drei Caravelle zur Auslieferung und zeitgleich stießen auch die ersten vier Boeing 727-200 zur Flotte. Für viele Europastrecken erwies sich die Boeing als zu groß, sodass die Caravelle länger als geplant im Einsatz verblieb. Als Nachfolger entschied man sich bei Air France nun für die zweistrahlige Boeing 737-200, doch erst 1978 wurde dem Unternehmen die Bestellung von 19 dieser Flugzeuge gestattet und Air France war eine der letzten großen Fluggesellschaften, welche die Serie -200 werksneu orderten. Die ersten zwölf Maschinen gelangten von Dezember 1982 bis Juni 1983 zur Ablieferung. Fünf weitere Flugzeuge folgten zwischen 1985 und 1987, doch bereits ab Frühjahr 1988 begann die Auslieferung des neuen Airbus A320.

Auf den Langstreckendiensten lösten Boeing 747-128 ab dem 20. März 1970 Schritt für Schritt die kleineren Boeing 707 ab. Am 23. Mai

1974 erfolgte der Ersteinsatz des neuen europäischen Mittelstreckenflugzeugs Airbus A300 zwischen Paris und London. Anschließend kam das Muster vorwiegend auf den nachfragestarken Mittelost- und Westafrikarouten zum Einsatz. Im Frühjahr 1984 folgte dann der »kleinere« Bruder A310, der vorwiegend für den Betrieb auf den europäischen Hauptstrecken und nach Nordafrika beschafft wurde und dort die Boeing 727-200 ablösen sollte. Air France war 1987 so genannter »Launch Customer« für die Airbus-Modelle A340 (Langstrecke) und A320 (Kurz-/Mittelstrecke). Der A320 gelangte ab Februar 1988 zum Einsatz und bildet heute das Rückgrat der Mittelstreckenflotte. Der A340 fliegt seit August 1993 bei Air France. Die Flotte wird ständig erneuert, so erfolgte die Einführung von Boeing 767 und 747-400 als Ersatz für die 747-200 im Jahre 1991, der A321 stieß 1997 dazu, die Boeing 777 1998 und der A319 1999.

Gemeinsam mit der **British Airways** ist Air France der einzige Betreiber des Überschallverkehrsflugzeugs Aérospatiale/BAC Concorde, das seit der Verkehrszulassung am 21. Januar 1971 im kontinuierlichen Einsatz steht. Ein einjähriges Flugverbot wurde im Jahr 2000 nach dem tragischen Absturz einer Air France-Concorde kurz nach dem Start in Paris verhängt. Nach der grundlegenden Überholung wichtiger Komponenten und einem erfolgreichen Testflugbetrieb konnte das in die Jahre gekommene, aber immer noch futuristisch anmutende Flugzeug wieder zum

Von der erfolglosen SE.161 Languedoc übernahm das Turbopropmuster Vickers Viscount 708 alle wichtigen Europastrecken der Air France. F-BGNN (C/N 14) stand von Oktober 1953 bis Dezember 1960 bei der nationalen französischen Luftverkehrsgesellschaft im Einsatz.

Jahrzehntelang bildete die SE.210 Caravelle das Rückgrat der Air France-Mittelstreckenflotte. F-BHRT (C/N 55) »Picardie«, eine Caravelle 3, gelangte am 14. Oktober 1960 zur Ablieferung und wurde erst im November 1979 ausgemustert.

Mit dem Einsatz der Boeing 707 begann 1960 bei Air France auch auf der Langstrecke das Jet-Zeitalter. F-BLCD (C/N 18941/471) »Chateau de Dampierre«, ein Exemplar der Serie -328B, flog von Februar 1966 bis zur Außerdienststellung im April 1983 bei Air France und befindet sich heute im Eigentum des Musee de l'Air in Paris/Le Bourget.

Die Boeing 727-228 war als Nachfolgemuster für die Caravelle bestimmt, erwies sich aber als ungeeignet beim Einsatz auf aufkommensschwachen Routen. F-GCDI (C/N 22290/1724), ein Flugzeug der »zweiten« Generation -228B, gelangte am 10. März 1981 zur Ablieferung und wurde am 13. Oktober 1992 als YA-FAX an Ariana Afghan Airlines verkauft.

Einsatz gebracht werden. Die einzig beflogene Route ist die tägliche Verbindung Paris–New York, Flüge nach Rio de Janeiro und Washington wurden mangels Nachfrage schon vor Jahren eingestellt.

Ende der 60er-Jahre verfügte Air France über das weltweit größte Streckennetz mit mehr als 180 Zielorten, vornehmlich auch in ehemaligen Kolonien und in den Überseeprovinzen. In Europa werden heute nahezu alle wichtigen Städte bedient. 1956 musste sich Air France auf staatlichen Druck von ihren Australien- und Pazifikrouten trennen, die von **TAI/RAI** beflogen wurden. Eine beträchtliche Anzahl von Afrikarouten wurde **UAT** zugesprochen, und nur auf wenigen Strecken flogen beide Gesellschaften. TAI/RAI und UAT fusionierten später zur **UTA**.

In der unmittelbaren Nachkriegszeit baute Air France ein umfassendes Streckennetz in Französisch-Westafrika und Equatorial-Afrika auf, das vorwiegend mit DC-3 und DC-4 beflogen wurde. Mit der Unabhängigkeit der meisten Kolonien Anfang der 60er-Jahre wurden die jeweiligen Streckennetze den neuen nationalen Fluggesellschaften übergeben oder in die gemeinsam mit UAT gegründete Air Afrique eingebracht.

Jahrzehntelang betrieb Air France im Auftrag des französischen Postministeriums den inländischen Nachtpostluftverkehr (Postale de Nuit), der Paris mit den wichtigsten Wirtschaftszentren verband und auch bei miserabelsten Wetterverhältnissen beflogen und aufrecht erhalten werden musste. Zunächst kamen auch hier DC-3 und DC-4 zum Einsatz, die ab 1967 von Fokker F-27 abgelöst wurden. Von 1973 bis 1978 flogen vier Transall C-160, eigentlich militärische Transportflugzeuge, Paketdienste. Zwei dieser Maschinen standen bis Ende der 80er-Jahre im Einsatz.

Auf den Regionalstrecken in den karibischen Überseeprovinzen betrieb Air France zwei Caravelle, die ab 1982 von Boeing 737-200 abgelöst wurden. Inzwischen stehen hier zwei Airbus A320 im Einsatz. Die wichtigste Route führt von Miami nach Guadeloupe und Cayenne.

1986 verlor Air France das Streckenmonopol in die Überseeprovinzen an **Minerve** (heute **AOM/AirLib**) und **Point Air** (inzwischen in Konkurs gegangen), denen planmäßige Charterflüge ab Paris gestattet wurden. 1988 gründete Air France gemeinsam mit der **Lufthansa** die Liniengesellschaft **Euroberlin**. 1989 war Air France gemeinsam mit Lufthansa, **Iberia** und **SAS** Gründungspartner des AMADEUS-Reservierungssystems, dem inzwischen 13 Fluggesellschaften beigetreten sind. 1992 gliederte Air France die **UTA** und deren Tochtergesellschaft **Aéromaritime** in die Groupe Air France ein, dadurch ergaben sich Auswirkungen auf Strecken und Flugzeuge. Mitte der 90er-Jahre geriet die Gruppe in eine schwere Krise und Umstrukturierungen wurden notwendig, die zu einer weiteren Teilprivatisierung führten. Auch **Air Inter/Air Inter Europe** verlor ihre Eigenständigkeit. Air France ist an zahlreichen anderen Fluggesellschaften beteiligt und hat auch zahlreiche Regionalfluggesellschaften als Franchiseunternehmen unter Vertrag, die als Air France Regional operieren. Gemeinsam mit Delta Air Lines gründete Air France 1999 die »Skyteam Alliance«, nach der »Star Alliance« die zweitgrößte Allianz von Fluggesellschaften weltweit. Weitere Partner sind Aeromexico, Korean Air, **CSA** und **Alitalia**.

Flotte:

4 Airbus A310-300 *)	5 Boeing 767-300ER
37 Airbus A319	16 Boeing 777-200ER
59 Airbus A320-100/-200	2 Boeing 747-200 *)
16 Airbus A321	8 Boeing 747-200 Combi
2 Airbus A330-200	11 Boeing 747-200F
22 Airbus A340-300	2 Boeing 747-200B/SUD *)
13 Boeing 737-200 Advanced *)	2 Boeing 747-300
9 Boeing 737-300 *)	8 Boeing 747-400
23 Boeing 737-500	5 Boeing 747-400 Combi

*) zur Ausmusterung bestimmt

Eigentlicher Nachfolger der bewährten Caravelle war die Boeing 737-228. Als erstes Exemplar erhielt Air France F-GBYA (C/N 23000/930) am 15. Dezember 1982. Bei der Landung auf dem Flughafen von Biarritz überrollte die Maschine am 4. März 1999 das Landebahnende und musste aufgrund der starken Beschädigungen als Totalverlust abgeschrieben werden.

Flaggschiff der Air France-Flotte ist die Boeing 747-400. Als erstes dieser Flugzeuge gelangte F-GISA (C/N 25238/872) am 17. September 1991 zur Ablieferung. Unter der Bezeichnung Air France Asie wurde die Route Paris–Hongkong–Taipei beflogen.

Air France war der so genannte »Launch Customer« für das erste Airbus-Produkt, den A300B. Der A300B2-1A F-BVGB (C/N 006) gelangte als zweites Exemplar am 18. Juni 1974 zur Ablieferung an Air France und stand dort bis zu seinem Verkauf am 2. Dezember 1997 im Einsatz.

Als erste Fluggesellschaft erhielt Air France im März 1988 den Airbus A320, der dort die Boeing 727-228 ersetzte. Von dem ersten Serienmuster A320-111 wurden nur 21 Exemplare gebaut. Als zweites Flugzeug erhielt Air France den A320-111 F-GFKB (C/N 007) »Ville de Rome« am 18. Mai 1988.

Aus einer UTA-Bestellung übernahm Air France das Flugzeugmuster Boeing 767-200ER. Nachdem F-GHGE (C/N 24854/326) kurzzeitig bei Aéromaritime »geparkt« war, wurde die Maschine am 1. Oktober 1991 in die Air France-Flotte übernommen und erhielt probeweise einen silberfarbenen Kabinenstreifen. Da das Flugzeugmuster nicht in das Flottenkonzept der Air France passte, wurde F-GHGE zwischen Mai 1992 und März 1999 an die bulgarische Balkan Airlines vermietet und nach der Rückkehr umgehend an El Al Israel Airlines als 4X-EAF verkauft.

Neben der Boeing 747-428 ist der Airbus A340-300 heute der wichtigste Flugzeugtyp der Air France-Langstreckenflotte.

Die Boeing 777 ist das größte zweistrahlige Verkehrsflugzeug der Welt. Bei Air France löst die 777-228ER die Boeing 767-328ER ab. Als jüngstes Exemplar kam F-GSPT (C/N 32308/382) erst vor wenigen Monaten zur Auslieferung.

Auf Nachtpostrouten mit hohem Paketaufkommen setzte Air France über Jahre hinweg vier Transall C-160 ein.

Über mehr als 40 Jahre betrieb Air France die Nachtpoststrecken im Auftrag des französischen Postministeriums. Die ursprünglich eingesetzten DC-3 und DC-4 wurden Ende der 60er-Jahre durch Fokker F-27 ersetzt.

Neben British Airways war Air France der einzige Betreiber des Überschallverkehrsflugzeugs Concorde. Die Flugzeuge kamen ausschließlich auf der Route Paris–New York zum Einsatz.

Air France Regional

Air France ist an vielen Regionalfluggesellschaften, die sie als Franchiseunternehmen unter Vertrag hat, auch finanziell beteiligt. Ursprünglich operierten diese Gesellschaften eigenständig Regionalstrecken im Auftrag der Air France, doch Anfang der 90er-Jahre änderte man in Zusammenarbeit mit der zur Air France-Gruppe gehörenden, aber noch selbstständig operierenden, **Air Inter** diese Strategie. Unter dem Namen Air France/Air Inter Express flogen Gesellschaften wie **Air Littoral** Regionalflugzeuge auf sekundären Routen innerhalb Frankreichs (Air Inter) und auf internationalen Ultra-Kurzstrecken (Air France). Um noch kosteneffizienter und operationell flexibler agieren zu können, erfolgte zur Jahrtausendwende die Einrichtung der Air France Regional, und die Franchiseunternehmen wurden einer rigiden Kontrolle unterworfen. Zu diesem Zweck richtete man am Flughafen Paris/Orly ein zentrales Kontrollzentrum ein, welches nunmehr die Einsatz- und Umlaufkontrolle aller für Air France eingesetzten Regional-flugzeuge durchführt. Damit konnte die oftmals ineffiziente dezentrale Einsatzleitung bei der jeweiligen Regionalfluggesellschaft aufgegeben werden. Zum Einsatz gelangt eine Anzahl unterschiedlicher Flugzeugtypen, dazu gehören die ATR-42/-72, Beech 1900D, Dornier 328, Canadair RJ und Fokker 100.

Auf Strecken mit hohem Verkehrsaufkommen setzt Air France Regional vorwiegend Flugzeuge des Typs Fokker 100 ein. F-GPNK gehört zur Flotte der Proteus Airlines.

Vor der Integration der Air Inter in die Air France betrieben beide Fluggesellschaften gemeinsam die »Express«-Regionalflugabteilung für den Betrieb ihrer Ultra-Kurzstrecken. Hier kamen ausschließlich Maschinen von Regionalfluggesellschaften zum Einsatz, die mit langfristigen Franchiseverträgen ausgestattet waren. Wenig später wurden die Operationen in der Air France Regional zusammengefasst und zentral betreut.

Air Inter

Obwohl bereits 1954 gegründet, begann Lignes Aériennes Intèrieures mit dem Flugbetrieb erst am 17. März 1958 zwischen Paris und Straßburg. Air Inter bediente noch einige Routen, jedoch blieb der wirtschaftliche Erfolg dem Unternehmen versagt und die Einstellung des Flugbetriebs erfolgte bereits wieder im November 1958. Nach einer Reorganisation mit Unterstützung und Beteiligung der **Air France** nahm Air Inter den Flugbetrieb erneut auf. Die ersten eigenen Flugzeuge, sechs Vickers Viscount 708, konnten im Jahre 1962 von Air France erworben werden. Von Air France kaufte man im Jahre 1965 auch drei SE.210 Caravelle. Am 16. Mai 1974 übernahm Air Inter die erste von insgesamt elf Dassault Mercure, einem französischen Konkurrenzprodukt zur amerikanischen Boeing 737. Zunächst kam dieses Flugzeugmuster auf der neuen »Rennstrecke« Paris–Lyon zum Einsatz,

gefolgt von Paris–Nizza und Paris–Marseille. Im Oktober 1976 erhielt Air Inter Großraumflugzeuge vom Typ Airbus A300. Air Inter war neben Air France der so genannte »Launch Customer« für den Airbus A320, welcher als Ersatz für die Mercure-Flugzeuge vorgesehen war. Air Inter erhielt ihren ersten A320 bereits im Juni 1988 und die Mercure wurden sukzessive außer Dienst gestellt.

Als Ersatz für den A300 bestellte Air Inter, ebenfalls als Erstbesteller, den Airbus A330, und erhielt die erste Maschine Anfang 1994. Aufkommensschwache Regionalstrecken wurden mit kleinerem Fluggerät gemeinsam mit Air France als Air France/Air Inter Express beflogen. Nach einer Reorganisation der Air France-Gruppe wurde Air Inter in Air Inter Europe umbenannt, da vorgesehen war, das Unternehmen alle europäischen Routen der Air France befliegen zu lassen. Dieses Vorhaben wurde jedoch zugunsten einer vollständigen Integration der Air Inter in die Air France fallen gelassen.

Für die Bedienung langer und nachfragestarker Inlandsrouten erwarb Air Inter das Flugzeugmuster Vickers Viscount 708 von Air France. F-BGNO (C/N 16) kam am 31. Mai 1962 zur Flotte und wurde erst im September 1974 in Paris/Orly abgestellt.

Jahrzehntelang bildete die SE.210 Caravelle das Rückgrat der Air Inter-Flotte. Nachdem die Dassault Mercure die in sie gesetzten Erwartungen nicht erfüllen konnte, übernahm Air Inter weitere Caravelle 3 von der Air France, darunter auch F-BNKA (C/N 206) am 23. Januar 1975. Im April 1982 wurde die Maschine an die nigerianische Kabo Air als 5N-AWF verkauft.

Die in Konkurrenz zur Boeing 737 entwickelte Dassault Mercure erwies sich als wirtschaftlicher Flop. Einziger Betreiber des Musters war die Air Inter. F-BTMD, der zweite Prototyp, flog erstmals am 7. September 1972 und kam erst ab dem 1.März 1985 bei der Fluggesellschaft zum Einsatz. Im April 1995 wurde die Maschine außer Dienst gestellt und durch Airbus A320 ersetzt.

Air Inter zählte den ersten Betreibern des zweistrahligen Airbus A330-300. Als dritte Maschine gelangte F-GMDC (C/N 045) am 21. Februar 1994 zur Ablieferung, doch der Flugzeugtyp erwies sich als ungeeignet für den Betrieb auf dem Streckennetz der Air Inter und wurde deshalb Ende 1996 an den Hersteller retourniert.

Nach der Übernahme der Air Inter durch die Air France sollte Air Inter das gesamte europäische Streckennetz der Air France übernehmen und wurde deshalb am 1. Januar 1996 in Air Inter Europe umbenannt. Der A300B2-1C F-BUAO (C/N 048), die ehemalige D-AIAD »Westerland-Sylt« der Lufthansa, ist hier in den neuen Farben zu sehen.

Air Liberté

Air Liberté wurde im Juli 1987 gegründet und operierte vorwiegend für den Club Aquarius, einen der größten Reiseveranstalter Frankreichs. Im April 1988 wurde mit einer von GPA Aviation gemieteten MD-83 der Flugbetrieb zu europäischen Sonnenzielen rund um das Mittelmeer aufgenommen. Von ihrer Basis Paris/Orly nahm Air Liberté 1993 erstmals eine Linienverbindung nach Montreal auf. Hierfür kamen drei Airbus A300-600 und A310-300 zum Einsatz. Das Geschäft konnte kontinuierlich ausgebaut werden, besonders in Europa. 1991 flogen bereits sechs MD-83 für das Unternehmen. Mit dem Einstieg des Club Méditerranée 1994 als Teilhaber wurde auch das Liniengeschäft innerhalb Frankreichs ausgeweitet, die MD-83 mit 169 Sitzplätzen flogen von Paris u.a. nach Bordeaux, Lyon, Lille, Nantes, Toulouse und Basel/Mulhouse. Außerdem stellte man Überlegungen zur Übernahme der **AOM** an. Weitere Routen nach London und Dakar (für Africair) ab Toulouse folgten, und in der Auseinandersetzung um die Vergabe weiterer Slots (Start- und Landezeiten) in Orly kam es teil-

weise zu kurzfristigen Routenaufnahmen und -einstellungen. Anfang 1996 richtete die Gesellschaft ein zweites Inlandszentrum in Nizza ein. Im Mai desselben Jahres übernahm Air Liberté den Mitbewerber **Euralair**, und damit dessen gesamtes Streckennetz und die aus drei Boeing 737-200 bestehende Flotte. Für Langstreckenflüge in die französischen Überseeterritorien in der Karibik hatte man bereits vier DC-10 langfristig anmieten können. Ferner beteiligte sich Air Liberté an der Gründung der tunesischen Charterfluggesellschaft Air Liberté Tunisie, deren Anteile aber später an die tunesische Touristikorganisation verkauft wurden.

Offensichtlich aus Gründen einer Überexpansion geriet Air Liberté 1996 in erhebliche finanzielle Turbulenzen und eine Reorganisation nach dem Konkurs war nur mit Hilfe von **British Airways** möglich, die auf der Suche nach einer Partnergesellschaft für den kontinentaleuropäischen Markt war. Im März 1998 übernahm British Airways auch die angeschlagene **TAT** als weitere Beteiligung und fusionierte beide Unternehmen unter dem Namen der Air Liberté. Mit der Übernahme der Anteile von Air Liberté und **AOM** durch die SAir-Gruppe wurden die Operationen der beiden Fluggesellschaften koordiniert. Um nach dem Ausstieg der SAir-Gruppe im Jahre 2001 einem Konkurs zu entgehen, fasste man Air Liberté und AOM in einer neuen Fluglinie, der Air Lib, zusammen. Während das innerfranzösische Streckennetz drastisch reduziert wurde, wird eine Expansion im Langstreckenbereich angestrebt. Die nicht mehr in die Flotte passenden Boeing 737 und Fokker 100 stehen zur Ausmusterung an. Seit Herbst 2002 fliegen einige Maschinen auf ausgewählten Routen unter dem Banner Air Lib Express.

Flotte:	
4 ATR-42	2 Boeing 737-300
2 ATR-72	3 MDC DC-10-30
9 MDC MD-83	11 Fokker 100

Nach der Übernahme der Air Liberté durch die British Airways erhielt auch die MD-83 F-GHEB (C/N 49822/1539) volle BA-Bemalung mit Air Liberté-Schriftzug.

Air Liberté mietete diesen Airbus A300B4-622R, F-GHEF (C/N 555), am 22. März 1990 werksneu von der Leasinggesellschaft ILFC. Aufgrund ausstehender Leasinggebühren musste die Maschine am 4. Oktober 1996 zurückgegeben werden.

Der Rückzug der SAir-Gruppe aus dem französischen Markt erforderte Ende 2001 eine Reorganisation bei den betroffenen Unternehmen Air Liberté und AOM. Beide Unternehmen fusionierten zur AirLib und diese DC-10-30 trägt bereits die neuen Farben.

Air Paris

Das in der Ile de France ansässige Charterflugunternehmen Ste. Air Paris flog ab Ende der 50er-Jahre mit Piper Aztec Geschäftsreisende zu Kurzstreckenzielen innerhalb Frankreichs. Mit dem Ankauf einer De Havilland DH.114 Heron 1B (F-BGOJ, C/N 14013) aus **UAT**-Beständen am 1. Juli 1961 erhielt Air Paris ihr erstes größeres Flugzeug, sodass nunmehr auch entfernter liegende Flugziele bedient werden konnten. Dazu gehörten Le Havre, Nantes, Lyon, Montpellier, Toulouse, Bordeaux, Pau, Nizza und Marseille. Eine zweite Heron der Serie 2D (F-BRSK, C/N 14143) stieß am 19. Januar 1970 zur Flotte. Zwischen 1971 und 1972 kaufte Air Paris drei bei **Euralair** ausgemusterte Geschäftsreiseflugzeuge vom Typ Morane-Saulnier Paris und veräußerte die Heron F-BGOJ nach Großbritannien. Aufgrund wirtschaftlicher Probleme musste Air Paris ihre Eigenständigkeit im August 1972 aufgeben und wurde von der **TAT** übernommen. Die verbliebene DH.114 F-BRSK wurde im September desselben Jahres in die USA verkauft.

Air Paris betrieb zwei dieser De Havilland DH.114 Heron. Als erstes Flugzeug erwarb man F-BGOJ (C/N 14013) am 1. Juli 1961 von UAT.

AOM French Airlines

Das Unternehmen **Air Outre Mer** wurde am 15. Dezember 1988 auf dem französischen Überseedepartement Reunion im Indischen Ozean mit dem Ziel gegründet, linienmäßig betriebene Pauschalreise-Charterflüge zwischen Paris und St. Denis de la Reunion durchzuführen. Ferner war der Regionalflugbetrieb mit propellergetriebenen Flugzeugen geplant. Der Liniendienst zwischen Paris und Reunion konnte am 26. Mai 1990 aufgenommen werden, zum Einsatz kam eine MDC DC-10-30. Weitere solche Flugzeuge aus **SAS**-Beständen stießen im Herbst desselben Jahres zur Flotte. Für den neu eingerichteten Inlands- und Regionalflugverkehr beschaffte AOM im November 1990 drei Dornier Do 228. Ende 1992 übernahm AOM die wirtschaftlich angeschlagene französische Charterfluggesellschaft **Minerve** und fusionierte zur **AOM French Airlines**. Neue Heimatbasis des Unternehmens wurde Paris/Orly. Das Streckennetz umfasste die Fernziele Cayenne, Colombo, Fort de France, Havanna, Los Angeles, Nassau, Noumea, Papeete, Pointe-a-Pitre, Puerto Plata, Punta Cana, St. Denis de la Reunion, St. Maarten, Sydney und Varadero. Mit MD-80 wurde das europäische Mittelstreckennetz beflogen, Zielorte waren hier Lyon, Marseille, Nizza, Paris/Orly, Perpignan, Toulon, und

Zürich. Im Auftrag der Cubana flog AOM einige Jahre mit DC-10-30 von verschiedenen europäischen Flughäfen nach Havanna und Varadero. 1998 verkaufte die Bank Credit Lyonnais 51% ihrer Unternehmensanteile an eine französische Investorengruppe, und im Februar 1999 erwarb die schweizerische SAir-Gruppe (**Swissair**) die übrigen 49%. AOM wurde Mitglied der »Qualiflyer«-Gruppe und eine Flottenneuausrichtung zielte auf die Vereinheitlichung mit dem Langstreckenmuster Airbus A340-200 ab, von dem zwei Exemplare als DC-10-Ersatz zum Einsatz gelangten. Mit der ebenfalls zum SAir-Imperium gehörenden **Air Liberté** fusionierte man die gemeinsame Flotte und das Streckennetz. Angesichts horrender finanzieller Verluste bei der SAir-Gruppe entschloss sich diese 2001 zum Abzug ihres Kapitals und stürzte AOM/Air Liberté damit in eine existenzielle Krise, die nur durch einen Konkurs mit anschließender Reorganisation unter dem Namen **AirLib** bewältigt werden konnte.

Flotte:	
2 Airbus A340-200	10 MDC MD-80
12 MDC DC-10-30	3 Boeing 737-500

Die DC-10-30 bildete das Rückgrat der AOM-Flotte. Die Fluggesellschaft kaufte F-ODLZ (C/N 46869/174) am 29. November 1990 vom skandinavischen SAS.

Diese von Euralair für AOM betriebene Boeing 737-500 F-GINL (C/N 24827/2243) trägt zusätzliche Bemalung der »Qualiflyer Alliance«.

Brit'Air

Brit'Air (Britanny Air Transport) wurde 1973 in Morlaix gegründet und ist heute eine der größten französischen Regionalfluggesellschaften. Die meisten ihrer Flugzeuge betreibt das Unternehmen im Rahmen eines Franchiseabkommens für **Air France Regional**. Zunächst führte man mit Kleinverkehrsflugzeugen Lufttaxi-Flüge von Morlaix/Ploujean, Rennes und Quimper durch, und mit Einführung der Embraer EMB-110 Bandeirante ab Juni 1978 bot Brit'Air im April 1979 erstmals eigene Linienflüge an. Täglich bediente man London/Gatwick und Cork von Quimper, Morlaix und Rennes, sowie London/Gatwick von Caen und Le Havre. 1981 verfügte Brit'Air über vier Bandeirante. Ende 1982 vereinbarte das Unternehmen eine enge Zusammenarbeit mit **Air Inter** und übernahm im Dezember 1982 und März 1983 zwei von deren 44-sitzigen Fokker F-27, die anschließend auf den Routen Rennes–Lyon, Rennes–Caen–Lyon und Caen–Le Havre–Lyon zum Ein-

satz gelangten. Saisonale Linienflüge führten von Quimper, Morlaix und Lannion nach Jersey. Im März 1986 erfolgte die Indienststellung der ersten ATR-42. Dieses Flugzeugmuster bildet heute neben den neuen Canadair RJ das Rückgrat der Flotte. Während die ATR vorwiegend für **Air France** flogen, beschaffte Brit'Air im März 1987 eine einzelne Saab 340 für den Einsatz bei Air Inter.
Bis Ende der 80er-Jahre bildete das mit den Bandeirante durchgeführte Lufttaxi- und Regionalchartergeschäft eine wichtige Einnahmequelle, doch mit dem Verkauf der Bandeirante-Flotte konzentrierte sich Brit'Air ausschließlich auf die Durchführung regionaler Liniendienste für Air France Regional.

Flotte:	
10 ATR-42-300	20 Canadair RJ100ER
2 ATR-72-200	5 Fokker 100

Der Einsatz der ATR-42-300 ermöglichte Brit'Air den strategischen Ausbau ihres Streckennetzes.

CATAIR

Private Investoren gründeten Ende 1967 in Neuilly-sur-Seine das Bedarfsflugunternehmen CATAIR (Compagnie d'Affrétements et de Transports Aériens). Im Juni 1968 begann der Passagier- und Frachtcharterflugbetrieb vom Flughafen Cormeilles/Pontoise. Zum Einsatz gelangten Lockheed L.1049G aus **Air France**-Beständen, die zwischen Dezember 1967 und November 1968 gekauft wurden. Zwei dieser Flugzeuge waren Frachtmaschinen. Vornehmlich flog CATAIR zu Zielen innerhalb Frankreichs und Westeuropas, doch von Zeit zu Zeit konnte man Flugzeuge des Unternehmens auch in Nord-, Zentral- und Westafrika antreffen. Im Dezember 1969 und Januar 1970 stießen zwei weitere L.1049G zur Flotte, davon ein Frachter. Um im Passagiercharterbetrieb konkurrenzfähig zu bleiben, erwarb CATAIR im April 1971 ihre erste SE.210 Caravelle von der **Swissair** und die Operationsbasis wurde an den Pariser Flughafen Le Bourget verlegt. 1972 erhielt

CATAIR eine zweite Caravelle und stellte die im Passagierverkehr genutzten Constellations schrittweise außer Dienst.

Nach einer Reorganisation 1973 erweiterte die Gesellschaft ihre Caravelle-Flotte um drei weitere Exemplare und der letzte L.1049G-Frachter wurde am 22. Mai 1972 an die Frachtfluglinie Air Fret verkauft. Eine sechste Caravelle konnte 1974 erworben werden. Den Schritt zur größeren Caravelle 12 wagte CATAIR 1975 und mietete ein solches Flugzeug von der dänischen **Sterling**, aber hohe Wartungskosten und Korrosionsprobleme führten zu einer baldigen Rückgabe der Maschine. Als Folge eines Streits zwischen den Anteilseignern wurde CATAIR 1976 aufgeteilt und musste zwei ihrer Caravelle an die neugegründete **Aerotour** abgeben. Ersatzweise beschaffte CATAIR drei Caravelle 6N aus Beständen der belgischen **SABENA** und **SOBELAIR**. Anfang 1978 geriet CATAIR in große finanzielle Schwierigkeiten und musste nach einem betrügerischen Konkurs den Flugbetrieb endgültig einstellen.

Mit zwei aus Air France-Beständen erworbenen Lockheed L.1049G startete CATAIR im Juni 1968 ihren Flugbetrieb. Eine dieser Maschinen war F-BGNG (C/N 4516).

CATAIR erwarb im April 1971 ihre erste SE.210 Caravelle von der Swissair. Nach der Übernahme weiterer Caravelle konnten die L.1049G außer Dienst gestellt werden.

CORSAIR

Die als Corse Air International gegründete französische Charterfluggesellschaft nahm am 1. Juli 1981 mit vier SE.210 Caravelle den innereuropäischen Flugbetrieb auf. Von Paris und Ajaccio erfolgten Charterflüge innerhalb Europas und nach Nordafrika. Ferner unterhielt man einen Liniendienst zwischen Paris/Orly und Malta. Mit Einführung der ersten Boeing 737-300 im März 1987 begann eine Flottenerneuerung und die letzte Caravelle wurde im November desselben Jahres außer Dienst gestellt.

Auf Fernstrecken in die Karibik kam im April 1988 erstmals das Großraumflugzeug Boeing 747 zum Einsatz, 1990 folgte eine weitere solche Maschine. Mit der Beteiligung des Reiseveranstalters Nouvelles Frontières erhielt das Unternehmen 1991 seine heutige Bezeichnung und eine neue Flugzeugbemalung wurde eingeführt. Das Streckennetz wurde um zusätzliche Fernziele erweitert und Corsair entwickelte sich zu einer der großen Chartergesellschaften. In den Jahren 1994 bis

1997 beschaffte die Gesellschaft weitere Langstreckenflugzeuge der Typen Boeing 747SP, 747-300 und MDC DC-10. 1999 erhielt Corsair mit der Ablieferung des ersten Airbus A330-200 eine neue Generation von Langstreckenflugzeugen. Dieser Flugzeugtyp ersetzt die älteren Boeing 747 und Boeing 747SP. Ein zweiter A330-200 stieß Anfang 2000 zur Flotte. Für Nouvelles Frontières betreibt Corsair exklusiv zwei Boeing 737-400 für Charterflüge in die Mittelmeergebiete und nach Nordafrika.

Flotte:	
2 Airbus A330-200	1 Boeing 747SP
1 Boeing 737-200 Advanced	1 Boeing 747-100
1 Boeing 737-300	2 Boeing 747-200B
2 Boeing 737-400	3 Boeing 747-300

Zur Erstausstattung der Corse Air-Flotte gehörte die SE.210 Caravelle. F-BVSF (C/N 241) erwarb das Unternehmen im April 1981 von Europe Aero Service. Im Oktober 1988 wurde F-BVSF außer Dienst gestellt.

Das modernste Flugzeugmuster in der Corsair-Flotte ist der Airbus A330, welcher die veraltete Boeing 747SP ersetzt.

EAS - EUROPE AERO SERVICE

EAS wurde im Jahre 1965 als Tochterunternehmen der in Französisch-Nordafrika (Algerien) ansässigen und im Erdölförder-Lufttransportwesen tätigen Société Aero Sahara gegründet. Im Dezember desselben Jares erhielt Aero Sahara eine auf zunächst zweieinhalb Jahre befristete Verkehrslizenz (Air Operator's Certificate - AOC) zur Durchführung planmäßiger Passagierflüge unter dem Firmannamen EAS zwischen Perpignan in Südfrankreich und Palma de Mallorca mit Flugzeugen mit einem Höchststartgewicht von 5700 kg. Diese Dienste begannen im darauf folgenden Jahr und die Gewichtsbeschränkung wurde wenig später aufgehoben, sodass größere Flugzeuge zum Einsatz gebracht werden konnten. Zunächst beschaffte man eine Vickers Viking aus ehemaligen Airnautic-Beständen und Aero Sahara transferierte 1967 ihre eigene Viking an das Tochterunternehmen. 1968 kaufte EAS zwei Handley Page Dart Heralds der ehemaligen schweizerischen **Globe Air** und konnte damit die veralteten Viking außer Dienst stellen. Systematisch baute EAS in den Folgejahren sein Stre-

ckennetz aus und verband Perpignan mit Lyon und Paris/Orly, Paris/Orly mit Valence, sowie Nimes und Perpignan mit Palma/Mallorca. Saisonale Liniendienste wurden auch nach Ajaccio, Bastia (Korsika) und Genf angeboten. Ferner führte die Gesellschaft Passagier- und Frachtcharterflüge durch, für die eigens eine Herald abgestellt wurde.

Anfang 1972 erwarb EAS vom Konkursverwalter die bankrotte **Trans-Union**, einschließlich deren zwei SE.210 Caravelle 3. Diese Flugzeuge kamen aber nicht zum Einsatz und wurden wenig später an SNIAS verkauft. Die von Trans-Union im Auftrag der **Air France**/Aeropostale beflogenen Nachtpostrouten führte EAS weiter, auch hier kamen Heralds zum Einsatz.

Bekannt wurde EAS in der Luftfahrtszene durch den Betrieb ihrer großen Vickers Vanguard-Flotte, die zumeist aus ehemaligen Air Canada-Beständen stammte. Nachdem Mitte der 70er-Jahre die Vanguard zunehmend unpopulär und wartungsaufwändig wurde, erwarb EAS zunächst eine SE.210 Caravelle 6N der **CATAIR**. Aufgrund der guten Erfahrungen mit diesem Flugzeugtyp kaufte die Gesellschaft wenig später zwei weitere Caravelle 6N aus ehemaligen CATAIR-Beständen. Ferner beantragte EAS bei der französischen Regierung eine Importgenehmigung für Maschinen des Typs Boeing 727 oder Boeing 737, die aber abschlägig beschieden wurde. Deshalb entschied sich EAS zum Ankauf von weiteren drei Caravelle 6N, welche zuvor bei der argentinischen Luftwaffe im Einsatz standen und bereits einige Monate inaktiv in Oklahoma City abgestellt waren. Ab Dezember 1978 kamen die Caravelle auf allen Hauptstrecken zum Einsatz und lösten dort die noch aktiven Vanguard ab. Wichtigste Einnahmequelle von EAS war aber der Charterflugbetrieb und der Einsatz ihrer Flugzeuge bei anderen Fluggesellschaften, zumeist bei **Air Charter** und **Air Inter**.

1980 durfte EAS schließlich ihre gewünschten Boeing-Flugzeuge importieren und beschaffte zunächst eine Boeing 727-200, die

erste 737-200 folgte erst 1987. Diese Maschinen kamen auf den eigenen Linien- und Charterdiensten zum Einsatz. Zwei weitere Boeing 737-200 folgten kurze Zeit später, und wurden exklusiv für Air Charter betrieben. 1990 begann mit der Indienststellung der Boeing 737-500 eine lange überfällige Flottenerneuerung, aber wirtschaftliche Probleme führten 1995 zur Betriebseinstellung und Liquidation des Unternehmens. Bis zum Schluss standen noch vier Exemplare der unverwüstlichen Caravelle im Einsatz. Hauptanteilseigner der EAS war zuletzt die Familie Masurel, die 51% des Firmenkapitals hielt.

Bereits 1986 wurde EAS Partner bei der Gründung der mit Vickers Merchantman-Frachtern und Lockheed L.382G Hercules operierenden Frachtfluggesellschaft **Intercargo Services**. Dort hielt EAS 10% der Firmenanteile.

Zur Durchführung planmäßiger Passagierflüge zwischen Perpignan und Palma de Mallorca beschaffte EAS die Vickers Viking 1B F-BJRS (C/N 264) aus ehemaligen Airnautic-Beständen.

1968 erwarb EAS zwei Handley Page Dart Herald der ehemaligen schweizerischen Globe Air und konnte damit die veralteten Viking außer Dienst stellen. F-BLOY (C/N 173) wurde erst im August 1988 an die britische Channel Express verkauft.

Bekannt wurde EAS in der Luftfahrtszene durch den Betrieb ihrer großen Vickers Vanguard-Flotte, die zumeist aus ehemaligen Air Canada-Beständen stammte. F-BTOU (C/N 731), ex CF-TKH, flog bei EAS von April 1972 bis November 1975 und wurde anschließend in Perpignan abgestellt. 1980 erfolgte dort die Abwrackung der Maschine.

Mitte der 70er-Jahre erwarb EAS zunächst eine SE.210 Caravelle 6N der CATAIR. Aufgrund der guten Erfahrungen mit diesem Flugzeugtyp kaufte die Gesellschaft wenig später zwei weitere Caravelle 6N aus ehemaligen CATAIR-Beständen. F-BYCD (C/N 67) flog von März 1978 bis April 1984 bei EAS.

Die Boeing 737-200 wurde das Nach-folgemodell für die veraltete Caravelle. F-GHXK (C/N 21599/514) stand bei EAS von Februar 1988 bis Juli 1994 im Einsatz.

EURALAIR

Euralair wurde im Oktober 1964 als Lufttaxi-und Geschäftsreise-Bedarfsflugunternehmen gegründet. Vom Firmensitz am Flughafen Paris/Le Bourget flog Euralair mit drei Geschäftsreiseflugzeugen vom Typ Morane-Saulnier Paris zu Zielen innerhalb Frankreichs. Bereits im Gründungsmonat erfolgte der Jungfernflug zwischen Paris und Pierrelatte. Zwischen Anfang und Mitte der 70er-Jahre wurden die Morane-Saulnier Paris durch vier Gates Learjets und zwei Cessna Citations ersetzt. Ende der 60er-Jahre begann Euralair mit Passagier-Gruppencharterflügen zu den Sonnenzielen am Mittelmeer und be-schaffte für diese Dienste 1968 und 1969 zwei Fokker F-27. Im gleichen Zeitraum wurden zwei weitere F-27 kurzzeitig vom Hersteller gemietet.

Ende 1971 stieg Euralair ins boomende Pauschalreisegeschäft ein und beschaffte hierfür zwei SE.210 Caravelle 6R aus den Beständen der **Austrian Airlines**. 1978 wurde diese kleine Flotte um eine weitere Caravelle, die zuvor bei **CATAIR** flog, aufgestockt. 1972 und 1973

verkaufte Euralair ihre beiden F-27, da diese den gestiegenen opera-tionellen Ansprüchen nicht mehr genügten. Als Ersatz für die Caravelle kaufte Euralair Anfang 1980 drei Boeing 737-200 von der amerikanischen United Air Lines, die zumeist im Subcharter für SAFA/**Air Charter** ab Paris/Orly zum Einsatz kamen. Diese Flugzeuge flogen aber auch Passagier-Linienflüge für die Tochtergesellschaft Euralair International zwischen Frankreich und dem Senegal. Anfang der 90er-Jahre beabsichtigte Euralair die Beschaffung von jeweils zwei Airbus A320 und A321, diese Pläne wurden aber zugunsten der Boeing 737-500 aufgegeben. Nachdem Air Charter in der Groupe Air France aufgegangen war, flogen die Boeing 737-500 vorwiegend im Auftrag und in den Farben der **Air France** auf dem europäischen Regionalstreckennetz. Im Mai 1996 übernahm **Air Liberté** die Euralair und damit deren gesamtes Streckennetz und die aus drei Boeing 737 bestehende Flotte.

Eigenständig blieb Euralair International, die derzeit eine aus fünf Exemplaren bestehende Boeing 737-800-Flotte (F-GRNA bis -GRNE) für französische Reiseunternehmen betreibt.

Ende der 60er-Jahre begann Euralair mit Passagier-Gruppencharter-flügen und beschaffte für diese Dienste insgesamt vier Fokker F-27, von denen zwei Exemplare vom Hersteller gemietet wurden. F-BRHL (C/N 10137) flog vom 22. November 1968 bis zum 8. Juli 1972 bei Euralair.

Ende 1971 stieg Euralair ins boomende Pauschalreisegeschäft ein und beschaffte hierfür zwei SE.210 Caravelle 6R aus den Beständen der Austrian Airlines. F-BSEL (C/N 167), ex OE-LCO, wurde am 27. November 1971 übergeben und erst im Juni 1980 an Air Marti-nique verkauft.

Als Ersatz für die Caravelle kaufte Euralair Anfang 1980 drei Boeing 737-222 von der amerikanischen United Air Lines. F-GCSL (C/N 19066/69) flog vom 17. April 1980 bis zum Verkauf an Air Mediterranée am 31. März 1999 bei Euralair.

Derzeit betreibt Euralair International eine Flotte von fünf Boeing 737-800.

INTERCARGO SERVICES

Mitte 1986 gründeten **Air Charter/Air France**, **Air Inter**, **EAS** und einige private Investoren das Frachtflugunternehmen Intercargo Services - ICS mit dem Ziel der Durchführung von Linien- und Charterdiensten innerhalb Frankreichs, Europas und nach Nordafrika (Tunesien, Algerien, Marokko). Im Oktober desselben Jahres erwarb ICS zwei Vickers Merchantman-Frachtflugzeuge aus Beständen der Air Gabon, die zunächst bei der EAS registriert und auf deren Basis in Perpignan einsatzbereit gemacht wurden. 1987 kaufte ICS eine Vanguard von der indonesischen Merpati Nusantara und verwendete dieses Flugzeug in Perpignan als Ersatzteillager. Mit dem Flugbetrieb begann ICS am 17. Februar 1987 auf den planmäßigen Nachtfrachtrouten Paris/Orly–Montpellier und Paris/Orly–Bordeaux–Toulouse–Paris/Orly. Internationale Dienste führte die Gesellschaft im Auftrag von Air France, Air Algerie und Royal Air Maroc zwischen Toulouse, Marseille und Zielorten in Nordafrika (u.a. Algier, Constantine, Oran, Tanger, Marrakesch und Casablanca) durch.

Tragischerweise gingen im Januar 1988 und Februar 1989 beide Merchantman durch Absturz verloren. Zwischenzeitlich hatte man für großvolumige Fracht eine zivile L.382 Hercules von der schweizerischen Zimex Aviation gekauft und im September 1988 mit der Beschaffung von zwei Boeing 737-200F eine Flottenmodernisierung eingeleitet. Anteilseigner waren Air Inter (60%), Air Charter/Air France (10%), EAS (10%) und private Investoren (20%). Nach der Eingliederung von Air Inter und Air Charter in die Air France-Gruppe übernahm Air France auch die restlichen 30% Geschäftsanteile der verbliebenen Investoren und führte ICS am 1. April 1990 unter dem Namen Inter Ciel Services weiter. Bereits im November desselben Jahres wurde das Unternehmen mit Air France/Aeropostale verschmolzen.

ICS betrieb zwei Vickers Merchantman Frachtflugzeuge auf planmäßigen Nachtfrachtrouten, zumeist innerhalb Frankreichs. F-GEJE (C/N 730) flog ab Februar 1987 für das Unternehmen und stürzte tragischerweise am 6. Februar 1989 kurz nach dem Start in Marseille ab.

MINERVE

Minerve S.A. (Compagnie Francaise de Transports Aériens) wurde am 15. Juni 1975 als private Charterfluggesellschaft von dem Unternehmer René F. Meyer gegründet. Heimatbasis war Paris/Le Bourget und mit einem Flugzeug vom Typ SE.210 Caravelle betrieb das Unternehmen ab November desselben Jahres Passagier- und Frachtcharterflüge, zumeist innerhalb Frankreichs. Eine zweite Caravelle stieß im Juni 1976 zur Flotte. Weitere drei gebraucht erworbene Caravelle wurden 1978 und 1979 in Dienst gestellt. Anfang der 80er-Jahre wurde das Streckennetz um Fernziele erweitert, zu den wichtigsten Zielorten gehörten Kathmandu (Nepal), Dakar (Senegal), Banjul (Gambia), Mombasa (Kenia), Havanna (Kuba), Kingston (Jamaica), Nassau (Bahamas) und Bridgetown (Barbados). Hier fanden jeweils eine DC-8-53, DC-8-62CF und DC-8-73 Verwendung. Im August 1986 eröffnete Minerve ihren ersten planmäßig durchgeführten Passagiercharterflug zwischen Paris, Point-a-Pitre (Guadeloupe) und Fort de France (Martinique), sowie nach Papeete (Tahiti). Hier wurde erstmals das Monopol der **UTA** gebrochen. Weitere DC-8 folgten zwischen 1986 und 1988.

Am 8. Dezember 1987 konnte erstmals ein Großraumflugzeug vom Typ Boeing 747 auf den aufkommensstärksten Fernstrecken eingesetzt werden und einige DC-8 wurden an das kanadische Tochterunternehmen Minerve Canada abgegeben. DC-10-30 ersetzten die DC-8-62CF. Auf den Mittelstrecken lösten ab März 1987 insgesamt vier MDC MD-83 mit jeweils 169 Sitzplätzen die veralteten Caravelles ab. Zeitgleich führte das Unternehmen auch eine neue, attraktive Bemalung ein. Bis November 1994 war die MD-83-Flotte auf sechs Exemplare angewachsen. Zu Verkehrsspitzenzeiten während der alljährlichen Sommer- und Weihnachtssaison musste Kapazität zugechartert werden, hierbei kamen zumeist MD-83 der **Air Liberté** zum Einsatz. Ende 1992 übernahm AOM die wirtschaftlich angeschlagene Minerve und fusionierte zur **AOM French Airlines**.

Das erste von Minerve zum Einsatz gebrachte Flugzeugmuster war die SE.210 Caravelle. F-GATZ (C/N 175) wurde am 22. Dezember 1978 von der belgischen SOBELAIR erworben.

Ab dem 8. Dezember 1987 kam auf den aufkommensstarken Fernstrecken diese Boeing 747 zum Einsatz.

Auf den Mittelstrecken lösten ab März 1987 insgesamt vier MDC MD-83 mit je 169 Sitzplätzen die veralteten Caravelle ab.

TAI - COMPAGNIE DE TRANSPORTS AERIENS INTERCONTINENTAUX

TAI wurde am 1. Juni 1946 durch den französischen Colonel Gemain gegründet und begann mit Flügen zwischen Frankreich und Nordafrika bereits am 1. Juli 1946 mit einer aus AAC.1 (Ju-53/3m Lizenzbau) bestehenden Flotte. Kurze Zeit später wurden diese Maschinen durch modernere Bristol 170 Freighter, die auch sperrige Lasten befördern konnten, ersetzt. Für Langstreckendienste von Paris nach Saigon, Dakar und Tananarive beschaffte TAI ab September 1947 sieben Douglas DC-4 (C-54) aus Beständen der niederländischen **KLM**. Eine weitere Fernstrecke nach Martinique und Guadeloupe konnte 1950 eröffnet werden. Im April 1953 erhielt die Fluggesellschaft ihre erste von insgesamt sechs Douglas DC-6B, und drei DC-7C stießen im Winter 1957/58 zur Flotte. Sukzessive wurden die altgedienten DC-4 außer Dienst gestellt, die letzten beiden Maschinen wurden im Oktober 1963 ausgemustert. Im pazifischen Inselverkehr ab Noumea fanden zwischen 1956 und 1963 vier Douglas DC-3 Verwendung. Eines dieser Flugzeuge ging als Frachter an **Air Inter**, die restlichen drei Maschinen wurden an Air Madagascar verkauft.

Mit Wirkung zum 1. Januar 1956 verteilte die französische Regierung die Streckennetze von **Air France**, **UAT** und TAI neu. Ziel dieser Maßnahme war es, wettbewerbsgefährdender Konkurrenz zwischen den Fluggesellschaften untereinander zu begegnen. Somit konnten sichere Monopole für die betroffenen Unternehmen geschaffen werden. TAI bekam die Australien- und Pazifikrouten der Air France zugesprochen, woraufhin TAI ihre Strecke Paris–Saigon nach Darwin und Neukaledonien verlängerte. Am 4. Februar 1957 eröffnete TAI mit einer DC-6B die seinerzeit längste Direktverbindung der Welt ohne Flugzeugwechsel, zwischen Paris und Auckland (Neuseeland). Ab September 1958 wurden die Neukaledonien-Dienste bis nach Französisch-Polynesien verlängert. Im selben Jahr erwarb TAI die

Mehrheitsanteile des polynesischen Regionalflugunternehmens RAI (Rouseau Aerien Interinsulaire), heute Air Polynesie. Im September 1960 erfolgte die Einführung des ersten Strahlmusters bei TAI, der Douglas DC-8, welche umgehend die DC-7C auf den wichtigsten Routen ersetzte. Die Reisezeit zwischen Frankreich und Neukaledonien konnte hierdurch halbiert werden. DC-7C flogen aber weiterhin die Verbindungen von den pazifischen Inseln nach Los Angeles und Australien. Zu diesem Zeitpunkt befand sich TAI bereits im mehrheitlichen Besitz der Reederei Messageries Maritimes, die sich aber aus der Luftfahrt zurückziehen wollte. Sondierungsgespräche mit UAT führten am 14. September 1961 zu einem Fusionsabkommen, das am 1. Oktober 1963 umgesetzt werden konnte. Die neue Fluggesellschaft erhielt den Namen **UTA - Union de Transports Aériens**.

Die erste DC-8-33 der TAI, F-BIUY (C/N 45569/80), auf dem Abnahmeflug vor der kalifornischen Küste. Das Flugzeug wurde der Fluggesellschaft am 31. Juli 1960 übergeben.

TAT - TOURAINE AIR TRANSPORT/TRANSPORT AERIEN TRANSREGIONAL

Die im Herbst 1968 durch den Unternehmer Michel Marchais gegründete Gesellschaft war nahezu 20 Jahre lang die größte und bekannteste französische Regionalfluggesellschaft. Ursprünglich führte das Unternehmen Lufttaxi-Dienste mit Kleinverkehrsflugzeugen durch, doch schon im März 1969 erfolgte die Einrichtung einer Linienverbindung zwischen Tours und Lyon. In schneller Folge kamen weitere innerfranzösische Ultra-Kurzstrecken hinzu, welche im Auftrag der **Air Inter** beflogen wurden. Hierbei kamen zumeist Beech 99 zum Einsatz. DHC-6 Twin Otter beflogen die nachfragestärkeren Strecken nach Bordeaux und Toulouse. Ab Februar 1973 erfolgte der Einsatz von Fokker F-27 auf der für Air Inter betriebenen Route Paris–Tours. Für **Air France** wurden, auch mit F-27, nationale und internationale Regionaldienste ab Straßburg und Lille geflogen. Ebenfalls im Februar 1973 erwarb TAT 33% der Unternehmensanteile der Rousseau Aviation. Als erstes Strahlmuster kam im April die zweistrahlige Fokker F-28 zum Einsatz, und dieser Flugzeugtyp bildete neben der 48-sitzigen FH-227 lange Jahre das Rückgrat der Flotte. TAT

entwickelte einen ungebremsten Expansionsdrang, der durch den Eigentümer, die finanzstarke Société Auxiliare de Services et de Materiel Aeronautiques (SASMAT), befriedigt werden konnte. Neben der bereits erwähnten Rousseau Aviation erwarb man über die Jahre Taxi Avia France, **Air Paris**, Air Rouergue, Air Alpes und Air Vosges/**Air Alsace**. Das Streckennetz der TAT zog sich kreuz und quer durch ganz Frankreich. Von den wichtigsten Einsatzzentren (Hubs) Paris/Orly, Lyon, Lille und St. Brieux flog man zu über 50 Zielorten. Zu Ferienzeiten verband TAT die großen Wirtschaftszentren mit Ajaccio, Olbia, Bastia und Figari auf Korsika. Neben den Diensten für Air France flog TAT auch eigene internationale Strecken zwischen Figari und Genf, sowie Clermont-Ferrand und London. Um die Bedeutung des Unternehmens als europäisch ausgerichtete Fluggesellschaft mit einem starken internationalen Streckennetz zu unterstreichen, änderte man im März 1992 den Namen in TAT European Airlines und führte eine neue Flugzeugbemalung ein. Aufgrund einer durchgreifenden Flottenerneuerung konzentrierte man die Turboprop-Flotte auf das Flugzeugmuster ATR-42/-72 und die Strahlflotte auf die Fokker F-28 und Fokker 100. Im März 1998 übernahm **British Airways** neben der **Air Liberté** auch die angeschlagene TAT als weitere Beteiligung und fusionierte beide Unternehmen unter dem Namen der Air Liberté.

TAT war einer der größten Betreiber der 48-sitzigen Fairchild-Hiller FH-227 in Europa.

Für lange Jahre war die Fokker F-28 der wichtigste Flugzeugtyp in der TAT-Flotte. Die meisten dieser Maschinen kamen im Auftrag der Air France auf deren Regionalstrecken zum Einsatz, so auch F-GBBX (C/N 11027).

Nach der Umbenennung in TAT - European Airlines erhielten die meisten der im Einsatz stehenden Flugzeuge eine neue, attraktive Bemalung. Abgebildet ist hier die ATR-42-300 F-GGLK (C/N 022).

Im März 1998 übernahm British Airways neben der Air Liberté auch die wirtschaftlich angeschlagene TAT. Die Fokker F-28 F-GDUV (C/N 11109) erhielt deswegen volle BA-Farben mit einem kleinen TAT-Logo am Vorderrumpf.

TRANS-UNION

Die Anfang 1966 gegründete Trans-Union führte von ihrer Basis am Pariser Flughafen Le Bourget Passagiercharter- und Luftfrachtdienste durch. Nach dem Erwerb einer Douglas DC-6B erfolgte die Flugbetriebsaufnahme im September desselben Jahres. Eine zweite DC-6B stieß im Dezember 1966 zur Flotte. Steigender Kapazitätsnachfrage zum Ende der 60er-Jahre begegnete die Gesellschaft mit der Beschaffung von zwei weiteren DC-6B . Langstreckencharter führten die Flugzeuge oftmals nach Zentral- und Westafrika und in den Fernen Osten (Thailand, Kambodscha, Vietnam). Einige Frachtliniendienste führte Trans-Union im Auftrag der **Air France** nach Nordafrika durch. Aufgrund steigender Konkurrenz im Passagiercharterbereich durch **Air Charter** und andere Fluglinien war Trans-Union mit ihren veralteten DC-6B bald nicht mehr konkurrenzfähig und mietete deswegen im April 1969 eine SE.210 Caravelle vom Hersteller Aérospatiale (ehemals Sud-Est). Eine zweite Caravelle übernahm die Gesellschaft im März 1970. Da die Maschinen oftmals an andere Fluggesellschaften vermietet waren, sah man die Flugzeuge nur selten in ihrer eigenen Farbgebung. Aufgrund operationeller Probleme mit chronischer Unpünktlichkeit waren die Vertragspartner aus der Reise- und Touristikbranche nach dem Ende der Sommersaison 1971 nicht mehr zu Vertragsverlängerungen bereit. Nach der Einstellung des Flugbetriebs erwarb **EAS** Anfang 1972 vom Konkursverwalter die bankrotte Trans-Union, einschließlich deren zwei SE.210 Caravelle 3.

Nach einer Reorganisation mit finanziellem Engagement durch den französischen Schauspieler Alain Delon erschien 1974 die »neue« Trans-Union und mietete für die Durchführung von Passagier-Pauschalcharterflügen eine SE.210 Caravelle 12 (»Super Caravelle«) von der dänischen **Sterling**. Das Unternehmen ersuchte auch um eine Betriebsgenehmigung für zwei Boeing 707, die auf Langstreckenchartern zum Einsatz kommen sollten. Eine solche Genehmigung wurde Trans-Union aber verweigert, weil sich die staatliche Air France auf ihren zu dieser Zeit unwirtschaftlich betriebenen Charterdiensten keiner weiteren Konkurrenz aussetzen wollte. Mit dem Ende der Sommersaison im September 1974 erfolgte die erneute Betriebseinstellung und die Caravelle 12 wurde an Sterling retourniert.

Für lange Jahre war die Douglas DC-6B das einzige Flugzeugmuster der Trans-Union. F-BOEV (C/N 45077/728) wurde im Dezember 1966 von der australischen Fluglinie A.N.A. erworben und am 1. September 1971 an EAS verkauft.

Mit ihren veralteten DC-6B war Trans-Union bald nicht mehr konkurrenzfähig und mietete deswegen im April 1969 die SE.210 Caravelle F-BRIM (C/N 193) vom Hersteller Aerospatiale.

UAT - UNION AÉROMARITIME DE TRANSPORT

UAT wurde im Jahre 1949 mit der Unterstützung der französischen Schifffahrtslinie Cie. Maritimes des Chargeurs Reunis ins Leben gerufen. Erste Routen führten von Paris nach Dakar, Pointe Noire (Französisch-Kongo) und Saigon und wurden mit Douglas DC-4 beflogen. Der Flugbetrieb auf Strecken in Französisch-Westafrika wurde erst im Februar 1953 aufgenommen. Einsatzmuster waren hier neun De Havilland DH.114 Heron 1 und die unverwüstliche Douglas DC-3. Von Douala in Kamerun betrieb UAT ein ausgedehntes, »Aerobus« genanntes, Streckennetz mit hoher Frequenzdichte und zahlreichen Zwischenstopps. So konnte auf der knapp 250 Kilometer langen Strecke zwischen Douala und Yaounde die Reisezeit von nahezu 16 Stunden per Zug auf eine Stunde und zehn Minuten reduziert werden. Ferner flog UAT nach Nigeria, an die Goldküste (heute Ghana), die Elfenbeinküste und nach Togo.

Als eine der ersten Fluggesellschaften weltweit bestellte UAT drei Exemplare des britischen Strahlmusters DH.106 Comet 1A und zeichnete Optionen für weitere vier Comet 2. Nach **BOAC** setzte UAT ihre beiden ersten Comet (F-BGSA und -BGSB) ab dem 19. Februar 1953 auf dem zweimal wöchentlich beflogenem Kurs Paris–Casablanca–

Dakar–Casablanca–Paris ein. Der dritte Comet 1 gelangte am 30. April 1953 zur Ablieferung und flog zwischen Paris und Brazzaville, ab November 1953 auch zwischen Paris und Johannesburg.

Nachdem alle Comet weltweit infolge einer Absturzserie im Jahr 1954 mit einem Flugverbot belegt wurden, beschaffte UAT als Ersatz viermotorige Douglas DC-6B und DC-6A. Ferner kaufte das Unternehmen im September desselben Jahres sieben Exemplare des ansonsten ausschließlich militärisch genutzten Transportflugzeugs Nord 2502 Noratlas für den Frachttransport innerhalb Französisch-Westafrikas. Damit konnten die in ihrer Transportkapazität beschränkten DC-3 an die Fluglinie Autrex abgegeben werden. Auf Passagierflügen kamen DC-3 aber noch bis 1964 zum Einsatz.

1955 übernahm UAT die Fluglinie Société Aigle Azur und deren Streckennetz nach Afrika, den Indik (Madagaskar) und Fernost. Das Jet-Zeitalter begann bei UAT im September 1960 mit dem Einsatz von Douglas DC-8-30 auf den wichtigsten Westafrika- und Fernostrouten. Ferner leistete UAT aktive Mithilfe bei der Gründung der multinationalen Air Afrique im März 1961. Im selben Jahr verließen auch die letzten De Havilland Heron die Flotte. Am 14. September 1961 beschlossen die beiden Fluggesellschaften TAI und UAT ihre Fusion, die am 1. Oktober 1963 wirksam wurde. Die neue Gesellschaft erhielt den Namen **UTA - Union de Transports Aeriens**.

Für die mit einem Flugverbot belegten DH.106 Comet 1A beschaffte UAT viermotorige Douglas DC-6B. F-BHMS (C/N 44062/384) kam am 1. Mai 1959 von der Canadian Pacific Airlines (ex CF-CUR). Am 2. Oktober 1964, und bereits in Diensten der UTA, zerschellte die Maschine am Mount Alcazaba in Spanien.

UTA - UNION DE TRANSPORTS AERIENS

Durch die am 14. September 1961 beschlossene Fusion der beiden größten privaten französischen Fluggesellschaften **TAI** und **UAT**, die am 1. Oktober 1963 wirksam wurde, entstand mit der UTA die zweitgrößte Fluggesellschaft des Landes. Die neue Fluggesellschaft übernahm von ihren Vorgängern das gemeinsame Streckennetz und die zumeist aus Douglas DC-6B, DC-7C und DC-8-30 bestehende Flotte. Mit der SE.210 Caravelle erhielt UTA 1965 ihr erstes strahlgetriebenes Mittelstreckenmuster. Insgesamt betrieb UTA drei dieser Flugzeuge auf den Strecken zwischen Frankreich und Westafrika und im pazifischen Raum. Die beiden dort stationierten Flugzeuge verbanden Neukaledonien, Fiji und Tahiti miteinander, sowie die Inselgruppen mit Auckland und Sydney. Die letzte Caravelle wurde erst 1977 außer Dienst gestellt. Am 5. November 1965 erhielt UTA die erste DC-8-55F (F-BNLD), mit der ein wechselweiser Passagier- oder Frachtflugbetrieb möglich wurde. Im Februar, April und Juni 1968 gelangten die ersten drei DC-8-62H »Super Sixty« mit gesteigerter Reichweite zur Ablieferung und die DC-8-30 wurden schrittweise ausgemustert und verkauft. Für viele Jahre bildeten fünf DC-8-55F, vier DC-8-62H und drei DC-8-63 das Rückgrat der UTA-Flotte. Mit der MDC DC-10-30 erhielt UTA 1973 ihr erstes Großraumflugzeug. Insgesamt gelangten sechs dieser Flugzeuge zum Einsatz. Zwischen September 1978 und März 1983 folgten fünf Boeing 747-200/200F, im Frühjahr 1986 zwei 747-300. Die letzten noch auf den Pazifikrouten eingesetzten DC-8 wurden 1984 aus dem Verkehr genommen und durch Boeing 747 abgelöst.

Als eine der ersten Fluggesellschaften Europas führte UTA am 22. September 1989 den neuen »Superjet« von Boeing, die 747-400, ein. Eine zweite -400 stieß am 26. Juli 1991 zur Flotte. Zu diesem Zeitpunkt kämpfte UTA bereits um ihr wirtschaftliches Überleben, da das Streckennetz ausschließlich aus Langstrecken bestand und diese nur mit sehr hohem finanziellem Aufwand bedient werden konnten. Dagegen stand ein jährliches Passagieraufkommen von nur etwas über einer Million Fluggäste. Aus diesen Gründen sah man sich bei UTA gegen Ende 1990 gezwungen, ein weit reichendes Kooperationsabkommen mit dem »Erzfeind« **Air France** abzuschließen. Air France übernahm 70% der UTA-Geschäftsanteile und gliederte UTA in die neugegründete Groupe Air France ein. Die von UTA georderten Boeing 767 kamen bereits für Air France zur Ablieferung, wurden aber für wenige Monate der Aéromaritime überstellt. Ende 1991 erwarb Air France auch die restlichen 30% der UTA-Anteile. Im Verlauf des darauf folgenden Jahres integrierte Air France die UTA-Flotte und die Flotte der UTA-Chartertochter **Aéromaritime** in den eigenen Flugzeugbestand und vollzog mit Wirkung des 29. Dezember 1992 offiziell die endgültige Fusion.

In der Zeit ihres Bestehens unterstützte UTA andere Fluggesellschaften, zumeist in Afrika, bei deren Aufbau. Maßgeblich war das Unternehmen am Anfangserfolg der Air Afrique beteiligt. UTA hielt Mehrheitsanteile an Air Afrique (70%), Aéromaritime (99%) und Air Polynesie (62%), sowie Minderheitsanteile an **Air Inter** (14%), Air Caledonie, Air Mauretanie und Air Tchad. Das Tochterunternehmen UTA Industries mit Sitz am Flughafen Paris/Le Bourget erwarb sich einen guten Ruf durch den Umbau der »Super Guppy«-Transportflugzeuge für Airbus Industrie, sowie durch die Modifikation von DC-8 auf die modernen CFM56-2C Triebwerke.

UTA übernahm diese ehemalige TAI-DC-6B F-BGOB (C/N 43833/360) am 1. Oktober nach der Fusion von TAI und UAT. Die Maschine wurde im Januar 1970 aus dem Dienst genommen, in Paris/Le Bourget abgestellt und später abgewrackt.

Mit der SE.210 Caravelle erhielt UTA 1965 ihr erstes strahlgetriebenes Mittelstreckenmuster. Insgesamt betrieb UTA drei dieser Flugzeuge. F-BNRB (C/N 222), eine Caravelle 10R, gelangte am 7. März 1967 zur Ablieferung. Im November 1972 erfolgte der Verkauf an die schweizerische SATA als HB-ICQ.

Mit der MDC DC-10-30 erhielt UTA 1973 ihr erstes Großraumflugzeug, insgesamt kamen sechs dieser Flugzeuge zum Einsatz. N54639 (C/N 46853/134) gelangte am 18. Januar 1974 zur Ablieferung. Am 7. Oktober 1983 erhielt das Flugzeug die französische Registrierung F-BTDE.

Für viele Jahre bildeten fünf DC-8-55F, vier DC-8-62H (hier F-BNLE) und drei DC-8-63 (hier F-BOLL) das Rückgrat der UTA-Flotte.

Der Frachter Boeing 747-200F F-GBOX (C/N 21835/388) gelangte am 6. August 1979 zur Ablieferung. Die Maschine fliegt derzeit immer noch bei Air France.

Griechenland

Olympic Airways

Der griechische Reeder Aristoteles Onassis gründete im Januar des Jahres 1957 die Olympic Airways, indem er die Rechte der am 1. Juni 1955 in Konkurs gegangenen nationalen Fluglinie TAE - Technical and Aeronautical Exploitations Company übernahm.

Am 6. April 1957 erfolgte die Aufnahme des Flugbetriebs mit einigen Douglas DC-3 und einer DC-4. Um den Mitbewerbern im Markt gegenüber konkurrenzfähig zu werden, mietete Olympic bis zur Ablieferung ihrer drei bestellten Douglas DC-6B als Übergangslösung drei solcher Flugzeuge von der französischen Fluggesellschaft UAT.

Am 1. April 1960 unterzeichnete Olympic ein Kooperationsabkommen mit der britischen BEA für den gemeinsamen Betrieb von DH.106 Comet 4B auf der Route London_Athen und zu weiteren Zielorten im östlichen Mittelmeerraum. Der Ersteinsatz der Comet erfolgte am 18. Mai 1960 mit von BEA gemieteten Flugzeugen, die ersten beiden eigenen Comet 4B erhielt Olympic am 26. April und 14. Mai 1960. Die erste Boeing 707-384C gelangte im Mai 1966 zur Ablieferung und mit dieser Maschine eröffnete Olympic im darauf folgenden Monat die Langstreckenroute Athen–New York, via Rom und Paris. In der Zwischenzeit konnte das europäische Streckennetz kontinuierlich erweitert werden, und ab Ende 1968 kamen hier die neuen Boeing 727-200 zum Einsatz.

Ab April 1970 ersetzte das aus japanischer Produktion stammende Turbopropmuster NAMC YS-11A die veralteten DC-3 und DC-4 auf den Regional- und Inlandsdiensten. 1972 kaufte Olympic sechs Boeing 720B von der amerikanischen Northwest Orient Airlines zur Unterstützung der 707 und 727 auf langen und stark frequentierten Mittelstrecken. Für den Einsatz auf der prestigeträchtigen New York-Route beschaffte man im Juni 1973 das erste Großraumflugzeug vom Typ Boeing 747, eine zweite Maschine gelangte im November desselben Jahres zur Ablieferung.

Als Folge der ersten Ölkrise von 1973 musste Olympic Airways 1974 vorübergehend den Betrieb einstellen. Onassis verkaufte die Fluggesellschaft an den griechischen Staat, der alle Verbindlichkeiten übernahm und das Unternehmen neu aufbaute.

Im Rahmen einer Flottenrestrukturierung kam ab Juni 1976 das neue Mittelstreckenmuster Boeing 737-200 zur Ablieferung, ab Februar 1979 auch der Airbus A300B4. 1980 und 1981 erfolgte die Außerdienststellung der Boeing 720B und YS-11A.

Langstreckendienste führen von Athen nach New York (nonstop und via Paris), Montreal und Chicago, Nairobi und Johannesburg, sowie nach Bangkok, Singapur und Sydney. Im östlichen Mittelmeerraum werden Istanbul, Larnaca, Tel Aviv und Kairo angeflogen. Zu den wichtigen westeuropäischen Destinationen zählen London, Paris, Rom und Frankfurt. Ferner unterhält Olympic Airways ein dichtes Inlandsstreckennetz zwischen den griechischen Regionalzentren und den weit verstreut im Mittelmeer liegenden Inseln. Zu Ferienzeiten im Sommer betreibt die Gesellschaft intensive Charterdienste für Touristen und Gastarbeiter.

Im Rahmen einer Flottenerneuerungspolitik wurden die Boeing 707 und Boeing 727 der Gesellschaft bis 1992 durch neue Boeing 737-400 und Airbus A300-600 ersetzt, die alle eine neue attraktive Bemalung erhielten. 1999 erhielt British Airways einen Managementauftrag für die marode Olympic über einen Zeitraum von 30 Monaten. Gleichzeitig sollte das Unternehmen für eine Privatisierung vorbereitet werden. Ab Januar 1999 ersetzten Airbus A340-313X die veralteten Boeing 747-200 auf allen Diensten. Boeing 737-800 kommen seit Frühjahr 2000 zum Einsatz. An Macedonian Airlines und Olympic Aviation hält Olympic 100% Anteile. Mit British Airways besteht eine sehr enge Kooperation.

Flotte:	
11 Boeing 737-200 Advanced	3 Airbus A300-605R
13 Boeing 737-400	4 Airbus A340-313X
2 Boeing 737-800	

Der Ersteinsatz der Comet erfolgte am 18. Mai 1960 mit von BEA gemieteten Flugzeugen. DH.106 Comet 4B G-APZM (C/N 6440) »Queen Sophia« flog von Juli 1960 bis März 1970 für Olympic Airways, ab April 1966 als SX-DAN.

Das erste strahlgetriebene Langstreckenmuster der Olympic, die Boeing 707-384C, gelangte ab Juni 1966 auf der Route Athen–New York zum Einsatz. Als drittes dieser Flugzeuge kam SX-DBC (C/N 18950/504) »City of Knossos« am 18. Juni 1966 zur Ablieferung. Die Maschine wurde erst Anfang 1990 außer Dienst gestellt und im März desselben Jahres an Israel Aircraft Industries verkauft.

Ende 1968 kamen auf den Europastrecken die neuen Boeing 727-200 zum Einsatz. SX-CBC (C/N 20005/687) »Mount Parnassus« flog von Februar 1969 bis Oktober 1998 für die Gesellschaft.

Olympic Airways war der einzige europäische Betreiber der aus japanischer Produktion stammenden NAMC YS-11A, die ab April 1970 insgesamt zehn Exemplare der veralteten DC-3 und DC-4 auf den Regional- und Inlandsdiensten der Gesellschaft ersetzte. SX-BBL (C/N 2145) »Isle of Delos« gelangte am 8. Juni 1970 zur Ablieferung und wurde im Oktober 1980 an die griechische Luftwaffe verkauft.

1972 kaufte Olympic sechs Boeing 720-051B von der amerikanischen Northwest Orient Airlines, hier SX-DBL (C/N 18420/243), die im Januar 1980 außer Dienst gestellt und später verschrottet wurde.

Für den Einsatz auf der prestigeträchtigen New York-Route beschaffte man im Juni 1973 die erste Boeing 747. Von Singapore Airlines erwarb Olympic Airways in den Jahren 1984 und 1985 drei 747-212B. Eines dieser Flugzeuge war SX-OAD (C/N 21684/391) »Olympic Flame«, vormals 9V-SQI.

Zur Unterstützung der Boeing 727 auf den stark frequentierten Mittelstrecken kam ab Juni 1976 das neue Mittelstreckenmuster Boeing 737-200 Advanced zur Ablieferung. SX-BCB (C/N 21225/464) »Hermes« stieß als zweites dieser Flugzeuge im Juni 1976 zur Flotte.

Im Rahmen einer Flottenerneuerungspolitik wurden die Boeing 707 und Boeing 727 der Gesellschaft bis 1992 durch neue Boeing 737-400 und Airbus A300-600 ersetzt. Als erstes dieser Flugzeuge übernahm Olympic im Juni 1992 den A300B4-605R SX-BEK (C/N 632) »Macedonia«.

Olympic Aviation

Mit seinen zahlreichen Inseln und einem zerklüfteten und bergigen Festland ist Griechenland, neben einem dichten Netz von Fährschiff-verbindungen, auf einen gut funktionieren Regionalflugverkehr angewiesen. Mit dem Ziel des Aufbaus eines solchen Streckennetzes wurde im Jahre 1971 die Olympic Aviation, ein hundertprozentiges Tochterunternehmen der staatlichen **Olympic Airways**, gegründet.

Für den Betrieb von teilweise primitiven Flugplätzen gelangten zu-nächst robuste Flugzeuge der Typen Short SC.7 Skyvan, Short SD.3-30 und SH.360 zum Einsatz. Ab 1984 lösten modernere Dornier 228 die veralteten SC.7 ab. Wichtigstes Standbein des Unternehmens sind Berufspendler-Flüge und Zubringerdienste nach Athen und Saloniki. 1990 ersetzten ATR-42-320 die letzten Short-Flugzeuge auf diesen Diensten. Mit den ATR-72-202, die zwischen 1991 und 1993 zur Ab-lieferung gelangten, werden aber auch Charterdienste von kleinen europäischen Flughäfen zu den griechischen Inseln durchgeführt. Mit zwei Boeing 717, die im Dezember 1999 zur Flotte stießen, werden auch eigene internationale Routen ins benachbarte Ausland beflogen. Weitere Strecken übernahm man von der Muttergesellschaft Olympic Airways. Im Januar 2001 mietete man deswegen von der britischen Pembroke Leasing Ltd. eine dritte 717.

Olympic Aviation bedient derzeit mehr als 45 Ziele in Griechenland und etwa 15 Destinationen im europäischen Ausland.

Flotte:	
7 ATR-72	3 Boeing 717
4 ATR-42	6 Dornier 228-200

Das größte bei Olympic Aviation im Einsatz stehende Flugzeugmuster ist die Boeing 717, von der drei Exemplare betrieben werden, hier SX-BOB (C/N 55053/5016) »Kassiopi«.

Die »Inselhüpfer«-Dienste bedient Olympic Aviation mit Dornier 228 und Shorts SD3-30.

Großbritannien

ABC - Air Bridge Carriers

Nach dem Zusammenbruch der **Sagittair** gründete die am East Midlands Airport ansässige Field Aircraft Services im August 1972 die Luftfrachtgesellschaft Air Bridge Carriers, die im November desselben Jahres mit zwei ex-Sagittair AW.650 Argosy den Linienflugbetrieb zu den Kanalinseln Guernsey und Jersey aufnahm. Transportiert wurden vornehmlich verderbliche Waren wie Obst, Gemüse und Blumen. Im April 1974 erfolgte die Außerdienststellung der ersten Argosy, die durch eine Vickers Viscount 800 ersetzt wurde. Bei dieser Viscount erfolgte im Februar 1975 der Umbau zu einem kombinierten Fracht- und Passagierflugzeug, und für den Rest des Jahres vermietete ABC die Maschine an **Dan-Air London**, bei der sie auf dem so genannten »Coach-Air-Service« zwischen Lydd Ferryfield und Beauvais zum Einsatz kam. Im April 1975 flog ABC mit der zweiten Argosy einen nächtlichen Frachtdienst zwischen Liverpool und Belfast im Auftrag der **Alidair**, doch bereits ab dem 1. Mai 1975 bediente Alidair die Route in eigener Regie. Bis Ende 1975 flog die Argosy im Auftrag von Rolls-Royce Triebwerke und Ersatzteile ab Filton zu Zielorten in Deutschland und Frankreich. Der erste von insgesamt sechs Merchantman-Frachtern (umgebaute Vickers VC.9 Vanguard) wurde

Ende 1976 von **British Airways** erworben, die anderen fünf Maschinen folgten zwischen 1979 und 1980. Die Merchantman bildeten nunmehr das Rückgrat der Flotte und die letzte Argosy wurde 1986 außer Dienst gestellt.

In den späten 80er-Jahren flog ABC Frachtliniendienste zwischen der Schweiz und Großbritannien im Auftrag der **Swissair**. Für das Express-flugunternehmen Elan Air betrieb man eine Argosy, die später von einer Merchantman abgelöst wurde, auf nächtlichen Expressdiensten innerhalb Europas. Weitere Standbeine waren Ad-hoc-Charterflüge zwischen Großbritannien und Kontinentaleuropa, Nordafrika und dem Nahen Osten. Einen hervorragenden Namen machte sich das Unternehmen im Bereich des Lufttransportes von Rennpferden. Hier befand man sich in starker Konkurrenz mit der irischen **Aer Turas**. Nach dem Verkauf der Field Aircraft Services an die Hunting Group im September 1992 änderte sich der Firmenname in Hunting Cargo Airlines. Die Merchantman wurden stillgelegt und durch Lockheed L.188F Electra ersetzt. Mit dem erneuten Verkauf des Unternehmens, diesmal an das belgisch/südafrikanische Konsortium Compagnie Maritime Belge und Safair im Juni 1998, erfolgte eine Namensänderung in Air Contractors und die Verlegung des Betriebssitzes nach Irland. Die L.188F wurden zügig außer Dienst gestellt und durch sechs Boeing 727-200F ersetzt. Ergänzt wurde diese Flotte um drei Lockheed L-100-30 Hercules und in jüngster Zeit stellte das Unternehmen noch drei Airbus A300B4-100F in Dienst.

Von der bankrotten Sagittair übernahm Air Bridge Carriers im August 1972 zwei Armstrong-Whitworth AW.650 Argosy.

Bis Anfang der 90er-Jahre bildeten insgesamt sechs Vickers VC.9 Merchantman-Frachter das Rückgrat der Air Bridge Flotte.

Air Europe

Das Unternehmen wurde im Juli 1978 unter dem Namen Inter European Airways gegründet und nahm am 4. Mai 1979 mit einer aus Boeing 737-200 bestehenden Flotte den Flugbetrieb auf. Zeitgleich änderte man den Firmennamen in Air Europe. Hauptauftraggeber war der Touristikkonzern Intasun Holidays. Als Dachgesellschaft firmierte die Intasun Leisure Group Limited (ILG). 1981 wurde ILG ein börsennotiertes Unternehmen.

Im Winter 1984/85 reduzierte Intasun das Auftragskontingent von 50% auf 30%, sodass 80 der 360 Mitarbeiter entlassen werden mussten. Außerdem trennte sich die Fluggesellschaft von drei ihrer Boeing 737. Auch die im Frühjahr 1985 gelieferten Boeing 757 wurden zunächst

untervermietet. Ab dem Frühjahr 1985 konnte Air Europe aber wieder expandieren und stellte wiederholt Anträge zur Aufnahme von Linien-flügen. Zunächst wandelte man einige der regulären Charterdienste in Linienflüge um, dies waren ab Mai 1985 die Verbindung Gatwick–Palma/Mallorca und ab November 1985 die Route Gatwick–Gibraltar. Zwischen Manchester und Gibraltar flog Air Europe ab Frühjahr 1986 linienmäßig. Im November 1986 verkündete das Unternehmen die Aufnahme von elf Liniendiensten für den Herbst 1987. Die Routen führten von London/Gatwick nach Paris, Amsterdam, Frankfurt, Genf, Brüssel, Zürich, München, Düsseldorf, Rom, Mailand und Kopenhagen, die alle in direktem Wettbewerb mit **British Airways** und **British Caledonian** geflogen wurden. Das Hauptstandbein der Gesellschaft war aber weiterhin das Pauschalchartergeschäft, und neben

London/Gatwick wurden in Birmingham, Manchester, East Midlands Airport, Cardiff, Leeds/Bradford und Luton Operationsbasen eingerichtet. Als erste Fluggesellschaft verwirklichte Air Europe ihre Pläne für eine paneuropäische Fluglinie, und gründete Tochtergesellschaften in Spanien und Italien. In Norwegen übernahm man Norway Airlines und erwarb die mehrheitlichen Anteile an der deutschen NFD. Mit der Übernahme der britischen Commutair und deren Umbenennung in Air Europe Express verfügte Air Europe auch über eine eigene Regionalfluglinie, die auf Ultrakurzstrecken Zubringerdienste leistete. Das Rückgrat der Flotte bildeten Boeing 737-200, später ergänzt und ersetzt durch Boeing 737-300 und -400, sowie Boeing 757. Auf den Liniendiensten kamen ausschließlich Boeing 737 zum Einsatz, für die

Bedienung hoch frequentierter Kurzstrecken mietete man von Fokker Aviation Services vier Fokker 100.

Infolge schwerer wirtschaftlicher und finanzieller Turbulenzen zu Beginn der 90er-Jahre musste ILG/Omni Holding am 8. März 1991 Konkurs anmelden, nachdem sich Verluste in Höhe von 480 Millionen Pfund angehäuft hatten. Am selben Tag kam damit auch der Flugbetrieb der Air Europe zum Erliegen. Zu diesem Zeitpunkt hatte die Gesellschaft Transportverträge mit 25 Reiseveranstaltern, die von einem Tag auf den anderen ihrer Transportkapazität beraubt wurden. Aufgrund des komplizierten Unternehmensgeflechts der ILG konnte Air Europe aber nicht von anderen Interessenten übernommen werden, und somit nicht gerettet werden.

Neben der Boeing 737 war die 236-sitzige Boeing 757 der wichtigste Flugzeugtyp in der Air Europe-Flotte. G-BKRM (C/N 22176/14) entstammte ursprünglich einer Bestellung der British Airways, kam aber am 30. März 1983 werksneu bei Air Europe zur Ablieferung.

Mit der Air Europe Express verfügte Air Europe als eine der ersten Fluggesellschaften in Europa über eine hauseigene Regionalfluggesellschaft.

Air UK

Air UK entstand am 1. Januar 1980 durch den Zusammenschluss der vier zur British Commonwealth (B & C) Shipping Group gehörenden Regionalfluggesellschaften Air Anglia, Air Wales, Air Westward und **British Island Airways**. Die Streckennetze aller Unternehmen wurden neu geordnet und die Flotte weitgehend auf die Flugzeugtypen Fokker F-27 Friendship und BAC 1-11 standardisiert. Auf Fracht- und Charterdiensten fanden eine Zeitlang auch Handley Page HP.7 Dart Herald Verwendung, wurden aber nach und nach bis 1985 ausgemustert. Die neue Fluggesellschaft wuchs stetig zur drittgrößten britischen Linienfluggesellschaft und beförderte schon bald über eine Million Fluggäste im Jahr. Heimatbasis war der Flughafen Norwich an Englands Ostküste, zur wichtigsten Operationsbasis entwickelte sich aber London/Stansted. Zielorte innerhalb Großbritanniens waren Aberdeen, Edinburgh, Glasgow, Belfast, Newcastle, Teesside, Humberside, Leeds/Bradford, Norwich, Southampton, Guernsey und Jersey, aber auch London/Heathrow und London/Gatwick. Internationale Dienste führten zunächst nach Bergen, Stavanger und Amsterdam, später wurde dieses Streckennetz nach Brüssel, Düsseldorf, Frankfurt, Paris, Nizza, Innsbruck und Florenz ausgedehnt.

Mit BAC 1-11 flog Air UK bis 1982 Pauschalcharterdienste ins Mittelmeergebiet, doch verkaufte man diese Verkehrsrechte zusammen mit vier BAC 1-11 an die neugegründete **British Island Airways**, die mit diesem Namen eine langjährige Tradition fortsetzte. Einen neuen Anlauf

ins Chartergeschäft unternahm Air UK im Jahre 1987, als in Zusammenarbeit mit dem Reiseveranstalter Unijet die Air UK Leisure gegründet wurde. Dieses mit Boeing 737-200, B737-400 und B767-300 operierende Unternehmen blieb aber unabhängig von Air UK und wurde 1996 als Leisure International Airlines an Unijet veräußert.

1987 erwarb die niederländische **KLM** 14% an Air UK, mit dem Ergebnis, dass sich nunmehr Amsterdam zum wichtigsten Verkehrsknoten entwickelte. Anfang 1992 erwarb KLM weitere Geschäftsanteile und hielt jetzt 45% des Firmenkapitals. Die aus 17 Fokker F-27 und drei BAC 1-11 bestehende Flotte wurde durch moderneres Fluggerät im Form von acht Fokker 50 und neun Fokker 100 ersetzt. In der Flotte verblieben zunächst zwei Shorts 360, die auf Regionalstrecken entlang der britischen Ostküste und zu den Kanalinseln im Einsatz standen. Für das stetig wachsende Linienstreckennetz mietete Air UK insgesamt zehn BAe 146 (1x Srs. 100, 2x Srs. 200, 7x Srs. 300) vom Hersteller British Aerospace Asset Management.

1997 übernahm KLM die alle Geschäftsanteile der Air UK und gab dem Unternehmen eine neue Identität als KLM uk. Auch äußerlich wurde der Eigentümerwechsel durch eine der KLM angeglichenen Farbgebung auf den Flugzeugen dokumentiert. 1998 schließlich verlor Air UK völlig die eigene Identität und ging in der stetig wachsenden Regionalflugdivision der KLM Groep auf.

1999 transferierte man alle BAe 146-300 an die neugegründete Billigfluglinie **Buzz**, die Anfang 2003 wiederum von der stark expandierenden irischen **Ryanair** übernommen wurde.

Air UK hatte zum Zeitpunkt ihrer Gründung 14 Handley Page HP.7 Herald in ihrem Flottenbestand, die bis 1985 vorwiegend auf Frachtflügen Verwendung fanden. Herald 401 (C/N 187) G-BEYK wurde bereits 1980 außer Dienst gestellt.

Durch den Zusammenschluss von vier britischen Regionalfluggesellschaften kam auch die BAC 1-11 Srs. 416EK (C/N 166) G-CBIA , hier in der ursprünglichen blauen Farbgebung, zur Air UK und stand dort bis zum Verkauf im Mai 1982 an die neugegründete BIA im Einsatz.

Für lange Jahre bildete die Fokker F-27 Friendship das Rückgrat der Air UK Flotte.

Für das stetig wachsende Linienstreckennetz mietete Air UK insgesamt zehn BAe 146 vom Hersteller British Aerospace Asset Management.

1992 hielt die niederländische KLM 45% des Firmenkapitals und ersetzte die veraltete Flotte durch modernere Fokker 50 und Fokker 100. G-UKFC (C/N 11263) stieß am 1. Juli 1992 zur Flotte.

1997 übernahm KLM alle Geschäftsanteile der Air UK und führte das Unternehmen als KLM uk fort. Abgebildet ist hier die erste Fokker 50 des Unternehmens, G-UKTA (C/N 20246) »City of Norwich«, die im März 1994 übernommen wurde.

Airtours International

Die auf dem Flughafen Manchester ansässige Airtours International wurde 1990 durch Großbritanniens größten Reiseveranstalter, die Airtours Plc, gegründet und begann am 20. März 1991 den Flugbetrieb mit drei werksneuen 167-sitzigen MDC MD-83, die von Irish Aerospace Limited gemietet wurden. Der erste planmäßige Charterflug führte am 30. März 1991 von Newcastle nach Palma/Mallorca. Kurze Zeit später stießen zwei weitere MD-83 zur Flotte. In der beginnenden Sommersaison stationierte die Fluggesellschaft drei Flugzuge in Manchester, und je ein weiteres in Birmingham und London/Stansted. Weitere Abflugorte waren Cardiff, East Midlands, London/Gatwick, Glasgow, Liverpool und Newcastle. Ab November 1991 verlegte man die in Stansted stationierte MD-83 nach Gatwick, weil man dort bessere Entwicklungsmöglichkeiten sah. Man flog ins Mittelmeergebiet zu Zielorten in Griechenland, Zypern, Malta, Spanien (Festland, Balearen und Kanarische Inseln), Portugal (Algarve und Madeira), Tunesien und der Türkei.

1993 stieg das Unternehmen auch ins Langstrecken-Chartergeschäft ein und flog mit Boeing 757ER zu den Bahamas, nach Barbados, Cancun, die Dominikanische Republik, Florida, Jamaika und Kenia. Sydney und Las Vegas wurden in der Wintersaison 1994/95 erstmals angeflogen.

Am 31. Oktober 1993 übernahm man die in Cardiff ansässige Inter European Airlines inklusive deren aus Airbus A320 und Boeing 757 bestehende Flotte und Anfang 1994 kaufte Airtours die skandinavische Charterfluggesellschaft **Premiair** von der SAS Leisure Group. Zeitgleich standardisierte man die Flotte auf die Mittelstreckenmuster A320 und Boeing 757, auf den Fernstrecken kamen Boeing 757ER, Boeing 767-300ER und DC-10 zum Einsatz. 1999 erfolgte die sukzessive Ausmusterung der DC-10 durch die Indienststellung des Airbus A330-200, und der erste A330-300 konnte im Juli 2000 übernommen werden.

Flotte:

22 Airbus A320-200	3 MDC DC-10-10 (zur Ausmusterung vorgesehen)
4 Airbus A321	
5 Boeing 757-200	1 MDC DC-10-30 (zur Ausmusterung vorgesehen)
1 Boeing 757-200ER	
3 Boeing 767-300ER	3 Airbus A330-300X
	4 Airbus A330-200

Airtours International begann am 20. März 1991 den Flugbetrieb mit drei werksneuen MDC MD-83.

Das Standard-Fernstreckenmuster der Airtours-Flotte ist die Boeing 767-300ER, die derzeit durch Airbus A330-200 abgelöst wird.

Aurigny Air Services

1967 gründete die auf den britischen Kanalinseln ansässige Glos-Air das Tochterunternehmen Aurigny Air Services mit dem Auftrag zur Durchführung von Liniendiensten zwischen den Inseln, und zur französischen und britischen Küste. Der Flugbetrieb zwischen Guernsey, Jersey und Alderney begann am 26. Februar 1968, zum Einsatz kamen Britten-Norman BN.2A Islander. Die Dienste der Fluglinie waren schon sehr bald erfolgreich, und am 1. Januar 1970 übernahm man von BUIA (British United Island Airways) die Routen von Alderney nach Southampton und von Jersey nach Dinard und St. Brieux. Ab dem 16. November desselben Jahres begannen Dienste zwischen Alderney und Cherbourg, und Anfang 1971 erfolgte der erste Trans-Kanal-Dienst zwischen Southampton und Cherbourg. Da für diese Dienste die Islander zu klein wurden, bestellte man im März 1971 drei BN.2A-3 Trislander. Das erste dieser Flugzeuge gelangte am 29. Juni 1971 zur Ablieferung und konnte nach erfolgter Zertifizierung im Oktober 1971 erstmals zwischen Guernsey und Jersey eingesetzt werden. Da das neue Flugzeugmuster sehr erfolgreich war, bestellte Aurigny unverzüglich drei weitere Exemplare. Bereits im November 1971 standen alle sechs Flugzeuge im Einsatz und kamen auf dem gesamten Stre-

ckennetz zum Einsatz. Das Hauptverkehrsaufkommen generierten die Verbindungen Guernsey–Alderney–Southampton, Jersey–Southampton, Jersey–Guernsey–Bournemouth und Guernsey–Jersey–Dinard.

1987 schloß Aurigny mit der britischen Post einen Beförderungsvertrag von Briefen, Kleinfracht und Datenträgern (Datapost) zwischen den Inseln, nach London/Gatwick und East Midlands ab. Auch werden vereinzelte Charter- und Ambulanzflüge durchgeführt. 1990 übernahm die Gesellschaft mit einer Shorts 360 das erste Turbopropflugzeug. Im Juli 1999 erhielt Aurigny eine Saab 340, das erste »advanced« Regionalflugzeug der Gesellschaft. Dieser Typ soll allmählich die veralteten Trislander ablösen.

Flotte:

8 BN.2A-3 Trislander	1 Saab 340
1 Shorts 360	

Neun Britten-Norman BN.2 Mk.III-2 Trislander bilden noch heute das Rückgrat der Aurigny-Flotte.

Auf längeren Streckensegmenten setzt Aurigny die Shorts SH.360, hier G-OAAS, und Saab 340A ein.

Airways International Cymru

Ansässig am Flughafen Cardiff in Wales wurde die Chartergesellschaft im November 1983 von dem Reiseunternehmen Red Dragon Travel gegründet, um von Cardiff und Bristol aus zu Touristikzielen im Mittelmeerraum zu fliegen. Der Flugbetrieb begann im März 1984 mit einer von der kanadischen Quebecair erworbenen BAC 1-11. Eine zweite BAC 1-11 vom selben Vorbesitzer stieß im November 1984 zur Flotte, und diese Maschine kam zunächst ausschließlich auf Ski-Charterflügen nach Salzburg und Genf zum Einsatz. Mit Wirkung zur Sommersaison 1986 erhielt Cymru einen Kettenchartervertrag für Pauschalcharterflüge von Manchester zu Zielen im Mittelmeerraum und den Kanarischen Inseln, hierfür mietete das Unternehmen eine Boeing 737-200, die im April 1987 durch eine von ILFC gemietete Boeing 737-300 abgelöst wurde. Nach dem Verlust des Kettenchartervertrags an einen Mitbewerber geriet Cymru im Oktober 1987 in finanzielle Schwierigkeiten. Nachdem auch keine zusätzlichen Char-

terverträge mit dem eigenen Reiseunternehmen abgeschlossen werden konnten, plante das Cymru-Management eine Rekapitalisierung der Fluglinie, um eine gute Ausgangsbasis für Fusionsverhandlungen mit anderen Fluggesellschaften zu haben. Nachdem diese ambitionierten Pläne aber nicht fruchteten, musste Cymru am 19. Januar 1988 den Flugbetrieb einstellen und Konkurs anmelden.

Die BAC 1-11 Srs. 304AX (C/N 110) G-YMRU flog von März 1983 bis Januar 1988 bei Airways International Cymru.

BAF - British Air Ferries

BAF hatte ihre Ursprünge in der 1959 gegründeten Channel Air Bridge und der Silver City Airways, die am 14. Juli 1948 den ersten Autofähr-Flugdienst über den Ärmelkanal zwischen Großbritannien und Frankreich durchführte. Bis Oktober 1967 firmierte BAF unter dem Namen **British United Air Ferries - BUAF** und gehörte zur British United Group. Mit der Indienststellung der neuen Roll-on/Roll-off-Autofährschiffe ging das Flugaufkommen bei den Autofähr-Flugdiensten erheblich zurück und BAF musste ihr Streckennetz und die Flugzeugflotte den neuen Gegebenheiten anpassen. Im Oktober 1970 flog der Bristol 170 Mk.32 Superfreighter G-ANWM seinen letzten Einsatz zwischen Lydd (Ferryfield) und Le Touquet, und Anfang 1971 wurde der Flugbetrieb auch auf der Route Lydd-Ostende eingestellt. Anschließend erfolgte die Außerdienststellung der Superfreighter-Flotte. Der weitere Flugbetrieb konzentrierte sich nunmehr auf Southend, der Heimatbasis für die viermotorigen ATL-98 Carvair (Car-via-Air). Bis Oktober 1971 flogen die ATL-98 noch Autofährdienste zwischen Southend und Ostende, kamen danach aber ausschließlich auf Fracht-

diensten zum Einsatz. Einen reinen Passagierlinienflugdienst von Southend nach Ostende und Le Touquet hielt BAF mit gemieteten Vickers Viscount und Hawker Siddeley HS.748 aufrecht.

Im Oktober 1971 erwarb der mit seiner Transmeridian Air Cargo (TAC) bereits im Luftfrachtgeschäft tätige Unternehmer T.D. Keegan die BAF von Air Holdings und begann mit der Umsetzung seiner weitreichenden Expansionspläne. ATL-98 flogen gemischte Passagier- und Frachtdienste von Coventry und Bournemouth/Hurn zu den Kanalinseln, während die von TAC an die BAF überstellten Canadair CL-44 Swingtail-Frachter auf einigen Frachtliniendiensten zwischen Southend und Ostende zum Einsatz kamen. CL-44 beflogen auch die Routen nach Basel und Rotterdam, aber da die als Langstreckenflugzeuge konzipierten Maschinen auf diesen Strecken nicht wirtschaftlich zu betreiben waren, wurden sie 1972 wieder an TAC überstellt.

Anfang 1975 übernahmen HP.7 Dart Herald die Passagierdienste nach Ostende und Rotterdam von der ATL-98, deren letztes Exemplar im darauf folgenden Jahr außer Dienst gestellt wurde. Zur Ergänzung ihrer Herald-Flotte erwarb BAF in den folgenden Jahren nahezu alle

Vickers Viscount 800 der **British Airways**, sodass BAF schließlich über die weltgrößte Viscount-Flotte verfügte, die bis zum Ende der 80er-Jahre das Rückgrat des Flugparks bildete. Aufgrund eines sich verändernden Nachfrageverhaltens der Kunden trat das Linienfluggeschäft immer stärker in den Hintergrund. Zu den wichtigsten wirtschaftlichen Standbeinen des Unternehmens entwickelten sich das Flugzeug-Leasinggeschäft, Kontraktcharterflüge für die Ölindustrie in der Nordsee und Frachtcharterdienste für Luftfrachtspeditionen. Solche Flüge

verbanden Southend mit Jersey, Belfast, Düsseldorf, Saarbrücken, Köln/Bonn und Basel. Nachdem BAF gegen Ende der 80er-Jahre einige wichtige Kettencharterflüge akquirieren konnte, beschaffte das Unternehmen mit BAC 1-11 Srs. 400 ihr erstes Strahlmuster. Mit der Einrichtung einer Linienverbindung zwischen London/Gatwick, der neuen Hauptoperationsbasis, und Bukarest im Jahr 1993 änderte man den Firmennamen in **British World Airways** und die BAC 1-11 Srs. 400 wurden durch größere BAC 1-11 Srs. 500 ersetzt.

BUAF transferierte die ATL-98 G-ASHZ am 12. Oktober 1967 an BAF, wo das Flugzeug bis zum Verkauf an die amerikanische Falcon Airways im Juni 1979 im Einsatz stand.

Die drei von Trans Meridian Air Cargo an BAF überstellten Canadair CL-44 Swingtail-Frachter kamen zwischen Southend und Ostende zum Einsatz, konnten aber nicht wirtschaftlich betrieben werden und wurden schließlich an TAC zurückgegeben.

BAF erwarb die HP.7 Dart Herald 214 (C/N 194) G-BAVX am 13. Januar 1977 von British Midland Airways. Bis in die 90er-Jahre flogen die Herald der BAF Stückgüter und Zeitungen zwischen Großbritannien und Kontinentaleuropa.

Mit einer Flotte von 25 Vickers Viscount 800 verfügte BAF über die weltgrößte Viscount-Flotte, die bis zum Ende der 80er-Jahre das Rückgrat der Fluglinie bildete.

Für den Einsatz auf Pauschalcharterflügen beschaffte BAF Ende der 80er-Jahre mit BAC 1-11 der Serien 400 und 500 ihr erstes Strahlmuster. Die BAC 1-11 Srs. 18FG (C/N 202) G-OBWB kam am 1. Dezember 1992 zur Flotte.

British Caledonian Airways

British Caledonian Airways (BCal) entstand am 30. November 1970 durch die Fusion von Caledonian Airways und **British United Airways**. Bis zum 1. September 1972 operierte man als Caledonian/BUA Airways, wobei die Flugzeuge zunächst ihre jeweilige Farbgebung behielten und lediglich die Rumpfbeschriftung geändert wurde. Letztendlich übernahm die neue Fluggesellschaft das Farbschema der Caledonian und nahezu alle BUA-Maschinen wurden bis zum Sommer 1973 umlackiert. Die Flotte bestand aus 32 Flugzeugen der Typen VC-10 (3), Boeing 707-320 (7) und BAC 1-11 Srs. 200 (8) und Srs. 500 (12). Die letzten beiden Bristol 175 Britannia 312 wurden im Mai 1971 außer Dienst gestellt. Nachdem bereits BUA die Südamerikadienste der **BOAC** übernommen hatte, transferierte diese mit Wirkung zum 31. März 1971 die Routen von London nach Lagos, Accra und Kano an BCal. Am 1. Juli 1971 eröffnete man eine zweimal wöchentlich bediente Verbindung zwischen London/Gatwick und Tripolis, die ebenfalls mit VC-10 beflogen wurde. Im November 1971 eröffnete BCal mit BAC 1-11 die Verbindung London/Gatwick–Paris/Le Bourget, die in Konkurrenz zu **BEA** und **Air France** bedient wurde.

Im Februar 1972 erhielt BCal Linienrechte über den Nordatlantik nach New York und Chicago. Nachdem eine VC-10 am 28. Januar 1972 während eines Trainingsflugs bei der Landung irreparabel beschädigt wurde, traf man die Entscheidung zur schrittweisen Außerdienststellung der VC-10, sodass auf den Südamerikadiensten ab November 1972 Boeing 707-320 anstelle der VC-10 zum Einsatz gelangten; letztere flogen ausschließlich die Afrikarouten und die Militärchartderdienste in den indischen Subkontinent (Colombo) und nach Fernost (Singapur). Am 1. November 1972 erfolgte mit BAC 1-11 die Betriebsaufnahme der Strecke Edinburgh–Newcastle–Kopenhagen.

Im April 1973 begann BCal mit den Nordatlantik-Liniendiensten zwischen London/Gatwick und New York, und ab April desselben Jahres wurde auch Los Angeles angeflogen. 1973 und 1974 expandierte die Gesellschaft auch in Europa, geriet aber schon bald in wirtschaftliche Schwierigkeiten, da vor allem die Transatlantikdienste defizitär waren. Im September erfolgte die Ankündigung radikaler Einschnitte beim Flugverkehr und mit Wirkung des 31. Oktober 1974 strich BCal alle Nordatlantik-

dienste. Der »Interjet«-Service zwischen Gatwick und Belfast wurde an **British Midland** abgegeben, die Route von Southampton nach Glasgow übernahm **British Airways** mit Vickers Viscount 810, und die Route nach Kopenhagen wurde eingestellt. Die Reduzierung der Liniendienste stellte viele BAC 1-11 frei, die nunmehr auf den verstärkt durchgeführten Pauschalcharterflügen zum Einsatz gelangten. Trotzdem mussten einige BAC 1-11 Srs. 200 und Srs. 400 vorübergehend abgestellt oder an fremde Fluggesellschaften vermietet werden.

Nach einer Konsolidierungsphase erhielt BCal im Februar und März 1977 zwei MDC DC-10-30 als Ersatz für die veralteten Boeing 707, und mit der Übernahme der letzten von insgesamt zwölf Maschinen (zehn DC-10-30, zwei DC-10-10) am 21. März 1985 bildete dieser Flugzeugtyp das Rückgrat der Langstreckenflotte. Zusätzlich beschaffte BCal zwischen April 1982 und August 1987 fünf Boeing 747-200B. Das Arbeitspferd auf den Kurz- und Mittelstrecken blieb aber die BAC 1-11. Erst im Februar und März 1984 beschaffte BCal zwei Airbus A310 für den Einsatz auf ihren Nordafrikarouten, doch erwiesen sich die Maschinen als zu groß und wurden bereits im Mai 1986 wieder verkauft. 1984 bestellte die Fluggesellschaft zunächst zwei Airbus A320, die ab 1988 auf zehn Exemplare aufgestockt und schrittweise die BAC 1-11 ersetzen sollten. Planmäßig gelangten die ersten beiden A320 im Februar und März 1988 zur Ablieferung. Zu diesem Zeitpunkt war BCal die zweitgrößte britische Linienfluggesellschaft, flog zu 38 Zielorten in 24 Ländern und plante die Aufnahme von weiteren Liniendiensten nach Tokio, Gaborone, Seoul, Schanghai, Stockholm, Kopenhagen, Oslo, Rom und Athen. Außerdem gehörte die Fluglinie im Dezember 1986 zu den Erstkunden der neuen MD-11, welche als Nachfolgemuster für die DC-10 vorgesehen war.

Auf der Suche nach zusätzlichem Kapital offerierte British Airways im Juli 1987 die Übernahme aller Unternehmensanteile, doch erst nachdem das Übernahmeangebot auf 250 Millionen Pfund angehoben worden war, entschied sich der Verwaltungsrat der BCal am 21. Dezember 1987 für eine Übernahme durch British Airways. Zuvor war eine Übernahmeofferte der skandinavischen Fluggesellschaft **SAS** gescheitert. Am 8. Januar 1988 hielt BA bereits 90% aller BCal Aktien und im April 1988 erfolgte die Integration der BCal in die Organisationsstruktur der British Airways.

Vorgänger der British Caledonian Airways war die am 27. April 1961 gegründete Caledonian Airways (Prestwick Ltd.), die mit Douglas DC-7C und Bristol 175 Britannia Pauschalcharterflüge in den Mittelmeerraum durchführte. G-ASTF, eine Britannia 314, flog von Januar 1966 bis August 1970 bei der Gesellschaft.

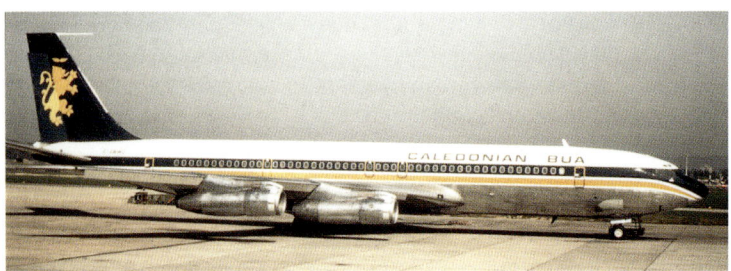

British Caledonian Airways (BCal) entstand am 30. November 1970 durch die Fusion von Caledonian Airways und British United Airways. Bis zum 1. September 1972 operierte man als Caledonian/BUA Airways, wobei die Flugzeuge zunächst ihre jeweilige Farbgebung behielten und lediglich die Rumpfbeschriftung geändert wurde.

Wichtigstes Langstreckenmuster in der BCal-Flotte war die Boeing 707-320C

1977 kaufte BCal zwei MDC DC-10-30 als Ersatz für die veralteten Boeing 707, und mit der Übernahme der letzten von insgesamt zwölf Maschinen am 21. März 1985 bildete dieser Flugzeugtyp das Rückgrat der Langstreckenflotte.

Das Arbeitspferd auf den Kurz- und Mittelstrecken der BCal waren die BAC 1-11 der Serien 200 und 500. Die von BUA stammende BAC 1-11 Srs. 201AC (C/N 010) G-ASJF flog bis zum März 1982 bei BCal. Am 29. Oktober 1981 erwarb BCal G-BJRU (C/N 238), eine Maschine der Srs. 528FL von der deutschen Charterfluglinie Hapag-Lloyd (D-ANUE). Dieses Flugzeug wurde am 14. April 1988 in die Flotte der British Airways überstellt.

Zusätzlich zu den DC-10 beschaffte BCal zwischen April 1982 und August 1987 fünf Boeing 747-200B.

1984 beschaffte BCal zwei Airbus A310 für den Einsatz auf ihren Nordafrikarouten, doch erwiesen sich die Maschinen als zu groß und wurden bereits im Mai 1986 wieder verkauft.

BEA AIRTOURS

BEA Airtours wurde am 24. April 1969 als Chartertochterunternehmen der **British European Airways (BEA)** gegründet. Mit einer Flotte von neun De Havilland DH.106 Comet 4B begann am 5. März 1970 der Flugbetrieb zwischen London/Gatwick und Palma de Mallorca. In Manchester richtete das Unternehmen eine zweite Operationsbasis ein. Weitere Zielorte wurden auf dem spanischen Festland, den Kanarischen Inseln, in Italien, Zypern und Griechenland angeflogen. Im November 1970 gab BEA Airtours ihre Intention zum Erwerb von sieben Boeing 707-123B aus den Beständen der American Airlines bekannt, doch aus politischen Gründen musste das Unternehmen von dieser Transaktion absehen. Stattdessen transferierte **BOAC** im Dezember 1971 die erste von insgesamt neun Boeing 707-436/-336

an die Fluggesellschaft. Übergangsweise war inzwischen eine zehnte Comet zur Flotte gestoßen, eine zweite Boeing 707-436 folgte im Sommer 1972. Zunächst verblieben alle Comet im Einsatz, und drei von ihnen wurden in Newcastle stationiert. Im Winter 1972/73 stießen zwei weitere Boeing 707 zur Flotte, doch wegen akuten Mangels an geeignetem Fluggerät kamen die Comet 4B auch auf Transatlantikcharterflügen zum Einsatz. Im darauf folgenden Sommer 1973 flogen nur noch fünf Comet; der letzten Einsatz dieses Musters fand am 31. Oktober desselben Jahres auf einem Rundkurs Gatwick–Paris–Gatwick statt. Alle Comet konnten an **Dan-Air London** verkauft werden und nunmehr bestand die Flotte aus sieben Boeing 707. Im Rahmen der Integration des Unternehmens in die British Airways Group erfolgte am 1. April 1974 die Umbenennung der BEA Airtours in **British Airtours**.

Mit einer Flotte von neun De Havilland DH.106 Comet 4B begann BEA Airtours am 5. März 1970 mit dem Flugbetrieb zwischen London/Gatwick und Palma de Mallorca.

Für den Einsatz auf Langstreckendiensten transferierte BOAC im Dezember 1971 die erste von insgesamt neun Boeing 707-436/-336 an BEA Airtours.

BEA - British European Airways

Die staatliche BEA wurde am 1. August 1946 nach der Maßgabe des British Civil Aviation Act gegründet und übernahm die innerbritischen Flugdienste von zehn kleineren privaten Fluggesellschaften, die während der Kriegszeit unter dem Associated Airways Joint Committee tätig waren. Ferner übertrug **BOAC** dem neuen Unternehmen ihr gesamtes europäisches Streckennetz, das u.a. die wichtigen Zielorte Paris, Brüssel und Amsterdam umfasste. Als Grundstock transferierte BOAC zahlreiche Douglas DC-3/C-47 an BEA, im Jahr 1956 verfügte BEA über 65 dieser Flugzeuge. Hauptbasis bis zur Fertigstellung des neuen Londoner Heathrow Airport war der nahegelegene Flughafen Northolt. BEA expandierte schnell und baute progressiv ihr Streckennetz aus, sodass schon bald nahezu jede europäische Hauptstadt angeflogen wurde. Am 1. September 1946 konnte BEA die neue Vickers Viking auf den Routen nach Oslo und Kopenhagen in Dienst stellen. Vom Grundmodell Viking 1A erhielt BEA elf Exemplare, von der verbesserten Serie 1B flogen 31 Maschinen bei der Gesellschaft. Im Mai 1951 erhielt BEA ihre erste Airspeed AS.57 Ambassador, die bei der BEA unter dem Namen Elizabethan bekannt wurden. Der erste Linieneinsatz der AS.57 erfolgte am 13. März 1952 auf der Route London–Paris, doch nach bereits fünf Jahren erfolgte deren Ablösung durch das neue Turboprop-Muster Vickers Viscount 701. Bereits am 18. April 1953 kam die erste Viscount 701 zwischen London und Nicosia (Zypern) zum Einsatz. Nachfolgemuster der Viscount 701 wur-

den die größeren Viscount 802 und 806. Als größtes Turbopropflugzeug gelangte am 17. Dezember 1960 die 135-sitzige Vickers 951 Vanguard zwischen London und Paris in den Streckeneinsatz. Als ersten Strahlmuster stellte BEA bereits am 1. April 1960 die DH.106 Comet 4B auf der Route London–Moskau in Dienst. Die nach BEA-Spezifikationen entwickelte HS.121 Trident 1C gelangte am 11. März 1964 zum Einsatz und löste weitgehend die Vickers 951 und 953 Vanguard und die Comet 4B auf den wichtigsten Routen ab. Anfang 1966 begann bei British Aircraft Corporation (BAC) die Entwicklung eines zweistrahligen, 100-sitzigen Kurzstrecken-Verkehrsflugzeugs gemäß eines von BEA ausgearbeiteten Pflichtenhefts. Die endgültigen Spezifikationen des One-Eleven 500 genannten Projekts wurden im September 1966 festgelegt, und am 27. Januar 1967 unterzeichnete BEA den Liefervertrag für 18 BAC 1-11 Srs. 510, plus sechs Optionen. Primär waren die neuen Flugzeuge für den Betrieb auf dem innerdeutschen Streckennetz der BEA vorgesehen, sollten aber auch auf innerbritischen Hauptstrecken Verwendung finden. Den ersten Liniendienst absolvierte die BAC 1-11 Srs. 500 am 17. November 1968 auf der Route Manchester–London/Heathrow. Von der Comet 4B wurden die Routen von London/Heathrow nach Berlin/Tempelhof, Bremen, Düsseldorf und Hannover übernommen, von der Vanguard die Dienste von Manchester und Glasgow nach Berlin/Tempelhof und Düsseldorf. Mit der Verfügbarkeit des neuen Musters konnte BEA ihren Verkehrsanteil des gemeinsam mit PanAm und Air France durchgeführten innerdeutschen Linienverkehrs von und nach

Berlin um 35% steigern. Ab Jahresbeginn 1969 kam die BAC 1-11 Srs. 500 auch auf den Routen von London/Heathrow nach Birmingham, Shannon und Dublin zum Einsatz, sowie von Manchester nach Glasgow und Birmingham und von Glasgow nach Dublin. Ab 1968 wurde die Trident 1C-Flotte durch die verbesserte Trident 2E ergänzt, und 1971 erfolgte der Einsatz der vergrößerten Trident 3, die unverzüglich auf den längsten und wichtigsten Routen im BEA-Streckennetz zum Einsatz kam. Dazu zählten primär die Verbindungen von London nach Athen, Nicosia, Rom, Paris, Istanbul und Belgrad.

BEA unterhielt auch ein umfangreiches Frachtstreckennetz, welches zunächst mit DC-3 und Vickers Viking beflogen wurde. Ab Mitte der 60er-Jahre kamen hier die mit einem Bug- und Hecktor ausgestatteten Armstrong-Witworth AW.650 Argosy zum Einsatz. Dieses Flugzeugmuster wurde speziell für Transportaufgaben der Royal Air Force (RAF)

entwickelt, eignete sich aber auch hervorragend für die Bedürfnisse eines schnellen zivilen Frachtflugverkehrs. Zwischen 1969 und 1973 erfolgte der Umbau von neun Vickers Vanguard zu Merchantman-Frachtflugzeugen, die aufgrund ihrer größeren Frachtkapazität die Argosy ersetzten.

In Ermangelung eines geeigneten britischen Großraum-Flugzeugmusters erhielt BEA 1972 die Genehmigung zum Import von vier Lockheed L-1011 TriStar, die als Ersatz für die Trident 3 ab 1973 in Dienst gestellt werden sollten. Nach dem Zusammenschluss von BEA und BOAC zur British Airways am 1. April 1972 wurde die TriStar-Order an die Overseas Division (vormals BOAC) transferiert. Als unabhängige European Division existierte BEA noch bis zum 1. April 1974, dem Tag der Betriebsaufnahme der neuen British Airways (Operating) Division.

Am 1. September 1946 konnte BEA die neue Vickers Viking auf den Routen nach Oslo und Kopenhagen in Dienst stellen. Vom Grundmodell Viking 1A erhielt BEA elf Exemplare, und 31 von der verbesserten Serie 1B.

Im Mai 1951 erhielt BEA ihre erste Airspeed AS.57 Ambassador, die bei der Fluglinie unter dem Namen Elizabethan bekannt wurden.

Als erstes Turbopropflugzeug konnte BEA bereits am 18. April 1953 die erste Viscount 701 zwischen London und Nicosia (Zypern) zum Einsatz bringen. G-AMOB kam als zweite Viscount am 24. April 1953 zur Flotte und wurde erst am 26. Februar 1963 als PP-SRI an die brasilianische Fluggesellschaft VASP verkauft.

Als größtes Turbopropflugzeug gelangte am 17. Dezember 1960 die 135-sitzige Vickers 951 Vanguard zwischen London und Paris in den Streckeneinsatz.

Als erste Strahlmuster stellte BEA bereits am 1. April 1960 die DH.106 Comet 4B auf der Route London–Moskau in Dienst.

Die nach BEA-Spezifikationen entwickelte HS.121 Trident 1C gelangte am 11. März 1964 zum Einsatz. Als vierte Maschine übernahm BEA am 8. Januar 1965 G-ARPD (C/N 2104).

Am 27. Januar 1967 unterzeichnete BEA den Liefervertrag für 18 BAC 1-11 Srs. 510, plus sechs Optionen. Den ersten Liniendienst absolvierte der neue Flugzeugtyp am 17. November 1968 auf der Route Manchester–London/Heathrow. Als drittes Flugzeug stieß G-AVMJ (C/N 138) am 29. August 1968 zur Flotte.

BIA - British Island Airways

BIA flog bis zum Juli 1970 als British United Island Airways (BUIA) und entstand im November 1968 durch den Zusammenschluss der drei zur BUA-Gruppe gehörenden Regionalfluggesellschaften BUA(CI), BUA (Manx) Airways und Morton Air Services. BUIA wurde nicht Bestandteil der **British Caledonian Airways** (BCal) durch die Fusion von **British United Airways** und **Caledonian Airways** im November 1970, sondern blieb als selbständiges Unternehmen erhalten. Einige Jahre später ging BIA in der **Air UK**-Gruppe auf, wurde aber von einer privaten Investorengruppe übernommen und führte den Flugbetrieb ab dem 1. April 1982 als unabhängiges Unternehmen fort. Im Mai 1986 wurde BIA als Großbritanniens erste private Fluggesellschaft an der Börse notiert. Nach der Weiterführung des Flugbetriebs als British Island Airways ab dem 20. Juli 1970 beschloss die Geschäftsführung eine Neuordnung des Streckennetzes und die Flottenstandardisierung auf die HP.7 Dart Herald, von der acht Exemplare im Einsatz standen. Außerdem verfügte man noch über drei Douglas DC-3 Frachter. Mitte August 1973 war die Flotte bereits auf elf HP.7 angewachsen und nur noch eine DC-3 fand Beschäftigung.

Am 1. April 1971 eröffnete BIA ihre erste Auslandsroute zwischen London/Gatwick und Antwerpen, außerdem flog die Gesellschaft in Zusammenarbeit mit der belgischen **SABENA** von London/Heathrow nach Antwerpen. Auf beiden Routen kamen HP.7 zum Einsatz. Hauptbetätigungsfeld war jedoch die planmäßige Verbindung der Kanalinseln Jersey und Guernsey mit London/Gatwick, London/Heathrow, Bournemouth, Southampton und Manchester auf dem britischen Mutterland. Nachdem die letzte DC-3 am 30. Mai 1974 außer Dienst gestellt worden war, erfolgte der Umbau von zwei HP.7 zu Vollfrachtern. Verstärkt flog das Unternehmen jetzt für BCal die Routen von Gatwick nach Manchester und Rotterdam und den »Silver Arrow«-Service zwischen Gatwick und Le Touquet. Ab dem 1. Januar 1977 übernahm BIA die Rotterdam-Route in eigener Regie, und eröffnete am 1. April 1977 eine neue Verbindung zwischen Southampton und Le Touquet. Mit der Genehmigung zum Strahlflugbetrieb im September 1977 erfuhr das Streckennetz eine dramatische Erweiterung, von London/Gatwick flog BIA nach Frankfurt, Düsseldorf, Zürich, Genf und Dublin. Von Gulf Air erwarb BIA im Juni 1978 drei BAC 1-11 Srs. 400 und mit diesen Flugzeugen stieg die Gesellschaft auch ins profitträchtige Pauschalchartergeschäft zu mediterranen Sonnenzielen ein. Die HP.7 fanden verstärkt Verwendung bei Aufträgen der Nordsee-Ölindustrie, und im so genannten »Wet-Lease«-Geschäft. Zunehmend erwiesen sich die BAC 1-11 Srs. 400 und Srs. 500, von denen je vier Exemplare im Einsatz standen, als zu klein für den stetig wachsenden Pauschalcharterflugbetrieb, sodass BIA im Dezember 1987, im Mai und Dezember 1988 und im April 1989 vier 167-sitzige MDC MD-83 von der Leasinggesellschaft ILFC mietete. Auf den Liniendiensten, davon neu Catania, Palermo, Paris und Amsterdam,

kamen vorwiegend die BAC 1-11 zum Einsatz. 1989 flog BIA auch von Gatwick und Manchester nach Luqa/Malta.

Mit der Ende der 80er-Jahre einsetzenden Rezession und dem damit verbundenen allgemeinen Rückgang im Touristikverkehr geriet BIA in wirtschaftliche Schwierigkeiten und musste am 1. Februar 1990 den Flugbetrieb vorübergehend einstellen. Nach einer erfolglosen Reorganisation und Rekapitalisierung ging BIA am 5. Juli 1991 endgültig in Konkurs.

Von BUIA übernahm BIA am 20. Juli 1970 neun Handley Page HP.7 Herald. G-APWH, eine Herald 201 (C/N 156), flog bis 16. Januar 1980 für die Gesellschaft und wurde anschließend in die Flotte der neugegründeten Air UK transferiert.

Für lange Jahre bildeten die Kurz- und Mittelstreckenmaschinen der Typen BAC 1-11 Srs. 400 und 500 das Rückgrat der BIA-Flotte. G-AYWB (C/N 237) »Island Envoy«, eine Maschine der Srs. 531FS, flog von Februar 1984 bis zum Bankrott der Gesellschaft am 2. Februar 1990 bei der BIA.

Für den Einsatz im stetig wachsenden Pauschalcharterflugbetrieb mietete BIA zwischen Dezember 1987 und April 1989 vier 167-sitzige MDC MD-83 von der Leasinggesellschaft ILFC.

BKS Air Transport

Die Gründung der BKS Air Transport erfolgte im Oktober 1951 durch die drei Unternehmer *Barnby*, *Keegan* und *Stevens*. Von der Heimatbasis am Flughafen von Southampton wurden mit einer Douglas DC-3 Ad-hoc-Charterflüge und Kontraktdienste durchgeführt. 1953 eröffnete man eine weitere Operationsbasis in Newcastle und führte Linienflüge von West Hartlepool nach Northolt, sowie von Newcastle nach Jersey und zur Isle of Man durch. Pauschalcharterflüge flog BKS von Newcastle und Southend nach Südfrankreich und Nordspanien und für diese Dienste beschaffte das Unternehmen weitere DC-3, sodass 1954 insgesamt fünf dieser Maschinen im Einsatz standen. Ab 1955 kaufte BKS zur Unterstützung der DC-3 Flotte einige Vickers Viking, die aber bereits 1957 durch Airspeed AS.57 Ambassador

ersetzt wurden. Diese Maschinen stammten aus Beständen der **BEA**. 1960 versuchte BKS mit einer Bristol 170 Freighter im Autofährgeschäft über die Irische See zwischen Liverpool und Dublin Fuß zu fassen, doch das Unterfangen wurde bereits kurze Zeit später wieder erfolglos aufgegeben.

BKS stellte 1961 mit dem Erwerb einer Vickers Viscount 700 ihr erstes Turbopropflugzeug in Dienst und ab 1962 begann man mit dem Aufbau einer kleinen Flotte der neuen Avro 748 (später HS.748), die hauptsächlich auf der Hauptstrecke zwischen Leeds und London zum Einsatz kam. Einen großen Schritt vorwärts machte BKS im Jahr 1964 mit der Indienststellung einer Bristol 175 Britannia 102 (G-APLL), mit der ausschließlich die Pauschalcharterflüge ab Newcastle und London durchgeführt wurden. Nach dem Zukauf weiterer Britannia reduzierte BKS ihre Ambassador-Flotte und setzte die restlichen Maschinen auf

Frachtcharterflügen ein. Im Jahr 1964 erwarb BEA einen 30%igen Unternehmensanteil an BKS und 1967 koordinierte BEA die Aktivitäten der BKS und **Cambrian Airways** unter dem Dach der Holdinggesellschaft British Air Services.

1969 bildeten nur noch die beiden Flugzeugtypen Br.175 Britannia und Vickers Viscount die BKS-Flotte, alle anderen Flugzeugmuster

hatte man inzwischen außer Dienst gestellt und verkauft. Ab dem Frühjahr 1969 ersetzten zwei HS.121 Trident 1E die Viscount auf den wichtigsten der für British Air Services beflogenen Routen. Am 1. November 1970 änderte BKS den Firmennamen – zur Hervorhebung der regionalen Identität – in **Northeast Airlines**.

Zwischen Juli 1957 und Mai 1963 kaufte BKS fünf Airspeed AS.57 Ambassador von anderen Fluggesellschaften, von denen zwei Exemplare im November 1964 und im Oktober 1967 zu Frachtflugzeugen umgebaut wurden. Die letzte AS.57 stellte BKS im Oktober 1969 außer Dienst.

BKS stellte 1961 ihre erste Vickers Viscount 700 in Dienst. Die Fluggesellschaft kaufte G-AVIY am 17. Mai 1967 von TACA International (Guatemala), am 24. April 1970 wurde die Maschine außer Dienst gestellt und später abgewrackt.

Bristol 175 Britannia 102 kamen bei BKS vorwiegend auf Pauschalcharterflügen zum Einsatz.

BKS betrieb drei Trident 1E, G-AVYD (C/n 2138) kam am 5. März 1969 zur Flotte. Am 15. September 1975, inzwischen für Northeast Airlines im Einsatz, rutschte G-AVYD bei der Landung in Bilbao (Nordspanien) von der Landebahn und wurde irreparabel beschädigt.

BOAC - British Overseas Airways Corporation

Die offizielle Gründung der staatlichen BOAC erfolgte gemäß Regierungsbeschluss am 24. November 1939. Die neue Gesellschaft übernahm die Streckennetze und Flugzeuge der Vorkriegsunternehmen Imperial Airways und British Airways. Der Flugbetrieb begann am 1. April 1940 mit einer gemischten, aus 82 Flugzeugen bestehenden Flotte. Während der Kriegszeit übernahm BOAC auch die vor dem Zugriff deutscher Truppen nach Großbritannien evakuierten DC-2, DC-3, Lockheed 10A Electra und L.14 Super Electra der niederländischen **KLM** und der polnischen **LOT**. In die »neutralen« Länder wie Schweden, Spanien und Portugal, sowie nach Marokko und West-

afrika unterhielt BOAC einen eingeschränkten Liniendienst. Einige DC-3 fielen aber Kriegshandlungen zum Opfer und wurden von deutschen Jagdflugzeugen über der Nordsee und der Biscaya abgeschossen. Transatlantikverbindungen wurden bis 1942 ausschließlich mit Short C-Class und Boeing 314 Flugbooten aufrechterhalten, danach kamen auch zu Zivilflugzeugen umgebaute B-24 Liberator-Bomber zum Einsatz.

Ein neuerlicher Regierungsbeschluss im Frühjahr 1945 verfügte die Gründung einer neuen Fluggesellschaft für den Betrieb der europäischen Flugrouten, sodass BOAC dieses Streckennetz und einen Teil seiner DC-3-Flotte im Februar 1946 an die **BEA - British European Airways** abtreten musste. Den eigentlichen Nachkriegsflugverkehr nahm BOAC am 1. April 1946 mit einer aus Douglas DC-

1948 beschaffte BOAC als Interimslösung 22 Exemplare der kanadischen Canadair C-4 North Star. Diese mit Rolls-Royce Motoren angetriebene und mit Druckkabine ausgestattete Variante der erfolgreichen Douglas DC-4 machte bei BOAC unter dem Namen Argonaut Furore. Ihre erste Argonaut erhielt BOAC am 21. März 1949.

Auf den Transatlantikdiensten der BOAC flogen zwischen November 1949 und Januar 1960 17 Exemplare der mächtigen Boeing 377.

In den unmittelbaren Nachkriegsjahren kamen auf den Langstreckendiensten der BOAC die aus Bombern weiterentwickelten Avro 691 Lancastrian und Handley Page Halton zum Einsatz.

3/C-47, Avro York, Avro 691 Lancastrian sowie Handley Page Halton bestehenden Flotte auf. Bis zum November 1950 kamen auf einigen Transatlantik- und Afrikarouten auch noch Flugboote der Typen Boeing 314 und Short Sandringham/Solent zum Einsatz. Die letzte von insgesamt 96 DC-3/C-47 wurde 1952 außer Dienst gestellt. Um gegenüber anderen interkontinental tätigen Fluggesellschaften, allen voran den amerikanischen TWA und Pan American, konkurrenzfähig zu bleiben, erhielt BOAC am 15. April 1946 die Genehmigung zum Import von fünf Lockheed L.049 Constellation. Zuvor hatte der BOAC-Aufsichtsrat beschlossen, die Bestellung der britischen Avro Tudor 1 und Tudor 4 aufgrund anhaltender Leistungsdefizite hinauszuzögern. Schlussendlich annullierte BOAC die Order im Januar 1947. Von der USAAF erwarb BOAC fünf C-69 Constellation, die zu zivilen L.049 umgebaut wurden und zwischen Mai und Juli 1946 an BOAC übergeben werden konnten. Nach Abschluss einer Reihe von Testflügen eröffnete die Fluglinie am 1. Juli 1946 mit L.049 den regelmäßigen Transatlantikflugverkehr zwischen London und New York, mit technischen Zwischenlandungen zur Kraftstoffaufnahme in Shannon (Irland) und Gander (Neufundland). Diese Route wurde dreimal wö-

chentlich bedient, und einmal pro Woche flog man nach Montreal/Dorval. Im Mai 1948 kaufte BOAC fünf L.749 Constellation von der irischen Aerlinte Eireann (**Aer Lingus**) und setzte diese Maschinen unverzüglich auf den Strecken nach Australien ein, da dort die Solent-Flugboote gegenüber den L.749 der Air India und der QANTAS nicht mehr konkurrenzfähig waren. Der erste Constellation-Service verließ London am 1. Dezember 1948 Richtung Sydney mit Zwischenlandungen in Rom, Kairo, Karatschi, Kalkutta, Singapur und Darwin.

Auch ein weiteres vielversprechendes britisches Langstreckenflugzeugprojekt war mit schwerwiegenden Problemen behaftet. Die Handley Page Hermes, die Zivilversion der militärischen Hastings, absolvierte zwar schon am 2. September 1947 ihren Erstflug, doch erst im Januar 1951 hatte BOAC alle 25 Exemplare der 40-sitzigen Hermes 4 im Einsatz. Dieses Flugzeugmuster löste umgehend die veralteten Avro York und Short Solent-Flugboote auf den Routen London–(Alexandria)–Kairo–Nairobi–Johannesburg ab. Nachdem die technischen und wirtschaftlichen Unzulänglichkeiten der Hermes immer klarer zu Tage traten, beschaffte BOAC 1948 als Interimslösung 22

Als Übergangslösung bis zur Verfügbarkeit der Bristol 175 Britannia 312 erwarb BOAC zehn Douglas DC-7C. Als erste Maschine gelangte G-AIOA am 23. Oktober 1956 zur Ablieferung. Das Flugzeug wurde schließlich am 25. Mai 1964 an einen Flugzeughändler in den USA verkauft.

Die erste Britannia 312 übernahm BOAC am 10. September 1957 und im Dezember 1957 erfolgte endlich der erste Linieneinsatz über den Nordatlantik. G-AOVJ (C/N 13418) wurde am 13. März 1958 übernommen und stand bis zum Verkauf an Caledonian Airways am 28. April 1965 im Einsatz.

Am 4. Oktober 1958 schrieb BOAC mit dem Einsatz des neuen Strahlverkehrsflugzeugs DH.106 Comet 4 auf den prestigeträchtigen Nordatlantikrouten Luftfahrtgeschichte.

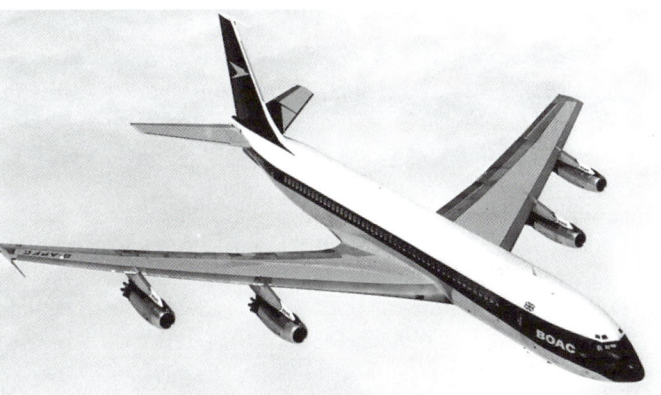

1960 beschaffte BOAC insgesamt 15 mit Rolls-Royce Conway-Triebwerken ausgerüstete Boeing 707-436. Die Indienststellung des neuen Flugzeugtyps erfolgte am 27. Mai 1960 auf der Route London–New York.

Die nach einer BOAC-Spezifikation entwickelte Vickers (BAC) VC-10 gilt als eines der formschönsten Passagierflugzeuge.

Am 29. April 1964 konnte BOAC erstmals ihre neuen Vickers VC-10 einsetzen, gefolgt von den Super VC-10 im Sommer 1965.

Exemplare der kanadischen Canadair C-4 North Star. Diese mit Rolls-Royce-Motoren angetriebene und mit Druckkabine ausgestattete Variante der erfolgreichen Douglas DC-4 machte bei BOAC unter dem Namen Argonaut Furore und bildete für lange Jahre zusammen mit den Lockheed Constellation das Rückgrat der Flotte. Ende 1953 waren die letzten Hermes außer Dienst gestellt, doch in Folge des Flugverbots für die DH.106 Comet 1 erfolgte die Reaktivierung von vier Hermes bis zum Dezember 1954.

Ihre erste Argonaut erhielt BOAC am 21. März 1949 und diese Maschinen kamen unverzüglich auf den Routen von London nach Hongkong und Tokio (via Kairo, Basra, Karatschi, Kalkutta, Rangun und Bangkok oder Singapur), Abadan (via Damaskus), Bahrein (via Damaskus und Kuwait), Lydda / Tel Aviv (via Rom), Luqa/Malta, und nach Singapur (via Rom, Kairo, Bahrein, Bombay und Colombo) zum Einsatz. Nach der Übernahme der **British South American Airways (BSAA)** am 30. September 1949 ersetzten Argonaut ab Jahresanfang 1950 die unwirtschaftlichen Tudor auf den Zentral- und Südamerikarouten. Im Oktober 1950 wurden die Mittelamerikadienste über die Anden bis nach Santiago de Chile verlängert, dort kamen die auf den Nordatlantikrouten durch Boeing 377 Stratocruiser abgelösten L.049 zum Einsatz. Als erste ausländische Fluggesellschaft richtete BOAC auf dem New Yorker Flughafen Idlewild (heute John F. Kennedy - JFK) einen Verkehrsknoten ein. Hier bestand Anschluss nach Nassau auf den Bahamas, und in Nassau konnten Passagiere in eine DC-3 mit dem Endziel Havanna auf Kuba umsteigen.

BOAC übernahm von BSAA auch deren Bestellung von vier DH.106 Comet 1, und nachdem BOAC am 2. Mai 1952 dieses revolutionäre Flugzeug auf der Strecke zwischen London und Johannesburg in den Liniendienst stellen konnte, erreichte das Unternehmen einen nahezu uneinholbaren technischen Vorsprung. Am 21. August 1952 ersetzten Comet 1 die CL-4 auf der Colombo-Route, am 14. Oktober 1952 nach Singapur und am 3. April 1953 nach Tokio. Allerdings endete die Einsatzerfahrung mit der Comet 1 schon bald sehr abrupt, denn nach den unerklärlichen Abstürzen von zwei dieser Maschinen wurde der Comet 1 am 8. April 1954 die Flugbetriebsgenehmigung entzogen. Dieses Ereignis traf BOAC hart, und aufgrund von Flugzeugmangel mussten einige Streckendienste vorübergehend eingestellt werden. L.749 Constellation übernahmen von der Comet 1 die Strecken nach Karatschi, Singapur, Hongkong und Tokio, CL-4 kamen erneut auf der Johannesburg-Route zum Einsatz. L.749 und HP. Hermes flogen nach New York, Montreal, Port of Spain (via Bermuda und Barbados), sowie dreimal wöchentlich nach Sydney. Als Übergangslösung erwarb BOAC zwischen 1954 und 1955 zwölf L.749A Constellation, davon sieben Exemplare von der amerikanischen Capital Airlines im Austausch mit L.049. Die letzte L.049 verließ die Flotte am 23. Juni 1955, nach einem letzten Einsatz zwischen Montreal und London. Ab April 1955 kamen auf dieser Strecke, und nach New York (ab 3. Juli 1955) Boeing 377 zum Einsatz. Zeitgleich mietete die Fluglinie zwei L.1049D Super Constellation von Seaboard & Western Airlines zum Einsatz zwischen New York und Bermuda. Bis zur Verfügbarkeit der neuen Bristol 175 Britannia 102 im Jahre 1957 bildeten die Constellation und CL-4 das Rückgrat der BOAC-Flotte auf den Diensten in den Mittleren und Fernen Osten, Australien sowie Ost- und Südafrika. Britannia flogen erstmals am 1. Februar 1957 nach Johannesburg, gefolgt von der Sydney-Route am 1. März 1957. Hongkong und Tokio wurden ab 16. Juli 1957 von Britannia angeflogen, die Colombo-Route im August 1957 auf den neuen Flugzeugtyp umgestellt. L.749A flogen weiterhin nach Singapur, via Istanbul, Basra, Karatschi, Kalkutta, Rangun und Kuala Lumpur.

Auf den Mittelost-Routen nach Bagdad, Kuwait und Bahrein kamen nunmehr L.749A anstelle der CL-4 zum Einsatz. Die Einsatzzeit der Constellation neigte sich langsam dem Ende zu, und im weiteren Verlauf des Jahres 1957 wurden mehrere dieser Flugzeuge in London/Heathrow abgestellt. Zum Jahresanfang 1958 standen nur noch fünf L.749A im Einsatz und flogen ausschließlich auf den Routen zum Persischen Golf. Der letzte Liniendienst einer »Connie« erfolgte am 7. Oktober 1958 zwischen Bahrein und London. Von Mai bis Juni 1959 vermietete BOAC vier L.749A an Skyways of London, anschließend kamen diese Maschinen bis zur endgültigen Außerdienststellung im März 1962 als Frachter auf den Routen nach Hongkong, Singapur und Sydney zum Einsatz. Mit dem Zulauf weiterer Britannia 102, insgesamt 15 Exemplare, konnte BOAC die Flugdichte auf ihrem Streckennetz erhöhen, sodass zusätzliche Dienste nach Hongkong, Singapur und Sydney möglich wurden. Von der CL-4 übernahmen Britannia 102 die Routen nach Taipei und Aden (via Rom und Kairo). Nach dem Erfolg der Britannia 102 konzentrierten sich der Hersteller Bristol Aircraft Co. und BOAC auf die Flotteneinführung der größeren und für die Transatlantikrouten konzipierten Britannia 312. Dieses Flugzeugmuster sollte schon 1955 zur Verfügung stehen, doch technische Probleme führten zu einer fast zweijährigen Lieferverzögerung. Deshalb erwarb BOAC als Übergangslösung zehn Douglas DC-7C und hoffte, die Britannia 312 ab April 1957 nach New York und Montreal einsetzen zu können. Unvorhergesehene technische Schwierigkeiten verzögerten die Indienststellung um weitere acht Monate. Die erste Britannia 312 übernahm BOAC am 10. September 1957 und unternahm ab dem 28. September Streckenerprobungsflüge zwischen London und New York. Im Dezember 1957 erfolgte endlich der erste Linieneinsatz auf dem Nordatlantik, aber die Mehrzahl der Transatlantikflüge wurde nach wie vor von DC-7C durchgeführt.

Der technische Vorsprung des Turbopropantriebs beschränkte sich auf nur 20 Monate, denn am 4. Oktober 1958 schrieb BOAC mit dem Einsatz des neuen Strahlverkehrsflugzeugs DH.106 Comet 4 auf den prestigeträchtigen Nordatlantikrouten wieder Luftfahrtgeschichte. Ab dem 1. November 1959 ersetzten Comet 4 die Britannia auf der Route nach Sydney, am 2. Dezember gefolgt von der Verbindung nach Johannesburg, und ab Februar 1960 flogen Comet 4 auch auf der Tokio-Route. Die Britannia 102 kamen nunmehr verstärkt auf den Routen zum Persischen Golf, sowie nach Indien und Pakistan zum Einsatz. Nach Lagos und Accra an der afrikanischen Westküste lösten Britannia 102 am 13. April 1959 die dort zuvor eingesetzten Boeing 377 ab. Da diese Flüge im Auftrag von Nigeria Airways und Ghana Airways durchgeführt wurden, wurden die Maschinen mit den Schriftzügen der Fluggesellschaften versehen, behielten aber ansonsten ihre BOAC-Bemalung. Andere Britannia 102 wurden im so genannten »Wet-Lease« an Cathay Pacific Airways und Malayan Airways vermietet.

Da die Comet 4 gegenüber den neuen Boeing 707 der PanAm und TWA sich auf dem Nordatlantik nicht behaupten konnte, beschaffte BOAC 1960 insgesamt 15 mit Rolls-Royce Conway-Triebwerken ausgerüstete Boeing 707-436. Nach der Indienststellung des neuen Flugzeugtyps auf der London–New York Route am 27. Mai 1960 wurden die Britannia 312 bis Mai 1961 vom Nordatlantik abgezogen, doch schon am 8. Dezember 1960 musste die Britannia die Transpazifikroute zwischen San Francisco und Tokio an die Boeing 707 abgeben. Zwischenzeitlich ersetzten Britannia 312 die Britannia 102 auf den Bermuda- und Karibikrouten. Im April und Mai 1961 überstellte BOAC zwei Britannia 312 an die **BEA**, welche die Flugzeuge auf den Strecken London–Kopenhagen und London–Nizza zum Einsatz brachte. 1962 erfolgte die Außerdienststellung der Britannia 102 und das Muster flog seinen letzten Einsatz von Hongkong nach London am 22. November 1962. Zwischen 1963 und 1965 wurden die Britannia 312 aus dem Dienst genommen, den letzten Liniendienst absolvierte G-AOVL am 26. April 1965 zwischen Bermuda und New York. Die Maschine wurde anschließend nach Großbritannien überführt und an **British Eagle Airways** verkauft.

Ab dem 29. April 1964 ersetzten die neuen Vickers VC-10 die verbliebenen Britannia 312 auf den Afrikarouten, gefolgt von den Super VC-10 im Sommer 1965. Den Weg zum Großraumfluggerät beschritt BOAC bereits 1966 mit der Bestellung von sechs Boeing 747-136 »Jumbo Jets«, die ab April 1971 im Liniendienst über den Nordatlantik eingesetzt werden konnten.

Bei Außerdienststellung der Britannia 312 überlegte BOAC eine Umrüstung von vier dieser Flugzeuge zu Vollfrachtern als Ersatz für die bislang eingesetzten DC-7CF, doch legte man dieses Vorhaben aufgrund zu hoher Kosten zu den Akten und mietete stattdessen übergangsweise eine Canadair CL-44 von Seaboard World Airways. Vier Boeing 707-336C lösten 1968 die übrigen Maschinen auf den Frachtrouten ab, doch mit der Verfügbarkeit der großen Unterflurkapazität an Bord der Boeing 747 rüstete man die 707 zu Passagierflugzeugen um.

Im Juni 1972 bestellte BOAC sieben Maschinen des Überschallverkehrsflugzeugs Aerospatiale/BAC Concorde zur Lieferung im Jahr 1976.

Mit der Fusion von BOAC und BEA zur **British Airways** am 1. September 1972 transferierte BEA ihre Bestellung über vier Lockheed L-1011 TriStar formell an die Overseas Division (vormals BOAC). Mit der Übernahme aller Linienflugdienste durch die British Airways (Operating Division) am 31. März 1974 endete die Existenz der BOAC.

Den Weg zum Großraumfluggerät beschritt BOAC bereits 1966 mit der Bestellung von sechs Boeing 747-136, die ab April 1971 im Liniendienst über den Nordatlantik eingesetzt werden konnten.

BOAC-Cundard

Die Gründung des Joint Venture-Unternehmens BOAC-Cunard erfolgte im Juni 1962. Die Cunard-Reederei hielt 30% der Unternehmensanteile, 70% die BOAC. BOAC-Cunard betrieb Passagier-Liniendienste zwischen London und New York, Boston, Detroit, Chicago und Miami, sowie von Manchester und Glasgow nach New York. Weitere Routen verbanden London mit Bermuda, Nassau, Kingston/Jamaica, Barbados, Port of Spain (Trinidad), Caracas und Bogota. Von New York flog man nach Bermuda, Nassau, Kingston, Antigua, Barbados und Port of Spain. Die Route nach Port of Spain beflog BOAC-Cunard im Auftrag der BWIA, nach Kingston im Auftrag der Air Jamaica. Zum Einsatz kamen Boeing 707 und VC-10 der BOAC, welche auch das Personal stellte. 1968 verlor Cunard das Interesse am Luftfahrtgeschäft und zog sich aus dem Unternehmen zurück.

Die Gründung des Joint Venture-Unternehmens BOAC-Cunard erfolgte im Juni 1962. Zum Einsatz kamen Boeing 707 und VC-10 der BOAC.

British Asia Airways

Zum Betrieb der zweimal wöchentlich beflogenen Route London/Heathrow–Hongkong–Taipeh gründete **British Airways** im März 1993 die Tochtergesellschaft British Asia Airways und transferierte hierfür zwei Boeing 747-400 an das neue Unternehmen. Die Farbgebung basierte auf der von British Airways, das Leitwerk zierte ein chinesisches Drachenmotif. Aufgrund der veränderten politischen Prioritäten in der Führung der Volksrepublik China im Jahr 2001 war die Aufrechterhaltung einer separaten Fluggesellschaft für die Taiwan-Dienste nicht mehr notwendig, sodass British Asia Airways aufgelöst werden konnte.

Seit dem 21. Juni 1995 fliegt die Boeing 747-436 C-CIVA (C/N 27092/967) bei British Asia Airways.

British Airtours

Die 1972 begonnene Verschmelzung von **BEA** und **BOAC** zur British Airways-Gruppe fand im Frühjahr 1974 ihren Abschluss, und am 1. April 1974 erfolgte die Umbenennung der **BEA Airtours** in British Airtours. Die aus sieben Exemplaren vom Typ Boeing 707 bestehende Flotte blieb zunächst unverändert, wurde wenig später aber um zwei weitere Maschinen aufgestockt. Auch das Streckennetz wurde beibehalten und umfasste europäische Zielorte im Mittelmeergebiet, den Kanarischen Inseln und Nordafrika; Fernstrecken führten in die USA und nach Kanada. Auch engagierte sich die Gesellschaft im Leasinggeschäft und vermietete 1974 je eine 707 an Syrian Arab Airlines und Air Mauritius. Da die von BOAC übernommenen Boeing 707-436 mit fortschreitendem Alter und stetig steigenden Flugbetriebskosten zunehmend unwirtschaftlich wurden, wurden sie bis zum Ende der 70er-Jahre ausgemustert und durch Boeing 707-336 ersetzt. Für die Bedienung der europäischen Mittelstrecken transferierte **British Airways** 1980 vier Boeing 737-200. 1981 erhielt British Airtours von der Muttergesellschaft zwei Großraumflugzeuge vom Typ Lockheed L-1011 TriStar, und bis Mitte der 80er-Jahre hatten fünf weitere dieser Maschinen die veralteten Boeing 707-336 abgelöst. Zwischen Februar 1984 und Oktober 1987 kamen Boeing 747-200 auf einigen der stark ausgelasteten Transatlantikrouten zum Einsatz.

Nachdem British Airways im Jahre 1987 den Mitbewerber **British Caledonian Airways** übernommen hatte, fiel die Entscheidung zur Fusion von British Airtours und Cal-Air (British Caledonian Charter) zur **Caledonian Airways**. Dieses Unternehmen nahm im Frühjahr 1988 mit drei DC-10-30 (Cal-Air) und sechs L-1011 (British Airtours) den Flugbetrieb auf.

Den Grundstock der British Airtours-Flotte bildeten sieben Boeing 707-436.

Zwischen Februar 1984 und Oktober 1987 setzte British Airtours auf einigen ihrer Transatlantikrouten Boeing 747-200B ein. G-BDXL (C/N 22305/506) »City of Winchester« flog während der Sommersaison (März bis Oktober) 1984 für die Gesellschaft.

British Airways

Die Gründung der British Airways Group (BA) erfolgte am 1. September 1972 aufgrund des Civil Aviation Act von 1971, einem Regierungsbeschluss zur Zusammenfassung aller staatlichen Luftverkehrsinteressen in einer Organisation. In der Airline-Division fusionierte man die Dienste der **BOAC** und der **BEA** sowie die der Regionalfluggesellschaften **Northeast Airlines** und **Cambrian Airways**. Die übrigen Divisionen waren BOAC Associated Companies, BOAC Engine Overhauls (später BA Engineering), **BEA Airtours** (später **British Airtours**), BEA Helicopters (später BA Helicopters) und International Aeradio. Bis zum Zeitpunkt der rechtsgültigen Fusion am 1. April 1974 operierten die einzelnen Divisionen noch selbständig, doch dann wurden BOAC und BEA zur British Airways (Operating) Plc zusammengezogen, und aus Northeast und Cambrian wurde British Airways Regional. Die Rationalisierungsmaßnahmen zogen sich noch bis April 1977 hin. Schließlich, im Februar 1987 erfolgte die Privatisierung der Fluggesellschaft. Der Verkauf von 720 Millionen Anteilsscheinen, gezeichnet von 1,1 Millionen Anlegern, generierten dem Staat über 900 Millionen Pfund Sterling. Zu diesem Zeitpunkt hatte sich BA zur weltgrößten internationalen Fluggesellschaft entwickelt. Die wichtigsten Flugzeugtypen der Mittelstreckenflotte waren die Boeing 737-200 und BAC 1-11 Srs. 500, unterstützt von HS 121 Trident, die aber zur Ausmusterung anstanden. Neue Boeing 757-200 kamen vorwiegend auf Routen hoher Nachfrage und den Shuttlediensten zwischen London/Heathrow und Glasgow, Edinburgh, Manchester und Belfast zum Einsatz. Regionaldienste wie die Highland & Islands Routen wurden von zweimotorigen HS.748 bedient. Die Langstreckendienste dominierten Boeing 747-100 und -200, sowie Lockheed L-1011 TriStar 500. Seit 1977 flogen insgesamt sieben Concorde die prestigeträchtigen Transatlantik-Überschalldienste von London/Heathrow nach New York und Washington.

Nach mehr als einem Jahrzehnt führte BA am 4. Dezember 1984 eine neue, von der Firma Landor Associates entworfene, Flugzeugbemalung mit mitternachtsblauen Akzenten ein.

Im August 1986 erregte BA mit der seinerzeit größten jemals getätigten Bestellung über 16 Boeing 747-400, plus zwölf Optionen, Aufsehen in der Fachwelt. Im August 1987 folgte ein weiterer Großauftrag an Boeing zur Lieferung von elf Boeing 767-300, plus 15 Optionen, ab 1989. Mit diesen Flugzeugen erfolgte eine umfassende Erneuerung der zum großen Teil noch aus BOAC-Zeiten bestehenden Langstreckenflotte. Im Dezember 1987 übernahm BA die zweitgrößte britische Linienfluggesellschaft, **British Caledonian Airways** (BCal) und im April 1988 konnte die Fusion abgeschlossen werden.

Bei dem Versuch, zum »Global Player« zu wachsen, beteiligte sich BA Anfang der 90er-Jahre an der amerikanischen US Airways und der australischen QANTAS. Mit der Übernahme der französischen **TAT** und der Gründung der **Deutsche BA** wollte sich BA im deregulierten EU-Luftverkehr strategische Standbeine schaffen. Für den symbolischen Betrag von einem Pfund übernahm BA die in Konkurs gegangene **Dan-Air London**.

Im Rahmen einer neuerlichen Reorganisation verteilte BA 1993 den Flugbetrieb in den separaten »Profitcentern« Heathrow Operations, Gatwick Operations, BA Regional-(Birmingham) und -(Manchester). Für die zweimal wöchentlich mit Boeing 747-400 durchgeführten Flüge von London nach Taipeh (Taiwan), via Hongkong, etablierte BA im März 1993 die **British Asia Airways**. 1995 separierte man auch die Highlands & Islands-Dienste. Während die Islands-Routen der BA Regional zugeschlagen wurden, erfolgte die Ausgliederung der Highlands-Strecken in die BA-Scotland Division. Zeitgleich erwarb BA auch die Mehrheit der Unternehmensanteile an **Loganair** und integrierte deren Flugdienste in die der Scotland Division. BA Regional intensivierte ihre Zusammenarbeit mit den Regionalfluggesellschaften **Brymon European Airways**, CityFlyer Express und **Manx Airlines**, weitere Partnerschaftsabkommen traf British Airways mit **GB Airways** (Routen nach Portugal, Gibraltar und Nordafrika) und British Mediterranean Airways (Routen nach Nah- und Mittelost). Der erste ausländische Partner wurde die mit Boeing 737-200 und 727-200 operierende südafrikanische Comair.

Am 11. November 1995 erhielt BA die erste Boeing 777-200 und baute zeitgleich den Flughafen London/Gatwick zu einem weiteren Verkehrsknoten aus. Hierfür wurden dort 21 Flugzeuge der Typen Boeing 737, 757 und 767 stationiert.

Spektakulär war 1996 die Vorstellung der neuen Bemalung der British Airways Flugzeuge mit so genannten »Ethnic Tails«. Die Leitwerke wurden mit farbenfrohen Darstellungen von Künstlern aus aller Welt versehen. Seit 1999 werden neue Flugzeuge aber nur noch mit der für die Concorde bestimmten Bemalungsvariante eines stilisierten Union Jack im Leitwerk ausgeliefert.

British Airways ist gemeinsam mit American Airlines 1998 Gründungsmitglied der globalen »Oneworld Alliance«, die einen weiteren Schritt zu globaler Präsenz darstellt. Im selben Jahr übernahm British Airways den bisherigen Partner CityFlyer Express und restrukturierte um dieses Unternehmen herum die erweiterte BA Regional. Mit **Go Fly** gründete BA eine eigene Billigfluglinie, die aber die Zielsetzungen nicht erreichte und deswegen schon 2002 an **EasyJet** verkauft wurde.

Die Weichen für die zukünftige der BA-Flotte wurden mit einer Bestellung über knapp 100 Airbus-Flugzeuge der Typen A318/319/320 gestellt. Diese Maschinen werden bis 2004 auf den Mittelstrecken die Boeing 757 und 737-300/-400 ersetzen, während auf den Langstrecken weiterhin Boeing-Flugzeuge zum Einsatz kommen.

Flotte:

10 Airbus A320	28 Boeing 767-300
15 Boeing 737-200	53 Boeing 757
12 Airbus A319	58 Boeing 747-400
7 Boeing 737-300	31 Boeing 777
7 BAe Concorde	13 Boeing 747-200
37 Boeing 737-400	

British Airways-Partner:

British Mediterranean 3 Airbus A320	**GB Airways** 9 Airbus A320
British Regional Airlines 12 BAe Jetstream 41 10 BAe ATP 3 BAe 146-200 15 Embraer RJ-145	**Loganair** 5 BN-2B Islander 3 Shorts 360
Brymon European Airways 18 DHC-8-300/-400	**Maersk Air (UK)** 8 Canadair CRJ-200 5 Boeing 737-500
Comair (Südafrika) 6 Boeing 737-200 4 Boeing 727-200	**Sun-Air (Dänemark)** 6 BAe Jetstream 31 3 BAe ATP

Die Gründung der British Airways Group (BA) erfolgte am 1. September 1972. In der Airline-Division fusionierte man die Dienste der BOAC und der BEA, sowie die der Regionalfluggesellschaften Northeast Airlines und Cambrian Airways.
Von der BOAC übernahm British Airways neben den Flaggschiffen vom Typ Boeing 747 auch die kleineren Langstreckenmuster Boeing 707 und Vickers (BAC) VC-10.

Nahaufnahme einer Boeing 777 der British Airways während eines morgendlichen Endanfluges auf den Flughafen London/Heathrow.

Von der BEA übernahm British Airways die Mittelstreckenmuster BAC 1-11 und HS.121 Trident, die hier in der Übergangsbemalung zu sehen sind.

Am 4. Dezember 1984 führte British Airways eine neue, von der Firma Landor Associates entworfene, Flugzeugbemalung ein. Zu diesem Zeitpunkt hatten auf den Mittelstrecken neue Boeing 737-200 und Boeing 757-200 ältere Flugzeugmuster abgelöst.

Im August 1986 erregte British Airways das Aufsehen der Fachwelt mit der Bestellung von 16 Boeing 747-400 und im August 1987 folgte ein weiterer Großauftrag an Boeing zur Lieferung von elf Boeing 767-300.

Im Dezember 1987 übernahm British Airways die zweitgrößte britische Linienfluggesellschaft, British Caledonian Airways und deren Flotte, zu der auch die Mittelstreckenmuster BAC 1-11 Srs. 500 und MDC DC-10-30 gehörten.

Spektakulär war 1996 die Vorstellung der neuen Bemalung der British Airways Flugzeuge mit dem so genannten »Ethnic Tails«. Die Leitwerke wurden mit farbenfrohen Darstellungen von Künstlern aus aller Welt versehen.
In verschiedenen Farbvarianten sind hier eine Boeing 737-436, Boeing 757-236, Boeing 767-336ER und Boeing 747-436 abgebildet.

Flaggschiffe der British Airways-Flotte waren die seit 1976 im Einsatz stehenden sieben Exemplare des Überschall-Verkehrsflugzeugs Concorde. Die Maschinen wurden aus Altersgründen Ende 2003 außer Dienst gestellt.

British Eagle

Die Gesellschaft begann ihren Flugbetrieb als Eagle Aviation im April 1948, zum Einsatz kamen zu Frachtern umgebaute Halifax-Bomber aus dem Zweiten Weltkrieg. Eine starke Expansion im Flugbetrieb brachten die Einsätze auf der Berliner Luftbrücke, und zwischen 1949 und 1950 erfolgte die Ablösung der Halifax durch Avro York. Zu dieser Zeit begann das Unternehmen auch mit der Durchführung weltweiter Passagier- und Frachtcharterflüge. Auch flog man Militärcharterdienste für die britische Luftwaffe. Eagle Aviation expandierte stark in der ersten Hälfte der 50er-Jahre und begann im Juni 1953 einen Passagier-Liniendienst zwischen Blackbushe und Belgrad. Auch wurden die ersten Pauschalcharterflüge an die jugoslawische Adriaküste, nach Frankreich, Italien und Spanien durchgeführt. Neu stießen Douglas DC-3 und Vickers Viking zur Flotte. 1958 stellte man mit der Vickers Viscount 700 das erste Turbopropflugzeug in Dienst und diese Maschinen kamen vorwiegend auf den innerbritischen Routen ab Manchester und Birmingham, sowie auf den regulären Charterdiensten nach Dinard, Ostende, Luxemburg und Innsbruck zum Einsatz. 1958 errichtete Eagle Aviation auf den Bermuda-Inseln die Eagle Airways (Bermuda), die mit Vickers Viscount Liniendienste nach New York und, einige Zeit später, auch nach Miami durchführte. Um den Bedürfnissen des Luftfahrtministeriums für die Transportflüge der RAF Rechnung zu tragen, beschaffte Eagle zwischen 1958 und 1961 einige Douglas DC-6 und führte gleichzeitig eine neue Flugzeugbemalung ein.

Im März 1960 erwarb die Cunard-Reederei die Mehrheit der Unternehmensanteile an Eagle und änderte den Firmennamen in Cunard Eagle Airways. Mit der Schließung des Flughafens Blackbushe zum Jahresanfang 1960 erfolgte der Umzug zum Londoner Heathrow Airport. Für den Einsatz auf Langstreckencharterflügen und den neuen Liniendiensten über den Nordatlantik zwischen London und Miami, via Bermuda und Nassau, erwarb die Gesellschaft 1961 ihre erste Bristol 175 Britannia 300 (G-ARKB). Anfang der 60er-Jahre stellte Cunard Eagle Anträge zur Erteilung von Linien-Verkehrsrechten für Inlands-, Europa- und Überseerouten, welche zumeist in Konkurrenz zu **BEA** und **BOAC** bedient werden sollten, und deswegen wurden nur einige wenige dieser Anträge genehmigt. Zwischenzeitlich konnte Cunard Eagle ihr Charterflugstreckennetz weiter ausbauen und beschaffte hierfür weitere Viscount und Britannia. Die letzten Viking wurden

1962 außer Dienst gestellt. In der Hoffnung der Gewährung von Verkehrsrechten zwischen London und New York hatte Cunard Eagle bereits zwei Boeing 707 erworben, die nach der Ablehnung der Streckenrechte anstelle der Britannia auf der London–Miami Route in den Einsatz gebracht wurden. Nunmehr entschied sich Cunard zu einer Kooperation mit der BOAC, rief 1962 die **BOAC-Curnard** ins Leben und verkaufte ihre Anteile an der Eagle Aviation. Im Oktober 1963 änderte diese ihren Namen in British Eagle International Airways. Im selben Jahr erhielt sie die Verkehrsrechte für Liniendienste von London/Heathrow nach Edinburgh, Glasgow und Belfast. 1964 übernahm British Eagle die in Liverpool beheimatete Starways und deren Linienstreckennetz. Ab 1966 ersetzten BAC 1-11 die Britannia auf den Inlandsdiensten und einigen Pauschalcharterrouten. 1968 kaufte British Eagle drei Boeing 707 zum Betrieb ihrer Transatlantik-Charterdienste, aber kurze Zeit später wurde die Fluglinie das Opfer der allgemeinen Wirtschaftskrise und musste am 7. November 1968 den Flugbetrieb einstellen. Den letzten Flug (mit Orangen beladen) des Unternehmens führte die Britannia G-AOVM zwischen Tel Aviv und London/Heathrow durch.

Die Vickers Viking gehörte zu den ersten bei Eagle Airways eingesetzten Flugzeugtypen.

Zwischen 1958 und 1961 beschaffte Eagle Airways sechs Douglas DC-6. G-APOM (C/N 45519) zeigt hier die neue Farbgebung.

1958 errichtete Eagle Aviation auf den Bermuda-Inseln die Eagle Airways (Bermuda), die mit Vickers Viscount Liniendienste nach New York und Miami durchführte.

Von der Bristol Britannia hatte British Eagle 22 Exemplare im Einsatz und betrieb damit eine der größten Flotten dieses Flugzeugtyps weltweit. G-ARKA (C/N 13516), eine Maschine der Serie 324, flog vom 10. März 1961 bis zum 6. November 1968 bei der Gesellschaft.

Zwischen 1966 und 1968 beschaffte British Eagle sieben BAC 1-11 Srs. 200 als Nachfolgemuster der Bristol Britannia. Als erste Maschine übernahm die Fluggesellschaft am 22. April 1966 G-ATTP (C/N 039) »Swift«.

British Midland Airways - BMA
British Midland International - BMI

British Midland Airways' Geschichte reicht zurück auf das Jahr 1938, als Captain Roy Harben das Unternehmen Air Schools in Burnaston, Derby's neuem Flugfeld, gründete. Ab 1949 expandierte man in das kommerzielle Charterfluggeschäft, deswegen wurde der Firmenname in Derby Aviation geändert. Für diese Dienste kam eine einzelne De Havilland DH.89 Dragon Rapide zum Einsatz, weitere Flugzeuge konnten bei Bedarf angemietet werden. Im Juli 1953 flog das Unternehmen seinen ersten Liniendienst zwischen Derby und Jersey, wegen des hohen Fluggastaufkommens wurden mehrere Douglas DC-3 beschafft. Bis 1959 konnte das Streckennetz erheblich ausgedehnt werden, und die Kanalinseln erhielten Flugverbindungen nach Derby, Birmingham, Cambridge, Staverton, Luton, Oxford und Northampton. Bis 1957 kamen auch noch die inzwischen veralteten DH.89 auf den Routen von Nottingham und Wolverhampton nach Jersey zum Einsatz, bis sie dort von Miles Marathon abgelöst wurden.

Am 12. März 1959, nach Erhalt der Flugverkehrslizenz als Fluggesellschaft, änderte sich der Firmenname in Derby Airways und mit den DC 3 wurden erste Pauschalcharterflüge durchgeführt. Im selben Jahr erfolgte die Eröffnung einer Linienverbindung zwischen Derby und Glasgow, die mit Maschinen vom Typ Marathon bedient wurde. 1961 beschaffte Derby Airways für den Betrieb ihrer ständig zunehmenden Pauschalcharterflüge in den Mittelmeerraum drei Canadair CL-4 Argonaut aus Beständen der zuvor in Konkurs geratenen Overseas Aviation. Diese Maschinen gelangten ab Mai 1962 in den Charterdienst und zu Hochsaisonzeiten während der Sommermonate kamen die Argonaut auch auf den Jersey-Routen von Derby, Birmingham, Manchester, London/Gatwick und Luton zum Einsatz.

Nach dem Umzug von Derby zum neu erbauten East Midlands Airport am 30. Juli 1964 nahm Derby Airways am 1. Oktober 1964 den neuen Namen British Midland Airways an. Im April 1965 erfolgte der letzte Abflug von Derby. Im selben Jahr erwarb BMA ihre erste HP.7 Dart Herald als Ersatz für die DC-3, doch schon bald erwiesen sich die Herald als zu klein und man ergänzte die Flotte ab 1967 um mehrere Vickers VC.7 Viscount, später ersetzt durch die größeren und leistungsstärkeren Vickers VC.8 Viscount. 1967 erfolgte auch die Außerdienststellung der Argonaut-Flotte und 1969 verkaufte die Gesellschaft auch ihre letzte DC-3.

Im Februar 1969 kaufte Minster Assets, ein Investment- und Bankhaus, die BMA. Da Minster Assets Eigentümer der **Invicta Airways** war, erfolgte eine – erfolglose – Fusionierung der beiden Unternehmen zur Air Britain und BMA blieb selbständig. Nachdem sich **Autair International** aus dem Linienfluggeschäft zurückgezogen hatte, übernahm BMA viele ehemalige Autair-Routen. Am 1. November 1969 bediente BMA erstmals die Verbindung Teesside-London/Heathrow, wobei Viscount zum Einsatz gelangten. Ab dem 4. November 1970 ersetzten drei neu gelieferte BAC 1-11 die Viscount auf allen Hauptstrecken und vielen Pauschalcharterflügen. Für den Einsatz auf Transatlantik-Gruppencharterflügen in die USA beschaffte BMA im selben Jahr eine Boeing 707-320. Eine zweite 707 stieß kurze Zeit später zur Flotte, sodass nunmehr auch Touristikziele in Ostafrika und der Karibik angeflogen werden konnten. Da die BAC 1-11 nicht optimal zum Einsatz gebracht werden konnten, vermietete BMA 1972 eine Maschine an Court Line Aviation und im Frühjahr 1973 hatten alle BAC 1-11 die Flotte verlassen. Im April 1974 stellte BMA für die nächsten 25 Jahre den Pauschalcharterflugbetrieb ein und konzentrierte sich verstärkt auf Kurzstrecken-Liniendienste. Hierfür beschaffte man im März und April 1973 wieder drei HP.7 Dart Herald. Nachdem aufgrund eines bilateralen Luftverkehrsabkommens mit den USA 1972 auch der Transatlantik-Charterverkehr zum Erliegen kam, wurden die Boeing 707 fortan im Rahmen eines so genannten »Instant Airline«-Konzepts im Leasingverfahren langfristig an fremde Fluggesellschaften vermietet.

Ab 1981 ersetzten insgesamt elf Fokker F-27 Friendship die Herald auf den Kurzstrecken- und Regionaldiensten, und ab August 1976 lösten

DC-9-10 und DC-9-32 die Viscount auf allen Hauptstrecken ab. Allerdings verblieben einige der Viscount noch bis Ende der 80er-Jahre im Chartereinsatz innerhalb Großbritanniens und zu Zielen auf dem europäischen Festland.

1978 erfolgte ein so genanntes »Management Buyout« von führenden Direktoren der BMA, welche die Unternehmensanteile der Minster Assets Investment & Banking Group übernahmen.

1982 gründete BMA gemeinsam mit der **Air UK** auf der Isle of Man die Fluggesellschaft Manx Airlines, die von beiden Unternehmen alle Flüge vom britischen Mutterland und von Irland auf die Insel übernahm. Ende 1983 übernahm BMA von der Royal Bank of Scotland die Mehrheitsanteile an der schottischen Regionalgesellschaft **Loganair**. Eine eigene Regionalflug-Tochtergesellschaft, Eurocity Express (später London City Express), wurde 1987 gegründet, um Inlands- und internationale Kurzstreckendienste vom neu eröffneten London City Airport (Docklands Airport) zu bedienen. Zur effizienten Kontrolle der BMA und ihrer Tochter- und Beteiligungsunternehmungen wurde 1987 als Holdinggesellschaft die Airlines of Britain Holdings Plc gegründet. Hier hielt die skandinavische Fluggesellschaft **SAS** einen 24,9%igen Geschäftsanteil, der bis Anfang der 90er-Jahre auf 40% aufgestockt werden konnte.

Mit Einführung der innerbritischen »Blue Diamond«-Liniendienste zwischen East Midlands, Birmingham, London/Heathrow und Jersey im Jahr 1985 führte BMA neben einem neuen Servicekonzept auch eine attraktive Flugzeugbemalung ein, wobei die obere Rumpfhälfte in dunkelblauer Farbe gehalten wurde und das rote »BM«-Logo von einem lichtblauen stilisierten Diamanten dominiert wird.

Ab März 1959 flog Derby Airways, die später unter dem Namen British Midland Airways firmierte, mit DC-3 Fracht- und Pauschalcharterflüge.

1961 beschaffte Derby Airways für den Betrieb ihrer ständig zunehmenden Pauschalcharterflüge in den Mittelmeerraum drei Canadair CL-4 Argonaut.

Ab 1967 erfolgte der Aufbau einer großen Viscount-Flotte, welche die Serien 700 und 800 umfasste. G-AWCV (C/N 186), eine Viscount 760, flog von April 1968 bis November 1969 für BMA.

Im Frühjahr 1972 erwarb BMA sechs Viscount 813 von South African Airways. Als erstes dieser Flugzeuge übernahm die Fluggesellschaft G-AZLP (C/N 346) am 20. Januar 1972. Nach zehnjährigem Einsatz wurde das Flugzeug am 3. April 1982 in East Midlands außer Dienst gestellt und im November desselben Jahres an British Aerospace verkauft.

1984 erfolgte die Außerdienststellung der letzten beiden Boeing 707, die zuletzt noch sporadisch auf Pauschalcharterflügen eingesetzt waren, und die DC-9-10 wurden durch Boeing 737-300 ersetzt. Die Ablösung der großen DC-9-30 Flotte begann mit der Ablieferung von Fokker 100 im April 1994 und Fokker 70 im darauf folgenden Jahr. Durch den Konkurs von Fokker konnte allerdings die geplante Anzahl Flugzeuge nicht übernommen werden, weswegen verstärkt Boeing 737-400 und -500 beschafft wurden. Mit Übernahme der Business Air erfolgte deren Umbenennung in British Midland Commuter. 1997 wurde die Airline of Britain Holding (ABH) in British Midland Plc umbenannt und neu organisiert. Heute verteilen sich die Geschäftsanteile auf die BBW Partnership (BMA Management), **Lufthansa** (30%) und SAS (20%). Auch wurde BMA zum Jahresanfang 2000 Mitglied der »Star Alliance«. Im Rahmen der Flottenreorganisation bilden seit 1998 jeweils zehn Airbus A320 und A321 das Rückgrat der Flotte.

Im Mai 1999, nach 30 Jahren Langstrecken-Abstinenz, stellte BMA erfolgreich einen Antrag zur Aufnahme von Transatlantik-Liniendiensten in die USA, die im darauf folgenden Jahr mit einem eigens hierfür bestellten Airbus A330-200 aufgenommen werden konnten. Im Februar 2001 erfolgte die Umbenennung der BMA in British Midland International - BMI. Nachdem sich aber, analog zu 1973, der Langstreckenverkehr negativ entwickelte, wurde der A330 zum Jahresanfang 2003 an South African Airways vermietet und die Routen nach Chicago und Washington eingestellt.

Die Hauptbasis der BMI befindet sich am Flughafen London/Heathrow, am East Midlands Airport wird ein Verkehrsknoten unterhalten. Wichtigste innerbritische Zielorte sind Aberdeen, Belfast, Glasgow, Edinburgh, Jersey, Leeds/Bradford, London/Heathrow, Nottingham und Teesside. Internationale Liniendienste bietet BMI nach Amsterdam, Brüssel, Dublin, Düsseldorf, Esbjerg, Faro, Frankfurt, Hannover, Kopenhagen, Madrid, Mailand, Malaga, Nizza, Palma/Mallorca, Paris/CDG und Stuttgart an.

BMI Regional, vormals British Midland Commuter und Manx Airlines, bedient mit einer aus Embraer ERJ-135 und ERJ-145 bestehenden Flotte von ihrer Heimatbasis am Flughafen Aberdeen/Dyce regionale Liniendienste nach Glasgow, Leeds, Manchester, Edinburgh und East Midlands Airport.

Flotte:

10 Airbus A320-200	5 Boeing 737-500
10 Airbus A321-200	6 Fokker 100
2 Airbus A330-200 (1 vermietet an SAA)	3 Fokker 70
1 Boeing 737-400	
2 Embraer ERJ-135ER	7 Embraer ERJ-145EP
2 Embraer ERJ-145ER	

Ab dem 4. November 1970 ersetzten drei neu gelieferte BAC 1-11 Srs. 523FJ die Viscount auf allen Hauptstrecken und vielen Pauschalcharterflügen. Als letzte Maschine des Trios gelangte G-AXLN (C/N 211) am 12. März 1970 zur Ablieferung. Am 26. September 1973 erfolgte der Verkauf des Flugzeugs an Transbrasil als PP-SDU.

Ab 1970 kamen auf den Langstrecken-Charterflügen zwei Boeing 707-320 zum Einsatz.

Ab 1981 ersetzten insgesamt elf Fokker F-27 Friendship die Herald auf den Kurzstrecken- und Regionaldiensten, und ab August 1976 lösten DC-9-10 und DC-9-32 die Viscount auf allen Hauptstrecken ab.

Die Ablösung der DC-9-Flotte begann Mitte der 80er-Jahre mit der Indienststellung der Boeing 737-300, in den 90er-Jahren gefolgt von der Serie -500. G-OBMX (C/N 25065/2028), eine 737-59D, übernahm BMA am 15. März 1993 von der schwedischen Linjeflyg (ex SE-DNE).

Die BMA Regional Division bedient mit einer aus Embraer ERJ-135 und ERJ-145 bestehenden Flotte innerbritische Kurzstreckendienste.

Heute dominieren auf dem Kurz- und Mittelstreckennetz der BMA Airbus A320/A321 und Fokker 70/Fokker 100.

Nach der Aufnahme von Transatlantik-Liniendiensten in die USA mit Airbus A330-200 erfolgte im Februar 2001 die Umbenennung der BMA in British Midland International - BMI.

Bmibaby

Am 17. Januar 2002 folgte auch **BMI British Midland** dem Trend zu Billigangeboten und etablierte am East Midlands Airport das Tochterunternehmen Bmibaby (be my baby). Mit einer von BMI übernommenen Flotte, bestehend aus fünf Boeing 737-300 und drei Boeing 737-500, konnte am 23. März 2002 der Flugbetrieb aufgenommen werden. Von der Hauptbasis East Midlands und den Verkehrsknoten Cardiff und Manchester werden nationale und internationale Niedrigpreis-Linienflüge durchgeführt. Innerhalb Großbritanniens fliegt das Unternehmen Belfast, Cardiff, Edinburgh, Glasgow,

East Midlands, Jersey und Manchester an. Internationale Destinationen sind Amsterdam, Barcelona, Brüssel, Cork, Dublin, Genf, Bergamo (Mailand), München, Murcia, Nizza, Paris/CDG, Prag, Salzburg und Toulouse. Linienflüge zu Ferienzielorten führen nach Alicante, Faro, Malaga und Palma/Mallorca.

Flotte:	
5 Boeing 737-300	3 Boeing 737-500

Mit einer von BMI übernommenen, aus Boeing 737-300 und -500 bestehenden Flotte, konnte die neue »Low-Cost«-Airline BMI Baby am 23. März 2002 den Flugbetrieb aufnehmen.

BUA - British United Airways

British United Airways - BUA entstand am 27. Juni 1960 durch den Zusammenschluss von Airwork und Hunting-Clan Air Transport, sowie deren Tochterunternehmen Air Charter, Airwork Helicopters, Bristow Helicopters, Morton Air Services, Olley Air Services und Transair. Die Flugbetriebsdienste der BUA unterteilten sich in die Air Transport Division, Helicopter Division und Overseas Contracts Division. Die neue gemeinsame Flotte bestand aus Vickers Viscount, Bristol Britannia, Douglas DC-3, DC-4 und DC-6. Die mit Bristol Freighter und Superfreighter operierenden Kanal-Autofährdienste der **Channel Air Bridge** blieben zunächst selbständig. British United flog Langstrecken-Liniendienste nach Ost-, Zentral- und Westafrika, während Kurzstreckendienste von London/Gatwick nach Gibraltar, Rotterdam, Le

Touquet, Jersey und Guernsey führten. Für Sudan Airways betrieb man mit Viscount 800 »Blue Nile«-Liniendienste von Khartoum nach Kairo, Rom, Beirut, Asmara und Aden. Mit Britannia operierte Africargo Frachtdienste führten von London/Heathrow nach Ost- und Südafrika. Im Oktober 1960 eröffnete BUA mit Viscount 810 ihren legendären »Skycoach«-Service von London nach Ost- und Zentralafrika, der in Zusammenarbeit mit **BOAC**, East African Airways und Central African Airways durchgeführt wurde. Ab dem 2. Oktober 1961 kamen hier Britannia 312 zum Einsatz.
Am 9. Mai 1961 bestellte BUA als erste Fluggesellschaft der Welt zehn Exemplare der in der Typenentwicklung stehenden BAC 1-11, und am 9. April 1965 konnte die erste Maschine der Serie 200 (G-ASJJ) auf dem Liniendienst zwischen London/Gatwick und Genua in den Einsatz gebracht werden. Als nächste Route übernahmen die BAC 1-11 die

Dienste nach Rotterdam und flogen wenig später auch zu den wichtigsten Destinationen in Westafrika. Zusätzlich zu den BAC 1-11 bestellte BUA auch zwei vierstrahlige Vickers (BAC) VC-10 zum Einsatz auf ihren Langstreckendiensten nach Afrika und den Militärcharterflügen in den Fernen Osten. Am 1. Oktober 1964 erfolgte die Indienststellung der VC-10. Im Frühjahr 1965 übernahm BUA von der BOAC die zweimal wöchentlich beflogene Route zwischen London und Santiago de Chile, mit Zwischenlandungen in Madrid oder Lissabon, Las Palmas, Rio de Janeiro, Sao Paulo, Montevideo und Buenos Aires. Auch hier kamen die neuen VC-10 zum Einsatz. Zur Bereitstellung zusätzlicher Transportkapazität übernahm BUA eine dritte VC-10 aus einer nicht ausgeführten Nigeria Airways Bestellung, und diese Maschine ersetzte ab Mitte 1965 die Britannia 312 auf den Diensten London–Salisbury (heute Harare) und London–Accra. Anfang 1966 führte BUA mit BAC 1-11 operierte »Interjet«-Liniendienste zwischen London/Gatwick und Belfast, Edinburgh und Glasgow ein. Jede dieser Verbindungen wurde zweimal täglich bedient, die An- und Abflugzeiten waren auf die internationalen Anschlussflüge in London/Gatwick abgestimmt. 1968 bediente BUA ein extensives Streckennetz nach Südamerika, Afrika und Kontinentaleuropa. Mit den populären BAC 1-11 flog die Gesellschaft Pauschalcharterdienste zu Sonnenzielen in Südeuropa und Nordafrika. Der erfolgreiche Einsatz der BAC 1-11 Srs. 200 führte zur Bestellung von fünf Exemplaren der größeren BAC 1-11 Srs. 500, die zwischen April und Juni 1969 zur Ablieferung gelangten und unverzüglich die kleineren BAC 1-11 Srs. 200 auf den Touristikcharterflügen ablösten. Drei weitere BAC 1-11 Srs. 500 bestellte BUA zum Jahresanfang 1970. Nach den DC-4 und DC-6 verließen im März und Oktober 1969 die letzten Britannia 312 und Viscount 800 die Flotte, sodass BUA nunmehr ein reiner Strahlflugzeugbetreiber war.

1970 suchte Air Holdings einen Kaufinteressenten für BUA und trat in Verhandlungen mit der BOAC für eine mögliche Übernahme ein, die aber nicht realisiert werden konnte. Am 20. Oktober 1970 unterzeichneten Air Holdings und Caledonian Airways einen Vertrag zur Fusion beider Unternehmen zur Caledonian/BUA Airways, die mit Wirkung des 30. November 1970 vollzogen werden konnte. Am 1. September 1972 erfolgte die Umbenennung in **British Caledonian Airways** und alle Flugzeuge erhielten eine einheitliche Farbgebung.

Zu den ersten bei BUA eingesetzten Flugzeugtypen gehörte die unverwüstliche Douglas DC-3. G-AMZG flog vom 1. August 1963 bis zum 1. Juni 1968 für die Fluglinie, zuletzt als Frachter.

Am 9. Mai 1961 bestellte BUA als erste Fluggesellschaft der Welt zehn Exemplare der in der Typenentwicklung stehenden BAC 1-11, und am 9. April 1965 konnte die erste Maschine der Serie 200 (G-ASJJ) auf dem Liniendienst zwischen London/Gatwick und Genua in den Einsatz gebracht werden.

Die Vickers Viscount war das erste bei BUA eingesetzte Turbopropflugzeug und bildete bis zum Erscheinen der BAC 1-11 das Rückgrat der Mittelstreckenflotte. Beide Versionen, die Viscount 700 (abgebildet G-AODG) und die Viscount 800 (abgebildet G-APTC), standen bei BUA im Einsatz.

Zur Ablösung der Bristol Britannia auf ihren Langstreckendiensten bestellte BUA zwei vierstrahlige Vickers (BAC) VC 10, die erste Maschine konnte am 1.Oktober 1964 in Dienst gestellt werden.

British United Air Ferries

Die Gründung der British United Air Ferries erfolgte im Januar 1963 durch die Fusion von Channel Air Bridge und Silver City Airways. BUAF war Teil der British United Gruppe und wurde von Air Holdings geleitet. Die Transportaktivitäten des Unternehmens beschränkten sich auf den Luftfährdienst von Personen und Kraftfahrzeugen zwischen Großbritannien und Frankreich. Hauptabflugsorte waren Lydd (Ferryfield) und Southend an der britischen Südküste. Ab 1966 flog man gleichartige Dienste von Bournemouth und Southampton zu den britischen Kanalinseln Guernsey und Jersey.

Auf den Routen fanden zumeist Bristol 170 Mk.32 Super Freighter Verwendung, aber auch einige Exemplare der kleineren Bristol 170 Mk.21 und Mk.31 standen im Einsatz. Größtes Flugzeugmuster war die aus der Douglas DC-4 abgeleitete Aviation Traders ATL-98 Carvair, die zumeist ab Southend eingesetzt wurden. Die aufkommensstärkste Route war aber die Verbindung zwischen Lydd und Le Touquet (Frankreich). Saisonal verkehrten Carvair nach Basel und Genf, und auch von den nördlichen englischen Metropolen Manchester und Coventry führte BUAF Auto-Luftfährdienste nach Frankreich durch.

Im Oktober 1967 erfolgte die Namensänderung in **British Air Ferries**, um die völlige Unabhängigkeit von **British United Airways** zu dokumentieren.

Das Arbeitspferd der BUAF auf den Autofährdiensten zwischen Großbritannien und dem »Kontinent« war die Bristol 170 Mk.32 Superfreighter. G-AIWE flog von April 1962 bis Juni 1964 bei der Gesellschaft.

Speziell für den Autofährdienst über den Ärmelkanal entwickelte die Firma Aviation Traders aus der Douglas DC-4 die ATL-98 Carvair (Car-via-Air), von der die BUAF vier Flugzeuge im Einsatz hatte.

Ein Auto wird in den Rumpf der ATL-98 »Chelsea Bridge« verladen.

British World Airways

Die Geschichte der British World Airways geht auf das Jahr 1963 zurück, in welchem sich die beiden Kanal-Fährfluggesellschaften Channel Air Bridge und Silver City Airways zur British United Air Ferries - BUAF formierten. Im September 1967 firmierte das Unternehmen als British Air Ferries - BAF, und mit der Aufnahme europaweiter Liniendienste im Jahre 1993 erfolgte die Umbenennung in den heutigen Namen. Nach wie vor aber bilden Passagier- und Frachtcharterdienste, Ad-hoc-Charter und die Kontraktfliegerei für die in der Nordsee tätigen Mineralölkonzerne weitere wichtige Geschäftsfelder. 1996 wurden speziell für diese Flüge von Aberdeen nach Sumburgh zwei ATR-72 angeschafft, die gleichzeitig auch die letzten Vickers Viscount ersetzten. Für lange Jahre bildeten die Viscount 800 das Rückgrat der Flotte und flogen zuletzt als Paketflieger im Auftrag der britischen Post. Während die Pauschalcharterdienste ausschließlich mit BAC 1-11

Srs. 500 durchgeführt wurden, kamen zwei Boeing 737-300 auf den Passagierliniendiensten zum Einsatz. Einige Zeit flog British World mit drei BAe 146 Truppentransporte im Auftrag des britischen Verteidigungsministeriums.

Operationsbasis ist überwiegend London-Stansted, weitere wichtige Stationen befinden sich in Aberdeen und Southend on Sea. Seit 1998 wird das Unternehmen an der Londoner Börse gehandelt und in jenem Jahr übernahm British World vier BAe ATP zum Einsatz auf Regionalstrecken entlang der britischen Ostküste.

Flotte:	
2 ATR-72	5 BAC 1-11 Srs. 500
4 BAe ATP	2 Boeing 737-300

Auch nach der Umfirmierung der British Air Ferries in British World Airways bildeten die Viscount 800 für einige Jahre das Rückgrat der Flotte und kamen ab Mitte der 90er-Jahre als Paketflieger im Auftrag der britischen Post zum Einsatz.

Auf den Passagierliniendiensten der BWA fanden ab dem Jahresbeginn 2000 zwei Boeing 737-300 Verwendung. Als erstes dieser Flugzeuge konnte im Januar die G-OBWZ (C/N 24699/1886) übernommen werden, G-OBWY (C/N 24059/1517) folgte im Februar.

Britannia Airways

Europas größte Charterfluggesellschaft, Britannia Airways, wurde am 1. Dezember 1961 unter dem Namen Euravia mit finanzieller Unterstützung der Universal Sky Tours und anderer Reiseveranstalter gegründet. Von der israelischen Staats-Fluglinie El Al erwarb man drei Lockheed Constellation (zwei L.049 und eine L.749), die für die Beförderung von 82 Passagieren umgerüstet wurden. Das erste dieser Flugzeuge gelangte am 12. April 1962 zur Ablieferung und konnte am 5. Mai auf einem Pauschalcharterflug von Manchester nach Palma/Mallorca, via Perpignan, in Dienst gestellt werden. Bereits am 15. Mai standen alle drei Flugzeuge im Einsatz. Während der Sommersaison 1962 flogen die Maschinen der Euravia von Luton nach Barcelona, Palma, Perpignan, Valencia und Teneriffa, von Liverpool nach Valencia, von Prestwick nach Perpignan, Valencia und Rimini, und von Birmingham nach Barcelona, Palma, Perpignan, Valencia, Teneriffa und Rimini. Ferner operierte man Pilgerflüge von verschiedenen britischen Abflugorten nach Tarbes.

Am 1. September 1962 übernahm Euravia eine andere britische Charterfluggesellschaft, Skyways of London, mit ihrer aus drei L.749A und vier Avro York-Frachtern bestehenden Flotte. Die Integration des Passagierflugbetriebs der Skyways erfolgte am 5. September 1962, ab diesem Zeitpunkt flog Euravia die nächtlichen Touristen-Charterflüge zwischen London/Heathrow und Malta in eigener Regie. Die Frachtdienste wurden aber noch bis zum Mai 1963 unter dem Skyways Na-

men durchgeführt. Im Mai 1963 übernahm Euravia zwei weitere L.049 aus den Beständen der bankrotten Trans European/Falcon Airways und deren Streckennetz. Die Abflüge der Charterdienste nach Malta verlegte man von Heathrow nach Luton. Neue Zielorte im europäischen Pauschalcharterflugbetrieb waren Brindisi, Klagenfurt, Venedig, Genua, Ibiza, Dubrovnik und Maastricht.

Mit dem Kauf und der Übernahme von sechs Bristol 175 Britannia am 16. August 1964 änderte das Unternehmen den Firmennamen in Britannia Airways und bis Anfang 1965 erfolgte die sukzessive Außerdienststellung der Constellation-Flotte. Das letzte dieser Flugzeuge, einen ehemaligen Skyways-Frachter, konnte man im August 1965 an ACE Freighters verkaufen. Den ersten Flugzeugverlust ihrer Geschichte musste Britannia Airways am 1. September 1966 beklagen, als die Britannia G-ANBB während des Endanflugs auf Ljubljana (Jugoslawien/Slowenien) die Mindestflughöhe unterschritt, Bäume streifte und abstürzte. Hierbei kamen 117 Personen ums Leben, nur 19 Passagiere und ein Besatzungsmitglied überlebten das Unglück. 1965 übernahm Thompson Travel, einer der größten europäischen Reiseveranstalter, Britannia Airways und baute das Unternehmen weiter aus.

Als Nachfolgemodell der Britannia entschied man sich Anfang 1968 für die neue Boeing 737-200 und Britannia Airways war Europas zweite Fluggesellschaft, die diesen Flugzeugtyp in Dienst stellte. Der Ersteinsatz erfolgte am 19. Juli 1968 auf dem Rundkurs Luton–Palma–Luton. Zur Sommersaison 1969 hatte die Fluglinie bereits fünf

Der wichtigste Flugzeugtyp in der jungen Flotte der Britannia Airways war die Bristol 175 Britannia, von der zehn Exemplare im Einsatz standen. G-ANBF (C/N 12907), eine Maschine der Serie 102, flog von Februar 1965 bis April 1970 bei dem Unternehmen.

Als Nachfolgemodell der Britannia entschied man sich Anfang 1968 für die neue Boeing 737-200 und Britannia Airways war Europas zweite Fluggesellschaft, die diesen Flugzeugtyp in Dienst stellte.

Für den Einsatz auf Langstrecken-Charterdiensten kaufte Britannia Airways am 28. Februar 1971 die Boeing 707-373C G-AYSI (C/N 18707/349), eine weitere Boeing 707 mietete man ab dem 1. Oktober 1971.

1983 bestellte Britannia Airways bei Boeing zunächst zwei Boeing 767-204 zum Einsatz auf den Langstrecken-Charterflügen nach Ostafrika und in die Karibik. Als zweite Maschine gelangte am 6. Februar 1984 G-BKVZ (C/N 22981/79) »Sir Winston Churchill« zur Ablieferung.

Boeing 737 im Einsatz und die erste Britannia konnte außer Dienst gestellt werden. Bereits im Frühjahr 1969 unterzeichnete das Unternehmen einen »Trooping Contract« mit dem britischen Verteidigungsministerium für den Transport britischer Soldaten der Rhein Armee zwischen Luton und Düsseldorf, Laarbruch und Gütersloh. Neben den verbliebenen Britannia kamen auch Boeing 737 auf Langstreckencharterflügen nach Hong Kong, Colombo, Bangkok und Kuala Lumpur zum Einsatz. Die letzte Maschine der einst so stolzen Britannia-Flotte, G-ANBL, wurde nach Beendigung eines Charter-Rundflugs Luton–Genua–Luton am 29. Dezember 1970 außer Dienst gestellt. Für den Einsatz der verstärkt durchgeführten Langstrecken-Charter erhielt Britannia Airways am 28. Februar 1971 eine Boeing 707-320C, eine weitere Maschine mietete man ab dem 1. Oktober 1971 von der amerikanischen Executive Jet Aviation. Während der Sommersaion 1972 kamen diese Flugzeuge verstärkt auf Transatlantik-Charterflügen von Luton, Manchester und Prestwick nach Los Angeles (USA) und Montego Bay (Jamaika) zum Einsatz. Mit der bilateralen Neuordnung der Bestimmungen für Transatlantik-Charterflüge am Jahresanfang 1973 musste Britannia Airways diese Dienste einstellen und retournierte beide Boeing 707 an ihre Besitzer. Das Rückgrat der Flotte bildete nun ausschließlich die Boeing 737-200. Die erste Boeing 767-200 für Langstrecken-Charterflüge nach Ostafrika und in die Karibik erhielt Britannia im Februar 1984.

1985 begann Britannia Airways als erstes Charterflugunternehmen mit der Umwandlung von Pauschalcharterflügen in Liniendienste. Ab Mai 1985 flog man linienmäßig zwischen Manchester und Palma, gefolgt von sechs weiteren Verbindungen ab Manchester und London/Gatwick

zu südeuropäischen Destinationen. 1987 feierte Britannia Airways ihr 25-jähriges Bestehen und war zu diesem Zeitpunkt bereits Europas größte Charterfluggesellschaft. Nachdem Thomson Holidays 1988 den Konkurrenten Horizon Travel kaufte, fusionierte man auch deren eigene Fluggesellschaft **Orion Airways** und die aus Boeing 737-200 bestehende Flotte, mit der Britannia Airways. Mit Beschaffung von Boeing 757-200 wurde die Boeing 737-Flotte sukzessive reduziert, und im März 1994 erfolgte nach 25-jährigem Dienstbetrieb die Außerdienststellung der letzten solchen Maschine.

1997 gründete Britannia Airways eine Tochtergesellschaft in Deutschland, die bis Saisonende 2001 mit vier Boeing 767-300 ab Berlin/Schönefeld und einigen weiteren deutschen Flughäfen im Ferntourismus tätig war. In Schweden übernahm Thompson 1998 den Reiseverantalter Fritidsresor und damit auch dessen Fluggesellschaft Blue Scandinavia, die jetzt als Britannia A/B fliegt. Als neuestes Flugzeugmuster erfolgte im Frühjahr 2000 die Indienststellung der ersten Boeing 737-800.

Heute führt Britannia Airways von über 20 britischen, deutschen und skandinavischen Flughäfen weltweite Charterflüge innerhalb Europas, in die Karibik, nach Australien, Neuseeland, USA und nach Afrika durch.

Flotte:	
5 Boeing 737-800	6 Boeing 767-200ER
17 Boeing 757-200	9 Boeing 767-300ER
5 Boeing 757-200ER	

Buzz

Als vierte Niedrigpreis-Fluggesellschaft etablierte sich die Ende 1999 von **KLM/KLM uk** (vormals **Air UK**) gegründete Buzz neben **EasyJet, Ryanair** und **Go Fly** am Flughafen London/Stansted. Der Flugbetrieb konnte am 4. Januar 2000 mit acht von KLM uk transferierten BAe 146-300 zu zwölf Zielorten auf dem Kontinent (Berlin, Bordeaux, Düsseldorf, Frankfurt, Hamburg, Jerez de la Frontera, Lyon, Mailand, Marseilles, Montpellier, Paris/Charles de Gaulle und Toulouse) aufgenommen werden. Im Gegensatz zu den Mitbewerbern bedient Buzz ausschließlich Hauptflughäfen und nicht solche in der Peripherie der eigentlichen Zielorte. Im Februar 2000 mietete KLM uk für Buzz zwei 148-sitzige Boeing 737-300 von der Leasinggesellschaft Pembroke Capital, die zuvor bei der **Deutsche BA** im Einsatz standen. Diese

Maschinen flogen vorwiegend auf den neu eingerichteten Routen nach Helsinki und Wien. Ab 2002 war vorgesehen, die BAe 146 sukzessive, nach Ablauf der jeweiligen Leasingperioden, durch Boeing 737-300 zu ersetzen. Anfang 2003 erwarb die aggressiv expandierende **Ryanair** alle Unternehmensanteile der Buzz und wird das Unternehmen im Laufe des Jahres in den eigenen Flugbetrieb integrieren.

Flotte:	
8 BAe 146-300	2 Boeing 737-300

Bis zu ihrer Übernahme durch den Mitbewerber Ryanair zum Jahresanfang 2003 flogen bei Buzz acht BAe 146-300 und zwei Boeing 737-300 innereuropäische »Low-Fare«-Liniendienste.

Caledonian Airways

Nachdem **British Airways** im Dezember 1987 das Konkurrenzunternehmen **British Caledonian Airways (BCal)** übernehmen konnte, fasste man auch die beiden Charterfluggesellschaften **British Airtours** und BCal Charter in dem neuen Unternehmen Caledonian Airways zusammen. Zunächst bildeten MDC DC-10-30, Lockheed L-1011 TriStar und Boeing 737 die Flotte, aber bereits 1988 konnten von der Muttergesellschaft einige Boeing 757 übernommen werden. Nach dem wirtschaftlichen Zusammenbruch der Charterfluggesellschaften **Dan-Air London** und **Air Europe** verfolgte man bei Caledonian eine aggressive Expansionspolitik, verbunden mit einer Flottenerweiterung. Im November 1995 verkaufte British Airways die traditionsreiche Caledonian als Paket für ca. 16 Millionen Pfund an den Reiseveranstalter Inspiration Travel. Im Kaufpreis enthalten waren auch die fünf Lockheed TriStar. Mit den verbliebenen DC-10 betrieb man im Auftrag der British Airways einige Karibikrouten ab London/Gatwick. Inzwischen wurden die Boeing 757 an die Muttergesellschaft zurückgegeben und durch eigene Airbus A320 ersetzt.

Nachdem 1998 Inspiration Travel/Carlson Leisure Group durch die Thomas Cook Holding, einen der größten britischen Tourismuskonzerne, übernommen worden war, beschloss man auch die Fusion der beiden hauseigenen Charterfluggesellschaften Flying Colours Airlines und Caledonian Airways, die zum Ende der Sommersaison 1999 vollzogen wurde. Da man sich zunächst nicht auf einen gemeinsamen neuen Namen für diese Fluggesellschaft einigen konnte, operierten die Unternehmen zunächst optisch unabhängig voneinander. Nach langwierigen Diskussionen setzte die Thomas Cook Holding mit Wirkung zum 27. März 2000 den Firmennamen **JMC Air**, nach dem Gründersohn James Mason Cook, als neuen Namen des Konzerns und der Fluggesellschaft durch. In schneller Folge erhielten alle Flugzeuge der Flotte die neue Farbgebung.

Von London/Gatwick, Birmingham, Manchester und weiteren britischen Regionalflughäfen flog Caledonian zu Zielen im Mittelmeergebiet, den Kanarischen Inseln, Nordafrika und in die Karibik.

Langstrecken-Charterdienste bediente Caledonian Airways mit L-1011 TriStar und MDC DC-10-30.

Auf den »Sun Run«-Diensten von britischen Flughäfen zu Zielorten im Mittelmeergebiet setzte Caledonian Airways bevorzugt Airbus A320 und Boeing 757-200 ein.

Cambrian Airways

Das Unternehmen wurde im April 1935 gegründet und führte mit einer einzelnen De Havilland Gipsy Moth Lufttaxidienste in Südwales durch. Nachdem der Flugbetrieb für die Dauer des Zweiten Weltkriegs ruhte, konnten die Operationen im Januar 1946 mit einem Auster-Flugzeug wieder aufgenommen werden. Mit einer kleinen, aus De Havilland Rapides bestehenden Flotte, wurden ab 1948 Linienflüge zwischen Cardiff und den Kanalinseln durchgeführt. Ab 1953 flog man, via Southampton, bis nach Paris. Im selben Jahr eröffnete Cambrian eine neue Operationsbasis in Bristol und stellte einige DH.104 Dove in Dienst, die ab 1954 durch die größeren DH.114 Heron und Douglas DC-3 abgelöst wurden. 1958 geriet die Gesellschaft in wirtschaftliche Turbulenzen und wurde durch **British European Airways - BEA**, die ein Drittel der Unternehmensanteile erwarb, vor dem Konkurs gerettet. Cambrian übernahm alle BEA Pionair (modifizierte DC-3) und baute bis 1963 ein leistungsfähiges Streckennetz von ihren Operationsbasen in Cardiff und Bristol zu den Kanalinseln und nach Paris auf. 1963 übertrug BEA der Cambrian auch das Streckennetz zu und von der Isle of Man, und zur Bedienung dieser Routen übernahm man von BEA fünf Vickers Viscount 700. Mit dem Zulauf der größeren Viscount 800 erfolgte die schrittweise Außerdienststellung der Viscount 700 und die Pionair absolvierten am 31. Oktober 1969 ihren letzten Flug. Die beiden in der Flotte verbliebenen Viscount 700 standen noch bis 1977 im Einsatz und kamen ausschließlich auf den **BOAC/British Airways** Transatlantik-Zubringerflügen von Prestwick nach Belfast und Aberdeen zum Einsatz.

1967 wurde Cambrian ein 100%iges Tochterunternehmen der BEA und wurde durch die Holdinggesellschaft British Air Services geleitet. Unter deren Kontrolle standen auch die anderen BEA-Tochtergesellschaften **BKS** und **Northeast Airlines**. Viscount 800 kamen auch für Pauschalcharterflüge ab Bristol und Cardiff ins Mittelmeergebiet zum Einsatz. 1969 erfolgte die Indienststellung der ersten von insgesamt vier BAC 1-11 Srs. 400 auf dem Liniendienst Cardiff–Bristol–Southampton–Paris, doch flogen diese Maschinen zumeist europaweite Charterdienste. Im Oktober 1973 verlor Cambrian endgültig die eigene Identität, nachdem die Viscount und BAC 1-11 das neue Farbkleid der British Airways erhielten. Die offizielle Auflösung der Cambrian Airways erfolgte erst im Jahre 1976.

Zu den ersten bei Cambrian Airways eingesetzten Flugzeugtypen gehörte die unverwüstliche Douglas DC-3, von denen das Unternehmen zehn Exemplare im Einsatz hatte. G-AGHM, eine C-47A (C/N 9623) wurde am 1. Mai 1963 von der BEA übernommen und am 18. April 1969 an einen zypriotischen Flugzeughändler verkauft.

Cambrian übernahm 1963 von der BEA zur Bedienung des Streckennetzes zu und von der Isle of Man fünf Vickers Viscount 700. G-AMNZ stieß am 26. Juni 1963 zur Flotte. Am 5. Juni 1971 wurde die Maschine in Cardiff außer Dienst gestellt und später dort verschrottet.

BAC 1-11 Srs. 416EK G-AVOF (C/N 131) stand bei Cambrian von Dezember 1969 bis April 1972 im Einsatz und wartet hier auf dem Vorfeld des Flughafens Berlin-Tempelhof auf neue Passagiere.

Channel Air Brigde

Die Wurzeln der Autofähr-Lufttransportgesellschaft Channel Air Bridge reichen zurück ins Jahr 1956, als die Fluggesellschaft Air Charter ihren ersten Autofährflug zwischen Southend und dem damals neu eröffneten Flughafen in Rotterdam durchführte.

Die Übernahme der Air Charter durch die Airwork-Gruppe im Januar 1959 führte zu einer Reorganisation aller Flugbetriebsabteilungen und der Gründung einer ausschließlich für den Autofährverkehr zuständigen Fluggesellschaft, Channel Air Bridge, die am 25. Februar 1959 mit Bristol 170 Freighter und Superfreighter-Flugzeugen der ehemaligen Air Charter den Flugbetrieb von Southend nach Calais, Ostende und Rotterdam aufnahm. Bereits im Mai 1959 beantragte C.A.B. beim Air Transportation Board die Genehmigung für Liniendienste nach Bremen, Düsseldorf, Straßburg und Lyon und kündigte die Entwicklung eines neuen, größeren, Transportflugzeugs als Ersatz für die veralteten Superfreighter an. Da die Neuentwicklung eines solchen Flugzeugs als zu kostenintensiv verworfen werden musste, strengte C.A.B. den Umbau einer bereits vorhandenen Konstruktion an und beauftragte die in Southend ansässige und auf Umbauten speziali-

sierte Firma Aviation Traders mit dem Projekt. Das Resultat war die ATL-98 Carvair (Car-via-Air), eine umgebaute DC-4 mit Bugklapptor, hochgelegtem Flugdeck und dem Leitwerk einer DC-7C. Von diesem brillianten Flugzeug bestellte C.A.B. umgehend zehn Exemplare und konnte die erste Maschine am 16. Februar 1962 zwischen Southend und Ostende in Betrieb nehmen. Am 1. Juni desselben Jahres flogen Carvair erstmals zwischen Southend und Straßburg, die Strecken zu den übrigen Destinationen wurden dagegen nie eröffnet. Während der Sommersaison 1962 hatte C.A.B. drei Carvair im Einsatz, die verbliebenen zwei Freighter und sechs Superfreighter verkehrten ausschließlich von Southend nach Calais, Ostende und Rotterdam. Zusätzlich flogen Superfreighter reine Frachtflüge auf dem gesamten Streckennetz.

Bereits 1960 wurde Channel Air Bridge Teil der neuen **British United Airways**-Gruppe, behielt für die kommenden zwei Jahre aber noch ihre eigene Identität. Nachdem im Januar 1962 auch Silver City Airways unter das Dach der British United kam, wurden schließlich im Juni 1962 deren Autofährdienste mit denen der C.A.B. zusammengelegt. Hieraus entstand die **British United Air Ferries - BUAF**, die offiziell am 1. Januar 1963 ins Leben gerufen wurde.

Der Bristol Superfreighter G-ANVR flog vom 25. Februar 1959 bis zum 1. Januar 1963 in den Diensten der Channel Air Bridge.

Verladungsvorgang einer Ladung »General Cargo« in den aufgeklappten Rumpf einer Bristol 170 Mk.32 Superfreighter.

Vorfeldszene am Flughafen von Southend-on-Sea im Sommer 1962 mit ATL-98 der Channel Air Bridge.

Dan-Air London

Dan-Air Services Ltd. wurde am 21. Mai 1953 als Tochterunternehmen der Schifffahrtsmakler Davies & Newman Ltd. gegründet und führte mit einer einzelnen Douglas DC-3 Passagier- und Frachtcharterdienste von Southend zu Zielorten in Kontinentaleuropa durch. Das Unternehmen entwickelte sich erfolgreich und 1956 errichtete Dan-Air eine neue Basis am Flughafen Blackbushe. Für das aufkeimende Pauschalcharterfluggeschäft erwarb man 1960 drei Airspeed AS.57 Ambassador von der australischen Butler Air Transport. Mit der Schließung von Blackbushe verlegte Dan-Air ihre Heimatbasis am 31. März 1960 zum Flughafen London/Gatwick. Auch das Frachtgeschäft entwickelte sich zufriedenstellend, sodass hierfür eine Anzahl unterschiedlicher Flugzeugtypen zum Einsatz kam, neben DC-3 auch Avro York und Bristol 170 Freighter. In den später 50er- und frühen 60er-Jahren flog Dan-Air viele Frachtrouten im Auftrag der **BEA**. Für Langstrecken-Frachtcharter beschaffte das Unternehmen 1966 eine einzelne Douglas DC-7, aber nachdem das Frachtfluggeschäft immer weiter zurückging, konzentrierte sich Dan-Air verstärkt auf Passagiercharter. Die letzten Freighter wurden 1968, die letzten DC-3 1970 außer Dienst gestellt. Nach der Erteilung einer Verkehrsgenehmigung für Transatlantik-Gruppencharter begann Dan-Air am 1. April 1971 mit einer aus PanAm-Beständen stammenden Boeing 707-321 den Charterverkehr zwischen Großbritannien und den USA. Eine zweite 707 stieß 1972 zur Flotte und die Maschinen kamen während der Sommersaison 1973 auch auf europäischen Charterdiensten zum Einsatz. Die Übernahme der Skyways International im April 1973 ermöglichte Dan-Air den Aufbau eines »Inter City Service« genannten Streckennetzes von Regionaldiensten, das mit einer aus HS.748 bestehenden Flotte bedient wurde. Auf solchen Regionaldiensten mit großer Kapazitätsnachfrage kamen zwischen Oktober 1975 und November 1980 insgesamt sechs Vickers Viscount der Serien 700 und 800 zum Einsatz.

Im Chartergeschäft begann 1966 das Jet-Zeitalter mit der Übernahme des ersten von vielen DH.106 Comet 4. Dieser Flugzeugtyp bildete bis 1980 das Rückgrat der Dan-Air-Flotte, obwohl zu diesem Zeitpunkt bereits BAC 1-11 und Boeing 727 viele Charterdienste von den Comet übernommen hatten. Dan-Air betrieb die weltweit größte Comet-Flotte, die aus 13 Comet 4, elf Comet 4B und zehn Comet 4C bestand. Weitere Maschinen wurden als Ersatzteilspender erworben und auf dem Gelände der Dan-Air Engineering-Werft in Lasham ausgeschlachtet.

Die ersten BAC 1-11 gelangten ab März 1969 zum Einsatz und während der Sommersaison 1975 hatte Dan-Air zwölf dieser Flugzeuge im Flottenbestand.

Die Affinität zur Boeing 727 begann mit dem Erwerb von drei Maschinen der Serie -100 aus Beständen der Japan Air Lines - JAL im Frühjahr 1973. Der Typ gelangte am 13. April 1973 erstmals zum Einsatz und nach der Außerdienststellung der Comet viele Jahre später bildeten die Flugzeuge der Serien 727-100 und -200 das Rückgrat der Dan-Air-Flotte. Der Ersteinsatz der 727-200 erfolgte im März 1980.

Zwischen 1980 und 1985 lösten Boeing 737-200 und Boeing 737-300 schrittweise die BAC 1-11 auf den Linien- und Pauschalcharterdiensten ab, und im Mai 1986 kaufte Dan-Air einen Airbus A300B von der deutschen Charterfluggesellschaft **Hapag-Lloyd**. Zwei weitere ex-Hapag-A300B erwarb Dan-Air im Oktober 1986 und im Februar 1988. Mit der Übernahme von vier BAe 146 zwischen 1983 und 1987 ergänzte man die aus 20 HS.748 bestehende Kurzstreckenflotte. Die BAe 146 kamen zunächst vorzugsweise auf den längeren Regionaldiensten nach Bern zum Einsatz.

Aufgrund wirtschaftlicher Schwierigkeiten geriet Dan-Air Anfang der 90er-Jahre unter Druck und musste einige ihrer Flugzeuge außer Dienst stellen oder verkaufen. 1993 ging Dan-Air in Konkurs, die Gatwick-Operationen mit der 737-300-Flotte wurden von **British Airways** übernommen.

Dan-Air Services Ltd. wurde am 21. Mai 1953 gegründet und führte mit einer einzelnen Douglas DC-3 Passagier- und Frachtcharterdienste durch. Insgesamt hatte das Unternehmen vier dieser Flugzeuge im Einsatz.

Für das aufkeimende Pauschalreisechartergeschäft erwarb Dan-Air 1960 drei Airspeed AS.57 Ambassador.

Zwischen 1957 und 1968 flogen drei Bristol Mk.31 Freighter europaweite Frachtdienste. G-APLH (C/N 13250) gehörte zu den wenigen von Dan-Air werksneu beschafften Flugzeugen und stand vom 10. März 1958 bis zum 29. November 1968 bei der Fluglinie im Einsatz.

1966 begann bei Dan-Air das Jet-Zeitalter mit der Übernahme der ersten von vielen DH.106 Comet 4. Dieser Flugzeugtyp bildete bis 1980 das Rückgrat der Dan-Air-Flotte.

Mit Transatlantik-Gruppencharterflügen begann Dan-Air am 1. April 1971 mit der aus PanAm-Beständen stammenden Boeing 707-321 G-AYSL (C/N 17599/71).

In den 70er- und 80er-Jahren baute Dan-Air eine moderne, aus BAC 1-11 und Boeing 727 bestehende Mittelstreckenflotte auf.

Zwischen 1980 und 1985 lösten Boeing 737-200 und Boeing 737-300 schrittweise die BAC 1-11 auf den Linien- und Pauschalcharterdiensten ab. G-BKNH (C/N 21820/578), eine Maschine der Serie -210, flog von April 1983 bis November 1992 bei Dan-Air.

Im Mai 1986 kaufte Dan-Air einen Airbus A300B von der deutschen Charterfluggesellschaft Hapag-Lloyd. Zwei weitere ex-Hapag A300B erwarb die Gesellschaft im Oktober 1986 und im Februar 1988.

Mit der Übernahme von vier BAe 146 zwischen 1983 und 1987 ergänzte man die aus 20 HS.748 bestehende Kurzstreckenflotte.

EasyJet

Am 18. Oktober 1995 gründete der griechisch-stämmige Reedersohn Stelios Haji-Ioannou in London die erste Niedrigpreis-Fluggesellschaft Europas nach dem Vorbild der amerikanischen Southwest Airlines. Mit zwei gemieteten Boeing 737-200 nahm EasyJet am 10. November 1995 den Flugbetrieb von Luton nach Glasgow und Edinburgh auf. Jede Strecke wurde mit drei täglichen Umläufen bedient. Nach anfänglichen operativen Schwierigkeiten während der Gründungsphase konzentrierte EasyJet den Flottenaufbau auf das Flugzeugmuster Boeing 737-300. Als erste Auslandsdestination flog man ab dem Frühjahr 1996 nach Amsterdam. 1997 erhielt die Gesellschaft ihre eigene Flugbetriebsgenehmigung und errichtete in Liverpool einen zweiten Verkehrsknoten. Im März 1998 erwarb die Fluglinie einen 40%igen Anteil an der schweizerischen TEA Switzerland und änderte deren Firmennamen in EasyJet Switzerland. Inzwischen ist man am Kapital dieser Gesellschaft mehrheitlich beteiligt.

An der Londoner Börse werden EasyJet Aktien seit Oktober 2000 gehandelt, und mit den dort generierten Geldern verfolgt das Unternehmen eine aggressive Expansionsstrategie. Nach der Übernahme des am Flughafen Stansted beheimateten Rivalen **Go Fly**, hält Easyjet eine Option zur Übernahme der deutschen Linienfluggesellschaft **DBA** (vormals **Deutsche BA**). Die EasyJet-Flotte besteht derzeit aus 40 Boeing 737-300 und 21 Boeing 737-700. Bestellt sind weitere zwölf Boeing 737-700 und 120 Airbus A319, die ab Ende 2003 zur Auslieferung gelangen werden. Derzeit ist Easyjet neben der irischen **Ryanair** Europas größte Billigfluglinie und befliegt mehr als 100 Routen zu 36 europäischen Destinationen.

Flotte:	
40 Boeing 737-300	21 Boeing 737-700

Derzeit betreibt EasyJet eine aus 40 Boeing 737-300 und 21 Boeing 737-700 bestehende Flotte.

Gibraltar Airways

Das Unternehmen wurde bereits 1930 von der Bland Shipping Line gegründet. Bis zur Betriebseinstellung im Jahr 1932 verkehrte man mit einem Saunders Aircraft Saro-Flugboot zwischen Gibraltar und Tanger (Marokko). Nach dem Ende des Zweiten Weltkriegs erwarb die Regionalverwaltung Gibraltars Namen und Rechte an dem Unternehmen. 1947, nach Neuaufbau mit einer aktiven Partnerschaft der **BEA**, begann erneut der Flugbetrieb auf der einzigen Route zwischen Gibraltar und Tanger, zunächst mit DC-3. 1953 erfolgte eine Reorganisation und die DC-3 wurden gegen moderne Vickers Viscount 700 Turbopropmaschinen ausgetauscht. Neuer Name des Unternehmens war nun Gibair. Wegen der dauernden politischen Spannungen mit Spanien um die Rückgabe von Gibraltar in den späten 60er-Jahren,

war Gibair als so genannter »Home Carrier« die einzige Fluggesellschaft, mit der man Gibraltar auf dem Luftweg erreichen konnte. Nach dem Zusammenschluss von **BOAC** und BEA zu **British Airways**, verringerten sich deren Anteile an Gibraltar Airways auf 49%.

Der heutige Name, GB Airways, wurde 1981 angenommen. Neben den Liniendiensten werden auch zahlreiche Pauschalcharterflüge ab London/Gatwick und Manchester zu Zielen innerhalb Europas und am Mittelmeer angeboten. Seit Mitte der 90er-Jahre operierte GB Airways als British Airways-Partnerunternehmen und bediente in deren Auftrag nahezu alle Linien- und Charterdienste nach Portugal und Nordafrika. Mit der 1998 erfolgten vollständigen Übernahme der Gesellschaft durch British Airways wurde die Flotte auf den Airbus A320 standardisiert.

Einige Jahre flogen Boeing 737-200 alle Liniendienste und Pauschalcharterflüge der GB Airways ab London/Gatwick und Manchester zu Zielen innerhalb Europas und ans Mittelmeer. Seit Mitte der 90er-Jahre operiert GB Airways als British Airways Partner-Unternehmen. Zum Einsatz kommen nunmehr ausschließlich Airbus A320.

Go Fly

Aufgrund der wachsenden Beliebtheit der europäischen Billigfluglinien bei den Passagieren sah sich **British Airways** 1997 genötigt, eine eigene solche Fluggesellschaft ins Leben zu rufen. Die Hauptoperationsbasis wurde auf dem Londoner Flughafen Stansted angesiedelt, um mit den dort bereits ansässigen Anbietern in Wettbewerb treten zu können. Mit gemieteten Boeing 737-300 begann Go Fly am 22. Mai 1998 mit dem Flugbetrieb nach Kopenhagen und Mailand. Mit dem Eintreffen weiterer Flugzeuge konnte das Streckennetz strategisch ausgebaut werden. Im Jahr 2000 flogen bereits 14 Boeing 737-300 zu 15 Zielorten im In- und Ausland. Neben den Liniendiensten führte die Gesellschaft auch europaweite Charterflugdienste durch. Nachdem Go Fly nicht die von British Airways gestellten Erwartungen erfüllen konnte, übernahm im Juni 2001 das Management mit Unterstützung der Beteiligungsgesellschaft 3i Group die Fluglinie. Nach einem weiteren verlustreichen Betriebsjahr stand Go Fly kurz vor dem finanziellen Ruin, wurde aber im August 2002 durch den Mitbewerber **EasyJet** übernommen.

Anschließend integrierte EasyJet die Flotte und das Streckennetz der Go Fly in die eigene Flugbetriebsorganisation.

Von Mai 1998 bis August 2002 flog Go Fly, die Billigfluglinie der British Airways, mit einer aus Boeing 737-300 bestehenden Flotte ab London/Stansted zu innereuropäischen Zielorten.

Heavylift Cargo Airlines

Heavylift wurde 1978 als Tochterunternehmen der Transmeridian Air Cargo (TAC) unter dem Namen TAC Heavylift gegründet. Als Holdinggesellschaft beider Unternehmen fungierte die Trafalgar House Group, die über weitreichende Interessen im Lufttransportsektor verfügte. Nachdem 1979 die TAC mit der IAS Cargo Airlines zur British Cargo Airlines verschmolzen wurde, blieb Heavylift selbständig und begann den eigenen Flugbetrieb im März 1980 vom neuen Betriebssitz am Londoner Flughafen Stansted. Das Unternehmen spezialisierte sich auf den Transport sperriger Güter und erwarb von der Royal Air Force insgesamt fünf zur Ausmusterung vorgesehene Short SC.5 Belfast, die aufwändig zu Zivilflugzeugen umgebaut wurden. Ferner gelangte auch die weltweit einzige, »Sky Monster« genannte, Canadair/Conroy CL-44-0 Guppy zum Einsatz. Zu den typischen Transportaufgaben zählte der Transport von Hubschrauberteilen für die Firma Westland, Rumpfsegmenten für Fokker und Triebwerke für Rolls-Royce. Später übernahm Heavylift noch eine einzelne Lockheed L-100-30 Hercules, die für die britische Ölindustrie zum Einsatz kam. Zur Abdeckung des Bedarfs an Transportkapazität für »normale« Luftfracht beschaffte man eine ex-VARIG-Boeing 707-320F.

Von April 1991 bis Februar 2001 arbeitete Heavylift mit der ukrainischen Volga-Dnepr Airlines in einem Joint Venture-Projekt zusammen, bei dem Großtransporter der Typen Antonow An-124 und Iljuschin IL-76 auf Ad-hoc-Frachtcharterflügen zum Einsatz kamen. 1997 stellte Heavylift einen ersten Airbus A300B4 Frachter in Dienst und die Boeing 707 wurde ausgemustert. Drei weitere A300B4 Frachter folgten, die primär im Auftrag anderer Fluggesellschaften, darunter **KLM** und TNT, eingesetzt wurden, und im Liniendienst nach Athen, Frankfurt, Istanbul, Liege, Köln/Bonn, und Stockholm flogen.

1996 erwarb der norwegische Kvaerner Konzern die Heavylift von Trafalgar House, doch bereits im März 1999 wurde die Gesellschaft nach einem so genannten »Management Buyout« von den leitenden Direktoren des Unternehmens übernommen und in HC Airlines umbenannt. Der Entschluss zum Einstieg in das erfolgversprechende Leasing-Passagierfluggeschäft mit A300B4 durch das Tochterunternehmen Prime Air geriet zum finanziellen Desaster, weswegen am 17. September 2002 die Flugbetriebseinstellung erfolgte.

HeavyLift spezialisierte sich auf den Transport sperriger Güter und erwarb von der Royal Air Force insgesamt fünf zur Ausmusterung anstehende Short SC.5 Belfast. Ferner gelangte auch die weltweit einzige Canadair/Conroy CL-44-0 Guppy zum Einsatz.

Invicta International Airlines

Im November 1964 etablierte sich am Flughafen von Manston, Kent, eine neue Charterfluggesellschaft mit dem Namen Invicta Airways. Mit je zwei Douglas DC-4 und Vickers Viking begann das Unternehmen im Februar 1965 seinen Flugbetrieb mit europaweiten Charterflügen. Den ersten Pauschalreiseflug von Manston nach Basel unternahm eine Viking am 20. März 1965. Weitere Zielorte im stetig wachsenden Streckennetz waren Düsseldorf, Maastricht, Luxemburg, Malaga, Ostende, Palma/Mallorca, Perpignan, Rotterdam und Sevilla. Das machte die Anschaffung von drei zusätzlichen DC-4 und zwei Viking erforderlich. Zur Bedienung der langen Mittelstrecken erwarb Invicta 1968 zwei Vickers Viscount 700 von **British Eagle**. Ende 1968 fusionierte die Minster Asset Group die Invicta mit der ebenfalls zur Gruppe gehörenden **British Midland Airways**. Am 13. Januar 1969 wurden schließlich die Invicta-Flotte und die der British Midland in das neue Unternehmen Air Britain integriert.

Nach dem offensichtlichen Misserfolg kaufte das ehemalige Invicta-Management die nunmehr aus drei Exemplaren bestehende DC-4 Flotte zurück und gründete im Juni die neue Invicta Airways Ltd. (1969). Nachdem sich die Fluggesellschaft auf das Ad-hoc-Frachtchar-tergeschäft konzentriert hatte, änderte man den Firmennamen in Invicta Air Cargo (1969) Ltd. Neben europäischen Zielorten flog Invicta auch zu Destinationen im Mittleren Osten und Nordafrika. Im Oktober 1970 erwarb man eine Vickers Vanguard von Air Holdings, welche eine DC-4 auf den Frachtdiensten nach Zypern und in die Staaten am Arabischen Golf ersetzte. Im Frühjahr 1971 kaufte Invicta zwei weitere Vanguard, die als Passagiermaschinen auf Militärcharterflügen zwischen Großbritannien und Deutschland zum Einsatz kamen. Außerdem etablierte die Gesellschaft erste Niedrigpreis-Charterflüge zwischen beiden Ländern.

Am 16. Januar 1973 musste Invicta den Flugbetrieb aus wirtschaftlichen Gründen einstellten, und die gesamte Flotte wurde in Luton und Manston abgestellt. Nachdem die Fährgesellschaft European Ferries im Februar desselben Jahres eine 76%ige Mehrheit an Invicta erwarb und die Vanguard-Flotte zurück mietete, konnte im März 1976 der Flugbetrieb wieder aufgenommen werden. Am 10. April 1976 stürzte die Vanguard G-AXOP, mit Touristen aus Bristol kommend, bei einem Schlechtwetteranflug auf Basel ab und ging in einem Waldgebiet in Flammen auf. Als Ersatz für das verloren gegangene Flugzeug erwarb Invicta eine weitere Vanguard von Air Holdings. Im März und Juli 1974 stießen zwei von American Airlines erworbene Boeing 720-023B

(G-BCBA, G-BCBB) für den Einsatz auf den Mitteloststrecken zur Flotte, doch nur eines dieser Flugzeuge gelangte zum Einsatz. Die zweite Maschine blieb bis September 1974 in Manston inaktiv abgestellt und wurde dann an Tempair International verkauft. Ende 1975 erwarb Tempair auch die zweite Boeing 720. Zunehmend flog Invicta Fracht-Subcharterflüge für andere Gesellschaften und mietete hierfür zwei Bristol 175 Britannia 312 von IAS Cargo Airlines.

Am 11. Juni 1975 kündigte European Ferries für Invicta die Betriebseinstellung zum Oktober 1975 an, sofern sich kein Käufer für das defizitäre Unternehmen finden sollte. Am 18. Oktober führte die Vanguard G-AXOY den letzten Einsatz durch, einen Pilgerflug von Tarbes nach Luton und Blackpool. Nach dem Verkauf der Vanguard-Flotte an

die französische **European Aero Service - EAS** kam der Flugbetrieb am 11. November 1975 endgültig zum Erliegen.

Im Dezember 1975 erwarb die Universal Air Transport Sales Limited die Fluglinie und mietete zur Fortführung der noch aktiven Frachtcharter-Transportverträge eine ATL-98 Carvair von **British Air Ferries - BAF** und eine Bristol 175 Britannia 300 von African Safaris Cargo Airlines. Mit dem weltweiten Verfall der Frachtraten und dem Auftauchen immer neuer Frachtchartergesellschaften, spezialisierte sich Invicta ab 1978 auf den Pferde- und Rindertransport, doch Ende 1980 musste die Gesellschaft aus wirtschaftlichen Gründen den Flugbetrieb einstellen. Versuche einer Reorganisation mit wirtschaftlichem Neubeginn schlugen fehl, sodass Invicta Anfang 1982 endgültig von der Bildfläche verschwand.

Zwei Douglas DC-4 gehörten zum Grundstock der Invicta-Flotte, mit der das Unternehmen im Februar 1965 seinen Flugbetrieb aufnahm. Insgesamt flogen fünf dieser Flugzeuge bei der Gesellschaft. G-ASPN, eine C-54E Skymaster (C/N 10337) wurde am 20. Februar 1965 von der Eagle Aviation erworben und schließlich am 18. April 1972 als ZS-IRE an die südafrikanische Africair Limited verkauft.

Zwischen Februar 1968 und Februar 1969 hatte Invicta zwei Vickers Viscount 755 im Einsatz, die von British Eagle erworben wurden. Beide Maschinen wurden zum Ende ihrer Betriebszeit bei Invicta von British Midland übernommen. Abgebildet ist hier G-AOCB (C/N 092).

Bekannt wurde Invicta durch den Betrieb von insgesamt sieben Vickers VC.9 Vanguard, die das Unternehmen von der Firma Air Holdings mietete. In Deutschland konnte der Luftfahrtinteressierte die Vanguard zumeist auf nordrhein-westfälischen Flughäfen (Düsseldorf/Lohausen) auf Militärcharterflügen antreffen. Die Vanguard 952 G-AXOY (C/N 727) flog vom 5. Mai 1972 bis zum 16. Januar 1973 bei Invicta.

Die größten bei Invicta zum Einsatz kommende Flugzeuge waren die fünf viermotorigen Turboprops vom Typ Bristol 175 Britannia 300, die Frachtcharterdienste flogen.

Jersey European Airways

Am 1. November 1979 übernahm die neugegründete Jersey European Airways - JEA den Flugbetrieb der Intra (Jersey) Airways, und die Passagierstrecken der in Bournemouth/Hurn ansässigen Express Air Services. 1983 kaufte die Walkersteel-Gruppe das Unternehmen, die auch

Eigentümer der Spacegrand Aviation war. Bis zum 26. Oktober 1985 operierten beide Gesellschaften unabhängig voneinander, fusionierten dann aber zur Jersey European Airways. Mit DHC-6 Twin Otter, Embraer EMB-110 Bandeirante, Viscount 800 und Fokker F-27 Friendship erfolgte der Aufbau eines größeren Regionalstreckennetzes und die Außerdienststellung der älteren Flugzeugtypen Piper PA-31, BN-2A

Islander, DC-3 und HP.7 Dart Herald. Neben der Bedienung ihrer wichtigsten Routen von den Kanalinseln nach Bournemouth und Birmingham eröffnete JEA vom neu eingerichteten Verkehrsknoten in Birmingham auch Regionalstrecken auf dem britischen Mutterland und nach Nordirland (Belfast). Nach dem Ankauf weiterer F-27 wurden die verbliebenen Viscount 800 außer Dienst gestellt und 1989 gelangte mit der HS.748 ein neuer Flugzeugtyp zum Einsatz. Für den Betrieb auf den nordenglischen Routen und nach Irland beschaffte JEA drei Shorts SD3-30, die später durch vier Shorts 360 ergänzt wurden. Mit der Übernahme der ersten Strahlflugzeuge vom Typ BAe 146 im Jahr 1999 erfolgte die schrittweise Außerdienststellung der HS.748 und F-27. Mitte der 90er-Jahre führte JEA mit der Ablieferung von DHC-8 und Canadair RJ200 Regional Jets eine neue Flugzeugbemalung ein. Um der Bedeutung des innerbritischen Streckennetzes Rechnung zu tragen, änderte man den Unternehmensnamen im Juni 2000 in British European Airways.

Mit London/Gatwick, London/Stansted und Birmingham verfügt JEA über drei Verkehrsknoten. Als Partner der **Air France** betreibt man für diese einige Strecken und arbeitet auch strategisch eng zusammen. Mit der Einführung einer neuen Firmenphilosophie als Niedrigpreis-Fluglinie nennt sich das Unternehmen seit dem 18. Juli 2002 FlyBe. Das Streckennetz umfasst die Destinationen Belfast, Birmingham, Blackpool, Bristol, Cork, Dublin, Edinburgh, Exeter, Glasgow, Guernsey, Isle of Man, Jersey, Leeds/Bradford, London/Gatwick und London/Stansted, Lyon, Paris, Shannon, Southampton und Toulouse. Ferner werden Charterflüge innerhalb Europas und Flüge im Auftrag der britischen Post durchgeführt.

Flotte:	
2 BAe 146-100	3 DHC-8Q-200
7 BAe 146-200	4 DHC-8Q-300
6 BAe 146-300	4 DHC-8Q-400
2 Canadair CRJ-200ER	

Bis zum Ende der 90er-Jahre kamen auf dem weitverzweigten Regionalstreckennetz der JEA die Turboprop-Verkehrsflugzeuge der Typen Hawker-Siddeley HS.748 und Fokker F-27 Friendship zum Einsatz.

JMC Air

1995 rief die aus Sunset Holidays, Priority Holidays und Club 18-30 bestehende Flying Colours Leisure Group ihre eigene Fluggesellschaft Flying Colours ins Leben, die eine aus Boeing 757-200 bestehende Flotte auf den klassischen Routen in die Mittelmeerregion zum Einsatz brachte. 1998 wurde die Flying Colours Leisure Group von dem konkurrierenden Reiseveranstalter Sunworld gekauft und Flying Colours wurde mit dessen eigener Fluglinie, Airworld, fusioniert. Sunworld gehört zur weltweit operierenden Thomas Cook Holding, zu der auch die deutsche **Condor** gehört. Diese Holding übernahm 1998 die Carlson Leisure Group mit deren Fluggesellschaft **Caledonian Airways**. Die Fusion der beiden Gesellschaften erfolgte zum Ende der Sommersaison 1999. Die Flotte bestand aus Airbus A320, Boeing 757, MDC DC-10 und Lockheed L-1011 TriStar. Da sich die Gesellschafter zunächst nicht auf einen neuen Firmennamen einigen konnten, operierte die fusionierte Fluglinie bis zum März 2000 unter den jeweiligen alten Bezeichnungen. Erst zum Jahreswechsel 2000 erhielt das Unternehmen den neuen Namen JMC Air, benannt nach dem Gründersohn *James Mason Cook* und im März 2000 erschien das erste Flugzeug in der neuen blau-grünen Farbgebung. Am 30. März 2003 erfolgte eine erneute Umbenennung, diesmal in Thomas Cook Airlines.

Von London/Gatwick, Stansted, Birmingham, Manchester, Glasgow und Newcastle fliegt das Unternehmen Pauschalcharterdienste zu Zielen im Mittelmeergebiet, den Kanarischen Inseln, Nordafrika und der Karibik.

Flotte:	
10 Airbus A320-200	2 MDC DC-10-30
18 Boeing 757-200	

Auf langen Mittelstrecken setzt JMC Air vorzugsweise 235-sitzige Boeing 757-200 ein. Bei der Gesellschaft fliegen derzeit 18 dieser Flugzeuge.

Laker Airways

Der Unternehmer und Luftfahrt-Veteran *Freddie Laker* gründete im Februar 1966 seine Charterfluggesellschaft Laker Airways, die im Juli desselben Jahres mit zwei Bristol 175 Britannia 102 aus früheren **BOAC**-Beständen an den Start ging. Ende Februar 1967 erhielt die Gesellschaft ihre erste von drei bestellten BAC 1-11 Srs. 300, die ab April 1967 auf Pauschalcharterdiensten nach Italien und Spanien zum Einsatz gelangten. Aufgrund ihrer großen Reichweite eigneten sich die Maschinen auch für den Betrieb auf Routen zu den Kanarischen Inseln und nach Nordafrika. Eine vierte BAC 1-11 Srs. 300 konnte rechtzeitig zur Sommersaison 1968 in Dienst gestellt werden. Bereits im Januar 1968 hatte Laker vom Hersteller den Prototypen des Langstreckenmusters Vickers (BAC) VC-10 erworben, vermietete die Maschine aber über einen Zeitraum von 15 Monaten an Middle East Airlines. Nach erfolgter Rückkehr wurde das Flugzeug unverzüglich an **British United Airways - BUA** veräußert. Die Britannia verblieben noch bis zum Januar 1969 in der Flotte und wurden ab Februar desselben Jahres durch zwei Boeing 707-120B aus den Beständen der zuvor in Konkurs geratenen British Eagle ersetzt. Ab London/Gatwick, Manchester und Prestwick wurden die Boeing 707 auf Transatlantik-Pauschalcharterflügen nach New York und Toronto eingesetzt, unterstützen aber auch die BAC 1-11 auf den langen europäischen Mittelstrecken. Im September 1970 gründete Laker mit Unterstützung der Regierung von Barbados die International Caribbean Airways, die mit einer von Laker Airways gemieteten Boeing 707 zwischen Luxemburg und Barbados verkehrte.

1971 beantragte Laker Linienverkehrsrechte von Gatwick in die USA und bestellte hierfür zwei MDC DC-10-10, die im Oktober und November 1972 zur Ablieferung gelangten. Da sich die Erteilung der gewünschten Verkehrsrechte verzögerte, kamen die DC-10 zunächst auf den wichtigsten europäischen Charterdiensten zum Einsatz. Erst am 27. September 1977 konnte der erste »Skytrain«-Service London/Gatwick in Richtung New York verlassen. 1978 konnten die Transatlantik-Liniendienste nach Los Angeles ausgeweitet werden, hierfür beschaffte Laker DC-10-30 mit größerer Reichweite. Weitergehende Wünsche zur Aufnahme von »Skytrain«-Diensten nach Australien mussten aber auf Eis gelegt werden. Laker's revolutionäre Niedrigpreis-Transatlantikdienste erforderten den Einsatz von weiteren DC-10, sodass schließlich vier DC-10-10 und fünf DC-10-30 die Langstreckenflotte bildeten. Um das »Skytrain«-Konzept auch auf innereuropäische Hauptstrecken auszudehnen, orderte Laker zehn Airbus A300B4, von denen die erste Maschine am 6. Januar 1981 in Toulouse übernommen werden konnte. Bereits vier Tage später, am 10. Januar erfolgte der Ersteinsatz des A300B4 zwischen London/Gatwick und Palma/Mallorca. Im Mai 1981 beantragte Laker Verkehrsrechte nach Hongkong, via Sharjah, doch die Behörden der Kronkolonie verweigerten die gewünschte Lizenz. Aufgrund der operationellen Schwierigkeiten geriet Laker Airways in schwere wirtschaftliche Schwierigkeiten, und nachdem Versuche von Airbus Industrie, McDonnell-Douglas und General Electric zur Rettung der Fluggesellschaft fehlgeschlagen waren, musste Laker Airways am 6. Februar 1982 den Flugbetrieb einstellen und Konkurs anmelden. Von den zehn bestellten A300B4 gelangten nur drei Maschinen zur Auslieferung und auch die meisten der DC-10 wurden vom Konkursverwalter unverzüglich an ihre Eigentümer retourniert.

Insgesamt standen bei Laker Airways sechs BAC 1-11 der Serien 300/400 im Einsatz. G-AVBW (C/N 107) gelangte am 25. Februar 1967 zur Ablieferung und flog bis zur Betriebseinstellung am 31. März 1982 bei der Fluglinie.

Anfang der 80er-Jahre revolutionierte Laker Airways mit seinem »Skytrain«-Discount-Service den Linienflugverkehr über den Nordatlantik. Zum Einsatz gelangten insgesamt elf MDC DC-10 der Serien 10 und 30. Bei der abgebildeten G-BBSZ (46727/83) »Canterbury Belle« handelt es sich um eine DC-10-10, die am 20. Mai 1974 zur Ablieferung gelangte. Im April 1984 erwarb der amerikanische Flugzeughändler IAL die Maschine.

Manx Airlines

Im Jahr 1947 erfolgte die Gründung der Manx Air Charter, doch ging das Unternehmen bereits 1948 bankrott und wurde in die Silver City Airways integriert. Erst am 1. November 1982 wurde der alte Name wieder ins Leben gerufen, als **British Midland Airways** und die Commenwealth Shipping Line – welche an **Air UK** beteiligt ist – die

Manx Airlines gründeten. Mit einer aus Fokker F-27 Friendship und Vickers Viscount 800 bestehenden Flotte flog man zwischen Ronaldsway und London/Heathrow. In den nächsten Jahren wechselte das Fluggerät häufig, sodass sich keine eigenständige Flottenstruktur entwickeln konnte. Zu den eingesetzten Flugzeugtypen gehörten Saab 340, BAC 1-11 und eine BAe 146. Manx Airlines ist Mitglied der Airlines of Britain Group und operiert als Manx Airlines und als Manx Airlines (Europe). Letztere trat 1995 der **British Airways** (Regional Division) als Partner bei. Eine weitergehende Vereinbarung mit British Airways traf man im Sommer 1996 und übernahm die komplette BA-Scottish Division mitsamt deren Flugzeugen und dem Streckennetz. Damit wurde Manx Airlines zum weltweit größten Betreiber der BAe ATP. Nach Auflösung der Airlines of Britain Group erfolgte die Integrierung der Manx Airlines in der neuen, an der Londoner Börse notierten, British Regional Airlines. So behielt Manx Airlines ihre Unabhängigkeit, bediente ihre Strecken aber ausschließlich im Auftrag von British Airways. Bei der im November 1998 in Anlehnung an British Airways eingeführten neuen Flug-

zeugbemalung wurde die traditionelle grüne Farbgebung des Unterrumpfes beibehalten.

Von der Isle of Man fliegt Manx Airlines nach Aberdeen, Birmingham, Cardiff, Cork, Dublin, Edinburgh, Glasgow, Jersey, Leeds/Bradford, Liverpool, London, Manchester und Southampton.

Flotte:	
1 BAe Jetstream 41	1 BAe 146-200
4 BAe ATP	

Zu den bei der Isle of Man beheimateten Fluggesellschaft Manx Airlines eingesetzten Flugzeugtypen gehörten auch Saab 340 und BAC 1-11.

Monarch Airlines

Monarch Airlines gehört zu den ältesten und bekanntesten der britischen Charterfluggesellschaften und wurde am 5. Juni 1967 als Tochterunternehmen des Reiseveranstalters von Cosmos Tours gegründet. Mit einer Bristol 175 Britannia 312 wurde der Flugbetrieb am 5. April 1968 zwischen Luton und Madrid aufgenommen. Weitere Zielorte waren Basel, Barcelona, Gerona, Ibiza, Palma/Mallorca, Valencia und Rimini und von Caledonian Airways übernahm man zwei weitere Bristol Britannia. Zusätzlich kamen die Maschinen auf gelegentlichen Gruppencharterflügen über den Nordatlantik nach Kanada und die USA zum Einsatz. Ausgestattet mit mehreren Lufttransportverträgen flog Monarch von verschiedenen britischen Flughäfen nach Aden, Düsseldorf, Wildenrath und Gütersloh für die Royal Air Force. In der Sommersaison 1970 hatte Monarch bereits acht Britannia im Einsatz, doch das Management suchte bereits fieberhaft nach einem Nachfolgemodell, da die Turbopropmaschinen zwischenzeitlich als veraltet galten und nur noch schwierig zu vermieten waren. Die Entscheidung fiel auf die Boeing 720B, die preiswert am Gebrauchtmarkt zu kaufen war, und Monarch erwarb drei Exemplare aus den Beständen der amerikanischen Northwest Orient Airlines. Am 15. September 1971 erfolgte die Übergabe der ersten Maschine, die am 13. Dezember erstmals zum Einsatz gelangte. Die beiden anderen Flugzeuge stießen bis zum April 1972 zur Flotte. Der Einsatz dieser Maschinen entwickelte sich erfolgversprechend, sodass man im März 1974 eine vierte Boeing 720 im Mietkauf von der dänischen **Maersk Air** erwarb. Infolge der wirtschaftlichen Rezession nach dem Ölpreisschock von 1973 waren die Flugzeuge jedoch plötzlich zu groß für einige Zielgebiete, sodass Monarch vom Flugzeughersteller British Aircraft Corporation eine BAC 1-11 Srs. 500

mietete. Dieses Flugzeug gelangte im Februar 1975 erstmals zum Einsatz, gefolgt von einer zweiten solchen Maschine im März 1975. Zwischenzeitlich hatte man die Britannia-Flotte kontinuierlich verkleinert, und am 27. Januar 1976 verließ mit dem Verkauf der G-ANCF an die African Safari Airways (5Y-AZP) das letzte dieser formschönen Propellerflugzeuge die Flotte.

Mit dem Wiederaufleben des Pauschalcharterverkehrs gegen Ende der 80er-Jahre mietete Monarch 1978 zur Unterstützung ihrer Boeing 720B Flotte zwei Boeing 707-120B, eine 707-320 wurde von März bis Oktober 1981 von **British Caledonian Airways** gemietet.

Ab 1980 erfolgte die sukzessive Ablösung der BAC 1-11 durch Boeing 737-200 und als Flaggschiff wurden zwischen März und Mai 1983 die ersten Boeing 757-200 in Dienst gestellt. Monarch gehörte zu den ersten europäischen Charterfluggesellschaften, die das neue Mittelstreckenmuster Boeing 737-300 beschafften und damit ältere 737-200 ersetzten. 1986 eröffnete die Gesellschaft ihre ersten Linienflüge von Luton nach Malaga, Palma/Mallorca, Ibiza und Mahon. Neben dem Charterfluggeschäft betätigt sich Monarch Airlines auch sehr stark im Flugzeug-Leasinggeschäft und vermietete für Jahre einige ihrer Boeing 737-300 – samt Besatzung – an die deutsch-französische Fluglinie **Euroberlin France**. Ein weiteres wirtschaftliches Standbein sind die Wartungsdienstleistungen für fremde Fluggesellschaften des Tochterunternehmens Monarch Maintenance & Engineering Services. Flüge in die USA wurden 1988 aufgenommen und 1990 erhielt Monarch mit dem Airbus A300B4-600R ihr erstes Großraumflugzeug. Anfang 1993 erfolgte der Wechsel zu einer von Airbus dominierten Flotte, und die Boeing 737 wurden gegen A320 ausgetauscht. Eigens für den Einsatz bei **Alitalia** erwarb Monarch in einer Kauf-Rückleasing-Transaktion deren Boeing 767-300 zur Bewirtschaftung.

Für den Einsatz auf ihren eigenen Langstrecken-Charterdiensten mietete Monarch nach Bedarf saisonal MDC DC-10-30. 1999 konnten dann die ersten beiden Airbus A330-200 übernommen werden. Hauptbasis ist immer noch London/Luton Airport, weitere Einsatzzentren unterhält das Unternehmen aber auch in London/Gatwick, Birmingham, Liverpool und Manchester.

Charterdienste führen ins Mittelmeergebiet, in die Karibik, nach Ostafrika, den Fernen Osten und in die USA. Im Liniendienst fliegt man innerbritisch zwischen Manchester und London/Gatwick, international nach Alicante, Faro, Gibraltar, Malage, Mahon, Palma/Mallorca und Teneriffa. Monarch Airlines befindet sich im Besitz der Globus Travel Group, die ihre Anteile von der Monarch Holdings verwalten lässt.

Flotte:	
4 Airbus A300-600R	2 Airbus A330-200
3 Airbus A320-200	7 Boeing 757-200/-200ER
5 Airbus A321-200	

Mit einer Bristol 175 Britannia 312 nahm Monarch Airlines am 5. April 1968 den Flugbetrieb zwischen Luton und Madrid auf. Die Fluggesellschaft verfügte über eine große, neun Flugzeuge umfassende, Britannia-Flotte. Die abgebildete Britannia 312 G-AOVH (C/N 12925) erwarb Monarch am 1. April 1968 von der BOAC. Die Maschine wurde am 16. November 1971 in Luton außer Dienst gestellt und anschließend abgewrackt.

Nachfolgemuster der Britannia wurde die Boeing 720B, von der Monarch zwischen November 1971 und März 1983 sieben Maschinen einsetzte. G-AZKM (C/N 18382/223) kaufte Monarch Airlines am 13. Dezember 1971 von der amerikanischen Northwest Orient Airlines.

Ab 1973 unterstützten BAC 1-11 Srs. 500 die Boeing 720B auf dem Charterflug-Streckennetz der Monarch Airlines. G-BCXR (C/N 198), ein Flugzeug der Srs. 517FE, stieß am 20. Februar 1975 zur Flotte und stand bis zum Verkauf an BAC am 23. März 1983 im Einsatz.

Als Nachfolgemuster der veralteten Boeing 720B und BAC 1-11 entschied sich Monarch Airlines für die Boeing 737, von der die Fluglinie die Varianten 737-200 und -300 im Einsatz hatte. Die Fluggesellschaft mietete G-EURP (C/N 24237/1624) am 21. Oktober 1988 von der deutschen Chartergesellschaft Germania, doch trug die Maschine nur für kurze Zeit das Farbkleid der Monarch Airlines. Nach der Übergabe erfolgte die Untervermietung an Berlin European UK und Euroberlin France. Am 31. Oktober 1990 erfolgte die Rückgabe an Germania als D-AGEG.

Den Airbus A300B4-605R G-MONR (C/N 540) übernahm Monarch Airlines werksneu am 15. März 1990. Heute fliegen vier dieser Maschinen bei der Airline.

Einer der ersten Auslandskunden für die Boeing 757 war Mitte der Achtziger Jahre die britische Charterfluggesellschaft Monarch Airlines. In dem im Jahre 2002 neu eingeführten Farbkleid der Monarch Airlines präsentiert sich die Boeing 757-2T7 G-MONE (C/N 23293/56), die am 13. März 1985 zur Auslieferung gelangte.

MyTravel Airways

Der Reiseveranstalter Airtours mit seinem hauseigenen Luftfahrtunternehmen **Airtours International** des Unternehmers und heutigen Vorstandsvorsitzenden David Crossland wurde am 1. Oktober 1990 gegründet und nahm am 11. März 1991 den Flugbetrieb von Manchester zu den wichtigsten Touristikzielen rund um das Mittelmeer, nach Australien, zum indischen Subkontinent, in die Karibik und die USA auf. Zum Einsatz gelangten Boeing 757 und Boeing 767-300ER. Im November 1993 übernahm man die in Cardiff ansässige Inter European Airways und deren aus Airbus A320, Boeing 737 und Boeing 757 bestehenden Flotte.1996 erwarb Airtours auch die dänische Charterfluggesellschaft **Premiair**, sowie die deutsche Fly FTI, die hauseigene Fluglinie der Frosch Touristik International. Nach Umbenennung der Airtours-Gruppe in MyTravel Group im Februar 2002, erfolgte mit Wirkung zum 1. Mai 2002 auch die Zusammenlegung der Airtours International und Premiair zur neuen MyTravel Airways. Neben Manchester unterhält die Fluggesellschaft weitere Verkehrsknoten in London/Luton Airport, London/Gatwick sowie Kopenhagen. Anteilseigner sind Kleininvestoren (58%), Finanzinstitutionen (22%), die Crossland Familie (10,15%), David Crossland (10,15%) und das MyTravel-Management (0,22%).

Im Oktober 2002 folgte MyTravel dem allgemeinen Trend und gründete die Billigfluglinie **MyTravel Lite**, die ab der Heimatbasis Birmingham mit zwei von der Muttergesellschaft übernommenen Airbus A320 Passagierliniendienste nach Alicante, Belfast, Beauvais, Genf und Malaga durchführt.

Flotte: (ehemals Airtours International)	
12 Airbus A320-200	3 Boeing 767-300ER
6 Airbus A321-200	3 MDC DC-10-10 (zur Ausmusterung vorgesehen)
3 Airbus A330-200	
1 Airbus A330-300	1 MDC DC-10-30 (zur Ausmusterung vorgesehen)
6 Boeing 757-200	

Flotte: (ehemals Premiair)	
8 Airbus A320-200	3 Airbus A330-300
1 Airbus A330-200	

Bestellt	
9 Airbus A320-200	6 Airbus A321-200

MyTravel A320-231 G-CRPH (C/N 424) im Sommer 2002 in Manchester. Die Maschine gelangte am 4. Mai 1995 bei Airtours International Airways zur Ablieferung.

Sagittair

Sagittair wurde 1969 gegründet, um von London und anderen britischen Flughäfen aus Pauschalcharterflüge in die österreichischen und schweizerischen Wintersportgebiete durchzuführen. Der erste am 27. Mai 1970 mit Beech 18 durchgeführte Flug war aber ein Frachtflug mit Zeitungen zwischen London/Heathrow und Genf. Nachdem sich das Passagier-Chartergeschäft nicht zufriedenstellend entwickelte, konzentrierte sich das Unternehmen auf Ad-hoc-Frachtcharterflüge. Außerdem richtete man eine eigene Wartungs- und Operationsbasis in Heathrow ein. Ab 1971 flog Sagittair planmäßige Frachtdienste von Heathrow und East Midlands nach Beauvais mit Douglas DC-3 oder DC-6, und nach Lille mit AW.650 Argosy. Da sich die Argosy für großvolumige Frachtgüter besonders eignete, wurde die Flotte auf diesen Flugzeugtyp standardisiert. Hierzu erwarb man zwei

Flugzeuge von der amerikanischen Universal Airlines, die im April und August 1971 zur Flotte stießen. Ab dem 9. November 1971 flog Sagittair zweimal wöchentlich zwischen East Midlands und Lille, gefolgt von einem East Midlands–Guernsey-Umlauf. Zur Jahreswende 1971/72 stellte man die drei Beech 18 außer Dienst, und eine weitere Argosy wurde im Januar 1972 erworben. Hauptoperationsbasis war inzwischen East Midlands und neben den Liniendiensten war das Ad-Hoc-Frachtchartergeschäft das zweite wichtige Standbein der Gesellschaft. Finanzielle Probleme begannen im Mai 1972, doch zwischen Juli und August führte ein Hafenarbeiterstreik zu einem unerwarteten Auftragsschub. Die zusätzlichen Einnahmen aus diesem Geschäft konnten aber einen Konkurs nicht mehr abwenden und am 8. September 1972 musste Sagittair den Flugbetrieb einstellen. Die Frachtliniendienste übernahm die neugegründete **ABC - Air Bridge Carriers**.

Aufgrund ihrer Fähigkeit zum Transport großvolumiger Frachten erfreute sich die Armstrong-Whitworth AW.650 Argosy bei der Sagittair, die drei Exemplare dieses Flugzeugtyps im Einsatz hatte, großer Beliebtheit.

Virgin Atlantic Airways

Die Fluglinie geht zurück auf die Gründung der British Atlantic Airways im Jahr 1982, die nach dem Zusammenbruch der **Laker Airways** Niedrigpreis-Liniendienste zwischen London/Gatwick und Newark (New York) durchführen wollte, den Flugbetrieb aus Kapitalmangel aber nicht aufnehmen konnte. Dies änderte sich mit dem Einstieg der Virgin Group Limited des in der Musikbranche tätigen Unternehmers Richard Branson. Im März 1984 erhielt Virgin Atlantic die Genehmigung zur Aufnahme des Flugbetriebs auf der Strecke London–New York und der Erstflug erfolgte am 22. Juni desselben Jahres mit einer Boeing 747-100. Um auch kontinentaleuropäische Fluggäste für die Route zu interessieren, richtete man bereits im November 1984 einen täglichen, mit BAC 1-11 durchgeführten, Anschlussflug ins niederländische Maastricht ein. Dieser Flug wurde später auf Vickers Viscount 800 umgestellt und 1990, nachdem auf dem britischen Reisemarkt genügend Nachfrage generiert werden konnte, wieder aufgegeben. Aus der Billigfluglinie wurde bereits nach kurzer Zeit aufgrund eines strategischen Marketings mit einfallsreichen Werbekampagnen eine Fluggesellschaft für gehobene Ansprüche. Bereits 1986 erwarb das Unternehmen eine zweite Boeing 747, vier weitere Maschinen folgten bis 1989. Neben einer weiteren New York-Verbindung eröffnete Virgin Atlantic Routen nach Miami und Tokio (via Moskau). Im Januar 1991 erhielt das Unternehmen von der britischen Zulassungsbehörde die Genehmigung für Flüge ab London/Heathrow, zuvor war hierüber ein heftiger Streit mit **British Airways** entbrannt. Erste Liniendienste ab Heathrow konnten bereits im Juli desselben Jahres in die USA durchgeführt werden.

Als zweiten Flugzeugtyp beschaffte man den Airbus A340-300 und flog mit drei dieser Flugzeuge ab Jahresende 1993 nach Hongkong und Australien. Zwischenzeitlich umfasste die Boeing 747-Flotte eine 747-100, sieben 747-200B und eine 747-400. In den USA erweiterte man das Streckennetz um die Zielorte Orlando, Boston und Los Angeles. In Zusammenarbeit mit der irischen CityJet und der griechischen Southeast European Airlines wurden Zubringerflüge zwischen dem London/City Airport und Dublin, sowie zwischen Athen und London/Gatwick angeboten. Im November 1994 wurden je eine weitere Boeing 747-400 und ein Airbus A340-300 in Dienst gestellt und die veraltete Boeing 747-100 ausgemustert. Die Ablösung der ersten 747-200B erfolgte 1996, nachdem im April und November 1996 eine dritte 747-400 und ein fünfter A340-300 übernommen worden waren.

1996 wurde die auf europäischen Charter- und Liniendiensten tätige belgische EBA übernommen und als **Virgin Express** weitergeführt. Im selben Jahr konnte auch endlich, nach langem Ringen um die Streckengenehmigung mit der CAA, die Route zwischen London und Johannesburg eröffnet werden. 1998 bewarb sich Virgin Atlantic erfolgreich um einen militärischen Transportvertrag für Militärpersonal zwischen London und Washington. Mit **Virgin Sun** gründete man 1999 eine neue Charterfluglinie mit Basis in Manchester, sowie die neue australische Billigfluggesellschaft Virgin Blue Airlines.

Mit der Vorstellung einer neuen Flugzeugbemalung, der »Silver Dream Machine«, wurde zum Jahresende 1999 ein neues Service- und Strategiekonzept vorgestellt. 2002 übernahm Virgin Atlantic ihren ersten Airbus A340-600.

Flotte:

10 Airbus A340-300	2 Boeing 747-200B (zur Ausmusterung vorgesehen)
4 Airbus A340-600	
12 Boeing 747-400	

Bestellt:

6 Airbus A340-600	1 Boeing 747-400
6 Airbus A380-800	

Neben der Boeing 747-400 etablierte sich der Airbus A340-300 als zweiter Flugzeugtyp in der Virgin Atlantic-Flotte. Derzeit hat des Unternehmen zehn dieser Flugzeuge im Einsatz. G-VSUN (C/N 114) »Virginia Plain« ist seit dem 30. April 1996 von dem Leasingunternehmen ILFC gemietet.

Virgin Sun

Zur Vermarktung der weltweiten Linienflüge der **Virgin Atlantic Airways** gründete die Virgin Group 1985 den Reiseveranstalter Virgin Holidays. Zur Durchführung von Transportleistungen zu eigenen europäischen Zielorten musste das Unternehmen lange Jahre auf andere Charterfluggesellschaften zurückgreifen. Spätestens seit 1996 wurden innerhalb der Gruppe Überlegungen zur Gründung einer eigenen Charterfluglinie angestellt, die 1998 konkretisiert wurden und zur Etablierung der Virgin Sun führten. Mit zwei von GECAS gemieteten und in farbenfrohem Gelb gehaltenen Airbus A320 begann im April 1999 der Flugbetrieb von London/Gatwick und Manchester zu den Sonnenzielen rund um das Mittelmeer. Ein dritter A320 konnte im Dezember 1999 übernommen werden. Die Errichtung weiterer Verkehrsknoten erfolgte ab dem Beginn der Sommersaison 2000 in Newcastle und am East Midlands Airport. Im Mai 2000 konnte auch ein Exemplar des größeren A321-200 in Dienst gestellt werden.

Nach einem insgesamt wirtschaftlich unzufrieden verlaufenen Geschäftsbetrieb entschied sich die Virgin Group zur Schließung und dem Verkauf der Fluggesellschaft nach dem Ende der Sommersaison 2001. Im Oktober des Jahres wurden alle vier Flugzeuge an die Leasinggesellschaft GECAS retourniert und Virgin Sun am 1. November 2001 an die First Choice Holding Plc, Eigentümer der Charterfluggesellschaft Air 2000, verkauft.

Virgin Sun operierte eine aus drei Airbus A320 und einem A321 bestehende Flotte auf einem europaweiten Charterflug-Streckennetz. Der A320-214 G-VMED (C/N 978) »Mediterranean Maiden« war von April 1999 bis Oktober 2001 von der Leasinggesellschaft GECAS gemietet.

Irland

Aer Lingus

Am 22. Mai 1936 wurde für den Regional- und Europaverkehr die Aer Lingus Teoranta gegründet, 1947 gefolgt von Aerline Eireann Teoranta für den internationalen Flugverkehr. Beide Gesellschaften firmieren als Aer Lingus und befinden sich mehrheitlich in Staatsbesitz. Vom Flugplatz Baldonnel konnte der Flugbetrieb am 27. Mai 1936 mit einer De Havilland DH.84 auf der Route zwischen Dublin und Bristol aufgenommen werden, gefolgt von Routen nach London, Liverpool und zur Isle of Man. Während des Zweiten Weltkriegs wurde nur die Strecke Shannon–Dublin–Liverpool mit einer einzelnen DC-3 beflogen. 1947 beschaffte die Fluggesellschaft sieben werksneue Vickers Viking für die regionalen Routen über die Irische See und mit der größeren Vickers Viscount wurde das Streckennetz zu Zielen auf dem europäischen Kontinent erweitert. Ab 1965 kam als erstes Strahlmuster die BAC 1-11 zum Einsatz und löste die Viscount auf den Mittelstrecken ab. Mit dem Einsatz der Lockheed Constellation begannen ab 1958 die ersten Transatlantikflüge nach New York. Dieser Flugzeugtyp wurde aber schon bald durch die L.1049 Super Constellation und die strahlgetriebene Boeing 707 abgelöst. Im Jahre 1971 kam mit der Einführung der Boeing 747-100 das erste Großraumflugzeug auf dem Nordatlantik zum Einsatz und auf den Kurz-und Mittelstrecken ergänzte die größere Boeing 737-200 die BAC 1-11.

Mit der Restrukturierung Mitte der 80er-Jahre erfuhr die Mittelstreckenflotte eine dringend notwendige Erneuerung. Zum Einsatz kamen Boeing 737-400 und -500, für das regionale Streckennetz wurden Shorts 360 und Fokker 50 bestellt. Im Mai 1994 stellte Aer Lingus die zwei ersten neuen, 331-sitzigen Airbus A330 (EI-DUB, EI-SHN) auf ihren Transatlantikdiensten nach New York, Boston, Chicago und Los Angeles in Dienst. Sie ersetzten dort die seit 1970 eingesetzten Boeing 747-100. Eine Zeitlang flog die Gesellschaft zwei Boeing 767-300/ER, die aber zumeist an andere Fluggesellschaften vermietet waren. Diese Flugzeuge haben die Flotte zwischenzeitlich verlassen. Im März 1994 startete erstmals ein neuer Airbus A330 von Irland nach New York. 1999 kamen die ersten Airbus A321 zur Flotte, die mit dem Zulauf von sechs bestellten A320 weiter verjüngt wird.

Aer Lingus operiert eine moderne, strahlgetriebene Flotte auf Liniendiensten zwischen der Irischen Republik und Zielorten in Großbritannien, Kontinentaleuropa und den USA. Kurz- und Mittelstreckenflüge werden in der Regel von Airbus A320, A321, Boeing 737-400 und 737-500 beflogen. Sie verbinden Dublin mit Amsterdam, Birmingham, Brüssel, Kopenhagen, Cork, Düsseldorf, Frankfurt, London, Madrid, Manchester, Mailand, München, Paris, Rom and Zürich. Weitere Nonstopflüge verbinden Cork und Shannon mit London. Darüber hinaus operiert Aer Lingus saisonale Charterflüge zu mehr als 15 Zielorten.

Die Durchführung von inländischen und regionalen Diensten obliegt dem Tochterunternehmen Aer Lingus Commuter, welches heute über eine Flotte von BAe 146 und Fokker 50 verfügt. Die Regionalstrecken führen nach East Midlands, Edinburgh, Glasgow, Leeds/Bradford und Newcastle, während im Inland Connaught, Cork, Dublin, Kerry County, Galway und Shannon angeflogen werden. Die Regionalfluglinie ersetzte ihre Saab 340 Anfang 1995 durch die ersten BAe 146. Das traditionelle Shamrock-Logo hat schon viele Farbgebungen überlebt und ist auch im jüngsten Design dominant. Die neue Bemalung wurde 1994 vom Designbüro King & Wethereff entworfen und im Februar 1996 eingeführt. Auch die Bemalung der Regionalgesellschaft erfuhr eine entsprechende Veränderung.

Flotte:	
6 Airbus A320	6 Boeing 737-400
6 Airbus A321	9 Boeing 737-500
7 Boeing 737-400	8 BAe 146-300
2 Airbus A330-200	4 Fokker 50
5 Airbus A330-300	

Bestellt:
6 Airbus A320

Die De Havilland DH.84 EI-ABI war das erste von Aer Lingus eingesetzte Flugzeug und kam ab dem 27. Mai 1936 zwischen Dublin und Bristol zum Einsatz.

Bereits 1954 flog das Turboprop-Verkehrsflugzeug Vickers Viscount bei Aer Lingus. Die Fluggesellschaft setzte beide Varianten, die Viscount 700 (VC7) und die Viscount 800 (VC8), ein und stellte die veralteten Viking außer Dienst. Die Viscount 808 EI-AJK (C/N 291) gelangte am 21. Februar 1958 zur Ablieferung.

Weltweit erster Betreiber der damals revolutionären Fokker F-27 war Aer Lingus, die zwischen November 1958 und Mai 1959 sieben Flugzeuge der Serie -100 (EI-AKA bis EI-AKG) übernahm. EI-AKG (C/N 10119) Fiachra flog von Mai 1959 bis März 1966 auf dem Kurzstreckennetz der Gesellschaft.

In den Jahren 1963 und 1964 beschaffte Aer Lingus drei Exemplare des DC-4-Umbaus ATL-98 Carvair für ihren »Air-Ferry-Service« über die Irische See zwischen Irland und Großbritannien. EI-AMR (C/N 8 / 10448) konnte am 29. April 1963 übernommen werden und stand, zuletzt als reiner Frachter, bis zu ihrem Verkauf an die kanadische Eastern Provincial Airways (CF-EPV) am 24. Mai 1968 im Einsatz.

Mit dem Einsatz der Lockheed Constellation begannen ab 1958 die ersten Transatlantikflüge nach New York.

Als Ersatz für die auf den Nordatlantikstrecken eingesetzten, propellergetriebenen Lockheed L-1049 Constellation, beschaffte Aer Lingus 1961 drei Boeing 720-048 (EI-ALA bis EI-ALC). EI-ALC (C/N 18043/188) wurde am 7. April 1961 abgeliefert und im November 1965 als N7082 an die US-Gesellschaft Braniff International Airways verkauft.

Ab 1964 kam auf den Nordatlantikrouten die größere Boeing 707-300B / -300C zum Einsatz und löste dort die Boeing 720 ab. Erstes dieser neuen Flugzeuge war EI-AMW (C/N 18737/377), die am 10. Juni 1964 zur Ablieferung gelangte. Am 23. Juni 1972 verkaufte Aer Lingus die Maschine an Luxair / Luxavia, wo sie als LX-LGV in den Dienst genommen wurde.

1965 kam als erstes Strahlmuster die BAC 1-11 in den Dienst und löste die Viscount 800 auf den Mittelstrecken ab. Aer Lingus beschaffte vier Exemplare der Serie -208AL (EI-ANE bis EI-ANH), die über 25 Jahre lang im Einsatz standen; die erstgelieferte EI-ANE (C/N 049) vom 14. Mai 1965 bis zum 12. Januar 1991.

Im Jahre 1971 kam mit der Einführung der Boeing 747-100 das erste Großraumflugzeug auf den Nordatlantikrouten der Aer Lingus zum Einsatz. Die Fluggesellschaft beschaffte zwei solcher Maschinen, EI-ASI (C/N 19744/84) und EI-ASJ (C/N 19745/108). Als drittes Exemplar kam EI-BED (C/N 19748/44), die zuvor als D-ABYC bei Lufthansa flog, im Januar 1979 hinzu. Fast 25 Jahre lang bewährten sie die »Jumbos« auf den Nordatlantikstrecken und wurden erst Mitte der 90er-Jahre außer Dienst gestellt und durch Airbus A330 ersetzt.

Als Ergänzung ihrer Mittelstreckenflotte orderte Aer Lingus 1968 zunächst acht Boeing 737-248 (EI-ASA bis EI-ASH), die zwar ab 1969 zur Ablieferung gelangten, zunächst aber an andere Fluggesellschaften vermietet wurden. Ab März 1971 kamen die Flugzeuge dann auf dem Aer Lingus-Streckennetz zum Einsatz. EI-ASG (C/N 20222/240) »St. Cormac« wurde am 20. Februar 1970 übernommen und im Oktober 1991 außer Dienst gestellt.

Zur Bewältigung einer gestiegenen Kapazitätsnachfrage auf dem europäischen Streckennetz beschaffte Aer Lingus ab 1989 die Boeing 737-448, die 156 Passagieren Platz bot. Als zweites Exemplar gelangte am 27. Oktober 1989 EI-BXB (C/N 24521/1788) zur Ablieferung.

Als Nachfolgemuster der Boeing 737-200 führte Aer Lingus ab 1990 die 117-sitzige Boeing 737-548 ein. Zur ersten Teillieferung (1990-1992) gehörten EI-CDA bis EI-CDE, zur zweiten Teillieferung (1993) EI-CDF bis EI-CDH, sowie EI-CDS und EI-CDT. Die abgebildete EI-CDE (C/N 25115/2050), hier im Anflug auf London/Heathrow im September 1998, kam am 21. Mai 1991 zur Flotte.

Anfang der 90er-Jahre beschaffte Aer Lingus im Mietkauf drei Boeing 767-300 von der GPA Group als Ersatz für ihre veralteten Boeing 747-100. Da die 767 die in sie gestellten Erwartungen hinsichtlich Kapazität und Wirtschaftlichkeit jedoch nicht erfüllen konnten, übernahm Aer Lingus nur zwei dieser Flugzeuge, welche nur sporadisch zum Einsatz kamen und vorwiegend fremdvermietet wurden. EI-CAL (C/N 24952/357) gelangte am 19. März 1991 zur Ablieferung, flog bei Aeromexico und Air Aruba und wurde schließlich am 21. Februar 1992 an die amerikanische Fluggesellschaft TWA abgegeben.

1993 entschied man sich bei Aer Lingus zur Neuausrüstung mit einer kompletten Airbus-Flotte. Diese Entscheidung wurde zuerst bei der Langstreckenflotte umgesetzt, mit dem A330 als einzigem Flugzeugmuster. EI-SHN (C/N 054), eine Maschine der Serie -301, gelangte am 11. Mai 1994 zur Ablieferung und fliegt auf den Transatlantikstrecken nach Boston und New York in der Sitzversion C36/Y279.

Die Neuausrichtung der Mittelstreckenflotte konzentriert sich auf die Airbus-Modelle A320-214 (hier EI-CVD, C/N 1467) und A321-211 (hier EI-CPE, C/N 926).

Da in den geschäftigen Sommermonaten die eigene Langstreckenkapazität nicht ausreicht, ist Aer Lingus regelmäßig zur Anmietung von Flugzeugen fremder Luftfahrtunternehmen gezwungen. 1996 und 1997 kamen L-1011 TriStar zum Einsatz, hier G-BBAF (C/N 1093) der Caldedonian Airways. World Airways vermietete ihre MD-11 N272WA (C/N 48437/506) in den Jahren 1998 bis 2001 an die irische Fluglinie.

Die Durchführung von Regionaldiensten obliegt dem Tochterunternehmen Aer Lingus Commuter. Im April 1983 kam zunächst eine Shorts 330 zum Einsatz, ab 1984 insgesamt sieben Shorts 360. EI-BEM (C/N 3642) gelangte am 21. Juni 1984 zur Ablieferung. Während des Endanflugs in stürmischem Wetter auf den Flughafen East Midlands am 31. Januar 1986 wurde die Maschine drei Kilometer vor der Landebahn von einer Bö zu Boden gedrückt und zerschellte.

Aer Lingus Commuter verfügt heute über eine Flotte von Fokker 50 und BAe 146.
Die Fokker 50 EI-FKE (C/N 20208) wurde im Januar 1991 in Dienst gestellt, die BAe 146-300 EI-CLG (C/N E.3131) im Juni 1995.

Aer Turas

Die Gründung der Aer Turas Teoranta erfolgte Anfang 1962. Ziel des Unternehmens war die Durchführung von Passagier- und Ad-Hoc-Frachtcharterflügen von Dublin zu Zielen innerhalb Irlands und nach Großbritannien. Der Flugbetrieb begann im Juni desselben Jahres mit einer De Havilland DH.89 Dragon Rapide, die im März 1964 durch eine Douglas C-47 (DC-3C) ersetzt wurde. Finanzielle Probleme erzwangen die Betriebseinstellung am 29. September 1964.
Nach einer Reorganisation des Unternehmens konnte der Flugbetrieb im Juni 1965 mit einer Douglas DC-4 wieder aufgenommen werden.

Im Laufe des Jahres 1966 erweiterte man die Flotte um eine weitere DC-4 und zwei Bristol 170 Freighter. Während die DC-4 oftmals auf Flügen der **Cambrian Airways** ab Liverpool und Cardiff zum Einsatz kamen, flogen die Br.170 ausschließlich Frachtcharterdienste ab Dublin und wurden häufig zum Transport von Rennpferden gemietet. Anfang 1969 kaufte Aer Turas die aus vier Exemplaren bestehende DC-7CF-Flotte der niederländischen **KLM**. Während zwei dieser Flugzeuge umgehend weiterverkauft wurden, kamen die anderen beiden Maschinen auf Langstreckencharters der Aer Turas zum Einsatz. Obwohl die DC-7CF zumeist ab Shannon flogen, unterstützten sie oftmals die restliche Flotte bei Vertragscharterflügen ab Dublin.

Im November 1971 mietete Aer Turas einen Argosy-Frachter der kanadischen Transair Canada, da dieses Flugzeugmuster für den Transport schwerer Güter und von Rennpferden ideal erschien. Diese Maschine kam ab Jahresbeginn 1972 vorwiegend auf so genannten Livestock-Chartern (Tiercharterflügen, Rennpferde) zwischen Irland und Frankreich zum Einsatz, doch der Flugbetrieb erwies sich als unwirtschaftlich und die Argosy wurde bereits im November 1972 an die Eigentümer retourniert. Nachdem am 3. März 1974 eine DC-7CF bei einem Landeunfall in Luton verloren ging, fand Aer Turas schnellen Ersatz und mietete im Rahmen eines 42-monatigen Mietkaufvertrages eine Bristol 175 Britannia 300 von der britischen **Monarch Airlines**. Ihren Jungfernflug als Frachter absolvierte das Flugzeug am 29. Mai 1974 zwischen Dublin, Luton und Mailand mit einer Ladung Rennpferde an Bord. Da sich die Leistung der Britannia als zufriedenstellend erwies, erwarb Aer Turas eine zweite Maschine, diesmal von der Royal Air Force. Nach ihrem Umbau zum Frachter gelangte sie Ende Oktober 1975 in den Einsatz. Wegen Kapazitätsmangel mietete Aer Turas zwischen Juni und September 1977 eine dritte Britannia, die ausschließlich für **Cyprus Airways** betrieben wurde. Mit dem Kauf einer Canadair CL-44D »Swingtail« der **Cargolux** übernahm Aer Turas Mitte 1979 ihren ersten Großraumtransporter. Im August 1980 erwarb **Aer Lingus** die Mehrheitsanteile an Aer Turas und den Schritt zum

Strahlbetreiber vollzog die Gesellschaft am 1. Oktober 1982 mit dem Erwerb einer DC-8-63F von Cargolux durch einen Mietkaufvertrag. Mit der DC-8 begann ein regulärer Transatlantik-Frachtcharterdienst, der wenig später in einen Liniendienst umgewandelt wurde. Nach dem Erreichen ihrer maximalen Flugstundenzahl musste die CL-44D im Januar 1986 außer Dienst gestellt werden. Ersatz fand man mit einer anderen CL-44D, die zwischen Januar 1986 bis Mai 1989 von der britischen **Heavylift Cargo Airlines** gemietet werden konnte. Im April 1989 erwarb Aer Turas eine weitere DC-8-63F, und die CL-44 konnte an Heavylift retourniert werden. Neben den Transatlantik-Liniendiensten führt das Unternehmen weiterhin weltweite Charterflüge, zumeist in die USA und nach Kanada, sowie nach Neuseeland und in den Fernen Osten durch.

Zwischen 1997 und 1999 betrieb Aer Turas im Auftrag der Leasinggesellschaft Equis Financial Group Ltd. einen L-1011-1 TriStar für TBG Airways.

Flotte:
2 MDC DC-8-63F

Mit der Douglas DC-4 begann der Aufstieg der Aer Turas zu einer erfolgreichen Frachtcharter-Fluggesellschaft. EI-ARS (C/N 27289 / DO235) wurde am 12. Dezember 1969 von der schweizerischen Balair AG gekauft (ex HB-ILU) und erst im April 1977 an Air Falcon veräußert. Weitere DC-4 (C-54) im Einsatz der Aer Turas waren EI-AOR (C/N 10441 / DC172) und EI-APK (C/N 42911 / D4-8).

Zwei Bristol Br.170 Mk.31E unterstützten die DC-4 bei ihren Frachtcharterdiensten. Dies waren EI-APM (C/N 13076) und die abgebildete EI-APC (C/N 13072), die von März 1966 bis Dezember 1972 im Einsatz stand.

Für ein Jahr, von November 1971 bis November 1972, mietete Aer Turas diese Armstrong-Whitworth AW.650 Argosy 222 EI-AVJ (C/N 6801) von der kanadischen Transair Canada.

Insgesamt standen bei Aer Turas drei Frachter vom Typ Bristol 175 Britannia im Einsatz, davon ein Exemplar der Serie 300, und zwei der Serie 253C. Als erstes dieser Flugzeuge wurde EI-BAA (C/N 12921) »City of Dublin« am 6. Mai 1974 als Ersatz für eine verunfallte DC-7CF übernommen. Die anderen Maschinen waren EI-BBH (C/N 13436) und EI-BDC (C/N 13448).

Von Cargolux erwarb Aer Turas am 12. Mai 1979 ihre erste Canadair CL-44D EI-BGO (C/N 9). Die Maschine wurde im Januar 1986 außer Dienst gestellt und im Juni desselben Jahres in Dublin abgebrochen.

Die gegenwärtige Aer Turas-Flotte umfasst zwei DC-8-63F Frachter. EI-CGO (C/N 45924/392) wurde als zweites Flugzeug im April 1989 erworben.

Ryanair

Ryanair, die größte und bekannteste »Low-Cost«-Fluggesellschaft Europas, bildet neben der britischen **EasyJet** die Speerspitze dieser neuen Form des Lufttransportwesens. Mit einer einfachen Organisations- und Flugbetriebsstruktur ist man auf Kostenminimierung bedacht. Die Flugzeuge operieren ausschließlich von und zu Regionalflughäfen nahe großer Wirtschaftszentren auf einzelnen Streckensegmenten. Ein vom Flugzeugumlauf abhängiger Wechselflugverkehr innerhalb des Streckennetzes wird in der Regel nicht durchgeführt. Marketing und Buchung erfolgen ausschließlich über das Internet. Dadurch kann Ryanair ihre Tarife äußerst wettbewerbsfähig gestalten und erreicht über günstige Flugpreise neue Passagierschichten.

Gegründet wurde Ryanair 1984 als Regionalfluggesellschaft durch den ehemaligen Aer Lingus Flugkapitän und Gründer der GPA-Group, *Tony Ryan*. Ab Frühjahr 1986 flog man mit zwei HS.748 von Waterford und Cork in Südirland zu Zielen an der britischen Westküste und innerhalb kurzer Zeit baute das Unternehmen ein Inlandstreckennetz auf, das neun Flughäfen miteinander verband.

Bereits im Mai 1986 eröffnete Ryanair die Strecke Dublin–London (Luton) und begann einen Konkurrenzkampf mit der nationalen Fluggesellschaft **Aer Lingus**, der langfristig zugunsten der Ryanair ausging. Im Dezember 1986 erhielt Ryanair die Genehmigung zum Betrieb von Strahlverkehrsflugzeugen und beschaffte zunächst zwei BAC 1-11 Srs. 500, die umgehend auf den wichtigsten Routen zum Einsatz gebracht wurden. Neue Strecken führten von Dublin nach Manchester, Paris und Amsterdam, sowie von Cork und Shannon nach Luton. 1988 stieß als neues Fluggerät die ATR-42 zur Flotte und von Aer Lingus übernahm man deren Route Dublin–München. Ebenso mietete Ryanair zwei weitere BAC 1-11 Srs. 500 und bis 1992 wurde die One-Eleven-Flotte auf sieben Exemplare ausgebaut. 1992 erhielten alle Flugzeuge eine neue blau-gelbe Farbgebung, bei der eine dominierende irische Harfe das Seitenleitwerk ziert.

Im Januar 1994 traf die erste Boeing 737-200 bei Ryanair ein und ab März desselben Jahres begann die sukzessive Ausmusterung der BAC 1-11. Einige der schließlich 21 eingesetzten Boeing 737 flogen als so genannte »Logojets« mit Werbung für Autohersteller, Autovermietungen, Brauereien, Zeitungsverlage und Telefongesellschaften. Die wichtigste Operationsbasis verlegte man an den Sitz des Tochter-unternehmens Ryanair UK am Flughafen London/Stansted. Hier hatte man einen besseren Zugang zum wichtigen Londoner Markt als der Mitbewerber EasyJet im abgelegenen Luton und konnte die etablierten britischen Fluggesellschaften richtig unter Druck setzen. Ab 1997 dehnte Ryanair ihr Streckennetz massiv aus, startete aggressive Werbekampagnen und avancierte somit zum Pionier der europäischen Billigflieger. Neben den Liniendiensten fliegen Ryanair-Flugzeuge auch umfangreiche Charterprogramme innerhalb West- und Nordeuropas, und zu den bevorzugten Sonnenzielen britischer Touristen in der Mittelmeerregion. 1999 begann die Flottenumstellung auf ein Boeing-Muster der neuesten Generation, die 737-800 mit einer Bestuhlung für 189 Passagiere.

Im Dezember 1986 nahm eine Gruppe von Ryanair-Direktoren ihre Chance zum Einstieg in den britischen Luftverkehrsmarkt wahr und übernahm eine 85%ige Beteiligung der in London/Stansted ansässigen, konkursreifen **LEA - London European Airways**, die als Ryanair Europe weitergeführt wurde. Zur Aufrechterhaltung des Flugbetriebs transferierte Ryanair eine HS.748 an das Unternehmen, später zwei BAC 1-11. Aus wettbewerbsrechtlichen Gründen erhielt Ryanair Europe im August 1990 ihren ursprünglichen Namen zurück. Nach der Übernahme aller LEA-Anteile erfolgte 1995 eine erneute Umbenennung, diesmal in Ryanair UK, und die Hauptoperationsbasis der Ryanair-Flüge wurde nach London/Stansted verlegt.

Flotte:

21 Boeing 737-200
13 Boeing 737-800

Bestellt:

12 Boeing 737-800

Die ersten bei Ryanair eingesetzten Flugzeuge waren zwei Hawker-Siddeley HS-748. EI-BSE (C/N 1549) wurde am 1. April 1986 übernommen und später an die Ryanair Europe transferiert.

Als erstes Jetflugzeugmuster kam bei Ryanair die BAC 1-11 Srs. 500 zum Einsatz. EI-CCX (C/N 211) flog zwischen Dezember 1990 und Oktober 1994 bei dem Unternehmen.

Boeing 737-204 Advanced EI-CJG (C/N 22058/629) in der attraktiven blau-gelben Bemalung. Die Maschine fliegt seit März 1994 bei Ryanair. Alle 737-200 verfügen über eine einheitliche 130-sitzige Bestuhlung und werden von zwei Pratt & Whitney JT8D-15 Triebwerken angetrieben. Zehn Flugzeuge, die für den längerfristigen Einsatz geplant sind, wurden inzwischen mit so genannten Hushkits der Firma Nordam ausgerüstet.

Die Boeing 737-204 Advanced EI-CJD (C/N 22966/946) ist eine von sechs Ryanair-»Logojets« und wirbt für die irische Telefongesellschaft Eircell. Als zweite Maschine dieses Typs kam EI-CJD im Februar 1994 zur Ryanair.

Die Boeing 737NG der Serie 800 EI-CSF (C/N 29922/571) gelangte am 31. Mai 2000 zur Auslieferung und trägt die »Loveplane«-Sonderbemalung.

Transaer International Airlines

Die Fluggesellschaft wurde im Oktober 1991 unter dem Namen Translift Airlines in der Shannon Trade Zone gegründet und begann den Flugbetrieb im Frühjahr 1992 mit einer gemieteten DC-8-71. Translift spezialisierte sich auf Passagiercharterdienste und Subcharter für fremde Luftverkehrsgesellschaften. Unter eigenem Namen führte Translift von Dublin und Shannon aus Linienflüge nach Los Angeles durch. Im Laufe des darauf folgenden Jahres mietete Translift vier weitere DC-8-71, wovon eine Maschine für den wechselweisen Passagier- und Frachttransport zum Einsatz kam. 1993 übernahm Translift im Rahmen eines Flottenerweiterungsprogramms ihren ersten Airbus A320. Bis 1998 hatte das Unternehmen zehn solcher Flugzeuge im Einsatz, die zumeist untervermietet wurden. 1994 verlegte man den Firmensitz nach Dublin. Ein grundlegender Wechsel in der Kapazitätsnachfrage für

Subcharter führte im selben Jahr zum Austausch der DC-8-Flotte gegen Airbus A300B4, von dem insgesamt sechs Exemplare betrieben wurden. Zur besseren Charakterisierung ihres Geschäftsbetriebs änderte man 1997 den Firmennamen in Transaer International Airlines. Für den Betrieb von Boeing 727-200 im Auftrag eines US-Reiseveranstalters rief man die Transaer USA ins Leben. Nach guten Erfahrungen mit dem Charterflugbetrieb wurde 1998 in Deutschland die Transaer Cologne gegründet, mit der Transaer auf dem expandierenden deutschen Charterflugmarkt Fuß fassen wollte. Hierfür transferierte man einen A320. Nach einer schwachen Saison zog sich Transaer jedoch wieder zurück und löste Transaer Cologne auf. Da auch im Kerngeschäft wirtschaftliche Einbrüche zu verzeichnen waren, geriet Transair im Jahr 2000 in wirtschaftliche Schwierigkeiten und musste daraufhin den Flugbetrieb einstellen. Bereits bestellte Flugzeuge, zwei A320 und vier Boeing 737-800, kamen nicht mehr zur Ablieferung.

Transair spezialisierte sich auf die Vermietung vorwiegend von Airbus A300B und A320 an andere Fluggesellschaften. Der abgebildete A300B4 flog zuvor bei Carnival Air Lines in den USA.

Island

Air Atlanta Icelandic

Air Atlanta wurde am 10. Januar 1986 von dem früheren Icelandair-Piloten Arngrimur Johannsson und seiner Frau als so genanntes »Wet-Lease«-Luftfahrtunternehmen gegründet. Bei diesem Leasingverfahren wird ein Flugzeug inklusive Cockpitbesatzung über einen verhältnismäßig kurzen Zeitraum an eine andere Fluggesellschaft vermietet. Erste Flüge erfolgten mit einer Boeing 707 für Caribbean Airways auf der Route London–Barbados. Ab August 1988 kam eine weitere Boeing 707 auf einem Kontrakt für Air Afrique zum Einsatz. Hierbei handelte es sich um Pilgerflüge (Hadjj) zwischen Westafrika und Jeddah in Saudi-Arabien. In diesem einträglichen Geschäftsfeld konnte sich Air Atlanta inzwischen fest etablieren.

Zu Beginn der 90er-Jahre übernahm man von **Lufthansa Cargo** zwei Boeing 737-200F, die für diese Fluggesellschaft einige Jahre auf Routen u.a. nach Istanbul, Helsinki und Manchester im Einsatz standen. Für eigene Charterdienste wurden Boeing 737-200 in Passagierkonfiguration angeschafft. Mit wachsender Nachfrage stieg der Bedarf nach größerem Fluggerät, sodass im Mai 1991 die erste L-1011 TriStar zur Flotte stieß. Bis 1999 bildeten diese dreistrahligen Großraumflugzeuge, von denen Air Atlanta zeitweilig nahezu ein Dutzend im Einsatz hatte, das Rückgrat der Flotte. Diese Maschinen konnten preisgünstig von großen Fluggesellschaften, u.a. Cathay Pacific und TWA, erworben werden. Bei nahezu allen britischen Charterfluglinien waren die Air Atlanta TriStars als zusätzliche Kapazität für den Bedarfsfall äußerst beliebt.

Ab 1994 kam mit drei Boeing 747-100 ein noch größeres Flugzeugmuster zum Einsatz. Diese Maschinen flogen zumeist Hadjj-Dienste, während die TriStars weiterhin in den europäischen Urlaubsgebieten umherflogen.

1995 wagte Air Atlanta mit einer Boeing 737-300 den Sprung in den Linienflugverkehr mit der Eröffnung einer Route zwischen Keflavik und Berlin, welche sich aber als nicht profitabel erwies und schon bald wieder eingestellt wurde.

Zwischen 1997 und 1999 wurde zunächst die Boeing 737-Flotte ausgemustert, da deren Einsatz nicht mehr profitabel genug war. Ab 1999 erfolgte die sukzessive Außerdienststellung der TriStar-Flotte, zeitgleich wurden mehr Boeing 747-100/200 beschafft, gefolgt von relativ neuen Boeing 747-300. Diese Flugzeuge wurden auf längerfristigen Kontrakten bei **Air France** und **Iberia** platziert. Im Mittelstreckensegment wurden 2001 für die verbliebenen TriStars zwei Boeing 767-200 angeschafft, die in der Sommersaison exklusiv für die britische Charterfluggesellschaft Excel Airways (ehemals Sabre Airways) zum Einsatz kommen.

Flotte:	
3 Boeing 747-100	5 Boeing 747-300
3 Boeing 747-200	2 Boeing 767-200

Das Flugzeugmuster Boeing 737-200 gehörte zur Erstausstattung der Air Atlanta Iceland, von dem 16 Exemplare zum Einsatz kamen. TF-ABG »Karl Magnusson« (C/N 21192/451) wurde von GPA Finance Ltd. gemietet und flog nur sieben Monate, vom 8.6.1995 bis 11.1.1996, bei Air Atlanta. Die Maschine kam ursprünglich im März 1976 zur Auslieferung an Egypt Air und ist seit Februar 2001 in Goodyear, Arizona, abgestellt.

Lockheed L-1011 TriStar 100 TF-ABM (C/N 1221) flog vor dem Einsatz bei Air Atlanta (Mai 1993 bis Mai 1995) zwölf Jahre für Trans World Airlines - TWA als N31033. Dieselbe Maschine kam bei Air Atlanta später noch einmal (Juni bis November 1996) als TF-ABD zum Einsatz.

Air Viking

Air Viking wurde 1973 als Pauschalreise- und Charterflugunternehmen gegründet und nahm im Juli desselben Jahres den Flugbetrieb mit einer Convair CV-880-22M von ihrer Basis auf dem Flughafen Keflavik zu Zielen innerhalb Kontinentaleuropas und nach Großbritannien auf. Mit dem Ende der Sommersaison wurde die CV-880 im November 1973 veräußert und der Flugbetrieb eingestellt. Nach einer Reorganisation ging die Gesellschaft im März 1974 mit einer Boeing 720 wieder an den Start. In den nächsten vierzehn Monaten kontinuierlichen Flugbetriebs wurde die Flotte auf drei Boeing 720 aufgestockt, doch mussten alle Operationen im April 1976 aufgrund finanzieller Engpässe eingestellt werden. Flugzeuge und Flugbetrieb wurden auf eine neugegründete isländische Charterfluglinie, **Eagle Air/Arnarflug**, übertragen.

Die kurzlebige Air Viking betrieb zwischen Juli und November 1973 diese einzelne Convair CV-880-22M-3 (C/N 22-00-48M) auf Passagiercharter-flügen innerhalb Europas. Die Maschine gelangte am 1.3.1963 zur Ablieferung an Japan Air Lines und wurde 1975 zum VIP-Flugzeug umgebaut. Es ging im August 1986 in den Besitz der Federal Aviation Administration (FAA) über und fand Verwendung als Testflugzeug. Die CV-880 wurde im Oktober desselben Jahres in einem planmäßigen Feuer-Bruchversuch zerstört.

Eagle Air/Arnarflug

Eagle Air wurde am 10. April 1976 von ehemaligen Mitarbeitern der in Konkurs geratenen **Air Viking** gegründet, von welcher auch die verbliebenen Lufttransportverträge und zwei Boeing 720 übernommen wurden. Der offizielle Erstflug der Eagle Air erfolgte am 5. Juni 1976 mit einer Charterverbindung zwischen Keflavik und Malaga in Spanien. 1977 wurden die Boeing 720 durch die gleich aussehende, aber größere Boeing 707-320 ersetzt. 1978 konnte das Streckennetz auf weitere »Sunspots« im Mittelmeergebiet ausgedehnt werden und weitere Boeing 707 wurden zur Bedarfsdeckung angemietet. Zur Auslastung ihrer Flugzeuge während der Wintermonate vermietete Eagle Air auch Maschinen an andere Fluggesellschaften. 1979, nach dem Kollaps einer weiteren kleinen isländischen Inlandsfluglinie – Vaengir HF Airtransport – und deren Übernahme durch Eagle Air, erhielt das Unternehmen von der Regierung die Genehmigung zur Aufnahme eines Linienflugbetriebs.

Am 14. September 1979 begann Eagle Air mit dem linienmäßigen Flug-betrieb zu 14 Zielen innerhalb Islands mit einer Flotte von DHC-6 Twin Otter und PBN-2 Islander. Im selben Jahr wurden die beiden ältesten 707, die an andere Gesellschaften vermietet waren, bei ihrer Rückkehr außer Dienst gestellt und anschließend abgewrackt. Eagle Air blieb aber weiterhin ein loyaler Betreiber der 707, denn zwischen 1980 und 1981 wurden weitere Exemplare dieses Typs beschafft und kurzfristig an Fremdgesellschaften untervermietet. 1981 erhielt Eagle Air schließlich die Genehmigung zur Aufnahme von Linienflugverbindungen außerhalb Islands. Zunächst wurden von Keflavik aus Amsterdam, Hamburg und Zürich angeflogen, doch später wurde Hamburg zugunsten von Düsseldorf aufgegeben. Für diese Dienste leaste die Fluggesellschaft eine einzelne Boeing 737-200, die später von weiteren Flugzeugen des gleichen Typs ergänzt wurde.

Mit der Erfüllung des letzten Leasingauftrags verließ auch die letzte Boeing 707-320 die Flotte, da dieses Flugzeugmuster aufgrund der gestiegenen Kraftstoffpreise und Flugbetriebsgebühren nicht mehr pro-fitabel zu operieren war. Zur Fortführung des erfolgreichen Geschäfts mit der Vermietung seiner Maschinen erwarb Eagle Air auf Leasingbasis 1985 drei McDonnell Douglas DC-8 der Serie 60, welche exklusiv an Air Algerie und Saudia - Saudi Arabian Airlines untervermietet wurden.

Mitte der 80er-Jahre geriet Island in eine Rezession, während der die Touristen ausblieben, was wiederum drastische Einschnitte beim Flug-programm und Veränderungen in der Unternehmensführung erforderlich machte. Bis 1988 wurde die Flotte auf ein Minimum reduziert, Charter- und Liniendienste wurden von zwei Boeing 737-200 wahrgenommen. 1990 wurden letztendlich die Liniendienste eingestellt und Gespräche über eine Zusammenarbeit mit einer anderen isländischen Fluggesellschaft, der kleineren Islandsflug, führten am 1. Januar 1991 zu einem Zusammenschluss mit diesem Unternehmen.

Von dem ersten Boeing-Mittelstreckenjet 720B wurden nur 89 Exemplare gebaut. Nach langjährigem Einsatz bei den drei Erstbetreibern United Air Lines, American Airlines und Eastern Air Lines fanden einige dieser Flugzeuge in Europa neue Abnehmer, zu denen auch die isländische Charterfluggesellschaft Eagle Air/Arnarflug gehörte. Das Unternehmen hatte Mitte der 70er-Jahre drei dieser Flugzeuge (TF-VLA, -VLB, -VLC) im Einsatz. Die abgebildete TF-VLA (C/N 18163/241) kam im Juni 1976 von Air Viking und flog bis Mai 1977 bei Eagle Air. Dann wurde die Maschine in Keflavik außer Dienst gestellt und im darauf folgenden Jahr abgewrackt.

In den 80er-Jahren mietete Eagle Air insgesamt drei Boeing 737-200, welche im Charterdienst die veralteten Boeing 720B ersetzten. TF-VLT (C/N 20458/278), ein Exemplar der Serie -205C konnte in der Kombi-Variante oder wahlweise als Passagier- oder Frachtflugzeug betrieben werden. Das Flugzeug stand von Februar 1984 bis August 1990 bei Eagle Air im Einsatz und wurde ab Oktober 1990 mit der neuen Registrierung TF-ABT bei Air Atlanta Iceland als Frachter eingesetzt.

Icelandair

Icelandair oder Flugfelag Islands HF, wurde im Frühjahr 1937 in Akureyrar an der Nordküste Islands als Flugfelag Akureyrar gegründet. Der Flugbetrieb konnte am 3. Juni 1937 mit einem einzelnen Wasserflugzeug vom Typ Waco YKS aufgenommen werden, zur Durchführung von Bedarfsflügen zu anderen Küstensiedlungen und zur Heringsschwarm-Ortung. Ab August desselben Jahres flog man auch gelegentlich zur Hauptstadt, Reykjavik. Im Winter 1939 kamen alle Operationen zum Erliegen, nachdem die Waco durch einen Startunfall als Totalverlust abgeschrieben werden musste. 1940 wurde der Sitz der Gesellschaft in die Hauptstadt Reykjavik verlegt und nach einer Reorganisation wurde sie als Flugfelag Islands HF (Iceland Airways Ltd.) weitergeführt. Im selben Jahr beschaffte das Unternehmen eine neue Waco YKS, gefolgt von zwei De Havilland Rapides 1942. Später stießen noch eine Beech D-18 und ein Consolidated Catalina Flugboot zur Flotte. Nunmehr konnten landesweite Bedarfsflüge zu den einsam gelegenen Siedlungen in den Fjorden durchgeführt werden und ermöglichten somit erstmals die direkte Verbindung mit der Hauptstadt. Nach Kriegsende unternahm man mit der Catalina zunächst probeweise Langstrecken-Überwasserflüge nach Schottland und Dänemark, die ab dem 27. März 1946 linienmäßig nach Prestwick und Kopenhagen führten. Hierzu mietete Iceland Airways DC-3 und Consolidated Liberator von Scottish Aviation. Im April 1948 wurden diese Maschinen von Iceland Airways' ersten eigenen DC-4 abgelöst und die Prestwick-Route konnte nach Oslo verlängert werden. Am 3. Mai 1949 erfolgte die Aufnahme der ersten Direktverbindung nach London, die

in Kooperation mit **Loftleidir** beflogen wurde. Zwischen August 1946 und Juni 1949 wurde die Flotte für die inländischen Dienste auf den Flugzeugtyp DC-3 standardisiert, von dem vier Exemplare im Einsatz standen. Die letzte DC-3 verließ erst 1975 die Flotte.

Im Februar 1952 übernahm Iceland Airways alle Inlandsdienste der Loftleidir. Mit dem Erwerb einer zweiten DC-4 im Jahr 1955 konnte das internationale Streckennetz nach Schweden und Deutschland ausgedehnt werden. Im März und April 1957 erfolgte die Ablösung der DC-4 auf den wichtigsten Auslandsrouten durch zwei moderne Turbopropflugzeuge vom Typ Vickers Viscount 759. Der erste Linieneinsatz einer Viscount auf dem Icelandair-Streckennetz fand am 3. Mai 1958 auf der Strecke Reykjavik–Kopenhagen statt. Eine DC-4 wurde im Auftrag der dänischen Regierung für den Einsatz als Eispatrouille und Versorgungsflugzeug für Grönland umgebaut. 1963 erfolgte die Umstellung der Oslo-Route auf eine Direktverbindung, mit einem Zwischenstopp auf den Faröer-Inseln. Im Mai 1965 erfolgte der Ersteinsatz von Fokker F-27 auf den Inlandsdiensten, auf denen diese Maschinen die veralteten DC-3 ablösten. Das Jet-Zeitalter begann für Icelandair am 1. Juli 1967, als die erste Boeing 727-108 die langsameren Vickers Viscount auf den wichtigsten internationalen Verbindungen ablöste. In seiner heutigen Form besteht Icelandair seit dem 1. August 1973 als Holdinggesellschaft für Flugfelag Islands (die ursprüngliche Icelandair) und Loftleidir. Am 1. Oktober 1979 erfolgte der endgültige Zusammenschluss mit Loftleidir. Beide Streckennetze und Flugzeugflotten wurden zusammengeführt. So kam Icelandair in den Besitz von Langstreckenrechten in die USA und diese Routen wurden zunächst mit DC-8-50, später mit DC-8-63 »Super Sixty« beflogen. Dem europäischen Reisepublikum bekannt wurde Icelandair durch ihre berühmten Langstrecken-Discountflüge zwischen Luxemburg und New York/JFK, via Keflavik. Deswegen gehörte Icelandair in den späten 70er-Jahren zu den am schnellsten wachsenden Fluggesellschaften Europas. Die Expansion gelang nur durch die Auflage immer neuer Aktienanteile, die sich im Streubesitz von 3594 Aktionären befinden. Icelandair ist somit zu 100% in Privatbesitz. 1988 flogen schon 836.000 Passagiere mit Icelandair. Ab 1989 wurden die DC-8 durch moderne Boeing 757 ersetzt, die weitere Flotte stetig erneuert und die Maschinen vom Typ Boeing 727-100/-200 gegen Boeing 737-400 ausgetauscht. Auf den Regionalstrecken ersetzten ab 1992 drei moderne Fokker 50 die inzwischen veralteten Vorgängermuster vom Typ F-27. 1999 änderte Icelandair ihr Erscheinungsbild und alle Flugzeuge tragen inzwischen die gelb-blauen Farben der neuen Corporate Identity. Icelandair Cargo ist ein eigenständiges Tochterunternehmen mit einer Boeing 757-200F.

Angeboten werden Regionaldienste zu elf Zielen (ganzjährig). Internationale Routen führen von Reykjavik/Keflavik nach Amsterdam, Baltimore-Washington, Barcelona, Boston, Faröer-Inseln, Frankfurt, Glasgow, Göteborg, Hamburg, Helsinki, Köln, Kopenhagen, London/LHR, Mailand, München, New York/JFK, Orlando, Oslo, Palma de Mallorca, Paris, Salzburg, Stockholm und Zürich sowie Kulusuk und Narssarssuaq auf Grönland.

Flotte:

8 Boeing 757-200ER	4 Boeing 737-400
1 Boeing 757-300	3 Fokker 50

Flotte:

1 Boeing 757-300

Neben der unverwüstlichen Douglas DC-3, bei Icelandair auf Kurzstrecken im Inseldienst eingesetzt, gehörte das Langstreckenmuster Douglas DC-4 zur Erstausstattung der Fluglinie. Zwischen 1948 und 1967 verfügte die Gesellschaft über insgesamt fünf dieser viermotorigen Flugzeuge. Die abgebildete TF-ISE kam im Juli 1948 als erste DC-4 zur Icelandair und wurde erst am 22. März 1958 an die südafrikanische Wenela Air Transport abgegeben.

Nachfolgemuster der DC-4 wurde Mitte der 60er-Jahre die größere Douglas DC-6B, von der zwei Exemplare im Einsatz standen.

Boeing 727-108C TF-FIE (C/N 19503/420) »Gullifaxi« gelangte am 22. Juni 1967 zur Ablieferung an Icelandair. Bei dieser Version handelt es sich um ein so genanntes Kombi-Flugzeug, das Passagiere, Fracht oder kombiniert Passagiere und Fracht transportieren kann. Hierzu wurde in der linken vorderen Kabinenhälfte ein Frachttor eingelassen. Am 30. September 1979 erfolgte die Umregistrierung auf TF-FLH. Nach einer Periode von Vermietungen an andere Fluggesellschaften erfolgte im Februar 1985 der Verkauf an die TAG Group USA als N727TG. Heute fliegt die Maschine als Frachter bei UPS mit der Registrierung N936UP.

DC-8-63 TF-FLU (C/N 45999/377) »Austurfari« flog im Rahmen eines Leasingvertrags zwischen März 1984 und März 1989 bei Icelandair. Zuvor stand das Flugzeug im Einsatz bei KLM als PH-DEC »Marco Polo«. Im April 1991 erfolgte der Umbau zum Frachtflugzeug DC-8-63F. Derzeit ist die Maschine im Einsatz bei Airborne Express in den USA als N828AX.

Loftleidir

Loftleidir HF wurde am 10. März 1944 gemeinsam von drei isländischen Piloten und örtlichen Geschäftsleuten in Reykjavik gegründet und am 7. April desselben Jahres konnte mit einem Wasserflugzeug vom Typ Stinson Reliant der Flugbetrieb zu Fischerdörfern entlang der isländischen Westküste aufgenommen werden. Ferner wurden Flüge zur Fischschwarmbeobachtung und lokale Charterflüge durchgeführt. Nach Kriegsende konnte das inländische Streckennetz durch den Einsatz von Douglas DC-3 und Flugbooten der Typen Grumman Goose und Consolidated Catalina effizient ausgebaut werden. Der Betrieb dieses Streckennetzes wurde 1952, nachdem man sich auf den Langstreckenverkehr spezialisiert hatte, an Flugfelag Islands übertragen.

In der Zwischenzeit, 1946, übernahm die Gesellschaft ihre erste Douglas DC-4 für Langstrecken-Charterflüge. Ab 1947 wurden mit diesem Flugzeugtyp auch Linienflüge von Island nach Kopenhagen, Glasgow und London durchgeführt. 1948 erhielt Loftleidir vom amerikanischen Civil Aeronautics Board (CAB) die Genehmigung zur Aufnahme einer Direktverbindung in die USA von Kopenhagen nach New York, via Reykjavik und Gander (Neufundland). Der Erstflug auf dieser Route erfolgte bereits am 25. August 1948, zum Einsatz kam ein Flugzeug vom Typ DC-4. Obwohl die Auslastung auf der USA-Route erfreulich hoch war, entwickelte sie sich im Betriebsergebnis aufgrund der hohen Betriebs- und Werbungskosten dennoch negativ und wurde 1950 schließlich eingestellt.

1952 stieg Loftleidir dennoch wieder ins USA-Geschäft ein und offerierte ihre Dienste zwischen dem skandinavischen Festland und New York zu Tarifen weit unterhalb der offiziellen IATA-Raten. Diese aggressive Marktpolitik machte sich in hohen Auslastungsfaktoren bemerkbar. Das Reisepublikum zog einen preisgünstigen Flug in veralteten Flugzeugen (DC-4) einem hochpreisigen in modernen Maschinen (DC-7 oder L.1049 Super Constellation) vor. Ab 1958 wurden diese Dienste auch von anderen europäischen Städten angeboten, diese waren Luxemburg, Amsterdam, Glasgow, London, Helsinki und Oslo. Die Flugpreise für Punkt-zu-Punkt-Verbindungen zwischen Kontinentaleuropa und Island verblieben allerdings auf hohem IATA-Niveau.

Ihre erste von fünf Douglas DC-6B erwarb Loftleidir 1960 von Pan American, doch schon ab Mai 1964 stießen vier fabrikneue Turbopropmaschinen vom Typ Canadair CL-44D-4 zur Flotte und lösten umgehend die langsameren DC-6 auf den wichtigen Nordatlantikdiensten ab. Zur Erhöhung der Passagierkapazität wurden ab 1966 alle CL-44D-4 zur CL-44J »Swing Tail« mit einem um 5 m verlängerten Rumpfsegment und seitwärts abklappbarer Hecksektion umgebaut. Die erste dieser auch Rolls-Royce 400 genannten Maschinen kam im März 1966 nach ihrem Umbau zur erneuten Ablieferung an Loftleidir.

Das Jet-Zeitalter begann bei Loftleidir erst 1970 mit dem Einsatz von McDonnell Douglas DC-8-63, welche von Seaboard World Airlines geleast wurden und umgehend die CL-44 auf allen Routen ersetzten. Chicago wurde neu in das Streckennetz aufgenommen und in Richtung USA wurde verstärkt von Luxemburg aus gestartet. Dort bestand eine direkte Anschlussmöglichkeit mit International Air Bahama, einem im Oktober 1969 gegründeten Tochterunternehmen, nach Nassau auf den Bahamas. Loftleidir, Air Bahama und die 1970 gegründete Cargolux Airlines International SA gehörten zur Hekla Holdings Ltd. Die vier CL-44J wurden zu Frachtflugzeugen umgebaut und an die neue **Cargolux** übergeben.

Am 1. August 1973 wurden Loftleidir und **Icelandair** in einer neuen Holdinggesellschaft zusammengefasst und ihre Tätigkeitsbereiche neu definiert. Am 1. August 1979 endete die Eigenständigkeit und Identität der Loftleidir, als die Flugdienste beider Gesellschaften unter dem Namen Icelandair zusammengefasst wurden.

Ab Juni 1947 flogen bei Loftleidir insgesamt vier DC-4, umgebaute C-54 Militärtransporter, auf Langstreckendiensten zwischen Skandinavien, Island und den USA. Das letzte Exemplar, TF-RVH, wurde am 21. Mai 1952 von Transocean Airlines (ex N50787) erworben und am 11. März 1961 als G-ARLF an die britische Bedarfsfluggesellschaft Lloyd International verkauft.

Zwischen 1959 und 1962 erwarb Loftleidir insgesamt fünf Douglas DC-6B von Pan American als Ersatz für die veralteten DC-4 auf den Nordatlantikdiensten in die USA. TF-LLD, das vorletzte Exemplar (ex N6117C), gelangte am 12. August 1961 zur Ablieferung und wurde erst im Jahr 1968 gemeinsam mit allen anderen DC-6B ausgemustert.

Aus Gründen der Konkurrenzfähigkeit beschaffte Loftleidir ab 1964 insgesamt vier brandneue Turbopropflugzeuge vom Typ Canadair CL-44D-4. Die zweite Maschine, TF-LLG, gelangte am 17. Oktober 1964 zur Ablieferung. Zum Frachter umgebaut, wurde sie am 11. August 1970 an das Luxemburger Tochterunternehmen Cargolux abgegeben.

Erst 1970 begann für Loftleidir das Jet-Zeitalter, als von Seaboard World gemietete DC-8-63CF die CL-44 Turbopropmaschinen auf allen Transatlantikrouten ersetzten. Zwischen 1970 und 1978 kamen insgesamt acht verschiedene DC-8-63CF zum Einsatz, von denen nur fünf Maschinen in das isländische Luftfahrtregister eingetragen wurden. Zum Zeitpunkt des endgültigen Zusammenschlusses mit Icelandair standen nur noch zwei Maschinen im Einsatz (TF-FLB und TF-FLC).

Italien

Aermediterranea

Aermediterranea (Linee Aeree Mediterranee SpA) wurde am 20. März 1981 als eigenständiges Tochterunternehmen der **Alitalia** mit dem Ziel gegründet, inner-italienische Liniendienste und internationale Charterflüge durchzuführen. Das Unternehmen schloss damit eine 1980 durch die Betriebseinstellung der **Itavia** entstandene Lücke. Bereits am 1. Juli 1981 konnte mit einer von Alitalia übernommenen DC-9-30 der Flugbetrieb aufgenommen werden. Zunächst umfasste das Streckennetz die Zielorte Palermo, Bologna, Rom, Mailand und Lamezia Terme. Kurz Zeit später wurden auch Alghero, Catania, Neapel, Palermo, Pisa und Verona angeflogen. Die Heimatbasis unterhielt Aermediterranea am Flughafen Rom-Fiumicino. Anteilseigner waren Alitalia (80%) und ATI (20%).

Passagier-Charterdienste mit regulären Flugzeiten begannen am 31. März 1982. Zu den wichtigsten Zielgebieten gehörten Deutschland und Großbritannien. Als sich nach dreijährigem Flugbetrieb herausstellte, dass Aermediterranea die gestellten Ziele zukünftig nicht würde erreichen können, beschlossen die Anteilseigner die Auflösung der Gesellschaft durch den Zusammenschluss mit der **ATI** mit Wirkung zum April 1985.

Aermediterranea betrieb eine aus DC-9-32 bestehende Flotte auf italienischen Inlandsrouten und europaweiten Charterflügen.

Air Dolomiti

Air Dolomiti wurde im Januar 1988 gegründet und nahm im Mai 1991 mit Flugzeugen des Typs DHC-8 den Regionalflugbetrieb auf der Route Triest-Genua auf. Das Streckennetz erfuhr eine stetige Erweiterung und im November 1992 flog man auf der Route Verona_München die erste internationale Verbindung. In der Folge entwickelte sich Verona zu einem »Mini«-Verkehrsknoten mit Anschlussflügen zu anderen italienischen Flughäfen. 1994 tauschte man die DHC-8 Flotte gegen ATR-42 aus und führte eine neue Flugzeugbemalung ein. Eine enge Kooperation in den Bereichen gemeinsamer Operationen, Marketing und Verkauf mit der **Lufthansa** begann 1995. Inzwischen ist Air Dolomiti Partner im Team Lufthansa, und München entwickelte sich zum wichtigsten Flughafen überhaupt. Lufthansa-Kunden haben hier Anschluss zu allen Wirtschaftszentren Oberitaliens. Wegen der hohen Passagiernachfrage erweiterte Air Dolomiti 1995 ihre Flotte um zwei weitere ATR-42. 1996 startete die Gesellschaft Joint Venture-Operationen mit der schweizerischen **Crossair** auf der Route

Rom–Basel. Saisonale Linien- und Charterflüge führen nach Süditalien und nach Sardinien. Eine weitere Flottenerneuerung begann im März 1998 mit der Indienststellung der ATR-42-500 und das erste regionale Strahlmuster vom Typ Canadair RJ200LR, von dem inzwischen drei Exemplare im Einsatz stehen, übernahm Air Dolomiti im März 2001. Gleichzeitig wurde auch die Innenausstattung der Flugzeuge modernisiert und eine geänderte Bemalung eingeführt.
Hauptanteilseigner der Air Dolomiti ist die Grupo EBM, an der Heimatbasis in Triest unterhält die Fluglinie einen eigenen Werftbetrieb.

Flotte:	
5 ATR42-300	5 ATR-72-500
7 ATR42-500	

Das Rückgrat der Flotte bildet bei Air Dolomiti die Flugzeugfamilie ATR-42/ATR-72. Die ATR-72-500 I-ADLS (C/N 638) kam am 28. April 2000 zur Ablieferung.

Auch Air Dolomiti liegt im Trend der Zeit und hat das Regionalmuster Canadair 200LR im Einsatz.

Air Europe Italy SpA

Die Gesellschaft ging aus der 1978 gegründeten englischen **Air Europe** hervor, als diese Mitte der 80er-Jahre ein Netz europäischer Beteiligungs- und Partnergesellschaften aufbaute. Air Europe Italy begann mit dem Flugetrieb im Jahr 1988, zum Einsatz kam eine Boeing 757. Nach dem Zusammenbruch der englischen Muttergesellschaft International Leisure Group (ILG) 1991 übernahm ein einheimisches Firmen- und Bankenkonsortium die Fluglinie. Der Name und auch das äußere Bild der Gesellschaft wurden unverändert fortgeführt. Nachdem **Alitalia** eine Minderheitsbeteiligung übernommen hatte, gab die Fluggesellschaft ihr bisheriges Geschäftsfeld auf und konzentrierte sich auf Langstreckencharterflüge von ihrem Heimatflughafen Mailand/Malpensa und von Rom nach Havanna, Montego Bay und Mauritius. Hierfür stellte Alitalia dem Unternehmen eine Boeing 767-300 zur Verfügung. Auf diesen Typ wurde auch die Flotte von Air Europe vereinheitlicht und weiter ausgebaut. Weitere Charterrouten führten in die Dominikanische Republik, die USA, sowie nach Fernost und Ostafrika.

1998, mit dem Einstieg der schweizerischen SAir Group und einer Übernahme von 49% des Gesellschaftskapitals, änderte sich die Geschäftspolitik und Air Europe Italy nahm im darauf folgenden Jahr mit neu gelieferten Airbus A320 einen innereuropäischen Linienflugverkehr auf. Das Unternehmen wurde auch in die »Qualiflyer Alliance« einbezogen. Ebenfalls 1999 gelangten zwei Boeing 777-200 zur Ablieferung, die von der Leasinggesellschaft ILFC gemietet sind. Diese Flugzeuge unterstützen die Boeing 767-300 auf den Langstreckenflügen. Im Gegenzug erfolgte die Vermietung von zwei 767 an das SAir-Tochterunternehmen **Balair**. Eine geänderte Unternehmensidentität führte zu einem neuen Erscheinungsbild.

Flotte:	
9 Airbus A320	2 Boeing 777-200
6 Boeing 767-300	

Bei Air Europe Italy stehen sechs Boeing 767-300ER im Einsatz. I-AEIY (C/N 25208/381) kam im Dezember 1993 zur Flotte und bedient vorwiegend Langstreckencharterflüge in die Karibik.

Aligiulia

Die kleine italienische Regionalfluggesellschaft Aligiulia betrieb von ihrer Basis am Flughafen Triest aus ein Kurzstreckennetz in der Region Friuli–Venezia Giulia. Mit zwei aus den USA erworbenen Nord 262A begann am 2. Mai 1983 der Linienflugbetrieb von Triest nach Genua, Turin, Mailand, Venedig und Florenz. Ferner führte man auch europaweit Passagiercharterflüge durch.

Im März 1986 übernahm Aligiulia ihren in Rom-Ciampino ansässigen Mitbewerber Columbia Airlines und dessen zwei Handley Page HP.7 Dart Herald. Das Streckennetz wurde in die eigenen Operationen integriert. Im Hinblick auf eine weitere Expansion blickte Aligiulia optimistisch in die Zukunft und bestellte als Ersatz für ihr inzwischen veraltetes Fluggerät zwei neue ATR-42 zur Ablieferung im Jahre 1987. Da die Übernahme der Columbia aber eine größere Belastung darstellte als erwartet, sah sich Aligiulia schon sehr bald mit erheblichen finanziellen Problemen konfrontiert. Zur Abwendung eines möglichen Konkurses verkaufte man die beiden Herald an einen Betreiber in Großbritannien und sah sich nach neuen Investoren um. Nachdem diese Bemühungen aber erfolglos geblieben waren, musste Aligiulia ihren Flugbetrieb am 4. Oktober 1986 einstellen und anschließend Konkurs anmelden. Da die beiden verbliebenen Nord 262A unverkäuflich waren, blieben sie in Triest abgestellt.

Aligiulia betrieb zwei Nord 262A auf einem Regionalstreckennetz in Norditalien.

Alisarda

Die Gründung der Alisarda erfolgte am 24. März 1963 als Lufttaxi- und Charterflugunternehmen für Lufttransportdienste innerhalb Sardiniens und zum italienischen Festland. Alisarda war mit dem Cosorzio della Costa Smeralda assoziiert, an dem der Aga Khan maßgebliche Anteile hielt. Das Hauptziel des Konsortiums lag in der touristischen Entwicklung der Costa Smeralda und hier sollte Alisarda eine wichtige Transportrolle übernehmen. Ende 1965 begannen die ersten Linien-dienste von Olbia nach Rom und Mailand, und am 4. Juli 1966 gelangte erstmals eine gemietete Nord 262A zum Einsatz. Die Lieferung der beiden eigenen N.262A erfolgte im April 1967. Schon bald erwiesen sich diese Flugzeuge als zu klein und wurden bis 1970 durch drei von Philippine Airlines erworbene Fokker F-27 abgelöst. Ab Februar 1969 flogen die F-27 von Olbia nach Rom, Mailand, Pisa, Bologna und Cagliari, saisonal wurden auch Ajaccio (Korsika) und Nizza angeflogen. Mit zwei aus den USA erworbenen Douglas DC-9-14 begann Anfang 1971 das Jet-Zeitalter bei Alisarda. Mit dem Anflug von Turin, Venedig und Verona wurde das Inlandsstreckennetz weiter ausgebaut und im Sommer 1974 bediente Alisarda mit Paris, Genf und Zürich erstmals (saisonal) internationale Zielorte. Im darauf folgenden Jahr kamen Frankfurt, München, London und Manchester hinzu. Ab 1977 kamen zwei DC-9-30 zum Einsatz, die DC-9-14 verließen im Frühjahr 1981 die Flotte. Ein weiterer Flottenausbau folgte im Frühjahr 1981 mit der DC-9-51, von der Alisarda insgesamt fünf Maschinen im Einsatz hatte. In den aufkommensschwachen Wintermonaten vermietete Alisarda einige ihrer Flugzeuge regelmäßig an andere europäische Fluggesellschaften, darunter **ATI** und **Finnair**. Im Gegenzug wurde von diesen zu Zeiten großer Kapazitätsnachfrage in der Sommersaison zusätzliches Fluggerät angemietet.

Mit der von Airfinco gemieteten HB-IKK übernahm Alisarda am 20. September 1984 die erste von zunächst zwei MD-82. Bis zur Fusion mit der spanischen **Meridiana**-Gruppe am 1. September 1991 war die MD-80-Flotte auf fünf Exemplare angestiegen. Zu diesem Zeitpunkt war Alisarda die führende privat operierende italienische Fluggesellschaft.

Die leistungsstarke Fokker F-27 trug maßgeblich zum erfolgreichen Ausbau des Alisarda-Streckennetzes bei. I-SARQ (C/N 10257) kann die längste Einsatzzeit vorweisen, vom 27. Februar 1969 bis zum 13. März 1978.

Mit der von Airfinco gemieteten HB-IKK (C/N 49247/1151) übernahm Alisarda am 20. Setember 1984 die erste von zunächst zwei MD-82.

Alitalia

Die staatliche italienische Fluggesellschaft Alitalia entstand am 1. September 1957 zunächst als Alitalia-LAI nach der Übernahme der im August zuvor liquidierten Linee Aeree Italiane SpA, der seinerzeit zweiten großen italienischen Fluggesellschaft.

Alitalia (Aerolinee Italiane Internazionali) wurde am 16. September 1946 gegründet. Anteilseigner waren der italienische Staat, vertreten durch das technische Institut IRI (47,5%), die **British European Airways - BEA** (40%) und private Investoren (12,5%). 1957, nach dem Zusammenschluss von Alitalia und LAI, verringerte sich der BEA-Anteil auf 9% und im April 1961 übernahm das IRI auch diese Restanteile. Die amerikanische Fluggesellschaft TWA, die 40% Geschäftsanteile in der LAI hatte, verkaufte dem IRI ihren Anteil zum Zeitpunkt der Fusion von Alitalia und LAI.

Alitalia begann mit dem Flugbetrieb am 5. Mai 1947 zunächst auf Inlandsrouten, und im Herbst desselben Jahres kamen die ersten internationalen Dienste nach Kairo, Tripolis und Lissabon hinzu. Ab Frühjahr 1948 flog Alitalia auch nach Paris, Nizza, Genf und London. In den Anfangsjahren kamen die dreimotorige Fiat G.12, die viermotorige Savoia-Marchetti SM.95 und Avro Lancastrian zum Einsatz. Ab 1950 wurden sie zunächst durch Douglas DC-4, danach durch DC-6B ersetzt. Alitalia führte ihren ersten Interkontinentalflug von Rom nach Buenos Aires am 26. Mai 1948 durch, die Route führte über Rio de Janeiro, Sao Paulo und Montevideo. Am 1. März 1949 folgte die Verbindung nach Asmara (Eritrea), die 1950 bis nach Mogadischu im damaligen Italienisch-Somaliland weitergeführt wurde. Auf beiden Routen kamen Avro Lancastrian zum Einsatz. Die nächste, mit DC-4 beflogene Fernstrecke, wurde am 3. Juli 1950 eröffnet und führte von Rom nach Caracas, via Mailand, Lissabon und der Ilha do Sal (Kapverdische Inseln). Auf den Europastrecken lösten ab 1953, zuerst nach Paris und London, vier Convair 340 die veralteten Fiat G.12 und SM.95 ab. Im Januar und Februar 1957 stießen zwei leistungsstärkere CV-440 Metropolitan zur Flotte. Zwischen November 1953 und März 1954 erhielt Alitalia vier Douglas DC-6, welche die DC-4 auf den wichtigsten Südamerikastrecken ablösten. Im April 1956 eröffneten DC-6B eine neue, über Ostafrika führende Route nach Südafrika. Ab Oktober 1957 gelangten schließlich sechs Exemplare des ultimativen Verkehrsflugzeuges seiner Zeit, der Douglas DC-7C, zur Auslieferung. Mit

Bis zur Indienststellung der SE.210 Caravelle leisteten die Viscount 700 wertvolle Dienste auf den langen Mittelstrecken im Alitalia Streckennetz. I-LIFE (C/N 325) wurde am 1. Oktober 1957 aus LAI-Beständen übernommen und am 4. Juni 1969 als 6OS-AAK an Somali Airlines verkauft.

Ab Oktober 1957 kamen an Alitalia sechs Exemplare der Douglas DC-7C zur Auslieferung. Als letztes dieser Flugzeuge stieß I-DUVU (C/N 45541/999) am 25. Juni 1958 zur Flotte. Die Maschine wurde am 16. März 1966 an Martinair Holland (Martin's Air Charter) verkauft.

diesem Flugzeugtyp war es technisch erstmals möglich, die Route Rom–Buenos Aires mit nur noch einer Zwischenlandung zu bedienen. Anfang 1957 wurde den staatlichen Firmenlenkern des IRI klar, dass es nicht im Interesse des italienischen Staates sein könnte, zwei halbstaatliche Fluggesellschaften parallel zu unterhalten, sodass am 1. September 1957 Alitalia und LAI miteinander verschmolzen wurden. Ein einheitlicher Flugbetrieb fand ab dem 6. Oktober 1957 statt. Dadurch kam Alitalia in den Besitz weiterer DC-6 und der modernen Vickers Viscount 700. Die Vorteile der Unternehmensfusion zeigten sich schon sehr bald in steigenden Verkehrszahlen, optimierter Flugzeugnutzung und bei den technischen Diensten. Alitalia baute in den kommenden Jahren ein in alle fünf Kontinente reichendes, weltumspannendes Streckennetz von Passagier- und Frachtdiensten auf.

Als Nachfolgemuster für die propellergetriebenen DC-6B und DC-7C wählte man die DC-8 aus und bestellte noch 1957 vier Maschinen der Serie -43. 1959 orderte Alitalia zwei weitere DC-8-43, 1961 vier, 1962 drei und 1963 schließlich nochmals zwei Maschinen. Am 15. Oktober 1959 orderte Alitalia vier Exemplare der SE.210 Caravelle 3, von denen das erste Flugzeug am 29. April 1960 zur Ablieferung gelangte. Am 13. Juni 1960 wurde die Caravelle auf der Route Rom–London in Dienst gestellt; DC-8 Flüge nach New York begannen am 1. Juni 1960. Eine neue Route nach Fernost und Australien wurde am 14. Juni 1961 eröffnet und im darauf folgenden Jahr nach Tokio weitergeführt. Zwischen 1961 und 1962 erhielt Alitalia die verbesserte Caravelle 6N und die zuvor gelieferten Caravelle 3 erfuhren eine entsprechende Modifikation. Zwischen 1965 und 1967 bestellte Alitalia bei Douglas elf DC-8-62 »Super Sixty« als Ersatz für die DC-8-43 und die erste DC-8-62 konnte am 28. Oktober 1967 übernommen werden. Für die nächsten fünf Jahre bildete dieser Flugzeugtyp das Rückgrat der Langstreckenflotte. Die erste Boeing 747 wurde am 13. Mai 1970 an die Fluggesellschaft abgeliefert, gefolgt von der DC-10-30 für den Einsatz auf dünneren Langstrecken im Februar 1973.

Mit der Übernahme der Boeing 747 erhielt Alitalia ein vom britischen Designbüro Walter Landor Associates kreiertes neues Image, das sich optisch vor allem in der Flugzeugbemalung bemerkbar machte. Ein breiter grüner Kabinenstreifen mit einem auffälligen »Alitalia«-Schriftzug und ein in den italienischen Nationalfarben gehaltenes stilisiertes »A« am Leitwerk ersetzten die inzwischen langweilig gewordene Farbgebung der 50er-Jahre. Auf dem europäischen Mittelstreckennetz erfolgte 1967 eine grundlegende Flottenerneuerung durch die Einführung der ersten DC-9-32 (I-DIKA, C/N 47038/136) am 8. August 1967. Als eine der wenigen großen

Fluggesellschaften stellte Alitalia auch drei DC-9-32F Frachtflugzeuge in Dienst, die erste dieser Maschinen konnte im Mai 1968 in Dienst gestellt werden. Durch den Einsatz der DC-9 erfolgte die allmähliche Ausdünnung der Caravelle-Flotte und einige dieser Flugzeuge wurden an das Tochterunternehmen **SAM** abgegeben. Als Folge der Ölkrise von 1973 erfuhr Alitalia, wie viele andere Fluggesellschaften auch, schwierige Zeiten und im Rahmen einer Reorganisation fiel die Entscheidung zur vorgezogenen Außerdienststellung der DC-8-43 und der Caravelle. Alitalia war neben **Austrian Airlines**, **Swissair** und **Finnair** ein früher Betreiber der MDC MD-80 Serie, die zur Ablösung der Boeing 727-200 beschafft wurde. Mit der I-DAWE (C/N 49193/1127) gelangte am 16. Dezember 1983 die erste von insgesamt 88 MD-82 zur Ablieferung. Damit haben Alitalia und das Tochterunternehmen **ATI** die größte MD-80 Flotte außerhalb der USA im Einsatz. Als einziges Mittelstrecken-Großraummuster betrieb Alitalia 14 Exemplare des Airbus A300B4, die von 1980 bis 1997 im Einsatz standen.

Anfang der 90er-Jahre beschloss man bei Alitalia ein umfassendes Flottenerneuerungsprogramm. Auf den Fernstrecken kam ab Ende 1991 als Ersatz für die DC-10-30 das Nachfolgemuster MD-11 zum Einsatz, unterstützt ab Januar 1995 durch die kleinere Boeing 767-300ER. Die bestellten und zur Ablieferung im Frühjahr 2001 vorgesehenen fünf Boeing 747-400 wurden nicht übernommen, dafür wurde aber bereits 1999 die 767-Flotte um drei weitere Einheiten aufgestockt.

Nachfolger für die Mittelstreckenmuster DC-9-32 und die MD-82 ist die Airbus-Flugzeugfamilie A319/A320/A321. Der erste A319 kam im Juni 2002 zur Flotte, der A320 im März 1999 und der A321 im März 1994. Alitalia betreibt heute ein weltweites Streckennetz innerhalb Europas, nach Nord- und Südamerika, Mittel- und Fernost, Nordost-Afrika, Südafrika und Australien. Wichtigste Verkehrsknoten sind Rom und Mailand. Alitalia ist jüngstes Mitglied in der »Skyteam«-Allianz, die von **Air France** und Delta Air Lines angeführt wird.

Flotte:

88 MDC MD-82	3 MDC MD-11
9 Airbus A320	5 MDC MD-11 Combi
22 Airbus A321-100	8 Boeing 747-200
3 Airbus A319	2 Boeing 747-200F
9 Boeing 767-300	

Als Nachfolgemuster für die propellergetriebenen DC-6B und DC-7C wählte Alitalia die DC-8 aus und bestellte noch 1957 vier Maschinen der Serie -43. DC-8 Flüge nach New York begannen am 1. Juni 1960. I-DIWL (C/N 45682/220) »Nicolo Zeno« flog zwischen der Ablieferung am 12. März 1965 und dem Verkauf an den US-Flugzeughändler F.B. Ayer am 10. Juli 1976 internationale Langstreckendienste.

Am 15. Oktober 1959 orderte Alitalia vier Exemplare der SE.210 Caravelle 3, von denen das erste Flugzeug am 29. April 1960 zur Ablieferung gelangte. Zwischen 1961 und 1962 erhielt Alitalia die verbesserte Caravelle 6N. I-DABU (C/N 77) flog vom 17. Mai 1961 bis zum 26. Oktober 1976 bei Alitalia.

Auf dem europäischen Mittelstreckennetz erfolgte durch die Einführung der ersten DC-9-32 am 8. August 1967 die allmähliche Ausdünnung der Caravelle-Flotte. I-DIBC (C/N 47233/429) »Isola di Lampedusa« gelangte am 19. Dezember 1968 zur Ablieferung und stand bis zum 14. November 1994 bei Alitalia im Einsatz.

Zwischen 1965 und 1967 bestellte Alitalia bei Douglas elf DC-8-62 »Super Sixty« als Ersatz für die DC-8-43. Die erste DC-8-62 konnte am 28. Oktober 1967 übernommen werden. Für die nächsten fünf Jahre bildete dieser Flugzeugtyp das Rückgrat der Langstreckenflotte.

Auf stark frequentierten Mittelstrecken kam bei Alitalia die Boeing 727-200 zum Einsatz. Als fünftes Exemplar kam I-DIRF (C/N 21662/1421) am 12. Dezember 1978 zur Alitalia-Flotte. Am 12. Januar 1984 wurde die Maschine als N579PE an die amerikanische Fluglinie People Express Airlines verkauft.

Nachfolgemuster der DC-9-32 und Boeing 727-200 wurde die MD-82, von der Alitalia in den 90er-Jahren 88 Flugzeuge im Einsatz hatte und damit zum größten Betreiber dieses Flugzeugmusters außerhalb der USA wurde. I-DAWO (C/N 49195/1136) steht seit dem 11. Mai 1984 im Einsatz.

Als einziges Mittelstrecken-Großraumflugzeug flog Alitalia 14 Exemplare des Airbus A300B4, die von 1980 bis 1997 im Einsatz standen.

Für den Einsatz auf verkehrsschwachen Langstrecken beschaffte Alitalia ab Februar 1973 die DC-10-30. Als vorletztes von insgesamt acht Flugzeugen kam I-DYNC (C/N 47867/178) »Luigi Pirandello« am 18. Februar 1975 zur Flotte und flog bei dem Unternehmen bis zum Verkauf an die amerikanische Eastern Air Lines als N392EA am 29. November 1985.

Seit Januar 1995 fliegt auf Alitalia-Langstrecken auch die Boeing 767-300ER und ergänzt dort die größeren MD-11 und Boeing 747-200.

Neuestes Langstreckenmuster in der Alitalia-Flotte ist die Boeing 777, als erste Maschine kam im Sommer 2002 I-DISA zum Einsatz.

Nachfolger für die Mittelstreckenmuster DC-9-32 und die MD-82 ist die Airbus-Flugzeugfamilie A319/A320/A321. Der erste A319 kam im Juni 2002 zur Flotte, der A320 im März 1999 und der A321 im März 1994.

Altair Linee Aeree

Die italienische Charterfluggesellschaft Altair wurde 1980 im norditalienischen Parma gegründet und nahm am 6. Januar 1981 den Flugbetrieb mit einer von der französischen **Air Inter** erworbenen SE.210 Caravelle auf. Die Gesellschaft befand sich im Mehrheitsbesitz (70%) des britischen Reiseveranstalters Pegasus Holidays und flog zumeist im Auftrag der Muttergesellschaft britische Touristen von London/Gatwick, Luton, Manchester und Edinburgh nach Genua, Turin, Mailand, Venedig, Rom, Neapel, Rimini, Brindisi und Palermo. Die britische Operationsbasis wurde in Luton eingerichtet. Von den italienischen Hauptabflugsorten Venedig, Mailand und Rom/Ciampino führte Altair Charterflüge zu Zielorten in Spanien, Griechenland und Tunesien durch. Im April 1982 gelangte eine zweite ehemalige Air Inter Caravelle zum Einsatz. Zwischen 1983 und Mai 1984 kaufte Altair vier weitere Caravelle von Air Inter und drei Super Caravelle aus Beständen der **Finnair**. Im Mai 1986 geriet Altair in finanzielle Schwierigkeiten und musste den Flugbetrieb einstellen. Während einige Caravelle neue Eigentümer fanden, wurden die letzten vier unverkäuflichen Exemplare in Venedig

und Rom/Ciampino abgestellt und später an eine italienische Leasingfirma veräußert.

Pläne zur Refinanzierung und Neuausrüstung der Flotte mit Boeing 737-200 oder DC-9-51 konnten im weiteren Verlaufe des Jahres 1986 nicht realisiert werden, sodass Altair Anfang 1987 in Konkurs ging.

Altair nahm am 6. Januar 1981 den Flugbetrieb mit dieser von der französischen Air Inter erworbenen SE.210 Caravelle auf.

ATI - Aero Trasporti Italiani SpA

Die in Neapel beheimatete ATI ist ein Tochterunternehmen der nationalen italienischen Fluggesellschaft Alitalia und wurde am 13. Dezember 1963 gegründet. Alitalia hält 90% der Unternehmensanteile, die restlichen 10% befinden sich im Besitz des Instituto per la Ricustruzione Industriale - IRI. ATI übernahm das Inlandstreckennetz der **Alitalia**, welches zuvor von der Fluggesellschaft **SAM - Societa Aerea Mediterranea** bedient wurde. Den Flugbetrieb nahm ATI am 3. Juni 1964 auf, zum Einsatz kamen zunächst drei Fokker F-27 Friendship. Insgesamt flogen bei dem Unternehmen 16 dieser zuverlässigen Maschinen, bis sie ab Juli 1986 von ATR-42 abgelöst wurden. Anfang 1966 betraute die libysche Regierung ATI mit der Durchführung der Inlandsverbindungen für Kingdom of Libya Airlines, heute Libyan Arab Airlines. Hierfür stellte ATI vier F-27 zur Verfügung, die ab dem 15. Juni 1966 ab Tripolis und Benghazi zum Einsatz gelangten.

Mit der am 24. Juli 1969 gelieferten I-ATTA (C/N 47431/529) erhielt ATI ihr erstes Strahlmuster vom Typ DC-9-32, die ursprünglich als I-DIZI zur Ablieferung an Alitalia vorgesehen war. Mit 26 betriebenen Exemplaren avancierte dieser Flugzeugtyp schnell zum Rückgrat der Flotte, diese Zahl beinhaltet fünf Maschinen der im April 1985 in das Unternehmen integrierten Fluglinie **Aermediterranea**. An diesem Unternehmen hielt ATI zuvor einen 45%igen Anteil. Im Chartergeschäft war ATI bereits seit August 1974 tätig, und mit der Übernahme der Aermediterranea konnte man dieses Geschäftsfeld strategisch erweitern.

Das erste von 38 Flugzeugen der Serie MD-80 übernahm ATI am 18. Dezember 1984 mit der MD-82 I-DAWJ (C/N 49203/1174). Mit der Muttergesellschaft Alitalia unterhielt ATI einen regen, saisonal bedingten Flugzeugtransfer. Neben dem Inlandstreckennetz bediente ATI im Auftrag der Alitalia auch einige grenzüberschreitende Strecken nach Frankreich, Deutschland, Spanien, der Schweiz, Österreich und nach Nordafrika. Im Inland wurden die Flughäfen Turin, Mailand, Venedig, Verona, Triest, Udine, Govizia, Genua, Bologna, Pisa/Florenz, Rom, Neapel, Bari, Brindisi, Taranto, Lecce, Regio/Calabria, Messina, Catania, Palermo, Trapani, Siracusa, Marsala, Cagliari, Alghero, Sassari, und die Inseln Pantellaria und Lampedusa angeflogen. Verwaltungsstationen waren Neapel und Rom/Fiumicino. Insgesamt beschäftigte ATI zirka 2000 Personen.

Im Rahmen einer Restrukturierung innerhalb der Alitalia-Gruppe erfolgte im Jahre 1996 die Auflösung der ATI. Während die Düsenflugzeuge dem Altitalia Team SpA zugeordnet wurden, erhielt die Alitalia Express SpA im Oktober 1997 die Turbopropmaschinen vom Typ ATR-42-300 und ATR-72-212.

Den Flugbetrieb nahm ATI am 3. Juni 1964 auf, zum Einsatz kamen zunächst drei Fokker F-27 Friendship.

Am 24. Juli 1969 erhielt ATI ihr erstes Flugzeug vom Typ DC-9-32. Mit 26 betriebenen Exemplaren avancierte dieser Flugzeugtyp schnell zum Rückgrat der Flotte. I-ATIU (C/N 47438/545), hier in der ursprünglichen Farbgebung, war als I-DIZL für Alitalia vorgesehen, gelangte aber am 7. November 1969 bei ATI zur Ablieferung. In der neuen, blauen Bemalung ist I-DIKS (C/N 47229/356) zu sehen, die am 1. April 1985 von Alitalia transferiert wurde.

Ab Juli 1986 ersetzten neue Regionalflugzeuge vom Typ ATR-42-300 die zuverlässigen, aber inzwischen veralteten Fokker F-27 Friendship.

Das erste von 38 Flugzeugen der Serie MD-80 übernahm ATI am 18. Dezember 1984. MD-82 I-DAVB (C/N 49216/1262) gelangte im Februar 1986 zur Ablieferung.

Avianova

Die Regionalfluggesellschaft Avianova wurde 1986 mit Unterstützung der **Alisarda** auf Sardinien gegründet und nahm im darauf folgenden Jahr den Flugbetrieb mit einer aus drei ATR-42-300 bestehenden Flotte auf. Schon bald darauf, im Jahr 1989, beteiligte sich die staatliche **Alitalia** finanziell an dem noch jungen Unternehmen. Mit dem zusätzlichen Kapital erwarb Avianova zusätzliche Flugzeuge, ebenfalls ATR 42, und konnte dadurch ihr Streckennetz ausbauen. Viele Routen flog man von nun an im Auftrag der Alitalia. 1990 übernahm Avianova den finanziell angeschlagenen Mitbewerber Aliblu. Nach der Vereinigung von Alisarda mit der spanischen Universair zur multinationalen **Meridiana** verkaufte man alle Anteile der Avianova an ATI, ein Tochterunternehmen der Alitalia und Mitglied der Alitalia-Gruppe. Die eigenständige Farbgebung der Avianova-Flugzeuge wurde der Alitalia-Bemalung angepasst, sodass äußerlich nur noch der Firmenname erkennbar blieb. Ab 1995 stießen die größeren ATR-72 zur Flotte und kurz darauf erhielt Avianova mit der Fokker 70 ihr erstes Strahlmuster. Im Verlauf des Jahres 1997 erfuhr die Alitalia-Gruppe eine radikale Reorganisation, bei der die bislang eigenständig operierenden Tochtergesellschaften ATI und Avianova vollends in das Alitalia-Netzwerk integriert wurden. Seitdem fliegen die ATR-42 und ATR-72 für Alitalia Express, während die Fokker 70 dem Alitalia-Team überstellt wurden.

Mit einer aus drei ATR-42-300 bestehenden Flotte begann Avianova 1986 den Flugbetrieb. I-ATRD (C/N 032) wurde erst am 1. November 1989 von der ATI übernommen und wechselte im November 1996 zu Alitalia Express.

In Grupo Alitalia-Farben ist diese Avianova-Fokker 70 zu sehen.

Eurofly SpA

Eurofly wurde im September 1978 als Bedarfsflugunternehmen in Turin gegründet. Unternehmensziel war die Beförderung von Führungskräften italienischer Industrieunternehmen zu Zielen innerhalb Italiens und Europas. Der Flugbetrieb konnte im darauf folgenden Jahr aufgenommen werden, Hauptanteilseigner wurde die Olivetti-Gruppe.

In das Charterfluggeschäft zu Touristikzielen innerhalb Europas, Nordafrika und dem Nahen Osten stieg Eurofly im Jahre 1989 ein, hierzu gründete man eigens die Eurofly SpA, ebenfalls mit Heimatbasis am Flughafen Turin/Caselle. Anfang 1990 konnte das Unternehmen mit zwei DC-9-51 (I-FLYY und I-FLYZ) aus Beständen der jugoslawischen (heute slowenischen) Inex-Adria Airways (**Adria Airways**) den Flugbetrieb aufnehmen. Anteilseigner waren die Olivetti-Gruppe und **Alitalia** mit jeweils 45%, sowie die San Paulo Finance mit 10%. Die erste von insgesamt fünf von GECAS gemieteten MD-83 konnte 1994 übernommen werden, dieses Flugzeugmuster löste die veralteten DC-9-51 ab. 1996 übernahm Alitalia die Geschäftsanteile der übrigen Gesellschafter, die Olivetti-Gruppe zog sich ganz aus dem Luftfahrtgeschäft zurück und verkaufte ihre an dem Bedarfsflugunternehmen Eurofly Service SpA

gehaltenen Anteile an die Pirelli-Gruppe. Während diese Firma in Turin ansässig blieb, verlegte Alitalia den Firmensitz der Eurofly SpA an den Flughafen Mailand/Malpensa. Im Auftrag der Alitalia flog man von Mailand und Turin nach München. Für Langstrecken-Charterflüge transferierte die Muttergesellschaft 1998 und 1999 insgesamt drei Boeing 767-300ER an Eurofly, gleichzeitig erhielten alle Flugzeuge die einheitliche Alitalia-Bemalung mit Eurofly Schriftzug. Weitere sechs dieser Flugzeuge überstellte Alitalia-Team im Zeitraum zwischen Juni 2001 und April 2002 der Eurofly zum Betrieb auf Linien- und Charterdiensten.

Ende 1999 fiel der Entschluss zur Flottenerneuerung im Mittelstreckensegment von der MD-83 zum Airbus A320. Die ersten zwei Exemplare des neuen Flugzeugmusters erhielt Eurofly aus einer Alitalia-Bestellung im April 2001. Drei weitere Maschinen folgten im Mai und Juni desselben Jahres, zeitgleich erfolgte bis November 2001 die Ausmusterung der MD-83.

Flotte:	
5 Airbus A320	9 Boeing 767-300ER

Den Grundstock der Eurofly-Flotte bildeten die Anfang 1990 von der jugoslawischen Inex-Adria Airways übernommenen DC-9-51 I-FLYY (C/N 47754/856) und I-FLYZ (C/N 47697/816).

Für Langstrecken-Charterflüge transferierte Alitalia in den Jahren 1998 und 1999 drei Boeing 767-300ER an Eurofly, gleichzeitig erhielten alle Flugzeuge die einheitliche Alitalia-Bemalung mit Eurofly Schriftzug.

Itavia

Itavia wurde im April 1958 als Societa di Navigazione Aerea Itavia gegründet und nahm im Juli 1959 den Flugbetrieb zwischen Rom, Pescara und Rimini auf. Zum Einsatz kamen DH.106 Dove und DH.114 Heron. Aufgrund finanzieller Probleme musste der Flugbetrieb aber schon 1961 wieder eingestellt werden. Nach einer Reorganisation erfolgte der wirtschaftliche Neubeginn im Mai 1962 unter der Firmenbezeichnung Aerolinee Itavia SpA mit einer aus vier Douglas DC-3 bestehenden Flotte. Die erste von insgesamt fünf Handley Page Dart Heralds gelangte im April 1963 zur Ablieferung und mit diesen Maschinen erfolgte auch die Aufnahme von Touristik-Charterflügen. Eine erneute Rekapitalisierung der Fluggesellschaft erfolgte im Jahr 1965 durch den Unternehmer Dr. Aldo Davanzali, der damit größter Anteilseigner an dem Unternehmen wurde. Die Umstellung auf eine reine Strahlflotte begann mit dem Erwerb der ersten Fokker F-28 Fellowship im November 1969. Bis 1980 standen bei Itavia fünf dieser Maschinen

im Einsatz, das Rückgrat der Flotte bildete aber die größere MDC DC-9. Die ersten beiden DC-9-10 erwarb Itavia Ende 1971 von der McDonnell Douglas, zwei weitere DC-9-10, eine DC-9-21, drei DC-9-30 und eine DC-9-50 konnten, teilweise auf Leasingbasis, zwischen 1972 und 1977 beschafft werden.

Neben **ATI** stieg Itavia zur zweitgrößten italienischen Inland-Fluggesellschaft auf, mehr als zwölf Zielorte wurden zumeist ab Rom angeflogen. Regionaldienste verbanden Mailand mit Ancona und Pescara. Internationale Verbindungen führten nach Basel und Genf. Etwa ein Drittel des Flugaufkommens entfiel auf Pauschalcharterdienste von Deutschland und den Beneluxstaaten zu den Sonnenzielen an der italienischen Adriaküste. Am 15. Dezember 1980 musste Itavia ihren Flugbetrieb aus finanziellen Gründen einstellen. Der letzte Flug des Unternehmens erfolgte am 15. Dezember 1980 durch die DC-9-15 I-TIGU. Wenige Monate zuvor, am 27. Juni 1980, war die DC-9-15 I-TIGI mit 81 Menschen an Bord nach dem Einschlag einer fehlgeleiteten Rakete 120 km westlich von Neapel ins Meer gestürzt.

Im Mai 1962 erfolgte der wirtschaftliche Neubeginn der Aerolinee Itavia SpA mit einer aus vier Douglas DC-3 bestehenden Flotte. Als erstes dieser Flugzeuge konnte am 9. März 1962 I-TAVO in Dienst gestellt werden, die bis zum 7. November 1963 im Einsatz war.

Die erste von insgesamt fünf Handley Page Dart Heralds gelangte im April 1963 zur Ablieferung. Als letzte Maschine gelangte am 4. Juli 1968 I-TIVI zur Ablieferung.

Der Strahlflugbetrieb bei Itavia begann im November 1969 mit dem Erwerb von fünf Fokker F-28 Fellowship, die bis 1980 im Einsatz standen. Vom Hersteller mietete die Gesellschaft von Mai 1975 bis Februar 1976 PH-ZAM (C/N 11017), eine Maschine der Serie 1000.

Das Rückgrat der Itavia-Flotte bildete die MDC DC-9 Srs.10, von der vier Maschinen im Einsatz standen. Die DC-9-15 I-TIGB (C/N 47002/105) erwarb das Unternehmen im Mai 1977 von der venezolanischen Linea Aeropostal. Am 29. Juli 1983 erfolgte der Verkauf an Airborne Express in den USA als N926AX.

Meridiana SpA

Die Meridiana entstand am 1. September 1991 durch Fusion der am 24. März 1963 in Olbia (Sardinien) gegründeten italienischen **Alisarda** und den spanischen Fluggesellschaften **Universair** und **Lineas Aereas Canarias**, sowie dem spanischen Geschäftsreiseunternehmen Euravia. Mit mehr als 1,5 Millionen beförderten Passagieren leistete die italienische Meridiana SpA die größte Transportleistung innerhalb der Firmengruppe. Bis zum Konkurs der spanischen Meridiana Ende 1992 operierten die Partner zwar koordiniert, aber unabhängig voneinander, weswegen Meridiana SpA ihr wirtschaftliches Überleben sichern konnte. Zu diesem Zeitpunkt standen sechs DC-9-51, acht MD-82 und drei BAe 146-200 im Einsatz. Neben den Liniendiensten innerhalb

Italiens fliegt das Unternehmen auch internationale Verbindungen nach London/Gatwick, Barcelona, Amsterdam, Frankfurt, München, Genf, Zürich und Paris/CDG. Wichtigste Verkehrsknoten sind Olbia, Rom und Florenz. Für verschiedene Reiseveranstalter werden auch verstärkt Charterflüge durchgeführt.

Flotte:	
4 BAe 146-200	9 MDC MD-82
8 MDC MD-83	

Die wichtigsten Flugzeugtypen in der Meridiana-Flotte sind die DC-9-51 und MD-82/MD-83.

SAM - Societa Aerea Mediterranea

SAM wurde bereits am 27. März 1926 gegründet und war Vorläufer der nationalen italienischen Fluggesellschaft Ala Littoria aus der Vorkriegszeit. Die Gesellschaft flog eine Anzahl von Routen ab Rom und Venedig und bediente ein kleines Streckennetz innerhalb Albaniens. Nach dem Ende des Zweiten Weltkriegs wurde SAM inaktiv gestellt und erst 1959 von der **Alitalia** als eigenständiges Charterflug-Tochterunternehmen reaktiviert. Die entsprechende Registereintragung erfolgte im November 1960, Anteilseigner waren Alitalia (70%) und das staatliche IRI (30%).

Der Flugbetrieb konnte im März 1961 mit Alitalia-Flugzeugen aufgenommen werden, zwischen April und Dezember 1961 wurden fünf Douglas DC-6 an SAM transferiert. Für den Betrieb auf regionalen Liniendiensten erhielt SAM im April 1962 drei DC-3 der Alitalia, eine vierte Maschine stieß im April 1964 zur Flotte. Mit der Gründung der **ATI** als

Fluggesellschaft für inneritalienische Dienste im Jahr 1964 transferierte SAM die DC-3 und ihr Linien-Streckennetz an das neue Unternehmen.
Ebenfalls 1962 erwarb SAM zwei Curtiss C-46 von einem US-Flugzeughändler und setzte diese Maschinen bis 1968 auf Frachtlinien- und Charterdiensten für Alitalia ein.

Im Sommer des Jahres 1968 begann bei SAM mit zwei von Alitalia gemieteten SE.210 Caravelle 6N der Strahlbetrieb, vier weitere dieser Maschinen folgten bis 1972. Am 23. September 1972 erfolgte mit der I-DIMU der letzte Flug einer DC-6B in SAM-Farben.

Im Rahmen einer Reorganisation der Alitalia-Gruppe als Folge der ersten Ölkrise 1973 fiel die Entscheidung zur Integration der SAM-Dienste in den operationellen Alitalia-Flugbetrieb ab April 1974, doch wurde diese Maßnahme erst mit Wirkung des 31. Januar 1977 umgesetzt. Die Caravelles wurden entweder verkauft oder abgestellt. Der letzte SAM-Flug erfolgte am 25. Januar 1977 durch die Caravelle I-DABV.

Für den Betrieb auf regionalen Liniendiensten erhielt SAM im April 1962 drei DC-3 der Alitalia. I-LORD flog bis zu ihrem Verkauf an Ethiopian Airlines (ET-ABR) am 20. Februar 1965 für das Unternehmen.

SAM nahm im März 1961 mit fünf von der Alitalia transferierten Douglas DC-6B den Charterflugbetrieb auf. I-DIME (C/N 44252/442) stieß als zweites Flugzeug am 22. April 1961 zur Flotte und wurde am 30. April 1969 nach einem Landeunfall in Bari außer Dienst gestellt.

Im Sommer des Jahres 1968 begann bei SAM mit zwei von Alitalia gemieteten SE.210 Caravelle 6N der Strahlflugbetrieb. I-DABL (C/N 132) stand von April 1969 bis Oktober 1974 im Einsatz.

Volare Airlines

Volare Airlines wurde 1997 von Geschäftsleuten mehrerer Reiseunternehmen gegründet. Mit gemieteten Airbus A320 begann zum Anfang der Sommersaison im April 1998 der Flugbetrieb mit Abflügen von den norditalienischen Flughäfen Bergamo, Mailand und Verona. Weitere zwei Airbus A320 stießen noch im Lauf desselben Jahres zur Flotte und das Unternehmen begann mit Linienflügen von Mailand nach Olbia. Bereits im September 1998 beteiligte sich die SAir Group mit 34% an der neuen Gesellschaft. 1999 wurden weitere Linienverbindungen, unter anderem nach Rom und Zürich, aufgenommen und die Flotte um einen weiteren Airbus vergrößert. Mit den anderen Fluglinien innerhalb der SAir Group (**Swissair**) erfolgte eine intensive Kooperation unter der Markenbezeichnung »Qualiflyer Group«. Auf dem italienischen Markt zeichnete Volare Airlines verantwortlich für innereuropäische Linien- und Charterdienste, die **Air Europe SpA** für die Langstreckencharter. Zwischen Oktober und Dezember 2000 übernahm Volare Airlines im Rahmen einer Flottenkonsolidierung sechs A320 der Air Europe SpA. Swissair Technics ist für die technische Betreuung der Flugzeuge verantwortlich. Der vorläufig letzte Airbus A320, der im April 2001 eintraf, wurde ausschließlich zur Frequenzverstärkung für die inländischen Linienflüge verwendet.

Flotte:	
18 Airbus A320	1 Airbus A330-200
2 Airbus A321	

18 Exemplare des Airbus A320-200 bilden das Rückgrat der Flotte von Volare Airlines. F-OHFU (C/N 190) fliegt seit dem 25. März 1999 für die Fluglinie und ist von dem Leasingunternehmen CL Air NV gemietet.

Jugoslawien (ehem.)

Adria Airways

Adria Airways wurde im März 1961 als Charterflugunternehmen in Ljubljana gegründet und nahm im Mai 1962 den Flugbetrieb mit vier von der niederländischen KLM erworbenen Douglas DC-6B auf. Nach einer Reorganisation durch die Interexport Gruppe im Jahre 1968 erfolgte die Umbenennung in Inex Adria Airways. Im April 1969 stießen die ersten beiden MDC DC-9-32 zur Flotte und mit diesen neuen Flugzeugen erfolgten 1970 die ersten innerjugoslawischen Linienflüge zwischen Ljubljana und Belgrad. In den darauf folgenden Jahren bildete die DC-9 das Rückgrat der Flotte, insgesamt standen zwölf 100-sitzige DC-9-32/33CF und zwei 115-sitzige DC-9-51 im Einsatz. Im August 1978 platzierte Inex Adria bei MDC eine Bestellung für eine MD-81 und zwei MD-83 mit einer Bestuhlung für 167 Passagiere, die 1981 in Dienst gestellt werden konnten und hauptsächlich auf Pauschalcharterflügen und speziellen Gastarbeiterflügen zum Einsatz kamen. Am 24. März 1983 begann Inex Adria mit dem Anflug von Larnaca internationale Liniendienste, gefolgt von München ab dem 7. Dezember 1984.

Mit der neuerlichen wirtschaftlichen Unabhängigkeit von der staatlichen Interexport im Mai 1986 erfolgte die erneute Umbenennung in Adria Airways.

Nach dem Ausbruch des Bürgerkriegs in Jugoslawien im Juni 1991 entzog das Bundesministerium für Verkehr und Kommunikation in Belgrad Adria Airways am 25. Oktober 1991 die Betriebsgenehmi-

gung, sodass der Flugbetrieb zum Erliegen kam und dem Unternehmen der Konkurs drohte. Kurzfristig konnten zwei MD-80 an die neue kroatische **Croatia Airlines** vermietet werden. Nach dem Ausruf der slowenischen Souveränität erhielten alle Adria-Flugzeuge ab dem 26. Dezember 1991 die vorläufige neue Landeskennung SL, die später in S5 geändert wurde. Die Wiedereinsetzung der Flugbetriebsgenehmigung erfolgte am 16. Januar 1992. Zeitgleich wurde auch eine neue, frische Farbgebung der Flugzeuge eingeführt.

Heute ist Adria Airways die Landesfluglinie des selbständigen Staates Slowenien, die Teilprivatisierung erfolgte 1996. Die Flotte wurde, nach dem Fortfall der Urlaubsziele an der Adriaküste, dem geringeren Transportbedarf angepasst und alle DC-9-30 wurden ausgemustert. Die beiden auf Regionaldiensten eingesetzten Dash 7 ersetzten vier neue Strahlflugzeuge vom Typ Canadair RJ. Nach Ausmusterung der letzten MD-80 bilden heute drei Airbus A320 das Rückgrat der Flotte.

Im Liniendienst fliegt Adria Airways von ihrer Heimatbasis Ljubljana nach Amsterdam, Barcelona, Berlin, Brüssel, Dublin, Dubrovnik, Frankfurt, Kopenhagen, London, Manchester, Maribor, Moskau, München, Paris, Sarajewo, Split, Tel Aviv, Wien und Zürich. Auch Charterflüge von vielen europäischen Flughäfen zu Zielen in Kroatien und Slowenien werden weiterhin durchgeführt, hinzu kommen noch spezielle Gastarbeiterflüge.

Flotte:	
3 Airbus A320	4 Canadair Regional Jet

Vier von der niederländischen KLM erworbenen Douglas DC-6B bildeten die Grundausstattung der Adria Airways-Flotte. YU-AFD (C/N 43551/239) flog vom 9. August 1961 bis Juli 1971 für die Gesellschaft.

Lange Jahre bildete die DC-9-30 das Rückgrat der Adria Airways-Flotte. Das Unternehmen erwarb die für den wechselweisen Passagier- und Frachtverkehr konfigurierte DC-9-33CF YU-AJP (C/N 47408/467) am 30. Mai 1975 von der US-Charterfluggesellschaft Overseas National Airways (N936F). Im Juli 1982 wurde die Maschine durch eine größere MD-82 ersetzt und als VH-IPF an die australische Frachtfluggesellschaft IPEC Aviation verkauft.

MD-82 YU-ANC (C/N 48087/1035) gelangte am 2. April 1982 zur Ablieferung und ist hier in der neuen, attraktiven Farbgebung zu sehen.

Auf Regionaldiensten kamen ab Januar 1984 zwei De Havilland Canada DHC-7 zum Einsatz.

Aviogenex

Die jugoslawische Charterfluggesellschaft Aviogenex wurde am 21. Mai 1968 als Tochterunternehmen der staatlichen Generalexport gegründet und flog bis zum Ausbruch des jugoslawischen Bürgerkriegs im Jahre 1991 vorwiegend Touristen aus Großbritannien, Deutschland, Frankreich, den Niederlanden, Belgien und Schweden im Auftrag des Schwesterunternehmens Yugotours zu den Sonnenzielen an der Adriaküste. Innerjugoslawische Charterflüge mit festen Flugzeiten verbanden Belgrad mit Ljubljana, Dubrovnik, Novi Sad und Split, ferner waren die Aviogenex-Maschinen auf Einzelchartern auch in Nordafrika und dem Mittleren Osten anzutreffen.

Der Flugbetrieb konnte im April 1969 mit zwei 72-sitzigen Tupolew Tu-134A, die aufgrund von Tauschgeschäften der Muttergesellschaft mit der Sowjetunion erworben wurden, aufgenommen werden. Insgesamt standen bei Aviogenex sieben solcher Flugzeuge im Einsatz. Anfang 1983 erhielt Aviogenex zwei Boeing 727-200, die zuvor bei der jugoslawischen Regierungsflugstaffel im Einsatz standen. Eine weitere Boeing 727-200 konnte im Mai 1985 von **Alitalia** erworben werden. Im Juni 1987 erhielt das Unternehmen die erste von zwei fabrikneuen Boeing 737-200, weitere solche Maschinen wurden zu sommerlichen Hochsaisonzeiten hinzu gemietet und ersetzten weitgehend die inzwischen veralteten Tu-134A.

Nahezu zwei Jahrzehnte lang bildete das sowjetische Mittelstrecken-Flugzeugmuster Tupolew Tu-134A das Rückgrat der Aviogenex-Flotte. Als vorletzte Maschine kam 1978 die Tu-134A-3 YU-AJW zur Flotte.

Mit der Beschaffung von zwei fabrikneuen Boeing 737-200 begann 1987 bei Aviogenex die dringend erforderliche Flottenrestrukturierung. Als erste Maschine gelangte YU-ANP (C/N 23912/1401) am 19. Juni 1987 zur Ablieferung. Seit Februar 1999 ist das Flugzeug bei der nigerianischen Chanchangi Airlines im Einsatz.

Croatia Airlines

Nach dem Zerfall von Jugoslawien im Jahre 1991 konstituierte sich im Norden des Landes die Republik Kroatien mit der Hauptstadt Zagreb. Bereits im Juli 1989 wurde Zagreb Airlines gegründet und nahm 1990 den jetzigen Namen an. Mit zwei von der **Adria Airways** gemieteten MD-82 wurden die zuvor von der jugoslawischen staatlichen Fluggesellschaft **JAT** bedienten Routen übernommen. Aufgrund eines UNO-Embargos und anhaltender Bürgerkriegskämpfe musste der Luftraum über Kroatien von September 1990 bis zum 1. April 1991 gesperrt werden. Nach dem Erreichen der staatlichen Unabhängigkeit avancierte Croatia Airlines zur nationalen kroatischen Fluggesellschaft. Am 5. Mai 1991 begann dann der Luftverkehr auf der Inlandsroute Zagreb_Split. Beim Wiederaufbau des Flugbetriebs half die **Lufthansa** und überstellte der jungen Fluglinie im Mietkaufverfahren einige Mittelstreckenflugzeuge vom Typ Boeing 737-200. Die beiden MD-82 wurden im Mai 1992 an Adria Airways zurückgegeben. Für Regionaldienste beschaffte Croatia Airlines ab 1993 das Turbopropmuster ATR-42. Mit der Öffnung der bosnischen Flughäfen von Mostar und Sarajewo im Sommer 1996 wurden erstmals wieder einst jugoslawische Zielorte bedient. Die Ausmusterung der alten Boeing 737-200 gegen fabrikneue Airbus A319/A320 erfolgte ab 1997. Damit verfügt Croatia Airlines heute über eine der jüngsten Flotten in Europa. Neben den Linienflügen nach Amsterdam, Berlin, Bol, Brüssel, Dubrovnik, Düsseldorf, Frankfurt, Istanbul, London, Madrid, Mailand, Manchester, Mostar, Moskau, München, Osijek, Paris, Prag, Pula, Rom, Sarajewo,

Skopje, Split, Stockholm, Tel Aviv, Wien, Zadar und Zürich werden auch Gastarbeiter- und Charterflüge durchgeführt. Zu diesem Zweck gründete man eigene Reiseveranstalter, die diese Dienste vermarkten. Enge Kooperationsvereinbarungen bestehen mit **Air France, Alitalia, CSA, Iberia, Lufthansa** und THY-Tukish Airlines.

Flotte:	
3 ATR-42	4 Airbus A319
3 Airbus A320	

Die von Adria Airways gemietete MD-82 YU-ANC (C/N 48087/1035) gehörte 1991 zu den ersten von Croatia Airlines eingesetzten Flugzeugen.

Croatia Airlines betreibt seit 1993 das Flugzeugmuster ATR-42-300 auf Regionalstrecken.

Nur für kurze Zeit, bis zur verspäteten Ablieferung der bestellten Airbus A319, mietete Croatia Airlines diese BAe146-200 G-OZRH (C/N E.2047) von der britischen Flightline Aviation.

JAT - Jugoslovenski Aerotransport

Vorgängergesellschaft der JAT war die 1927 gegründete Aeroput, die jedoch im Mai 1941 mit der Besetzung Jugoslawiens durch deutsche Truppen während des Zweiten Weltkriegs den Betrieb einstellen musste. Durch Regierungsbeschluss wurde im Jahre 1946 die JAT ins Leben gerufen und der Flugbetrieb konnte am 1. April 1947 aufgenommen werden. Zum Einsatz kamen zunächst Junkers Ju-52/3m, die wenig später durch DC-3 aus alliierten Überschussbeständen abgelöst werden konnten. Neben einigen Inlandsdiensten flog JAT nur zwei internationale Routen, die von Belgrad nach Prag und Warschau führten. Nach dem politischen Bruch mit der Sowjetunion im Jahre 1949 wurde die mit Lisunow Li-2 (DC-3-Lizenzbau) jugoslawisch/sowjetische Fluglinie JUSTA in die JAT integriert. In der Folge konzentrierte die Fluggesellschaft ihr Streckennetz auf Westeuropa, da hier eine politische Annäherung gewünscht wurde.

Nachfolgemuster der DC-3 wurde 1954 die Convair CV-340, gefolgt von zwei Douglas DC-6B im Oktober und November 1958. 1957 ergänzten zwei CV-440 die Mittelstreckenflotte. Mit diesen Flugzeugen konnte das Streckennetz um Kopenhagen, London, Kairo und Beirut erweitert werden. Für Linien- und Charterdienste zu osteuropäischen Zielen beschaffte JAT 1957 sechs Iljuschin 14.

Der Strahlbetrieb begann im Januar 1963 mit der Ablieferung der ersten SE.210 Caravelle 6N. Mit dem Einsatz dieses Flugzeugmusters konnte die Ausdehnung des europäischen Streckennetzes vorangetrieben werden. Ziele wie Moskau, Amsterdam und Stockholm konnten nunmehr im Nonstopflug von Belgrad aus bedient werden. Im April 1969 kamen erstmals DC-9 auf Mietbasis zum Einsatz. Aufgrund der guten Erfahrungen mit dem Flugzeugmuster bestellte JAT am 19. Januar 1970 fünf Exemplare dieses Typs. 1970 stieß auch die erste Boeing 707 zur Flotte, mit dieser konnte der Transatlantikverkehr in die USA und nach Kanada aufgenommen werden. Später flogen diese Maschinen aber auch zu den neuen JAT-Zielen in Fernost (Bangkok, Peking) und nach Australien. Als Ersatz für die Caravelle kam ab 1974 die Boeing 727-200 für den Betrieb auf langen Mittelstrecken in Dienst, ab 1978 kam auf den Langstrecken die DC-10-30 als Nachfolger für die Boeing 707 zum Einsatz. Eine grundlegende Flottenerneuerung begann 1985 mit Erwerb der Boeing 737-300 als neuem Standard-Mittelstreckenmuster. Der Aus-

bruch des jugoslawischen Bürgerkrieges im Juni 1991 bedeutete für die JAT eine starke Einschränkung des Flugbetriebs, und zur Vermeidung eines Konkurses wurden viele Mittelstreckenflugzeuge an ausländische Fluggesellschaften vermietet. Am 31. Mai 1992 musste JAT allerdings alle internationalen Flüge auf Grund von UN-Sanktionen einstellen und konnte diese erst wieder ab dem 6. Oktober 1994 aufnehmen, nachdem die UNO das Embargo vorläufig aussetzte. Der neuen Situation folgend, wurde auch das äußere Erscheinungsbild angepasst und mit der Aufschrift »Yugoslav Airlines« startete man wieder ab Belgrad zu überwiegend europäischen Zielen. Da für Langstreckenverbindungen nicht genügende Nachfrage bestand, verkaufte man drei DC-10. Weitere Flugzeuge der früher umfangreichen Flotte blieben an andere Gesellschaften verleast. Erneute Komplikationen gab es für JAT im März 1999, als die NATO aufgrund des Kosovo-Konflikts weite Teile Jugoslawiens bombardierte. Das UNO-Flugverbot wurde wieder in Kraft gesetzt und erst im März 2000 wieder aufgehoben. Seitdem versucht JAT wieder, ihr früheres Streckennetz nach Westeuropa, Skandinavien, Osteuropa und nach Nahost aufzubauen. Basis mit einer Wartungswerft ist weiterhin der Flughafen Belgrad. An Air Yugoslavia ist JAT mehrheitlich beteiligt. Weitere Tochtergesellschaften sind JAT Catering, der Flugmedizinische Dienst, sowie die Bodenabfertigungsgesellschaft auf dem Flughafen Belgrad. Neben den Liniendiensten nach Amman, Amsterdam, Athen, Banja Luka, Barcelona, Peking, Beirut, Bukarest, Damaskus, Düsseldorf, Frankfurt, Hamburg, Istanbul, Kairo, Kiew, Kuwait, Larnaca, London, Mailand, Moskau, München, Nis, Odessa, Ohrid, Paris, Podgorica, Skopje, Tel Aviv, Thessaloniki, Tivat, Tripolis, Tunis, Warschau und Zürich betreibt JAT weiterhin Gastarbeiterflüge und Passagiercharterdienste.

Flotte:	
1 ATR-72	1 MDC DC-10-30
8 Boeing 727-200 Advanced	3 MDC DC-9-32
4 Boeing 737-300	

Zur Grundausstattung beschaffte JAT zwischen 1946 und 1947 zehn Douglas DC-3, vier weitere Maschinen stießen 1950, 1951 und 1953 zur Flotte. YU-ABF kam am 23. Dezember 1947 zur JAT und wurde erst 1971 verschrottet.

Nachfolgemuster der DC-3 bei JAT wurde die zweimotorige Convair CV-340. YU-ADN (C/N 102) wurde 1961 von der Alitalia (I-DOGU) erworben. Zuvor war die Maschine auf den Standard CV-440-41 konfiguriert worden. Am 21. März 1974 erfolgte der Verkauf an die in den USA ansässige Monarch Aviation als N94436.

Die CV-440-58 YU-ADK (C/N 461), hier in der ursprünglichen Farbgebung, gelangte werksneu am 19. September 1957 zur Ablieferung, und stand bei JAT bis zu ihrem Verkauf an den amerikanischen Flugzeughändler Hillcrest Aircraft Company (N94479) am 20. November 1973 ununterbrochen im Einsatz.

JAT gehörte zu den frühen Kunden der SE.210 Caravelle, von der das Unternehmen acht Exemplare der Serie 6N im Einsatz hatte. Als erste Maschine gelangte am 11. Januar 1963 YU-AHA (C/N 139) »Dubrovnik« zur Ablieferung. Im April 1976 außer Dienst und in Belgrad abgestellt, erfolgte ihr Verkauf an die französische Charterfluglinie Aerotour als F-BYAI im Januar 1978.

Nachfolgemuster der Caravelle bei der JAT wurde die DC-9-32, die mehr als zwei Jahrzehnte das Rückgrat der Mittelstreckenflotte bilden sollte. Von den 13 eingesetzten Maschinen kam YU-AJL (C/N 47571/695) als vorletztes Flugzeug am 21. Mai 1973 zur Flotte. Im April 1999 erfolgte der Verkauf an Macedonian Airlines als Z3-AAB.

Wegen Kapazitätsmangel mietete JAT als Übergangslösung zwischen Februar 1985 und November 1986 die DC-10-30 TU-TAL (C/N 46890/77) von der panafrikanischen Air Afrique.

Als Nachfolgemuster für die veralteten DC-9-30 und Boeing 727-200 beschaffte JAT zwischen Juli 1985 und Dezember 1986 zunächst sieben Boeing 737-300. YU-ANJ (C/N 23714/1305) gelangte am 17. November 1986 zur Auslieferung.

Seit den 80er-Jahren kommen bei JAT auf Regionalstrecken ATR-42 und ATR-72 zum Einsatz. Die ATR-42-300 YU-ALK (C/N 019) flog von Juni 1987 bis November 1990 bei der Gesellschaft, während die am 13. Juli 1990 gelieferte YU-ALN (C/N 180), eine ATR-72-201, derzeit noch im Einsatz steht.

Palair Macedonian

In Folge der einseitig ausgerufenen Unabhängigkeit gründete der neue Balkanstaat Mazedonien im Jahre 1991 seine eigene Fluggesellschaft. Mit geleasten Tu-154 wurden die Verbindungen nach Westeuropa aufrecht erhalten, was besonders für die zahlreichen Gastarbeiter aus dem ehemaligen Jugoslawien wichtig war. Trotz mangelhafter Infrastruktur auf dem Heimatflughafen Skopje konnte Palair schnelle Zu-

wachsraten erzielen. Im Oktober 1993 leaste Palair zwei Fokker 100 sowie ein Exemplar der kleineren Fokker F-28. Zunächst konzentrierte sich Palair auf Charterflüge, doch ab der Sommersaison 1994 wurden Linienflüge in die Schweiz und in die Türkei durchgeführt. Mitte der 90er-Jahre musste Palair aus wirtschaftlichen Gründen den Flugbetrieb einstellen. Das Streckennetz wurde anschließend von der neugegründeten **Macedonian Airlines** übernommen.

Von der Aircraft Financing & Trading BV, einem Tochterunternehmen des Flugzeugherstellers Fokker, mietete die kurzlebige mazedonische Fluggesellschaft Palair zwischen Oktober 1993 und September 1995 die Fokker 100 F-OLGA (C/N 11290).

Kurzfristig kam bei Palair die von Balkan Bulgarian Airlines gemietete Tupolew Tu-154M LZ-BTJ zum Einsatz.

Panadria

Panadria wurde im Jahr 1961 gegründet, um innerjugoslawische Linienflüge und Passagiercharterflüge von westeuropäischen Flughäfen zu den jugoslawischen Sonnenzielen entlang der Adriaküste durchzuführen. Ein weiteres Standbein des Unternehmens war die Landwirtschaftsfliegerei. Der Passagierflugbetrieb konnte erst im Januar 1970 mit zwei von der **Swissair** erworbenen Convair CV-440 Metropolitan aufgenommen werden. Der Pauschalreiseverkehr konnte sogar erst ab

Mai 1973 mit einer einzelnen MDC DC-9-30 durchgeführt werden, doch bereits im April 1974 wurde die Maschine an Inex-Adria Airways (**Adria Airways**) vermietet, später an diese verkauft. Panadria konzentrierte sich anschließend auf Nachtpostflüge zwischen Zagreb, Belgrad, Skopje, Titograd, Dubrovnik, Split und Mostar, die von vier in den USA gekauften Fairchild-Hiller FH-227 durchgeführt wurden. Aufgrund von finanziellen Problemen musste Panadria zu Weihnachten 1978 ihren Flugbetrieb einstellen und fusionierte Anfang 1979 mit der Trans Adria Airways.

Von der Swissair kaufte Panadria im November 1969 die beiden Convair CV-440 Metropolitan YU-ADS (C/N 413) und YU-ADT (C/N 414).

Als einziges Strahlflugzeug kam bei Panadria die am 16. Mai 1973 werksneu abgelieferte DC-9-32 YU-AJF (C/N 47570/684) auf europaweiten Passagiercharterdiensten zum Einsatz.

Luxemburg

Cargolux

Die Cargolux Airlines International SA wurde am 4. März 1970 durch die **Luxair SA**, die isländische **Loftleidir** und die schwedische Reederei Salenia AB gegründet. Im Mai desselben Jahres erfolgte die Flugbetriebsaufnahme mit fünf Canadair CL-44 Frachtern, die man von Loftleidir übernahm. In Ergänzung zu diesen Maschinen kamen ab 1971 gemietete DC-8-61 Frachter zum Einsatz. Bereits 1973 erhielt Cargolux ihren ersten Großraumfrachter vom Typ Boeing 747-200C. Bis Ende der 70er-Jahre bildete aber die DC-8-63F das Rückgrat der Flotte, kurzzeitig kamen auch Boeing 707-320F zum Einsatz. Zur selben Zeit übernahm Luxair die von Loftleidir/Icelandair und Salenia gehaltenen Unternehmensanteile. Mitte der 80er-Jahre hatte Cargolux ihre Flotte auf den Flugzeugtyp Boeing 747-200F standardisiert und die letzten DC-8 wurden ausgemustert. Zur Finanzierung dieser Flottenumrüstung verkaufte man 40% der Unternehmensanteile an luxemburgische Banken. 1992 erwarb die **Lufthansa** eine Minderheitsbeteiligung an Cargolux, verkaufte diese aber 1997 an die schweizerische SAir Logitics.

Im November 1993 erhielt Cargolux als erste Gesellschaft weltweit die Boeing 747-400F, von der Anfang 1994 ein zweites Exemplar geliefert werden konnte. Diese Maschinen kamen ausschließlich auf den wichtigsten Routen in die USA und nach Fernost zum Einsatz. Bis 1999 erfolgte eine erneute Flottenumstellung auf diesen Flugzeugtyp, die verbliebenen Boeing 747-200F wurden in die USA verkauft. Mit einer Flotte von nunmehr zwölf 747-400F gehört Cargolux zu den weltweit führenden Luftfracht-Fluggesellschaften.

Mit China Airlines und anderen Fluglinien bestehen Kooperations- und so genannte Codeshare-Abkommen.

Flotte:
12 Boeing 747-400F

Für die Aufnahme des Flugbetriebs transferierte die isländische Loftleidir ihre Canadair CL-44-Flotte an die Cargolux.

Nachfolgemuster der CL-44 wurde die Douglas DC-8-63F, mit der eine erfolgreiche Marktexpansion durchgeführt werden konnte.

Wichtigster Flugzeugtyp und Sprungbrett zur heutigen Marktgröße der Cargolux war die Boeing 747-100/200. Inzwischen sind diese Flugzeuge durch moderne Boeing 747-400 ersetzt worden.

Lionair

Lionair wurde 1987 als Joint Venture zwischen **Luxair** und **Cargolux** gegründet. Als »Wet-Lease«-Spezialist sollte das Unternehmen Marktanteile in diesem seinerzeit boomenden Wirtschaftszweig erringen. Zu diesem Zweck erwarb man im Januar zwei Boeing 747-121 aus ehemaligen PanAm-Beständen, die ab April desselben Jahres unter der Flugbetriebsgenehmigung und Aufsicht der Cargolux zum Einsatz gelangten. Der Geschäftsbetrieb begann vielversprechend mit Vermietungen der Flugzeuge an **Air France**, Air Afrique, Caribbean Airways, Orion Air und **Corsair Airlines**. Infolge des Golfkriegs 1991 brach der Markt aber nahezu komplett ein und man entschied sich zur Geschäftsaufgabe.

Der Vermietungsspezialist Lionair verfügte über zwei ehemalige PanAm-Boeing 747-121. Dies waren LX-FCV (C/N19658/47) und LX-GCV (C/N 19660/50).

Luxair

Die »Société Luxembourgeoise de Navigation Aerienne«, oder kurz Luxair ist die nationale luxemburgische Fluggesellschaft und wurde 1961 mit Unterstützung der Regierung und privaten Investoren, darunter einige Banken und Radio Luxemburg, gegründet. Mit technischer Unterstützung der KLM begann Luxair im April 1962 mit ihrem Linienflugverkehr von ihrer Heimatbasis am Luxemburger Findel Flughafen nach Amsterdam, Paris und Frankfurt/Main. Zum Einsatz kam eine von Fokker BV gemietete F-27 und dieses Flugzeugmuster war für lange Jahre das Rückgrat der Flotte. Im Laufe der nächsten Jahre wurde das Streckennetz vorsichtig um die Zielorte Zürich, Nizza und Palma de Mallorca erweitert. Da die F-27 für einige dieser Routen nicht geeignet war, kam hierfür eine Vickers Viscount 800 zum Einsatz. Im März 1970 kam mit zunächst einer SE.210 Caravelle das erste Strahlmuster zum Einsatz, eine weitere Caravelle folgte wenig später. Mit diesen Flugzeugen dehnte Luxair ihr Streckennetz nach London, Paris, Monastir und Dubrovnik aus. 1978 wurden beide Caravelle verkauft und durch zwei Boeing 737-200 ersetzt.

Für Langstreckenflüge im Auftrag der Luxavia/Trek Airways kam zunächst eine Lockheed L.1649 Starliner zum Einsatz, ab 1969 geleaste Boeing 707. Im Laufe der nächsten 15 Jahre kamen insgesamt sechs

Exemplare dieses Musters zum Einsatz, und die letzten beiden 707 verließen im Dezember 1984 die Flotte. Nur für kurze Zeit flog bei Luxair auch ein Airbus A300B4, der sich aber für den Bedarf der Gesellschaft als zu groß erwies. Ab November 1987 kam nur noch eine gemietete Boeing 747SP auf den Langstrecken zum Einsatz und 1995 werden die eigenen Langstrecken endgültig aufgegeben. Ein Flottenerneuerungsprogramm begann 1989 mit Ablieferung der ersten Fokker 50 als Ersatz für die F-27, und die Flotte der Strahlflugzeuge standardisierte man auf Boeing 737-400 und -500.

Mit Luxair Commuter wurde im Juni 1987 eine Tochtergesellschaft gegründet, die mit zwei Fairchild Metro II Ultra-Kurzstrecken nach Düsseldorf, Zürich und Genf bediente. Später wurden die Metros durch Embraer EMB-120 ersetzt, doch Ende der 90er-Jahre integrierte man die Regionalfluggesellschaft in die Luxair. Embraer RJ-145 kamen erstmals 1998 zum Einsatz und werden mittelfristig die Fokker 50 ersetzen.

Flotte:	
2 Boeing 737-400	4 Fokker 50
4 Boeing 737-500	7 Embraer ERJ-145

Erstes Flugzeugmuster der Luxair war die Fokker F-27, die bis zur Einführung der moderneren Fokker 50 das Rückgrat der Kurzstreckenflotte bildete.

Erstes Strahlmuster der Luxair war die SE.210 Caravelle. Durch deren Einsatz konnte das Streckennetz zu weiter entfernt liegenden Zielen in Europa ausgedehnt werden.

Auf der für Luxavia und die südafrikanische Trek Airways beflogenen Route Luxemburg–Johannesburg kam anfangs diese von Trek gemietete Lockheed L.1649A zum Einsatz.

Der Airbus A300B4 erwies sich als ungeeignet für das Luxair- und Luxavia-Streckennetz und war nur kurze Zeit im Einsatz.

Nach der Außerdienststellung der letzten beiden Boeing 707-320 flog diese einzelne Boeing 747SP alle Langstreckenrouten.

Nachfolgemuster der Fokker F-27 auf den Kurzstrecken wurde die Fokker 50, die aber mittelfristig durch die strahlgetriebene ERJ-145 abgelöst werden.

Auf Linien- und Charterdiensten kommen neben der Boeing 737-500 zwei Exemplare der größeren Boeing 737-400 zum Einsatz, hier LX-LGG.

Das Regionalflugzeug ERJ-145, das bereits jetzt die Kurzstreckenflotte dominiert, wird das kommende Flugzeugmuster auf diesem Routensegment.

Malta

Air Malta

Die nationale Fluglinie der Inselrepublik Malta, Air Malta, wurde am 26. März 1973 auf Regierungsbeschluss gegründet und nahm nur vier Tage später, am 30. März, den Flugverkehr mit einer Verbindung zwischen Luqa und London/Heathrow auf. Zum Einsatz kamen von British Airways gemietete HS.121 Trident. Mit technischer Unterstützung durch Pakistan International Airways gelangten ab dem 1. April 1974 zunächst zwei Boeing 720 zum Einsatz, mit denen London und Rom angeflogen wurden. Das Streckennetz wurde zügig ausgebaut und umfasste Dienste nach Amsterdam, Paris, Zürich, München, Kairo und Tripolis. Ein weiteres wichtiges Standbein war der Touristik-Charterverkehr von allen großen westeuropäischen Flughäfen. Drei von der niederländischen **Transavia** gemietete Boeing 737-200 ergänzten ab November 1980 die veralteten Boeing 720. Die ersten drei von insgesamt fünf werksneuen eigenen 737-200 gelangten im März 1983 zur Ablieferung, die letzten beiden Exemplare folgten im Juli 1987.

Im April 1990 wurde der Airbus A320 als neuestes Muster in die Flotte übernommen. Mit Einführung dieses Typs veränderte Air Malta auch das äußere Erscheinungsbild ihrer Flugzeuge. Für Regionaldienste beschaffte Air Malta ab September 1994 die Avro RJ70, die aber bereits Mitte 1998 an die italienische Fluglinie Azurra Air abgegeben wurden. An diesem Unternehmen hielt Air Malta einige Jahre lang 48% der Geschäftsanteile. Als Ersatz für die RJ70 gelangten Boeing 737 der Serien 300 und 500 zum Einsatz. Zur Abdeckung von Kapazitätsbedarf zu Hochsaisonzeiten mietet Air Malta regelmäßig Flugzeuge anderer Fluggesellschaften

Derzeit hält Air Malta Beteiligungen an Mediterranean Aviation und an Malta Air Charter. Letztere betreibt mit Mil Mi-8-Hubschraubern den Zubringerverkehr zur Nachbarinsel Gozo.

Flotte:	
1 Airbus A319	1 Boeing 737-500
2 Airbus A320-200	2 Boeing 737-200
7 Boeing 737-300	

Als erstes Flugzeugmuster kamen bei Air Malta im Rahmen eines technischen Hilfsabkommens mit Pakistan International Airlines zwei Boeing 720B zum Einsatz. Die Flotte wurde um drei weitere solche Flugzeuge erweitert und im März 1979 stieß 9H-AAO (C/N 18829/427) zur Flotte, die erst am 23. November 1989 außer Dienst gestellt wurde.

Wegen saisonalen Kapazitätsmangels betrieb Air Malta zwischen November 1979 und April 1980 die von Austrian Airlines gemietete DC-9-32 OE-LDC in einer Mischbemalung.

Nachfolgemuster der Boeing 720 wurde die für Europarouten optimierte Boeing 737-200.

Als Ersatz für die auf vielen Strecken unwirtschaftliche Avro RJ70 mietet Air Malta eine Boeing 737-500 von der dänischen Maersk Air.

Als Übergangslösung bis zur Ablieferung des Airbus A320 mietete Air Malta diese Boeing 727-200 von einer peruanischen Fluggesellschaft.

Das Rückgrat der Air Malta-Flotte bildet heute der Airbus A320-200.

Nur für kurze Zeit hatte Air Malta den Avro RJ70 im Einsatz.

Niederlande

Air Holland

Die 1984 gegründete Charterfluggesellschaft Air Holland nahm am 2. April 1985 ihren Flugbetrieb mit einer Boeing 727-200 zu Ferienzielen im Mittelmeerraum und den Kanarischen Inseln auf. Eine zweite 727-200 folgte im Mai desselben Jahres. Für verschiedene Reiseveranstalter flog man ab Amsterdam, Rotterdam, Eindhoven und Maastricht. Aufgrund steigender Nachfrage lösten ab 1988 vier Boeing 757 die Boeing 727-200 ab. Weitere Maschinen, darunter zwei Boeing 767-300, folgten 1989 und 1990. In den verkehrsschwachen Reisezeiten vermietete Air Holland ihre Flugzeuge weltweit an andere Fluggesellschaften. Aufgrund wirtschaftlicher Schwierigkeiten musste das Unternehmen 1992 den Flugbetrieb einstellen, doch nach einer erfolgreichen Reorga-

nisation gelang der Air Holland Charter BV im darauf folgenden Jahr der Wiedereinstieg ins Chartergeschäft mit zwei gemieteten Boeing 737. In den Folgejahren konnte der Flugbetrieb weiter ausgebaut werden und neue Boeing 757 stießen zur Flotte. Nach sechsjähriger erfolgreicher Geschäftstätigkeit musste Air Holland am 3. November 1999 erneut den Betrieb einstellen und die verbliebenen Aktiva der Gesellschaft wurden an die niederländische Schreiner-Gruppe verkauft. Zum Jahresbeginn 2000 konnte Air Holland den Flugbetrieb in ihrem angestammten Geschäftsfeld wieder aufnehmen. Zum Einsatz kommen zwei Boeing 757-200, mit denen Ferienziele rund um das Mittelmeer und auf den Kanarischen Inseln bedient werden.

Flotte:
2 Boeing 757-200

Wichtigster Flugzeugtyp bei Air Holland ist die Boeing 757, hier in der ursprünglichen Bemalung. PH-AHN (C/N 24771/272) stand bei der »ursprünglichen« Air Holland von Mai bis Oktober 1991 im Einsatz. Heute fliegt die Maschine als N506NA bei National Airlines in den USA.

Als zweites Flugzeug in ihrer Flotte übernahm Air Holland am 18. Juli 2002 die Boeing 757-204 PH-AHT (C/N 27237/602), die zuvor bei Britannia Airways flog und sich hier in der neuen Farbgebung präsentiert.

Holland Aerolines - HAL

Das Unternehmen wurde bereits im Jahre 1977 als Holland Aero Leasing durch eine Gruppe von Flugzeugeigentümern gegründet, um deren operationelle Bedürfnisse aufeinander abzustimmen und die Flugzeugeinsätze zu koordinieren (Aircraft Pooling). Die Flotte bestand anfangs aus je einer Piper Navajo, Piper Cheyenne und Piper Navajo Chieftain. Neben den Geschäftsreiseflügen spezialisierte sich das Unternehmen auch auf Ambulanzflüge und Ad-hoc-Charterdienste. Wichtigster Kunde wurde der Mineralölkonzern Royal Dutch Shell mit Zielen an der britischen Ostküste.

Die Umbenennung in Holland Aero Lines (später Holland Aerolines) erfolgte Ende 1984, nachdem die Zulassungsbehörde dem Unternehmen die Betriebslizenz für den gewerbsmäßigen Linienverkehr erteilt hatte. Zu diesem Zweck erwarb HAL zunächst ein Exemplar des Mehrzweckmusters GAF N.24A Nomad, wenige Monate später gefolgt von einer weiteren Maschine gleichen Typs. Mit diesen Flugzeugen wurde am 4. Februar 1985 ein täglicher Liniendienst zwischen Rotterdam und Southend aufgenommen und im Laufe des Jahres folgten zwei weitere

Das australische Mehrzweckflugzeug GAF N.24 Nomad blieb ein Exot am europäischen Himmel. Als einzige Fluggesellschaft setzte hier die Holland Aerolines drei Exemplare dieses Typs im Linienverkehr ein. Die GAF N.24A PH-HAL (C/N 72) flog bei HAL von Januar 1985 bis Juni 1987.

Routen, nach Norwich und Groningen. Ab Januar 1986 beflog HAL linienmäßig die Strecke Rotterdam–Paris (Orly), für die eigens eine ATR-42 vom Hersteller gemietet wurde. Diese Maschine wurde wenig später durch ein anderes Flugzeug gleichen Typs ersetzt. Ab Sommer 1986 bediente HAL auch eine werktägliche Route Rotterdam–Frankfurt, ebenfalls mit ATR. Man beabsichtigte auch die Aufnahme von Linienverbindungen von Rotterdam nach Hamburg, Kopenhagen, Zürich und Lyon, doch diese Dienste wurden nie aufgenommen.

Da sich die ATR-42 als zu groß für das Streckennetz erwies, bestellte HAL im Juli 1986 beim brasilianischen Flugzeugbauer Embraer vier Exemplare der modernen EMB-120 Brasilia zur Ablieferung im März, April, Mai und Juni 1987. Als Übergangslösung mietete die Fluglinie ab Oktober und November 1986 zwei Gulfstream 1 von dem briti-

schen Unternehmen Peregrine Air Services. Trotz des Einsatzes dieses kleineren Fluggerätes blieb der Flugbetrieb unwirtschaftlich, weswegen sich bereits bestehende finanzielle Probleme verstärkten und der Linienflugbetrieb am 24. Dezember 1986 eingestellt werden musste. Charterflüge konnten noch bis zum 29. Dezember 1986 fortgeführt werden.

Nach einer eiligen Reorganisation und kurzfristigen Kapitalzuführung durch die Anteilseigner konnte der Flugbetrieb Anfang 1987 wieder aufgenommen, aber nur bis März desselben Jahres betrieben werden, da keine weiteren Finanzmittel zur Verfügung gestellt werden konnten. Die verbliebene ATR-42 wurde vom Leasinggeber zurückgenommen und die GAF Nomad in Rotterdam abgestellt, bis sie im Frühsommer 1987 in die USA verkauft werden konnten.

KLM - Royal Dutch Airlines

KLM, die nationale Fluggesellschaft der Niederlande und älteste Fluglinie der Welt, wurde am 7. Oktober 1919 durch niederländische Kaufleute und Bankiers in Den Haag gegründet. Mit einer zweisitzigen De Havilland DH.16 begann am 17. Mai 1920 der Linienverkehr auf der Strecke Amsterdam–London, die dreimal wöchentlich beflogen wurde. Im Laufe der nächsten Jahre eröffnete KLM weitere Strecken nach Hamburg, Bremen, Kopenhagen, Brüssel, Basel und Paris. Im Flottenbestand lösten neue Fokker-Typen, allen voran die F.VII und F.VIIb/3m die veralteten De Havilland-Maschinen ab. In Vorbereitung für die Einrichtung von Fernstrecken nach Niederländisch-Ostindien (heute Indonesien) wurde 1929 zunächst das europäische Streckennetz nach Süden erweitert und erste Streckenerprobungsflüge mit unterschiedlichen Routenführungen nach Java durchgeführt. Ende 1930 erfolgte die Inbetriebnahme des ersten Langstreckensektors von Amsterdam nach Athen und Kairo. Die Verlängerung nach Batavia auf Java (heute Djakarta), konnte am 1. Oktober 1931 eröffnet werden. Eine Zwischenlandung in Singapur kam kurze Zeit später hinzu.

Im Dezember 1934 war KLM die erste Fluggesellschaft außerhalb der USA, welche die fortschrittliche Douglas DC-2 in Dienst stellte. Mit diesem Flugzeugtyp eröffnete KLM neue Strecken nach Prag, Frankfurt und Mailand. Mit dem Einsatz auf der Route Amsterdam–Batavia verringerte sich die Flugzeit auf nur noch 57 Stunden. Insgesamt erhielt KLM 17 DC-2, und nachdem sich Anthony Fokker die Lizenzbaurechte für Europa gesichert hatte, konnten diese Flugzeuge in den Niederlanden endmontiert werden. Das weit erfolgreichere Nachfolgemodell, die DC-3, erhielt KLM ab 1936. Bei Kriegsausbruch 1939 unterhielt KLM neben der Luft-Hansa, **Air France** und **SABENA** eines der dichtesten europäischen Flugstreckennetze.

Zum Zeitpunkt der deutschen Invasion der Niederlande im Mai 1940 bestand die KLM-Flotte ausschließlich aus diesen beiden Flugzeugmustern, von denen die meisten Maschinen dem deutschen Bombardement zum Opfer fielen. Nur eine DC-2 entkam nach Großbritannien und wurde nach dem Kriegsende 1945 wieder in Dienst gestellt, während die verbliebenen, intakten, DC-2 von der Luft-Hansa »übernommen« und für das Reichsluftfahrtministerium (Luftwaffe) betrieben wurden. Ein ähnliches Schicksal widerfuhr den DC-3, von denen

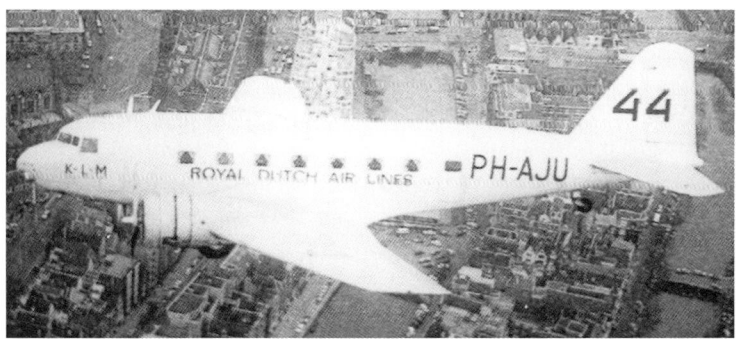

KLM's erstes Exemplar der fortschrittlichen Douglas DC-2 war PH-AJU, die am 22. August 1934 zur Auslieferung gelangte. Diese Maschine nahm im selben Jahr am Luftrennen von England nach Australien teil und erreichte nach dem britischen Rennflugzeug DH.88 Comet den viel beachteten zweiten Platz. Damit wurde deutlich, dass die USA die Briten als führende Nation im Flugzeugbau eingeholt hatten. PH-AJU war indes kein langes Flugzeugleben beschieden, denn die Maschine stürzte am 20. Dezember 1934 infolge eines Blitzschlags bei Rutbah Wells im Irak ab.

PH-ALI, hier mit einer DC-2 im Hintergrund, war die erste bei KLM eingesetzte Douglas DC-3 und gelangte am 21. September 1936 zur Auslieferung. Im Mai 1940 konnte das Flugzeug noch rechtzeitig vor der Invasion Hollands nach Großbritannien evakuiert werden und kam ab dem 25. Juli 1940 als G-AGBB bei der BOAC zum Einsatz. Am 1. Juni 1943 wurde die Maschine über der Biskaya von einem deutschen Jagdflugzeug des Typs Junkers Ju-88 angegriffen und abgeschossen.

einige Maschinen nach Großbritannien evakuiert werden konnten und bis zum Kriegsende bei der **BOAC** im Einsatz standen.

Unmittelbar nach Kriegsende unternahm man bei KLM größtmögliche Anstrengungen zur Wiederaufnahme des kommerziellen Flugbetriebs in einer veränderten Welt. Mit nicht weniger als 42 DC-3, davon viele Maschinen aus Überschussbeständen der USAAF und der Royal Air Force, begann 1946 der Nachkriegsluftverkehr auf dem restaurierten Vorkriegsstreckennetz. Mit Einführung der modernen Convair CV-240 in den Jahren 1948/49 wurde eine größere Anzahl DC-3 an KLM-Tochterunternehmen in Ostindien und den Antillen abgegeben. Die letzte DC-3 stand bei KLM-Aerocarto für Luftvermessungsaufgaben noch bis 1970 im Einsatz.

Für ihre Langstreckendienste interessierte sich KLM für die in den USA neu entwickelte Lockheed 049 Constellation, konnte das Flugzeugmuster aber aufgrund der Kriegssituation nicht bestellen. Erst im Herbst 1943 sah sich Lockheed in der Lage, zivile Bestellungen für die Constellation anzunehmen, und KLM war der erste Kunde außerhalb der USA. Am 29. September 1945 wurde diese Order formell bestätigt. Am 28. Mai 1946 erfolgte die Übergabe des ersten von vier bestellten Flugzeugen und die übrigen Maschinen folgten in den kommenden drei Wochen. Aufgrund eines wegen technischer Probleme verhängten Flugverbots konnte KLM ihre L.049 zunächst nicht in Betrieb nehmen und beschaffte ersatzweise weitere DC-4 (C-54) aus Überschussbeständen der USAF. Am 21. Mai 1946 eröffnete eine DC-4 die neue Transatlantiklinie zwischen Amsterdam und New York und ab November desselben Jahres übernahm eine L.049 diese Route. Die Fernostroute nach Batavia konnte am 28. November 1945 mit DC-4 wieder eröffnet werden, ab Februar 1946 kamen auch hier die schnelleren L.049 zum Einsatz. Die ersten KLM-Europadienste zwischen Amsterdam, London, Paris und Kopenhagen wurden ab dem 17. Dezember 1945 wieder bedient.

Am 1. August 1947 übernahm KLM alle Anteile der KNILM, die zwischen ihrer Gründung im Jahre 1928 und der japanischen Besetzung des indonesischen Inselarchipels 1942 den gesamten Flugverkehr in Niederländisch-Ostindien durchgeführt hatte. KLM übernahm auch die Bestellung für vier L.749 Constellation, die ab August 1947 zur Aus-

lieferung gelangten. Von diesem Flugzeugtyp, einer Weiterentwicklung der L.049, hatte KLM bereits im Januar 1946 acht Exemplare bestellt, die ebenfalls 1947 abgeliefert wurden. Diese neuen »Connies« übernahmen am 6. Oktober 1947 von den DC-4 die Route Amsterdam–Prestwick–Gander–New York–Curacao, was eine Verkürzung der Reisezeit von 38 auf 32 Stunden bedeutete. Zur Jahresmitte 1947 bedienten die L.749 Kairo, Bagdad, Kalkutta und Singapur. Dienste nach Basra, Karatschi und Bangkok folgten wenig später. Eine neue Route nach Montreal wurde am 29. Mai 1949 eröffnet, gefolgt von Mauritius, Teheran (via Rom und Istanbul), Aden und Havanna. Zwischen 1949 und 1951 erhielt KLM sieben Exemplare der verbesserten L.749A und die L.049 fanden auf den neuen Karibikstrecken von Curacao, Aruba und Jamaika (Kingston) nach Miami und New York Verwendung. Als einzige Route wurde der Umlauf Aruba–Miami–Aruba noch von DC-4 beflogen. Bis 1950 erfolgte die schrittweise Außerdienststellung der L.049, sodass KLM nunmehr über eine homogene L.749/L.749A-Langstreckenflotte verfügte. 1952, mit Einführung der neuen Douglas DC-6, erfolgte auf den Routen nach Nizza, Athen und Beirut erstmals der Einsatz von L.749 auf den Kurz- und Mittelstrecken. Mit Wirkung des Winterflugplans 1952 wurden nahezu alle Nordatlantikdienste von DC-6 beflogen. Obwohl KLM die DC-6 nur als Übergangslösung beschafft hatte, nahm dieser Flugzeugtyp dennoch einen festen Platz in der Flotte ein. Ende 1950 bestellte KLM als erste Fluggesellschaft außerhalb der USA neun Lockheed L.1049 Super Constellation und war die erste Fluggesellschaft der Welt, welche die durch Turbo-Compound-Triebwerke (mit Hilfe von Abgasturbinen leistungsgesteigerte Kolbenmotoren) angetriebene Variante in den Einsatz brachte. Im Juni 1953 erfolgte die Ablieferung der ersten L.1049C und ihr Einsatz auf den Nordatlantikrouten ermöglichte am 15. August 1953 erstmals in der Geschichte des Nordatlantik-Linienverkehrs Nonstopflüge in West-Ost-Richtung. Die neunte und letzte L.1049C gelangte im Dezember 1953 zur Ablieferung und zu diesem Zeitpunkt bildete das Flugzeugmuster das Rückgrat der KLM-Langstreckenflotte. L.1049C übernahmen die Routen nach Johannesburg am 3. Oktober 1953, nach Batavia im Frühjahr 1954 und nach Tokio im Herbst desselben Jahres. Mit der Ablieferung von vier

Mehrere Douglas DC-3 (C-47) der KLM auf dem Flughafen Amsterdam-Schiphol, in der unmittelbaren Nachkriegszeit. Während sich PH-TBO und -TBE schon im zivilen Farbkleid präsentieren, tragen PH-TAZ und -TBM noch ihre Tarnbemalung.

KLM kaufte PH-TBO am 14. Januar 1946 aus Überschussbeständen der USAAF (ex 42-108979). Am 6. November 1946 stürzte PH-TBO am Londoner Flughafen Croydon ab.

PH-TBE flog während des Krieges als NL201 beim Dutch Military Air Service und kam am 9. Februar 1946 zur KLM. Verkauft wurde die Maschine am 1. August 1946 an die britische Skyways als G-AGBE.

Obwohl KLM PH-TAZ bereits am 25. Januar 1946 vom Dutch Military Air Service (ex NL201) kaufte, erfolgte deren Übergabe erst am 3. März 1947. Am 15. November 1950 wurde die Maschine der chinesischen CNAC als Kompensation für eine vor Borneo irrtümlich abgeschossene Li-2 (sowjetischer Lizenzbau der DC-3) übergeben.

Auch PH-TBM stammte aus USAAF-Überschussbeständen (ex 43-15083) und stieß am 14. Januar 1946 zur KLM-Flotte. Im Februar 1954 umregistriert, stand sie als PH-DAM bis zu ihrer Abgabe an *De Kroonduif* (JZ-PDD) am 31. August 1957 im Einsatz.

Stolz trägt die KLM DC-3 »Decla« den Schriftzug »World's Oldest Airline« in die Welt.

Als erstes Langstreckenflugzeug nach dem Zweiten Weltkrieg flog bei KLM die Douglas DC-4. Obwohl dieses Muster ursprünglich nur als Übergangslösung bis zur Ablieferung der L.049/L.749 Constellation-Flotte diente, flogen die letzten beiden Exemplare noch bis 1961 bei der Gesellschaft. PH-TAR gelangte werksneu am 26. April 1946 zur Ablieferung und wurde bereits am 13. Dezember 1948 an die spanische Iberia als EC-AEK verkauft.

Nach Einführung der Convair CV-240 transferierte KLM viele ihrer DC-3 (C-47) an ihr Tochterunternehmen *De Kroonduif* zum Betrieb in Niederländisch-Neuguinea (heute Indonesien). JZ PDF wurde am 2. Januar 1961 abgegeben und flog zuvor seit dem 16. Februar 1954 bei KLM als PH-DAT.

Die Lockheed L.749A PH-LDG (C/N 2661) »Friesland« gelangte am 11. Januar 1951 als PH-TFG zur Ablieferung. Als eine der letzten Maschinen ihres Typs bei KLM wurde sie am 14. April 1960 aus dem Dienst genommen und in Schiphol abgestellt. Am 26. Dezember 1962 erfolgte der Verkauf an die uruguayische Fluglinie CAUSA als CX-BBM.

L.1049E zwischen Mai und Oktober 1954 erfolgte eine grundlegende Streckenrationalisierung. L.749A und L.1049C/E flogen alle New York-Dienste, L.1049C/E bedienten Johannesburg, Tokio und Sydney, und eine aus L.749A und L.1049 bestehende Teilflotte flog nach Bangkok, Manila, Singapur und Djakarta. Die restlichen internationalen Routen wurden von DC-6/DC-6B beflogen.

Überlegungen zur Beschaffung von L.1649 Starliner wurden zugunsten der neuen Douglas DC-7C »Seven Seas« fallen gelassen und KLM kaufte ihre beiden letzten Super Constellation der Serie L.1049G im Dezember 1955. Bei diesen beiden Maschinen handelte es sich um eine stornierte Bestellung der Thai Airways International. Ab Juni 1956 ersetzten L.1049C die DC-6B auf den Diensten nach Curacao und Caracas. Auf der neu eingerichteten Strecke nach Khartoum, via Wien, Athen und Kairo, kamen L.749A zum Einsatz.

Mit der Einführung der DC-7C im April 1957 erfolgte die schrittweise Ablösung der L.1049 auf den Nordatlantikstrecken. Ab dem 2. Juni 1957 gelangten DC-7C auf den Amsterdam–New York-Umläufen zum Einsatz und der letzte von L.1049 durchgeführte Flug erfolgte hier am 23. September 1957, gefolgt von der Montreal-Route am 3. August 1957. Die frei werdenden L.1049 lösten DC-6B auf den Diensten nach Panama City, Guayaquil und Lima ab, und der Johannesburg-Service wurde erstmals am 3. Juli 1957 von DC-7C bedient. Zwischen April und Oktober 1957 erfolgte die Freistellung der L.749A durch DC-6B auf den Routen Rom–Tel Aviv und Kairo–Khartoum. Diese L.749A kamen sodann auf Europarouten nach Mailand, Nizza, Frankfurt und Warschau zum Einsatz, wurden aber auch hier ab Herbst 1958 durch DC-6B und moderneres Mittelstrecken-Fluggerät ersetzt. Zum Einsatz im Einklassen-Touristikverkehr über den Nordatlantik bestellte KLM im Herbst 1957 drei L.1049H, die rechtzeitig zum Frühjahrsflugplan 1958 in Betrieb genommen werden konnten. Als Folge eines unerklärlichen Absturzes eines dieser Flugzeuge wurden die verbliebenen beiden Maschinen aus dem Passagierverkehr genommen und zu Frachtern umgebaut. Hier ersetzten sie die verbliebenen Douglas DC-4. Nach der Einstellung der Flüge nach Djakarta aus politischen Gründen am 3. Dezember 1957 endeten KLM's Fernostrouten in Colombo, Saigon oder Singapur. Tokio wurde über die Transpolarstrecke angeflogen, die am 1. November 1958 mit DC-7C eröffnet werden konnte. Im Sommer 1959 erfolgte die Umrüstung der L.1049C/E zur L.1049G Super-G-Constellation.

Auf den europäischen Mittelstrecken kamen 1948 und 1949 zwölf neu gelieferte Convair CV-240-4 zum Einsatz, welche die veralteten DC-3 weitgehend ablösten. Diese Flotte wurde ab 1953 um 14 Convair CV-340-48 ergänzt und teilweise ersetzt. Eine CV-240 ging durch Unfall verloren und die restlichen Maschinen wurden bis zum Ende der 50er-Jahre an **Swissair**, Deutsche Flugdienst und **LOT** verkauft. Fünf Maschinen der CV-340 wurden auf den Niederländischen Antillen zur Durchführung von Regionaldiensten und Diensten in die USA stationiert und ersetzten auf einigen dieser Routen die veralteten L.749. Schon bald nach ihrer Auslieferung erfolgte die Umrüstung der CV-340 auf den Standard der leistungsstärkeren CV-440 Metropolitan. Zur schrittweisen Ablösung der CV-440 kamen ab Juni 1957 insgesamt neun Vickers Viscount 803 zur Ablieferung, die bis zu ihrer Außerdienststellung zwischen 1966 und 1967 und dem anschließenden Verkauf an **Aer Lingus** neben der Lockheed L.188 Electra das Rückgrat der KLM-Mittelstreckenflotte bildeten.

Mit der Einführung der L.188 auf Mittel- und Langstrecken 1959 und der DC-8 1960 auf Langstrecken begann die Ablösung der diversen Constellation-Serien und der DC-7C. Der letzte Super Constellation-Einsatz über den Nordatlantik erfolgte am 31. Oktober 1959, DC-7C übernahmen diese Dienste am darauf folgenden Tag. KLM stellte ihre Electra-Flotte zwischen September 1959 und Dezember 1960 in Dienst und nutzte diese zwölf Flugzeuge hauptsächlich auf den Routen nach Mittelost (Kairo, Tel Aviv, Abadan, Dhahran, Istanbul, Teheran) und Fernost (Colombo, Singapur, Bangkok, Saigon), sowie auf verkehrsstarken Europastrecken. Eine Electra musste im Januar 1961 nach einem Unfall in Kairo als Totalverlust abgeschrieben werden, doch die verbliebenen elf Maschinen flogen unfallfrei bis zu ihrer Ablösung durch MDC DC-9 im Jahre 1968.

KLM's Düsenflugverkehr begann am 16. April 1960 auf den Nordatlantikdiensten in die USA und nach Kanada, wo die DC-7C ersetzt wurden. DC-8 lösten DC-7C auf der Polarroute nach Tokio am 18. Oktober 1960 und die »Super Connies« auf der Australienroute nach Sydney am 18. November 1960 ab. Die letzte von Super Constellation beflogene Interkontinentalroute führte über den Zentralatlantik nach Curacao und Lima und wurde am 1. April 1961 von der DC-8 übernommen. Bis zum Ende der Sommersaison 1961 kamen die Super Constellation noch auf einigen Europastrecken zum Einsatz und wurden danach in Amsterdam abgestellt und dort im Laufe der nächsten Jahre verschrottet. Vier der DC-7C erfuhren einen Umbau zum Frachter DC-7CF und kamen in dieser Rolle ab Juni 1962 zum Einsatz. Während der Sommersaison verstärkten sie zunächst die L.1049H-Frachter, welche aber im August 1962 außer Dienst gestellt wurden. KLM's letzter »Super Connie«-Einsatz erfolgte durch PH-LKB am 25. August 1962 als KL162 zwischen Prestwick und Amsterdam. Die Außerdienststellung der DC-7C erfolgte schrittweise zwischen 1963 und 1965, doch die DC-7CF erfüllten noch bis 1969 ihre Aufgabe als Frachter und wurden danach durch DC-8-50F abgelöst.

Auf dem europäischen Kurzstreckennetz übernahmen ab April 1966 neue Maschinen vom Typ DC-9 die meisten von Vickers Viscount und Lockheed Electra bedienten Routen. Für die kommenden 20 Jahre war dieses Flugzeugmuster mit seinen verschiedenen Varianten DC-9-10, DC-9-10RC, DC-9-30 und DC-9-30CF das Rückgrat der KLM Mittelstreckenflotte. Erst ab 1986 erfolgte deren Ablösung durch zehn Boeing 737-300 und, ab 1989, sechs Fokker 100. Bis Mitte der 90er-Jahre stießen weitere sieben 737-300 zur Flotte, die von 19 größeren Boeing 737-400 unterstützt werden. Die schon ab 1994 betriebene Ausmusterung der Fokker 100 fand erst 1998/99 ihren Abschluss. Seit Februar 1999 kommt mit der Boeing 737-800 das Nachfolgemodell der 737-300 zur Auslieferung, und auch vier Exemplare der größeren Boeing 737-900 wird KLM beschaffen.

Anfang 1955 bestellte KLM vier Lockheed L.1049G, die als Übergangslösung bis zur Ablieferung der Douglas DC-7C dienten. Als letzte Maschine kam PH-LKH (C/N 4635) »Roc« am 1. Februar 1956 zur KLM und flog hier bis zur Außerdienststellung im Mai 1961. PH-LKH wurde im August 1962 in Schiphol abgewrackt.

Star der KLM-Langstreckenflotte war ab 1957 die Douglas DC-7C »Seven Seas«. PH-DSM (C/N 45545/1024) »Koraal Zee/Coral Sea« lief als eines der letzten Flugzeuge ihres Typs im Juli 1958 von der Montagestraße und gelangte am 11. September 1959 zur Ablieferung. Am 19. August 1963 erfolgte der Verkauf an die deutsche Südflug als D-ABAD. Bei einem Versorgungseinsatz in Biafra stürzte die Maschine, inzwischen in amerikanischem Besitz, am 7. Dezember 1968 beim Anflug auf den Feldflugplatz Uli ab.

Am 16. Januar 1971 begann für KLM mit der Übergabe der ersten Boeing 747 das Zeitalter der Großraumflugzeuge. Die »Jumbo Jets« kamen umgehend auf den verkehrsstarken Routen über den Nordatlantik und nach Fernost zum Einsatz und lösten dort die DC-8 ab. Von der Boeing 747-300 mit verlängertem Oberdeck beschaffte KLM nur drei Exemplare in der Kombiversion, ließ aber als einzige Fluggesellschaft ihre mit General Electric-Triebwerken ausgerüsteten Boeing 747-200 zur 747-200SUD umbauen, die damit der Serie-300 ähnelten. Die sechs mit Pratt & Whitney-Aggregaten bestückten 747-200 wurden nach der Übernahme der ersten fünf Boeing 747-406 (Flotteneinführung Mai 1989) verkauft. Von diesem Ultra-Langstreckenmuster betreibt KLM derzeit 22 Maschinen.

KLM gehörte zu den europäischen Erstkunden für die DC-10-30, von der ab Ende 1972 insgesamt zehn Exemplare auf den sekundären, geringer ausgelasteten Langstrecken zum Einsatz kamen und dort schrittweise die DC-8 verdrängten. Die letzten DC-8-63 wurden 1984 aus dem Verkehr genommen und verkauft. Nachfolger der DC-10-30 wurde die MDC MD-11 (Flotteneinführung Dezember 1993) und die Boeing 767-300ER (Flotteneinführung Juli 1995), von denen zehn, bzw. zwölf Maschinen im Einsatz stehen. Als erstes Mittelstrecken-Großraumflugzeug beschaffte KLM zwischen April 1983 und September 1985 zehn Airbus A310-200, die sich im Einsatz zwar als zu groß und teilweise unwirtschaftlich erwiesen aber trotzdem erst 1995/96 ausgemustert wurden.

Im März 1986 wurde KLM teilprivatisiert und erzielte an der Börse durch den Verkauf von 15 Millionen Anteilsscheinen mehr als 300 Millionen US-Dollar für Investitionen in neue Flugzeuge und andere Ausrüstung. Hiervon waren 12 Millionen neue Aktien, 3 Millionen Aktien kamen aus Staatsbesitz. Als Folge dieses Börsenganges verringerte sich der Staatsanteil an KLM von 54,8% auf 39,4%. 1987 erwarb KLM eine Minderheitsbeteiligung in Höhe von 14,9% an Air UK, die heute unter dem Namen KLMuk fliegt und ein hundertprozentiges Tochterunternehmen ist. Erstmals in der Luftfahrtgeschichte beteiligte sich 1993 eine europäische Fluggesellschaft an einer amerikanischen Fluglinie, als KLM eine Minderheitsbeteiligung von 25% an Northwest Airlines erwarb und mit dieser seither die »Wings Alliance« bildet. Weitere Beteiligungen hat KLM an **KLM-CityHopper**, KLM Alps, **Martinair**, **Transavia**, der Schreiner Aviation Group, ALM-Antillean Airlines und Kenya Airways. Das KLM-Streckennetz umfasst über 130 Zielorte in nahezu 80 Ländern. Es umfasst Europa, Nord-, Zentral- und Südamerika, Afrika, den Nahen, Mittleren und Fernen Osten, und Australien.

Flotte:

19 Boeing 737-300	10 MDC MD-11
19 Boeing 737-400	10 Boeing 747-200B/SUD
13 Boeing 737-800	3 Boeing 747-300
4 Boeing 737-900	22 Boeing 747-400
12 Boeing 767-300ER	

Ende der 50er-Jahre führte KLM ihre berühmte hell-/dunkelblaue Bemalung, anfangs noch mit diagonal verlaufenden Streifen, ein. Zwischenzeitlich hatte die Fluglinie eine Anzahl ihrer DC-3 (C-47) zu Frachtflugzeugen umbauen lassen, darunter im März 1954 auch PH-DAI.

Die Convair CV-340 war ab 1953 das Nachfolgemuster für die CV-240 und die verbliebenen DC-3 auf dem europäische Kurz- und Mittelstreckennetz der KLM. Mitte der 50er-Jahre erfolgte die Umrüstung aller CV-340 auf den Standard der CV-440 Metropolitan. PH-CGC (C/N 144) gelangte am 18. Januar 1954 zur Ablieferung und flog zunächst als PJ-CVS auf dem karibischen Streckennetz der KLM. Als PH-CGC »Jacob Maris« flog die Maschine zwischen August 1954 und Mai 1963 in Europa und wurde anschließend als PJ-CVC in die Karibik zurücktransferiert.

Für die dicht beflogenen Europastrecken bestellte KLM neun Vickers Viscount 803, die ab Juni 1957 zur Ablieferung gelangten. Als fünfte Maschine erhielt KLM am 19. Oktober 1957 PH-VIE (C/N 176), die bis zu ihrem Verkauf an Aer Lingus (EI-AOF) am 1. November 1965 im kontinuierlichen Einsatz stand.

Die Lockheed L.188 Electra war das schnellste Verkehrsflugzeug ihrer Zeit und zwölf dieser Flugzeuge kamen bei KLM auf Europarouten, aber auch nach Mittel- und Fernost zum Einsatz. L.188C PH-LLD (C/N 2009) »Jupiter« flog bei KLM vom 16. Dezember 1959 bis zum 2. Februar 1969.

Mit der DC-8-32 begann 1960 bei KLM das Jet-Zeitalter und dieser Flugzeugtyp revolutionierte das Streckennetz, da auf nahezu allen Langstrecken die Flugzeiten gegenüber den L.1049 und DC-7C halbiert werden konnten. Als letztes dieser Flugzeuge gelangte am 26. Oktober 1960 PH-CGS (C/N 45382 / 106) »Guglielmo Marconi« zur Ablieferung. Die Außerdienststellung mit anschließendem Verkauf an die belgische Fluglinie BIAS erfolgte am 7. März 1972.

Ergänzt wurden die DC-8-32 durch die leistungsstärkeren DC-8-55. PH-DCV (C/N 45766/272) war ursprünglich für die indonesische Garuda vorgesehen, konnte von dieser aber nicht übernommen werden und gelangte am 19. August 1966 schließlich zur Ablieferung an KLM, bei der die Maschine bis zu ihrem Verkauf an Garuda als PK-GJN am 21. März 1974 im Einsatz stand.

Mit der Ablieferung der ersten Boeing 747-206B PH-BUA (C/N 19922/ 96) »Mississippi« begann am 16. Januar 1971 die Ära der Großraumflugzeuge bei KLM. Erst im Oktober 1989 wurde die Maschine als N531AW an America West Airlines verkauft.

Bis zur Einführung der Boeing 747 war die DC-8-63 das Rückgrat der KLM-Langstreckenflotte. PH-DEH (C/N 46075/484) »Vasco da Gama«, hier in der Interims-Bemalung Anfang der Siebziger Jahre, flog vom 29. August 1969 bis zum 18. März 1985 bei KLM und wurde anschließend als TF-FLT an Icelandair verkauft. Heute fliegt die Maschine als Frachter bei Airborne Express in den USA (N818AX).
Die DC-8-63 PH-DEC (C/N 45999/377) »Marco Polo«, hier in der letzten Farbgebung, war vom 21. Juli 1968 bis zu ihrem Verkauf an Icelandair als TF-FLU am 9. März 1984 bei KLM im Einsatz. Heute fliegt sie, wie ihre Schwestermaschine, bei Airborne Express als Frachter mit der Registrierung N828AX.

Für den Einsatz auf Strecken, die für die Boeing 747 zu klein waren, beschaffte KLM zwölf Exemplare der dreistrahligen DC-10-30. PH-DTC (C/N 46552/71) »Frederik F Chopin« kam am 6. Februar 1973 zur Flotte und flog bei KLM bis zur Außerdienststellung am 22. Januar 1995.

Als erstes Strahlmuster für Kurz- und Mittelstrecken beschaffte KLM 1966 die DC-9-15 und war europäischer Erstkunde für diesen Flugzeugtyp. Als erste Maschine kam PH-DNA (C/N 45718/17) »City of Amsterdam« am 25. März 1966 zur Ablieferung. Am 15. März 1975 wurde die Maschine im Rahmen eines Mietkaufvertrages als I-TIGU an die italienische Fluggesellschaft Itavia verkauft.

Auf Europastrecken mit hohem Kapazitätsbedarf setzte KLM die größere DC-9-30 ein. Einige dieser Maschinen konnten in der Kombiversion DC-9-33RC wechselweise Passagiere oder Fracht befördern, so auch PH-DNR (C/N 47279/337) »City of Stockholm«, die vom 5. Juli 1968 bis zum 3. Februar 1989 im Dienst stand.

DC-9-33RC PH-DNM (C/N 47191/280) »City of Madrid« in der letzten, blauen, Farbgebung. PH-DNM flog bei KLM vom 30. April 1968 bis zum 2. Februar 1987. Die DC-9-30 bildeten für lange Jahre das Rückgrat der KLM-Mittelstreckenflotte und wurden durch Boeing 737-300 ersetzt und nicht, wie erwartet, durch die MDC DC-9-82 (MD-82). Damit war KLM die erste europäische Fluggesellschaft, die im Zuge eines Flottenaustauschs einen radikalen Herstellerwechsel durchführte.

Lange Jahre sah KLM keinen Bedarf für die Beschaffung eines Großraumflugzeugs für Mittelstrecken. Dies änderte sich mit der Verfügbarkeit des »kleinen« A310-203 Anfang der 80er-Jahre. Als erstes Flugzeug erhielt KLM am 26. April 1983 PH-AGA (C/N 241) »Rembrandt«. Obwohl dieser Flugzeugtyp nicht immer wirtschaftlich betrieben werden konnte, verblieb er bis zum Ende des Investitionszeitraums in der Flotte. PH-AGA wurde im Oktober 1995 an die Leasinggesellschaft ILFC verkauft und zum Frachter für den Einsatz bei Federal Express (N424FE) umgebaut.

Auf den Mittelstrecken ersetzten ab Herbst 1986 Boeing 737-306 die in die Jahre gekommenen DC-9-32/33RC. Als zweites Exemplar gelangte PH-BDB (C/N23538/1288) »Oliver van Noort« am 14. Oktober 1986 zur Ablieferung.

Für den Einsatz of solchen Routen auf denen die Boeing 737 nicht wirtschaftlich eingesetzt werden konnte, beschaffte KLM 1989 sechs Fokker 100, die aber den gestellten Anforderungen nicht gerecht wurden. PH-KLH (C/N 11272) flog nur vom 9. Juni 1989 bis 1. März 1990 bei KLM. Aufgrund eines erhöhten Kapazitätsbedarfs in den 90er-Jahren mietete KLM die Maschine, neben weiteren, zwischen November 1992 und Oktober 1998 zurück.

Neues Flaggschiff der KLM-Langstreckenflotte ist die Boeing 747-406. PH-BFO (C/N 25413/938) »Cees Polderman«, später »City of Ottawa«, kann als Kombi-Maschine auf dem Hauptdeck neben Passagieren auch Fracht befördern. Die Maschine gelangte am 8. Oktober 1992 zur Ablieferung.

Als letztes Exemplar von insgesamt zehn MDC MD-11 gelangte PH-KCK (C/N 45564/612) »Ingrid Bergman« am 25. April 1997 zur Ablieferung.

Neben der Boeing 747 und der MD-11 ist die Boeing 767-300ER das dritte bei KLM im Einsatz stehende Langstreckenmuster. PH-BZD (C/N 27610/605) kam am 22. Februar 1996 zur Ablieferung und ist von der Leasinggesellschaft ILFC gemietet.

Nach ihrer Ausmusterung als Passagierflugzeuge wurden einige DC-7C der KLM mit großen Frachttüren ausgestattet und erlebten eine neue Blüte als Frachtmaschinen. Eines dieser Flugzeuge war die DC-7CF PH-DSE »Ierse Zee/Irish Sea«. Nach ihrer Umrüstung im Juni 1960 stand die Maschine bis zum Verkauf an die irische Aer Turas am 11. Februar 1969 bei KLM im Einsatz.

Die Kombi-Maschine Boeing 747-206B PH-BUH (C/N 21110/276) gehörte zur zweiten Generation der an KLM gelieferten »Jumbos« und gelangte am 29. Oktober 1975 zur Ablieferung. Nach der Ablösung durch die modernere 747-406 wurde PH-BUH im März 1998 zum reinen Frachter umgebaut.

Martinair BV

Der niederländische Unternehmer *Martin Schröder* gründete am 24. Mai 1958 seine Fluggesellschaft Martin's Air Charter (Martin's Luchtvervoer Maatschappij NV) und führte mit einer De Havilland DH.104 Dove zunächst Rund- und Werbeflüge von Amsterdamer Flughafen Schiphol durch. Für Frachtcharterflüge beschaffte das Unternehmen 1960 zwei Douglas DC-3. 1964 übernahm man den Mitbewerber Fairways Rotterdam. In den darauf folgenden Jahren expandierte das Unternehmen und führte mit Douglas DC-4 und DC-6 Langstrecken-Passagier- und Frachtcharterflüge durch. 1967 änderte man den Namen in Martinair Holland, **KLM** und die Royal Nedlloyd Group beteiligten sich mit 25%, später 29,8%, beziehungsweise 49,2% an dem Unternehmen. Die restlichen 21% hielten mehrere Finanzhäuser. Von KLM übernahm man mehrere viermotorige Douglas DC 7C, eine Lockheed L.188 Electra und eine Douglas DC-8. In der Folge bestellte Martinair aber eigene Flugzeuge und übernahm am 1. August 1968 die erste von drei MDC DC-9-33RC, welche als Passagier- oder Frachtflugzeuge auf den europäischen Kurz- und Mittelstrecken zum Einsatz kamen. Diese kleine Flotte wurde wenig später um eine einzelne DC-9-32 erweitert. Auf Routen mit kleinen Zielflughäfen fanden ab 1969 zwei Fokker F-28 Verwendung. Als Nachfolgemuster für die F-28 und DC-9 orderte Martinair drei 165-sitzige MD-82, von der das erste Exemplar am 1. November 1981 zur Auslieferung gelangte. Mit der ab 1991 erfolgten Außerdienststellung der MD-82 betreibt Martinair nur noch Großraumflugzeuge.

Als erstes Großraumflugzeug stieß 1973 die MDC DC-10-30CF zur Flotte und vier dieser Maschinen wurden wechselweise als Passgier- oder Frachtflugzeuge eingesetzt. Zu diesem Zeitpunkt führte man auch eine neue, heute noch aktuelle, Flugzeugbemalung ein. Mit dem Airbus A310 erschien im März 1984 ein neues Mittelstreckenmuster, von dem zwei Exemplare betrieben wurden. Im November 1987 begann Martinair mit ihren neu gelieferten Boeing 747-200C die Transatlantik-Liniendienste nach New York und Los Angeles und im Frühjahr

1988 wurde dieses Streckennetz um Baltimore, Boston, Chicago, Cleveland, Detroit, Miami, Minneapolis/St.Paul, San Francisco, Seattle und Toronto erweitert.

In ihrem über 40-jährigen Bestehen entwickelte sich Martinair zu einer der weltgrößten Passagier- und Frachtcharterfluggesellschaften. Neue Liniendienste verbinden Amsterdam mit Puerto Plata und Santo Domingo in der Dominikanischen Republik, Cancun in Mexiko, Montego Bay in Jamaika und Holguin auf Kuba. Pauschalreise-Charterflüge führen zu europäischen Zielen rund ums Mittelmeer, sowie nach Bangkok, Phuket und U-Taphao in Thailand. Ein weiteres wichtiges Standbein für Martinair bilden Frachtlinien- und Charterdienste in den Mittleren und Fernen Osten, nach Australien, Mexiko und in die USA. Die seit dem Ende der 80er-Jahre fortgeführte komplette Flottenerneuerung führte zur Ablösung der Flugzeugmuster Airbus A310 und MDC DC-10 durch Boeing 767-300ER (1989) und MDC MD-11 (1994).

Am 1. Juli 1998 übernahm KLM die Nedlloyd-Anteile und somit befindet sich Martinair in deren vollständigem Besitz, bleibt aber weiterhin eigenständig. Ende 1999 übernahm Martinair zwei Boeing 757 der in Konkurs geratenen **Air Holland**. Im unternehmenseigenen Werftbetrieb am Flughafen Amsterdam-Schiphol werden umfangreiche Wartungsarbeiten auch für andere Fluggesellschaften durchgeführt. Ferner wird für das Niederländische Königshaus die Fokker 70 gewartet und betrieben. Traditionell werden auch weiterhin noch Foto- und Vermessungsflüge, sowie Werbeflüge durchgeführt.

Flotte:	
2 Boeing 757-200	2 MDC MD-11F
6 Boeing 767-300ER	2 Boeing 747-200C
4 MDC MD-11CF	1 Boeing 747-200F

Infolge einer Übernahme der Limburg Airways durch Martinair am 17. Januar 1962 kam diese einzelne De Havilland DH.114 Heron 2D PH-VLA (C/N 14050) zur Martinair-Flotte. Die Maschine flog dort bis zu ihrem Verkauf nach Großbritannien am 12. Juli 1963.

Bis zur Einführung der Douglas DC-8 war die DC-7C das wichtigste Langstreckenflugzeug der Martinair. Die Gesellschaft erwarb PH-DSC (C/N 45182) am 17. Mai 1965 von der KLM und verkaufte die Maschine am 26. Februar 1969 an die britische Autair Limited.

Martinair kaufte PH-CGD (C/N 104) am 5. Januar 1964 von der KLM. Ursprünglich abgeliefert als eine CV-340-48 erfolgte 1955 die Modifikation zur CV-440. Am 14. April 1966 wurde die Maschine mit Turbo-prop-Triebwerken ausgerüstet und als CV-640 klassifiziert. Am 10. Juli 1971 erfolgte der Verkauf an einen amerikanischen Flugzeughändler und noch heute steht das Flugzeug als Frachter im Einsatz.

Für den Einsatz auf langen Passagiercharterflügen mietete Martinair vom 1. April 1968 bis zum 1. Januar 1969 diese Lockheed L.188C PH-LLG (C/N 2014) »Neptune« von der KLM.

Nachfolger der propellergetriebenen Douglas DC-7C war die strahlge-triebene DC-8-32. PH-DCD (C/N 45379/75) wurde, ebenso wie die meisten anderen Langstreckenflugzeuge der Martinair, von KLM erworben. Diese Maschine flog von November 1967 bis November 1973 bei Martinair und wurde anschließend als 5Y-ASA an African Safari Airways verkauft.

Leistungsstärkere DC-8-50 unterstützten Ende der 60er-Jahre die DC-8-32 in der Martinair-Flotte. PH-MAU, eine DC-8-55F (C/N 45856/269) für den wechselweisen Passagier- und Frachtverkehr, wurde am 1. Oktober 1969 von Overseas National Airways erworben und stand bis zum 17. November 1978 im Einsatz. Anschließend kam die Maschine als EC-DEM zur spanischen Aviaco.

Die DC-9-30 war das typische Mittelstreckenflugzeug der 60er- und 70er-Jahre und erfreute sich auch bei Charterfluggesellschaften großer Beliebtheit. Martinair kaufte die DC-9-33RC PH-MAO (C/N 47363/445) direkt vom Hersteller. Ablieferungsdatum war der 9. Februar 1969 und die Maschine wurde am 28. April 1983 beim Hersteller MDC für neu zu liefernde MD-82 in Zahlung gegeben.

Zur Bedienung kleinerer Flughäfen standen bei Martinair die beiden Fokker F-28-1000 PH-MAT (C/N 11008) und PH-MOL (C/N 11003) im Einsatz.

Nachfolgemuster der DC-8 und wichtigstes Standbein in der Martinair-Flotte wurde die DC-10-30CF, von der vier Einheiten im Einsatz standen. Als letzte Maschine gelangte PH-MBT (C/N 46985/264) am 20. Dezember 1978 zur Ablieferung und wurde erst im Juni 1992 an die Niederländische Luftwaffe verkauft.

Die MDC MD-82 löste Anfang der 80er-Jahre bei Martinair die kleinere DC-9-30 ab. PH-MCD (C/N 48022/1079) gelangte am 28. März 1983 zur Ablieferung und wurde am 19. Januar 1990 in die USA verkauft. Zwischenzeitlich war die Maschine oftmals an andere Fluggesellschaften vermietet.

Direktes Nachfolgemuster der DC-10-30 wurde die Boeing 767-300, die aufkommensschwächere Routen als die größeren Boeing 747 und MD-11 bedient. PH-MCH (C/N 24429/294) fliegt seit ihrer Ablieferung am 28. Februar 1990 bei Martinair.

Die MDC MD-11 steht bei Martinair als Passagier- und Frachtflugzeug im Einsatz.

Netherlines Airlines

Diese Regionalfluggesellschaft wurde im April 1983 durch den Unternehmer Leen P. Jansson gegründet und hatte ihre Heimatbasis am Flughafen Rotterdam. Als erste Flugverbindung bediente man im Januar 1985 mit einer BAe Jetstream 31 die Route Amsterdam–Luxemburg und auch vom Flughafen Groningen wurden Linienflüge angeboten. Von Anfang an arbeitete Netherlines eng mit **NLM City-Hopper** zusammen und übernahm solche Routen, die mit Fokker F-27 und F-28 nicht wirtschaftlich zu bedienen waren. Da NLM ein hundertprozentiges Tochterunternehmen der **KLM** war, konnte Netherlines in deren Reservierungssystem aufgenommen werden. Aufgrund steigender Nachfrage für Punkt-zu-Punkt-Dienste mietete Netherlines eine Dornier Do 228 von der deutschen Fluggesellschaft Holiday Express und beflog mit diesem Flugzeug vorwiegend die Route Amsterdam–Hamburg. Im Frühjahr 1986 beschaffte man zwei weitere Jetstreams und erweiterte das Streckennetz um Köln/Bonn, Münster/Osnabrück, Lille, Straßburg, Wien, Birmingham, East Midlands und Luton. Abflughäfen waren neben Amsterdam auch Rotterdam und Eindhoven, wo eine weitere Operationsbasis eingerichtet wurde. Nach der Verlagerung der Jetstream-Flotte nach Eindhoven bedienten die neu erworbenen und größeren Saab 340 die Routen ab Amsterdam. In Folge der Reorganisation ihrer Regionalflugdienste übernahm KLM die Netherlines und fusionierte das Unternehmen am 1. Januar 1989 mit der NLM zur **KLM CityHopper**.

Das größte bei Netherlines eingesetzte Flugzeugmuster war die Saab 340. PH-KJK flog vom 17. Februar 1989 bis zur Übernahme des Unternehmens durch KLM CityHopper am 1. August 1990 bei Netherlines.

NLM CityHopper / KLM CityHopper

NLM wurde Anfang 1966 unter dem Namen »Nederlandse Luchtvaart Maatschappij« als hundertprozentiges Tochterunternehmen der **KLM** gegründet. Während eines zweijährigen Testbetriebs sollte das neue Unternehmen alle Inlandsdienste der KLM übernehmen und profitabel betreiben. Am 29. August 1966 nahm man mit zwei von der KLM übernommenen Fokker F-27 Friendship den Flugbetrieb auf den Routen Amsterdam–Eindhoven–Maastricht und Amsterdam–Enschede–Groningen auf. Da der Testflugbetrieb erfolgreich verlief, übernahm NLM alle F-27 der KLM und intensivierte den Inlandsluftverkehr. Die erste internationale Verbindung flog NLM ab dem 1. April 1974 zwischen Eindhoven und Hamburg und Anfang 1975 transferierte KLM alle Regionalstrecken an die NLM. 1976 erfolgte die Umfirmierung in NLM CityHopper.

Für die längeren und aufkommensstärkeren Routen beschaffte man die größere zweistrahlige Fokker F-28 Fellowship, von der ab 1979 zeitweise bis zu sechs Maschinen im Einsatz standen. Von Amsterdam flog NLM nach Bremen, Düsseldorf, Antwerpen, Hamburg, Brüssel, Birmingham und Stuttgart; von Rotterdam nach Paris und London; von Eindhoven nach Hamburg, Paris und London, und von Maastricht nach London. Saisonal wurden auch die Strecken Amsterdam–Guernsey und Amsterdam–Jersey sowie Amsterdam–Belfast beflogen. Ab 1980 wurden alle Dienste von und nach Belgien durch die in Antwerpen ansässige **Delta Air Transport - DAT** durchgeführt.

Neben ihren Liniendiensten betrieb NLM auch Passagier- und Frachtcharterflüge sowie Zeitungslieferflüge.

1988 fusionierte KLM ihre Regionalfluggesellschaften NLM City-Hopper und **Netherlines** zur heutigen KLM CityHopper. Im Rahmen eines Flottenerneuerungsprogramms wurden zunächst die F-27 durch Saab 340 und Fokker 50 abgelöst, ab Anfang der 90er-Jahre die F-28 durch die Fokker 70. Durch den Fokker-Konkurs zog sich der Flugzeugaustausch in die Länge und ist noch nicht abgeschlossen. Als einzige Flugzeugmuster kommen nunmehr die Fokker 50 und Fokker 70 zum Einsatz, die Saab 340 aus Netherlines-Beständen wurde außer Dienst gestellt. Derzeit erfolgt die Übernahme weiterer Fokker 70 aus **Avianova**- und **Malev**-Beständen.

Einsatzbasis ist Amsterdam-Schiphol, dort kann die gesamte KLM-Infrastruktur genutzt werden.

Flotte:	
13 Fokker 50	14 Fokker 70

Wichtigstes Flugzeugmuster der NLM war die Fokker F-27, hier PH-KFL (C/N 10606).

Die Saab 340B PH-KSI (C/N 217) der KLM CityHopper entstammte noch aus der Order des Vorgängers Netherlines und gelangte am 29. November 1990 zur Ablieferung. Nach der Entscheidung zur Flottenstandardisierung auf Fokker 50 und Fokker 70 wurden alle Saab 340 verkauft, PH-KSI im Mai 1998.

Die von NLM CityHopper übernommenen Fokker F-28, hier PH-CHB (C/N 11138), wurden inzwischen durch modernere Fokker 70 ersetzt.

Die Fokker 70 wurde bei der KLM CityHopper als neues Standard-flugzeug ausge-wählt. PH-KZI (C/N 11579) gelangte am 26. März 1997 zur Ablieferung.

Rotterdam Airlines

Rotterdam Airlines BV (RAL) wurde zum Jahresanfang 1977 durch die Rotterdamer Reisebürogruppe Christoffel mit dem Ziel gegründet, Pauschalreise-Touristen zu mediterranen und anderen europäischen Zielorten zu fliegen. Hierzu beabsichtigte man die Beschaffung von zwei Fokker F-28, die Flugbetriebsaufnahme sollte im ersten Quartal 1978 erfolgen. Erst im November 1983 startete das Unternehmen mit einer gemieteten Boeing 737-200 den Linienflugbetrieb zwischen Rotterdam und London/Gatwick. Während der Wintersaison flog man eine Charterkette zwischen Rotterdam und Innsbruck für Wintersport-touristen. Da sich vor allen Dingen der Linienflugbetrieb wirtschaftlich negativ entwickelte, musste Rotterdam Airlines bereits Ende März 1984 den Flugbetrieb wieder einstellen und Konkurs anmelden. Die Boeing 737 wurde wenige Tage später an ihren Eigentümer, die belgische **TEA**, retourniert.

Einziges Flugzeug der kurzlebigen Rotterdam Airlines war diese Boeing 737-200 mit der Registrierung PH-RAL.

Transavia Airlines

Transavia Holland, bis 1967 bekannt als Transavia (Limburg) NV, wurde 1965 gegründet und begann am 17. November 1966 den Flugbetrieb mit einem Charterflug des Holländischen Tanztheaters nach Neapel. Neben dem eigenen Charterflugbetrieb war die Durchführung von Pauschalreiseflügen das zweite Standbein des Unternehmens. Die ursprünglich aus zwei Douglas DC-6 bestehende Flotte wurde zügig auf acht Exemplare erweitert. Ende der 60er-Jahre sah sich Transavia gezwungen, aus Wettbewerbsgründen die DC-6 auszumustern und durch Strahlmuster zu ersetzen. Die Wahl fiel auf die SE.210 Caravelle, von der die Gesellschaft zwei Exemplare vom Hersteller mietete. Wenig später standardisierte man die Flotte auf diesen Flugzeugtyp und Transavia erwarb drei Caravelle 3 von der **Swissair** und sechs Caravelle 6R mit Schubumkehr von der amerikanischen United Air Lines. Mit zunehmendem Verkehrsaufkommen wurde die Flotte um zwei Caravelle 6N aus **Alitalia**-Beständen erweitert. Für Langstreckencharter mietete Transavia Boeing 707 anderer Fluglinien, und erst im März 1972 kaufte man eine Boeing 707-300 von der American Airlines.

Die erste Ölkrise von 1973 zwang Transavia zur Beschaffung eines wirtschaftlicher einsetzbaren Flugzeugtyps und die Wahl fiel auf die Boeing 737, die noch heute das Rückgrat der Flotte bildet. Für die Sommersaison 1976 mietete Transavia einen Airbus A300B4 von Airbus Industrie, doch erwies sich dieser Flugzeugtyp als zu groß für Transavia's Charteraktivitäten und die Maschine wurde im Januar 1977 retourniert. Da sich die Boeing 737 auf einigen Strecken, insbesondere zu den Balearen und den Kanarischen Inseln als zu klein oder operativ zunehmend unwirtschaftlich erwies, beschaffte man 1993 zwei 218-sitzige Boeing 757-200, die 1994 und 1996 um zwei weitere Maschinen ergänzt wurden. Im Sommer 1995 wurde die heute aktuelle weiß/grüne Farbgebung eingeführt. Die ersten drei von insgesamt zwölf bestellten Boeing 737-800 gelangten im Juni 1998 zur Auslieferung und mit diesen Flugzeugen erfolgt eine schrittweise Flottenerneuerung.

Neben **Martinair** ist Transavia der wichtigste Partner holländischer Reiseveranstalter für Pauschalreisen. Zur Schaffung eines zweiten Standbeins begann Transavia am 27. Oktober 1986 mit der Bedienung einer Linienverbindung zwischen Amsterdam und London/Gatwick mit Boeing 737 und wurde damit Europas erste Charterfluggesellschaft, die einen Linienflugbetrieb zwischen zwei Hauptstädten durchführte. Aufgrund des einsetzenden Erfolges wandelte man ehemalige Charterrouten nach Spanien in Linienflüge um. Weitere Aktivitäten der Transavia sind Frachtcharter, Zeitungsflüge und das Vermieten von Flugzeugen mit Besatzung an andere Fluggesellschaften (so genanntes »Wet-Lease«). Hier gehörten Saudi Arabian Airlines, Aerolineas Argentinas, Air Zaire, **Eagle Air, Austrian Airlines, Britannia Airways** und **Air Malta** in der Vergangenheit zum Kundenstamm.

1988 erwarb **KLM** 40% des Unternehmens vom Eigentümer, der Royal Nedlloyd-Gruppe, dieser Anteil wurde 1991 auf 80% aufgestockt. Schon zuvor hatte KLM die **Netherlines** von Nedlloyd gekauft.

Flotte:	
8 Boeing 737-300	4 Boeing 757-200
12 Boeing 737-800	

Bis zur Einführung der Boeing 737 bildete die SE.210 Caravelle die Transavia-Flotte. PH-TVY (C/N 87) kam am 1. Mai 1970 von der United Airlines und wurde am 9. Juni 1976 wieder in die USA verkauft.

Als Folge der ersten Ölkrise 1973 sah sich Transavia zum Verkauf der nun unwirtschaftlich gewordenen SE.210 Caravelle gezwungen und beschaffte als Ersatz die populäre Boeing 737-200.

Nur für eine Saison setzte Transavia diesen Airbus A300B4 ein.

Boeing 737-222 PH-TVH (C/N 19955/210), ex United Airlines N9074U, in der Transavia-Farbgebung der 80er-Jahre.

Nachfolgemuster der Boeing 737-200 wurde die Boeing 737-300, hier PH-HVN (C/N 24327/1712) in der aktuellen Bemalung, gelangte werksneu am 4. Mai 1989 zur Ablieferung.

Im Rahmen einer Flottenneuausrichtung beschaffte Transavia die Boeing 737-700 PH-XRA (C/N 30784). Die Maschine ist seit dem 22. Juni 2001 langfristig von Tombo Aviation gemietet.

Größtes Flugzeugmuster in der Transavia-Flotte ist die Boeing 757-200, von der sechs Exemplare im Einsatz stehen. Als erstes dieser Flugzeuge wurde PH-TKA (C/N 26633/519) am 22. Februar 1993 abgeliefert.

Norwegen

Braathens S.A.F.E.

Braathens S.A.F.E. (South American & Far East Air Transport) wurde am 26. März 1946 als private Luftverkehrsgesellschaft durch den norwegischen Reeder *Ludvig G. Braathen* mit dem Ziel gegründet, zur Unterstützung seiner Seeschiffe Langstrecken-Charterflüge nach Südamerika und in die Fernen Osten durchzuführen. Mit einer Douglas DC-4 wurde im Februar 1947 der erste Charterflug zwischen Oslo und Hongkong durchgeführt. Währenddessen flog eine einzelne, von **KLM** erworbene, DC-3 Frachtcharterflüge zwischen Oslo, den skandinavischen Hauptstädten und Amsterdam. Zu Beginn des Jahres 1949 erteilte die norwegische Regierung dem Unternehmen die Erlaubnis zum Betrieb einer Linienverbindung nach Hongkong, welche im August desselben Jahres aufgenommen wurde, und über Amsterdam, Kairo, Basra, Karatschi, Bombay, Kalkutta und Bangkok führte. Als Mitte 1954 **SAS** ihre Bangkok-Route bis nach Hongkong verlängert hatte, wurde dem Reeder Braathen die weitere Streckengenehmigung entzogen.

Bereits im August 1952 begann Braathens mit dem Aufbau eines inländischen Streckennetzes in Südnorwegen zwischen Oslo und Stavanger, gefolgt von der Route Oslo–Trondheim im darauf folgenden Jahr, wobei zwei neu erworbene De Havilland DH.114 Heron zum Einsatz gelangten. Erst 1958, nach der Übernehme der ortsansässigen Vestlandske Luftfartselskap konnte Bergen in das Streckennetz einbezogen werden. Weitere DH.114 stießen 1956 und 1957 zur Flotte, ebenso eine weitere DC-3 für Frachtflüge. Die erste von insgesamt acht Fokker F-27 kam am 20. Dezember 1958 hinzu. Mit diesem zweimotorigen Turbopropflugzeug wurde das inländische Streckennetz weiter ausgebaut und die veralteten DH.114 abgelöst. Ein weiteres Standbein im Braathens-Flugbetrieb wurde die Durchführung von Pauschalreise-Charterdiensten in die Urlaubsgebiete rund ums Mittelmeer. Hierfür beschaffte die Fluglinie zwischen 1961 und 1966 insgesamt acht Maschinen vom Typ DC-6B auf dem Gebrauchtmarkt. Diese Flugzeuge kamen außerdem auf den als »Luftbussen« bezeichneten günstigen Flügen zwischen den Zentren innerhalb Norwegens zum Einsatz. Ein umfangreiches Flottenerneu-

erungsprogramm begann 1969 mit der Beschaffung von Boeing 737-200 (Erstablieferung im Januar 1969) und Fokker F-28 (Erstablieferung im März 1969). Die letzte DC-6B verließ die Flotte am 20. September 1973. Drei Fokker F-27 standen noch bis Mitte der 70er-Jahre auf Strecken in Südnorwegen im Einsatz.

1984 brach für Braathens eine kurze Ära der Großraumflugzeuge an, als zwei Boeing 767-200 für die Mittelmeer-Charterdienste angeschafft wurden. Wegen Unwirtschaftlichkeit wurden sie aber schnell wieder verkauft. Seit Einführung der neuen Boeing 737-400/500 und der Außerdienststellung der letzten Fokker F-28 verfügt Braathens über eine sehr moderne und homogene Flotte, die eine hohe Einsatzeffizienz garantiert. Braathens befördert jährlich zirka 4,5 Millionen Passagiere, das ist in etwa so viel wie Norwegen Einwohner hat. 1997 beteiligte sich KLM mit 30% am Kapital von Braathens, die neuerdings den Zusatz S.A.F.E. im Firmennamen entfernt hat. Ende 1997 wurde mit Transwede ein Mitbewerber übernommen, der seitdem als Braathens Sweden operiert. Ein weiterer Zukauf erfolgte 1998 mit Malmö Aviation. Mit Erhalt der ersten Boeing 737-700 nahm Braathens im April 1998 auch eine neue Corporate Identity an. Die Hauptbasen sind in Oslo und Stavanger, wo sich auch jeweils ein Werftbetrieb befindet. 2001 kaufte SAS der niederländischen KLM deren Braathens-Anteile ab, sodass sich die Fluggesellschaft nunmehr im vollständigen Besitz des SAS befindet.

Routen und Liniendienste führen nach Alesund, Alicante, Amsterdam, Bergen, Billund, Bodo, Evenes, Göteborg, Halmstad, Harstadt/Narvik, Haugesund, Jonköping, Kristiansand, Kristiansund, London-Gatwick, Longyearbyen, Lulea, Malaga, Molde, Murmansk, Newcastle, Oslo, Roros, Stavanger, Stockholm, Svalbard, Tromsö, Trondheim und Umea. Ferner werden europaweit Charterflüge durchgeführt.

Flotte:

24 Boeing 737-500	5 Boeing 737-400
11 Boeing 737-70050	

Bestellt:

6 Boeing 737-800

Als letzte DC-4 übernahm Braathens im November 1956 diese ehemalige USAAF/US Navy C-54B-15-DO (C/N 18378/DO152) als LN-SUP »Norse Commander« in ihre Flotte. Zwischen 1957 und 1959 war das Flugzeug an die isländische Loftleidir vermietet und wurde erst am 6. Juli 1966 an die deutsche Frachtfluglinie Transportflug abgegeben. Im April 1959 flog LN-SUP den ersten kommerziellen Einsatz überhaupt nach Spitzbergen, welches zuvor nur von militärischem Fluggerät bedient wurde.

Braathens umfangreiche DC-6B-Flotte wurde ausschließlich auf dem Gebrauchtmarkt erworben. LN-SUB (C/N 45496/992) begann ihr Einsatzleben am 9. Juni 1958 als VR-HFK bei Cathay Pacific Airways. Bei Braathens stand die Maschine von November 1962 bis Mai 1971 im Dienst.

Fokker F-28-1000 LN-SUY (C/N 11011) »Sverre Sigurdson« gelangte am 29. April 1969 zur Ablieferung. Am 23. Dezember 1972 stürzte die Maschine beim Anflug auf den Flughafen Oslo-Fornebu ab.

Boeing 737-205 N891FS (C/N 23468/1262) »Magnus Barfot« wurde am 12. August 1986 direkt vom Hersteller mit der Registrierung LN-SUJ übernommen und am 18. April 1989 an das Leasingunternehmen PLM Transportation Equipment Corporation als N891FS verkauft. Anschließend mietete Braathens die Maschine bis zum 1. Dezember 1993 zurück.

Boeing 737-405 LN-BRB (C/N 242711738) »Inge Bardsson« kam am 29. Juni 1989 an DNB Lease Company Ltd. zur Ablieferung und wurde sogleich bis zum 26. März 1999 an Braathens vermietet. Heute gehört die Maschine der schwedischen Indigo Aviation AB und fliegt als OO-VEJ bei Virgin Express Airways.

Braathens gehörte in Europa zu den ersten Betreibern der zweistrahligen Boeing 767. LN-SUV, eine Maschine der Serie -205 (C/N 23057/81), »Harald Haafagre« gelangte direkt von Boeing am 23. März 1984 zur Ablieferung und wurde bereits nach dem Ende der europäischen Sommersaison am 30. September 1985 bei Boeing zur Finanzierung der 737-500-Flotte in Zahlung gegeben.

Norway Airlines

Norway Airlines wurde 1987 gegründet und führte zunächst nur Pauschalreise-Charterflüge mit einer einzigen Boeing 737 durch. Im darauf folgenden Jahr übernahm die britische International Leisure Group (ILG) das Unternehmen und nannte es in Air Europe of Scandinavia um. Nunmehr wurden neben den Charterdiensten auch Linienflüge innerhalb Skandinaviens und nach Großbritannien angeboten. Nachdem ILG und Air Europe 1991 in Konkurs gegangen waren, übernahmen örtliche Investoren Norway Airlines vom ILG Konkursverwalter. Bis zu ihrer Übernahme durch Transwede Airways gehörten Fokus Invest A/S (43,2%), Sterling Airways (30,7%) und Lyng Industries A/S (11,9%) zu den größten Anteilseignern. Neben zwei Boeing 737-300 standen eine MDC MD-83 und eine MD-87 auf Liniendiensten zwischen Oslo, Bergen und Stavanger nach London/Gatwick im Einsatz, doch wurden auch weiterhin Pauschalreise- und Ad-hoc-Charterflüge durchgeführt. Neben der Hauptbasis Oslo/Fornebu wurde eine weitere Basis auf dem Flughafen Stockholm/Arlanda unterhalten, auf

welcher die MD-80/MD-87 stationiert waren. Insgesamt beschäftigte Norway Airlines 120 Mitarbeiter.

LN-NOS (C/N 23830/1462) »City of Trondheim« in der farbenfrohen Erstbemalung. Das Flugzeug wurde zusammen mit der Schwestermaschine LN-NOR betrieben und stand von Januar 1988 bis April 1991 bei Norway Airlines im Einsatz.

LN-NOR (C/S 23827/1444) »City of Stavanger« trägt hier noch die Farben der Air Europe Scandinavia. LN-NOR gelangte am 9. Oktober 1987 zur Ablieferung und wurde sofort für ein Jahr als G-BNXW an die britische Monarch Airlines vermietet. Die Maschine verließ die Flotte am 15. Dezember 1994 durch Rückgabe an die Norway Bank A/S.

Wideroe's Flyveselskap

Die Wideroe's Flyveselskap A/S wurde am 14. Februar 1934 von dem Unternehmer *Viggo Wideroe* gegründet. Zunächst beflog das Unternehmen die Verbindung Oslo–Haugesund. Ab 1936 bediente die Gesellschaft im Auftrag der staatlichen Det Norske Luftfartselskap (DNL) – einem späteren Gründungsmitglied des multinationalen skandinavischen **SAS** – einen linienmäßigen Postdienst zwischen Oslo und Kirkenes im hohen Norden Norwegens.

Die Wiederaufnahme des Flugbetriebs nach dem Zweiten Weltkrieg erfolgte 1946 mit Charter- und Versorgungsflügen. Die in Narvik ansässige Polarfly wurde 1950 übernommen. Besondere Verdienste leistete Wideroe bei der Erschließung Nordnorwegens. Ab 1968 ersetzten robuste STOL-Turbopropmaschinen vom Typ DHC-6 Twin Otter älteres Fluggerät. Im Auftrag der norwegischen Regierung baute Wideroe lokale Betriebs- und Operationszentren in Trondheim und Bodo auf, von

wo aus regelmäßige Verbindungen zu zirka 40 kleineren Flugplätzen aufrecht erhalten werden. Somit wird die notwendige Infrastruktur in diesem schwer zugänglichen, von Fjorden durchzogenen, Gebiet hergestellt. Einige Zeit später wurden Kirkenes und Hammerfest in das Streckennetz einbezogen, und aufgrund einer gestiegenen Nachfrage mussten die DHC-6 durch die größere, viermotorige DHC-7 ersetzt werden. Ab 1995 wurde die komplette Flotte sukzessive auf DHC-8 umgestellt und erstmals in der Geschichte des Unternehmens beflog Wideroe Auslandsverbindungen von der norwegischen Südwestküste nach Kopenhagen und Sumburgh auf den Shetlandinseln. Weiterhin werden Charterdienste, vorzugsweise im Auftrag der heimischen Ölindustrie, durchgeführt. Hauptanteilseigner an Wideroe waren bis zum Ende der 90er-Jahre die norwegischen Fluggesellschaften **Braathens** und Fred. Olsen, sowie das SAS. 1998 übernahm SAS mehrheitlich die Anteile an Wideroe und integrierte den Flugbetrieb in die eigenen Operationen der SAS Commuter/Norlink.

Wideroe's Flotte besteht ausschließlich aus STOL-Turbopropflugzeugen des Typs Bombardier (De Havilland Canada) Dash 8. Jüngstes Mitglied ist die DHC-8-400, die hier in der kürzlich eingeführten Bemalung im Anflug auf Kopenhagen zu sehen ist.

Österreich

Aero-Transport

Aero-Transport, eine der frühen privaten österreichischen Fluggesellschaften, wurde 1956 in Wien gegründet und wuchs innerhalb von fünf Jahren zu einer weltweit tätigen Charterfluglinie. Der Flugbetrieb begann im Mai 1956 mit einer einmotorigen Auster J/5P Autocar. Im Juli 1957 erwarb man die erste De Havilland DH.104 Dove und am 10. Dezember desselben Jahres gelangte eine brandneue Maschine gleicher Bauart zur Auslieferung. Während ihres Überführungsfluges verfehlte die Besatzung am 16. Dezember bei der Landung in Leavesden (Großbritannien) die Landebahn und das Flugzeug musste als Totalverlust abgeschrieben werden. Anfang 1958 erfolgte ein massiver Zustrom neuen Kapitals durch die deutsche Charterfluglinie **LTU**, die damit ihre Interessen im österreichischen Ferienflugverkehr ausbauen wollte. Somit erhielt Aero-Transport im April 1958 von der LTU eine Vickers Viking, ein zu dieser Zeit bei vielen europäischen Fluggesellschaften eingesetzter Flugzeugtyp. Als zweites Exemplar übernahm man wenig später eine Maschine der britischen Eagle Aviation. Mit den beiden Maschinen öffnete man österreichischen Sommerurlaubern den spanischen Touristikmarkt und wichtigster Zielort wurde Palma de Mallorca.

Zwischenzeitlich flog Aero-Transport auch Charterdienste nach Nordeuropa, vorzugsweise Norwegen, und Großbritannien. In den nachfolgenden beiden Jahren konsolidierte Aero-Transport ihre Position im Kurz- und Mittelstrecken-Chartergeschäft, und 1961 traf man die Entscheidung zum Einstieg in den Langstrecken-Chartermarkt. Am 23. Juni 1961 kaufte die Gesellschaft eine Lockheed L.049 Constellation aus ehemaligen TWA-Beständen, die wenige Tage später in Wien eintraf. Zunächst kam die Maschine auf Strecken nach London/Gatwick, Brüssel, Perpignan, Teneriffa, Zagreb und Rom zum Einsatz, und am 18. August 1961 landete die »Connie« als erstes österreichisches Verkehrsflugzeug in New York. Aero-Transport erwarb eine zweite Constellation für Flüge nach Fernost und nächstes Flugziel war

Singapur, das via Amsterdam, Damaskus, Karatschi und Colombo angeflogen wurde.

Im Januar 1962 erfolgte die Streckenerweiterung nach Hongkong und Tokio. Im Oktober 1962 erwarb Aero-Transport zwei weitere Constellations der Serie L.749, doch eine dieser Maschinen fand lediglich als Ersatzteillager Verwendung. Für die Durchführung des stetig steigenden Luftfrachtgeschäftes beschaffte Aero-Transport im Mai 1963 eine dritte L.749. Nunmehr flog man Passagier- und Frachtdienste auch nach Nairobi und Malta, und Hong Kong erhielt einen eigenen Frachtkurs. Zu diesem Zeitpunkt waren die beiden Viking bereits außer Dienst und in Wien abgestellt.

Wirtschaftliche Probleme begannen für Aero-Transport, nachdem im November 1963 eine Constellation in Djibouti wegen unerlaubten Waffentransports von den dortigen Behörden beschlagnahmt worden war. Anfang 1964 legten offizielle Stellen in Wien und Amsterdam zwei weitere Flugzeuge des Unternehmens wegen ausstehender Rechnungen für Kraftstoff, Lande- und Abfertigungsgebühren »an die Kette«. Mit nur einer zur Verfügung stehenden L.749A konnte kein wirtschaftlich sinnvoller Flugbetrieb mehr durchgeführt werden, sodass Aero-Transport am 27. August 1964 in Konkurs ging.

Die Lockheed L.049 Constellation OE-IFA (C/N 1969) erwarb Aero-Transport von der TWA (ex N90830). Die Maschine wurde im Oktober 1963 von den österreichischen Behörden in Wien beschlagnahmt und im Juni 1966 dort abgebrochen.

Austrian Airlines

Austrian Airlines - AUA, offiziell benannt Österreichische Luftverkehrs AG, wurde als staatliche nationale Fluggesellschaft Österreichs am 30. September 1957 durch den Zusammenschluss von Air Austria und Austrian Airways gegründet. Damit übernahm die Fluggesellschaft den Namen ihres Vorgängers, der am 1. Januar 1939 in die Deutsche Luft Hansa integriert worden war. Die neue AUA begann ihren Flugbetrieb am 31. März 1958 auf der Route Wien–Zürich–London mit Vickers Viscount 779, von der die Gesellschaft vier Exemplare erworben hatte.

Zunächst hielten Fred. Olsen und SAS jeweils 15% der AUA-Anteile, private österreichische Investoren 42% und private Wirtschaftsunternehmen 28%. Von diesen Gesellschaftern übernahm der österreichische Staat schließlich 99% der Unternehmensanteile.

Im Februar 1960 erfolgte die Ablieferung von sechs Viscount 837, ferner beschaffte man 1963 drei DC-3 zum Einsatz auf Inlandsrouten.

Die DC-3 stand bis 1966 im Einsatz und wurde dann durch zwei HS.748 ersetzt.

Für das schnell wachsende Streckennetz erhielt AUA ab Februar 1963 fünf SE.210 Caravelle 6R. Als eine von wenigen westeuropäischen Fluggesellschaften flog AUA seit dem 5. Juni 1959 Moskau an. Zunächst kamen die Caravelles aber auf den wichtigen Hauptstrecken nach London, Paris, Kopenhagen, Zürich und München zum Einsatz. Mitte der 60er-Jahre richtete AUA ihren »Air-Bus«-Service auf den von HS.748 beflogenen Inlandsrouten ein, die nunmehr in dichter Frequenz beflogen wurden. Zum Betrieb auf der ersten AUA-Langstreckenroute nach Bangkok mietete man zwischen April 1969 und September 1971 eine Boeing 707-329 von der belgischen **SABENA**. Anfang der 70er-Jahre bestellte AUA im Rahmen einer Flottenerneuerung bei Douglas neun DC-9-32 und als erste Maschine erhielt die Gesellschaft am 10. Juni 1971 OE-LDA (C/N 47521/629) »Niederösterreich«. Diese Maschine konnte am 22. Juni erstmals eingesetzt werden, die Route führte von Wien nach Frankfurt. Die Caravelles

Die Viscount 837
OE-LAL (C/N 441)
»W.A. Mozart«
gelangte am
14. Mai 1960 zur
Ablieferung und
wurde am
3. November 1971
nach Südamerika
verkauft.

Für den Einsatz auf
Inlandsrouten
beschaffte AUA
1963 drei DC-3 der
schwedischen
Linjeflyg. Als erstes
Flugzeug kam am
19. Januar 1963 OE-
LBD (ex SE-CFW) in
Dienst. 1966 ausge-
mustert, wurde es
am 10. November
1967 zurück nach
Schweden verkauft.

Als Ersatz für die
veralteten Douglas
DC-3 beschaffte
AUA zwei HS.748.
OE-LHT (C/N 1590)
»Anton Bruckner«
flog bei AUA vom
31. Mai 1966 bis
zum Verkauf an
Philippine Airlines
(PI-C1028) am
3. September 1970.
Die Übergabe an
PAL erfolgte drei
Tage später.

Als dritte Caravelle gelangte OE-LCI (C/N 166) »Salzburg« am 28. März 1964 zur Ablieferung. Am 4. März 1972 verkaufte AUA die Maschine als LX-LGF an Luxair.

Für ihre Wien–Bangkok-Route mietete AUA zwischen April 1969 und September 1971 die Boeing 707-329 OE-LBA (C/N 18374/283) von der SABENA (OO-SJF).

Mit der Einführung der DC-9-32 erschienen die neuen Flugzeuge in einer modernen Farbgebung. OE-LDI (C/N 47559/672) flog bei AUA vom 30. August 1972 bis zum 30. April 1990. Heute fliegt die Maschine als N848AT bei der amerikanischen AirTran Airways.

Die MD-81 OE-LDZ (C/N 49164/1182) »Graz« erhielt AUA am 15. Februar 1985. Im Februar 1991 erfolgte die Modifikation zur MD-82. Im Rahmen einer Flottenerneuerung auf das Airbus-Muster A320/A321 wurde die Maschine im September 2000 als ZS-OBL an die südafrikanische Safair abgegeben.

Die MD-87 OE-LMN (C/N 49414/1682) »Klagenfurt« gelangte am 15. März 1990 zur Auslieferung und steht heute noch bei AUA im Einsatz.

kamen alsdann auf Sekundärrouten zum Einsatz und wurden bis 1973 außer Dienst gestellt und verkauft. Mit der Flottenstandardisierung auf die DC-9 begann eine langjährige kommerzielle und technische Zusammenarbeit mit der **Swissair**.

Zur Durchführung von Auftrags-Frachtcharterflügen nach New York und Hongkong mietete AUA Ende 1973 für einige Monate eine MDC DC-8-63CF der Overseas National Airways.

Als sich die DC-9-32 Mitte der 70er-Jahre für einige Hauptstrecken als zu klein erwies, bestellte AUA fünf Exemplare der größeren DC-9-51. Die Erstablieferung erfolgte am 25. August 1975 mit der OE-LDK (C/N 47651/780) »Graz«, die am 7. September auf der Strecke Wien–München in Dienst gestellt werden konnte.

Gemeinsam mit der Swissair war AUA Ende der 70er-Jahre »Launch Customer« für die DC-9-80 (MD-80 Serie), sowie Mitte der 80er-Jahre gemeinsam mit der **Finnair** für die MD-87. Am 28. Oktober 1980 konnte AUA auf der Strecke Wien–Zürich ihre erste MD-81 in Betrieb nehmen und die MD-87 begann ihren AUA-Liniendienst am 17. Dezember 1987 zwischen Wien und Zagreb. Die MD-80 Flotte erfuhr einen weiteren Ausbau, 1993 kamen vier weitere MD-83 zur Flotte.

1985 bestellte AUA mit dem Airbus A310-221 ihr erstes Großraumflugzeug für ihre Nordafrika- und Mittelostdienste, doch die vier Exemplare umfassende Bestellung wurde zugunsten der Langstreckenversion A310-324 annulliert. Für den Einsatz auf den neuen Langstreckendiensten in die USA und nach Fernost erhielt AUA am 16. Dezember 1988 als erste Maschine OE-LAA (C/N 489) »New York«. Insgesamt standen bei AUA fünf A310-300 im Einsatz. Mit dem Beginn des Sommerflugplans 1989 erfolgte im April die Aufnahme der neuen Verbindung nach New York.

Am 16. Juli 1989 begann AUA auf der Route Wien–Moskau–Tokio eine Zusammenarbeit mit **Aeroflot** und All Nippon Airways, hier kam zweimal wöchentlich ein AUA A310-300 zum Einsatz. Auch in Europa, hier hatte die MD-80 Flotte inzwischen die veralteten DC-9-32/51 weitgehend ersetzt, dehnte AUA ihr Streckennetz aus. Von Wien führten neue Routen nach Stuttgart, Nizza und Lissabon, sowie von Linz nach Zürich und Düsseldorf. Heute fliegt AUA von Wien, Graz, Linz, Klagenfurt und Salzburg zu weltweit über 40 Zielorten, mit Schwerpunkt auf West- und Osteuropa.

Ab 1995 kamen im Rahmen einer erneuten Flottenrestrukturierung zunächst Airbus A321-111 und A340-200 zur Flotte, 1998 gefolgt von A320-214, A321-211 und A330-223.

Zur Durchführung von Regionaldiensten mit Strahlverkehrsflugzeugen erfolgte 1995 die Einrichtung der Austrian Airlines Regional und hierfür beschaffte AUA zunächst zwei Fokker 70. Diese Flotte wurde in den darauf folgenden beiden Jahren auf sechs Exemplare erweitert.

Im März 1997 erwarb AUA von der **Lufthansa** deren Anteile an **Lauda Air** und wurde somit bei dieser Fluglinie Mehrheitsgesellschafter. Im Frühjahr 2000 erwarb Austrian Airlines auch die Mehrheitsanteile an Tyrolean und **Rheintalflug**, und vereinigte sie unter dem Dach der Austrian Airlines Regional. Zunächst operierten die Unternehmen noch eigenständig, doch Ende 2002 erfolgte deren Fusion unter dem Namen der **Tyrolean Airways**. Auch die bei AUA fliegenden Fokker 70 wurden zu diesem Zeitpunkt an Tyrolean überstellt.

Zur Durchführung von Charterdiensten und für den Betrieb des Inlandstreckennetzes gründete AUA 1964 das selbständige Tochterunternehmen Austrian Airtransport. Ab 1965 betrieb man im Auftrag

Als ersten Airbus A310-300 übernahm AUA die OE-LAA (C/N 489) »New York« am 16. Dezember 1988. Im Februar 2000 wurde das Flugzeug an die Leasingfirma ILFC verkauft und fliegt zur Zeit als EC-HLA bei der spanischen Fluglinie Air Plus Comet.

Der Airbus A321-111 OE-LBB (C/N 570), hier in »Millennium«-Farben anlässlich der 1000-Jahr-Feier Österreichs, kam als zweite Maschine dieses Typs am 13. Februar 1996 zur Ablieferung.

Wichtigstes Langstreckenmuster der AUA ist der Airbus A340. OE-LAG (C/N 075), eine Maschine der Serie -212, war das erste Flugzeug dieses Typs in der Flotte und gelangte am 28. Februar 1995 zur Auslieferung.

Das AUA-Tochterunternehmen Austrian Airtransport betrieb eine Fokker 50-Flotte auf dem Regionalstreckennetz der Muttergesellschaft, hier OE-LFB (C/N 20123) »Feldkirchen«.

der AUA deren beiden HS.748, die sich aber im Laufe der Zeit als unwirtschaftlich erwiesen. Gründe für den Nachfragerückgang war die Konkurrenz der Eisenbahn, sowie der Ausbau des Autobahnnetzes. Als Nachfolgemuster operierte AAT zwischen 1979 und 1988 fünf Fairchild Metroliner (OE-LSA bis OE-LSE). Ab Mitte der 80er-Jahre übertrug AUA der AAT die Durchführung einzelner Routen ihres regionalen Streckennetzes, welches 1988 komplett an AAT abgegeben wurde. Da die Metroliner nunmehr nicht mehr dem Kapazitätsbedarf entsprachen, wurden sie durch Fokker 50 ersetzt. Insgesamt hatte AAT sechs eigene Fokker 50, sowie vier geleaste Flugzeuge, im Einsatz. Am 2. Mai 1994 wurde das Regionalstreckennetz der AAT in die Operationen der Tyrolean Airways, an der AUA eine strategische Beteiligung besaß, integriert. AAT führt weiterhin Charteraufträge für AUA durch und mietet bei Bedarf die entsprechenden Flugzeuge der Muttergesellschaft.

Die AUA-Gruppe ist Mitglied in der von Lufthansa angeführten »Star Alliance«.

Flotte:	
6 Fokker 70	4 Airbus A321-211
5 MDC MD-87	3 Airbus A310/ET
5 MDC MD-82	4 Airbus A330-200
2 MDC MD-83	2 Airbus A340-200
10 Airbus A320-214	2 Airbus A340-313X
3 Airbus A321-111	(Ultra Long-Range)

Bestellt:
3 Airbus A320-214

Bei der Regionalflugabteilung der AUA stehen derzeit sechs Fokker 70 im Einsatz. Als zweites Exemplar erhielt die Gesellschaft OE-LFP (C/N 11560) am 17. Oktober 1995.

Lauda Air

Der frühere Formel-I-Rennfahrer *Niki Lauda* gründete im April 1979 die Fluggesellschaft Lauda Air und erwarb die Flugbetriebslizenz der Bedarfsfluglinie Alpair. Mit zwei Fokker F-27 konnte am 24. Mai 1979 der Passagier-Charterflugbetrieb zu Zielen im Mittelmeerraum und nach Südfrankreich aufgenommen werden. Ferner wurden Ad-Hoc-Charterdienste innerhalb Europas durchgeführt, oftmals waren dies so genannte Event-Reisen zu Formel-I-Rennen. 1984 rutschte das Unternehmen am Konkurs vorbei. Der eigene Flugbetrieb wurde zunächst eingestellt und die beiden Flugzeuge fremdvermietet. Im Sommer 1985 erwarb der Reiseveranstalter Istas Austria 49% der Anteile an Lauda Air. Im Anschluss an eine Restrukturierung und Umwandlung des Unternehmens in eine Aktiengesellschaft konnte der Charterflugbetrieb mit zwei von **Tarom** gemieteten BAC 1-11 Srs. 500 wieder aufgenommen werden.

Zwischen Dezember 1985 und März 1988 mietete Lauda Air eine Boeing 737-200 von der niederländischen **Transavia Airlines** und die letzte BAC

1-11 konnte im März 1986 an Tarom retourniert werden. Ihre erste Boeing 737-300 erhielt Lauda Air am 28. Juli 1986. Ebenfalls 1986 entschied man sich zur Expansion in das Langstreckenfluggeschäft und erhielt die Verkehrsgenehmigung für Linienflüge nach Australien. Hierfür bestellte Lauda Air eine Boeing 767-300ER, die im April 1988 zur Ablieferung gelangte. Zunächst wurden Sydney, Hongkong und Singapur angeflogen. Im Oktober 1989 kam eine zweite Boeing 767-300ER zur Flotte und der Linienverkehr nach Fernost konnte weiter ausgebaut werden. Zum Jahresende 1990 bot Lauda Air auf der Strecke Wien–London/Gatwick erstmals innereuropäische Liniendienste an. Im Herbst desselben Jahres beteiligte sich die **Lufthansa** über ihre Chartertochter **Condor** mit 25% am Unternehmenskapital der Lauda Air und erhöhte diesen Anteil im Jahr 1994 auf 39,7%. In Zusammenarbeit mit Lufthansa bot Lauda Air Flüge nach Miami an. Im März 1997 erwarb die **Austrian Airlines**-Gruppe die Lauda Air-Anteile der Lufthansa und wurde Mehrheitsgesellschafter. Auf den wichtigen Langstrecken nach Sydney und Miami ersetzte ab September 1997 eine Boeing 777-200ER die 767-300ER und im September 1998 kam eine zweite Boeing 777-200ER zur Flotte.

Zum Sommerflugplan 1994 begann Lauda Air in Zusammenarbeit mit der **Lufthansa City Line** den Regionalflugverkehr und erhielt den ersten von insgesamt acht Canadair RJ100LR am 1. März 1994. Im Frühjahr 2000 trennte die AUA-Gruppe Lauda Air vom Unternehmen und gliederte sie der als Austrian Airlines Regional operierenden **Tyrolean Airways** an. Im Juni 1992 wurde das italienische Tochterunternehmen Lauda Air SpA gegründet und eine Boeing 767-300ER an die neue Fluggesellschaft transferiert. Mit der Eingliederung der Lauda Air in die von Lufthansa angeführte »Star Alliance« zu Anfang des Jahres 2000 wurde Lauda Air SpA selbständig.

Flotte:

8 Canadair RJ100LR (zur Abgabe an Tyrolean Airways)
2 Boeing 737-300 *)
2 Boeing 737-400 *)
2 Boeing 737-600
2 Boeing 737-700
2 Boeing 737-800
5 Boeing 767-300ER (ein Flugzeug vermietet an Air Atlanta Iceland)
2 Boeing 777-200ER
*) zur Ausmusterung vorgesehen.

Die Erstausstattung der Lauda Air-Flotte umfasste zwei Fokker F-27. Das Unternehmen erwarb OE-HLA (C/N 10257) am 15. Februar 1979 von der deutschen Fluggesellschaft SAT, heute Germania (ex D-BOBY). Im Mai 1986 kaufte der WDL Flugdienst das Flugzeug und brachte es als D-BAKE wieder in den Einsatz.

Erstes Fluggerät der »neuen« Lauda Air waren zwei von Tarom gemietete BAC 1-11-500.

Das erste Flugzeug neuerer Technologie für Lauda Air war die von ILFC gemietete Boeing 737-300 OE-ILF (C/N 23601/1254).

Die Boeing 737-400 OE-LNH (C/N 25147/2043) kam am 7. Mai 1991 zur Auslieferung.

Als erstes Großraum-Langstreckenflugzeug erhielt Lauda Air am 29. April 1988 die Boeing 767-300ER OE-LAU (C/N 23765/165). Diese Maschine ist derzeit an Air Atlanta Icelandic vermietet.

Montana Flugbetrieb

Die Montana Flugbetrieb GmbH wurde 1975 von dem Flugkapitän Hans Stöckl mit dem Ziel ins Leben gerufen, Passagiercharterdienste ab Wien zu Zielen im Fernen Osten und in die USA durchzuführen. Hierzu mietete man eine Boeing 707-138B (OE-IRA) von der Flugzeug Leasing & Handels Gesellschaft mbH. Zunächst musste das neue Unternehmen eine Vielzahl bürokratischer Hürden und Behinderungen der monopolistischen **Austrian Airlines** überwinden, doch im November 1976 konnte der Flugbetrieb auf der Route Wien–Bagdad–Bangkok aufgenommen werden. Die Geschäfte der Fluglinie entwickelten sich erfolgreich, und das Streckennetz konnte stetig ausgebaut werden. Hierbei war Montana nur der Anflug solcher Zielorte gestattet, die von anderen österreichischen Fluggesellschaften noch nicht bedient wurden. Im Juli 1977 erhielt Montana eine zweite Boeing 707 zur Durchführung von weltweiten Passagier- und Frachtcharterflügen. Auftragsflüge und Untervermietungen an fremde Fluggesellschaften stellten einen weiteren lukrativen Teil des Fluggeschäfts dar. 1978 übernahm Montana eine dritte Boeing 707, die ausschließlich fremdvermietet wurde oder auf Auftragsflügen zum Einsatz kam. 1979 führten Rezession und Preisverfall, sowie steigender Konkurrenzdruck, zu immer höheren Betriebskosten der Flugzeuge. Die Flüge nach Fernost mussten aufgegeben werden, und planmäßige Charterflüge führten nur noch nach New York. Immer stärker war Montana auf das Ad-Hoc-Frachtgeschäft angewiesen, sodass auch dubiose Charterverträge angenommen wurden. Im Mai 1981 beschlagnahmte die US-Zollbehörde die Boeing 707 OE-IDA in Houston/Texas wegen unerlaubten Waffentransports und die amerikanische Luftverkehrs-behörde verhängte ein Embargo gegen Montana. Versuche der Fluglinie zur kurzfristigen Einwerbung neuer Kapitalgesellschafter und einer Unternehmensrefinanzierung schlugen fehl, nachdem die Flugzeug Leasing die Depositkonten der Montana im Juni 1981 hatte beschlagnahmen lassen. Im darauf folgenden Monat entzog die österreichische Luftfahrtbehörde der Montana die Betriebsgenehmigung, sodass man im darauf folgenden Monat Konkurs anmelden musste. Mehr als 2500 Passagiere saßen in den USA und einigen europäischen Staaten fest und wurden durch andere Fluggesellschaften zu ihren Zielorten befördert.

Die Montana Flugbetrieb GmbH hatte zwischen September 1977 und Juli 1981 insgesamt drei Boeing 707 gemietet, die auf weltweiten Passagier- und Frachtcharterflügen zum Einsatz kamen. Als erste Maschine stellte das Unternehmen die Boeing 707-138B OE-IRA (C/N 18068/227) in Dienst.

Rheintalflug

Das Unternehmen wurde 1977 als Lufttaxi- und Bedarfsfluggesellschaft in Bregenz gegründet und der Flugbetrieb wurde vom nahegelegenen Flugplatz Hohenems aus durchgeführt. Ab 1984 bediente Rheintalflug mit einer Grumman (Gulfstream) Commander 900 eine Linienverbindung nach Wien, die erste Luftverbindung zwischen dem Bundesland Vorarlberg und der österreichischen Hauptstadt überhaupt. Im September 1989 übernahm Rheintalflug ihre erste DHC-8-103 OE-HRS, mit der zunächst eine Tagesrandverbindung zwischen Friedrichshafen und Wien beflogen wurde. Nach dem Abschluss eines Abkommens mit der **Austrian Airlines** zur Durchführung von Liniendiensten zwischen dem Vorarlberg und Wien erfolgte die Verlegung der Operationsbasis an den schweizerischen Flughafen Altenrhein, da in Hohenems ein Flugbetrieb mit der Dash 8 nicht möglich war. Zwischen Bregenz und Altenrhein wurde ein Buszubringerdienst eingerichtet. Ab Frühjahr 1996 kam die größere DHC-8-311B zum Einsatz und das Streckennetz erfuhr eine vorsichtige Erweiterung. Vermehrt flog Rheintalflug ab Friedrichshafen innerdeutsche Regionaldienste und wurde 1998 Team Lufthansa-Partner. Im darauf folgenden Jahr begann mit der Einführung des Strahlmusters Embraer ERJ-145MP die schrittweise Ablösung der DHC-8-Flotte. Als erstes Flugzeug konnte am 17. Dezember 1999 OE-LSR (C/N 145203) übernommen werden. Im Lauf des Jahres 2000 erhielt die Fluggesellschaft weitere zwei ERJ-145.

Mit dem Verkauf der Unternehmensanteile an die Austrian Airlines Gruppe endete auch die Partnerschaft mit der Lufthansa. Im Rahmen einer Reorganisation der AUA-Regionaldienste beschloss man die Fusion der Rheintalflug mit der größeren **Tyrolean Airways** zum Jahresende 2002. Als Standardmuster betreibt die AUA-Gruppe den Canadair RJ100/200, sodass die ERJ-145 der Rheintalflug nicht in das Flottenkonzept passen und zum Verkauf ausgeschrieben sind. Zeitgleich werden auch alle Charteraktivitäten im Auftrag der regional ansässigen Reiseveranstalter im Vorarlberg eingestellt, was für die Region einen herben Rückschlag bedeutet.

Die DHC-8-300 OE-LRW (C/N 307) steht bei Rheintalflug seit April 1995 im Dienst.

Tyrolean Airways

Das 1958 als Aircraft Innsbruck gegründete Luftfahrtunternehmen war bis 1980 ausschließlich im Bedarfsluftverkehr tätig. 1980 erwarb man die Linienverkehrsrechte für die Strecke Innsbruck–Wien und änderte im April des Jahres den Firmennamen in Tyrolean Airways. Noch im selben Monat erfolgte die Aufnahme des Linienverkehrs auf den Routen Innsbruck–Wien und Innsbruck–Zürich mit DHC Dash 7. Graz und Frankfurt ergänzten kurze Zeit später das Streckennetz. Mit der Übernahme weiterer DHC-7 flog Tyrolean auch nach Düsseldorf, Paris und Amsterdam. Saisonbedingter Charterflugverkehr führte von Innsbruck und Wien zu über zwölf Zielorten in der Mittelmeerregion. Die Tochterunternehmen Tyrolean Jet Services beschäftigte sich mit Ambulanz- und Geschäftsreiseflügen, Heliair mit örtlichen Auftragsdiensten. Alle Unternehmen waren unter der Dachgesellschaft Tiroler Luftfahrt AG vereinigt, die sich im Eigentum der in der Glasindustrie tätigen Swarovski Gruppe befand.

Am 2. Mai 1994 erwarb die Austrian Airlines Gruppe 43% des Tyrolean-Kapitals und fusionierte das Unternehmen mit ihrer Tochtergesellschaft, Austrian Airservice. Im Rahmen einer Flottenrestrukturierung wurden die DHC-7 der Tyrolean und Fokker 50 der Austrian Airservice ausgemustert und durch DHC-8 der Serien 100 und 300 ersetzt.

Tyrolean gehörte zu den Erstkunden der zweistrahligen Fokker 70, die ab Mai 1995 zum Einsatz gelangte. Im darauf folgenden Jahr erhielt die Gesellschaft ihren ersten Canadair Regional Jet. Im Frühjahr 2000 erwarb **Austrian Airlines** die Mehrheitsanteile an Tyrolean, **Lauda Air** und **Rheintalflug** und vereinigte sie unter dem Dach der Austrian Airlines Regional. Zunächst operierten die Unternehmen noch eigenständig, doch Ende 2002 erfolgte deren Fusion unter dem Namen der Tyrolean Airways. Auch die noch bei Austrian Airlines fliegenden Fokker 70 wurden zu diesem Zeitpunkt an Tyrolean überstellt.

Flotte:

2 DHC-8-100	11 Canadair RJ100/200
4 DHC-8-300	5 Canadair RJ100/200
4 DHC-8Q-300	(ex Lauda Air)
1 DHC-8-300 (ex Rheintalflug)	6 Fokker 70
2 DHC-8Q-300 (ex Rheintalflug)	6 Fokker 70
4 DHC DHC-8Q-402	(ex Austrian Airlines)

Mit dem Einsatz des STOL-Verkehrsflugzeuges DHC-7 legte Tyrolean Airways den Grundstein für einen erfolgreichen Regionalflugbetrieb. Die Einsatzzeit der OE-LLS (C/N 022) war von März 1980 bis September 1996.

Nachfolgemuster der Dash 7 bei Tyrolean wurde die DHC-8-100. Die Fluglinie gehörte zu den ersten Betreibern der zweimotorigen Turboprop.

Zur Verminderung von Triebwerkslärm entwickelte De Havilland Canada ab 1995 die DHC-8Q mit neuartigen Propellerblättern und langsamer drehenden Motoren. OE-LTI (C/N 466) ist ein Exemplar der Serie Q-314B und gelangte am 8. Juni 1997 bei Tyrolean zur Ablieferung. Die Maschine trägt die »Sounds of Silence«-Bemalung.

Die zukünftige Strahlflotte der Tyrolean Airways konzentriert sich auf 50-sitzige CRJ-200LR und die 80-sitzige Fokker 70.

Polen

LOT

Die Gründung der LOT - Polskie Linie Lotnicze erfolgte auf Betreiben der polnischen Regierung am 1. Januar 1929 durch den Zusammenschluss der schon bestehenden privaten Fluglinien Aerolot und Aero T.Z. Mit einer Handvoll Junkers F.13 beflog man ein Inlandsstreckennetz und zwei internationale Routen nach Brno (Tschechien) und Wien. Eine ambitionierte Routenerweiterung begann im Jahre 1934 mit der Einrichtung einer Strecke nach Beirut, die über Rumänien, Bulgarien, Griechenland und Palästina führte. Unmittelbar vor dem Ausbruch des Zweiten Weltkriegs erweiterte LOT ihr Streckennetz um die Ziele London, Kopenhagen und Helsinki. Auch plante man eine Interkontinentalroute nach Südamerika. Zu dieser Zeit bestand die Flotte aus drei Douglas DC-2 und den Lockheed-Mustern L.10A Electra und L.14 Super Electra.

Durch ein Staatsdekret erfolgte am 6. März 1945 die Neugründung der LOT, und in der Folge beschaffte die Fluggesellschaft 20 Lisunow Li-2 (sowjetischer DC-3-Lizenzbau). Bereits zum Jahresende 1945 flog LOT wieder nach London, ab dem 23. Mai 1946 nach Zürich. Zusätzlich zu den Li-2 erwarb LOT zwischen 1946 und 1948 aus militärischen Überschussbeständen zehn Douglas DC-3/C-47. Als einziger ausländischer Erstkunde erwarb LOT im Jahr 1948 fünf Sud-Est SE.161 Languedoc, doch das Muster erfüllte nicht die Erwartungen und wurde bereits im darauf folgenden Jahr wieder ausgemustert. Nachfolger der Languedoc und der Li-2 wurde ab 1949 die Iljuschin IL-12B, die 1955 wiederum durch IL-14 ersetzt wurden. Da diese Flugzeuge für die längeren Routen ins westeuropäische Ausland nur bedingt geeignet waren, kaufte LOT im Oktober 1957 drei Convair CV-240 von der belgischen **SABENA**. 1959 stießen zwei weitere CV-240 zur Flotte, und die letzten DC-3 wurden an einen dänischen Zwischenhändler verkauft. Für den Einsatz auf Langstreckendiensten stellte LOT im Mai 1961 ihre erste viermotorige Iljuschin IL-18 in Dienst und für den Betrieb auf den wichtigsten Mittelstrecken erwarb man im November und Dezember 1962 drei Vickers Viscount 800 von der **British United Airways**. 1966 erfolgte die Typeneinführung der Antonow An-24 zur Ablösung der veralteten IL-14, CV-240 und der verbliebenen Viscount. Die beiden übrigen Viscount waren in vorhergehenden Jahren durch Abstürze verloren gegangen.

Im November 1968 übernahm LOT mit der Tupolew Tu-134 ihr erstes Strahlmuster, welches für mehr als zwei Jahrzehnte das Rückgrat der Mittelstreckenflotte bilden sollte. Die vierstrahlige Iljuschin IL-62 kam ab Mai 1972 zum Einsatz, zunächst auf den wichtigen Transatlantikrouten von Warschau via Amsterdam nach New York und Montreal. Von der IL-18 übernahm die IL-62 auch die Dienste nach Moskau, London und Paris. Tu-134 ersetzten IL-18 auf den Routen nach Moskau, Leningrad, Madrid, Istanbul, Kairo und Damaskus. Ab Mitte der 70er-Jahre ersetzten Tu-134A die älteren Tu-134 und IL-62M die IL-62. 1987 entschied sich LOT für die dreistrahlige Tu-154M als Nachfolgemodell der Tu-134A zum Einsatz auf ihren Mittelstrecken und den Diensten nach Mittelost und erteilte eine Bestellung für 19 dieser Flugzeuge.

Seit dem politischen Wechsel im Jahr 1989 kaufte LOT wieder westliches Fluggerät, zunächst Boeing 767-200 und -300 als Ersatz für die betagten IL-62M auf den Interkontinentaldiensten in die USA und nach Kanada. Auch die übrige Flotte wurde schnellstens auf westlichen Standard gebracht. Auf Regional- und Inlandsstrecken flogen ab 1991 ATR-72, die dort An-24 und Yak-40 ersetzten. Der Flottenaustausch von Tu-134A und Tu-154M zur Boeing 737-400 /-500 erfolgte in den Jahren 1992 bis 1996. 1997 etablierte LOT mit der **Eurolot** eine Tochtergesellschaft für nationale und regionale Liniendienste. 1999 lösten die ersten strahlgetriebenen Embraer RJ-145 die ATR-72 auf grenzüberschreitenden Kurzstreckendiensten ab. Ebenfalls 1999 erwarb die SAir Group 37% der frei gehandelten LOT-Anteile, den Rest hält noch immer der polnische Staat.

Flotte:	
12 Embraer RJ-145EP	2 Boeing 737-800
2 Boeing 737-300	2 Boeing 767-200ER
7 Boeing 737-400	3 Boeing 767-300ER
10 Boeing 737-500	

Von der belgischen SABENA kaufte LOT im Jahr 1957 drei Convair CV-240. Als erste Maschine konnte am 7. Oktober 1957 SP-LPA (C/N 153), ex OO-AWP, übernommen werden, die bis zu ihrem Verkauf in die USA am 28. Januar 1966 im Einsatz stand.

Bis zur Einführung der Antonow An-24 im Jahr 1966 bildete die ab 1955 eingeführte Iljuschin IL-14 das Rückgrat der Kurzstreckenflotte.

Für den Einsatz auf Langstreckendiensten stellte LOT im Mai 1961 ihre erste viermotorige Iljuschin IL-18 in Dienst. Insgesamt flogen bei LOT neun dieser Flugzeuge. SP-LSC wurde als drittes Exemplar übernommen.

Für den Betrieb auf den wichtigsten Mittelstrecken erwarb LOT zum Jahresende 1962 drei Vickers Viscount 800 von der British United Airways. Als erstes dieser Flugzeuge konnte am 11. November 1962 SP-LVA (C/N 249) übernommen werden. Während eines Linienfluges von Warschau nach London stürzte die Maschine am 20. August 1965 in der Nähe von Lüttich ab.

1966 erfolgte die Typeneinführung des sowjetischen Turboprop-Kurz-streckenmusters Antonow An-24, das die veralteten IL-14 und CV-240 ablöste. Insgesamt setzte LOT elf dieser robusten Flugzeuge ein.

Im November 1968 übernahm LOT mit der Tupolew Tu-134 ihr erstes Strahlmuster, welches für mehr als zwei Jahrzehnte das Rückgrat der Mittelstreckenflotte bilden sollte.

Für zwei Jahrzehnte war die große Iljuschin IL-62/IL-62M das einzige strahlgetriebene Langstreckenmuster der LOT.

1987 entschied sich LOT für die dreistrahlige Tu-154M als Nachfolge-modell für die Tu-134A und bestellte 19 dieser Flugzeuge. Aufgrund der politischen Neuorientierung Polens im Jahre 1989 gelangten aber nur sechs Maschinen zur Ablieferung.

Seit dem politischen Wechsel im Jahr 1989 kaufte LOT wieder westli-ches Fluggerät, zunächst Boeing 767-200ER. SP-LOB (C/N 24734/266) kam als zweites dieser Flugzeuge im Mai 1989 zur Ablieferung und ist von der US-Leasingfirma Aviation Capital Group gemietet.

Zwischen 1992 und 1996 ersetzten Boeing 737-400/-500 die aus sowjetischer Produktion stammenden Tu-134A und Tu-154M.

Die 1997 gegründete Tochtergesellschaft Eurolot betreibt auf Regionaldiensten eine aus fünf ATR-42 und acht ATR-72 bestehende Flotte.

1999 lösten die ersten Maschinen vom Typ Embraer RJ-145EP die ATR-72 auf grenzüberschreitenden Kurzstreckendiensten ab. Als erste Maschine erhielt LOT im Juli 1999 SP-LGA (C/N 145155).

Portugal

Air Atlantis

Air Atlantis wurde 1985 als hundertprozentiges Charterflug-Tochterunternehmen der staatlichen **TAP Air Portugal** gegründet und nahm im Juni desselben Jahres mit je zwei von der Muttergesellschaft gemieteten Boeing 707-300B und 737-200 den Flugbetrieb auf. Da sich die 707 im Einsatz als zu unflexibel erwies, tauschte man die beiden Flugzeuge gegen zwei Boeing 727-100 aus. Der wichtigste Verkehrsknoten der Fluglinie war Faro an Portugals Südküste (Algarve), ein Flugzeug war während

der Sommermonate in Funchal auf Madeira stationiert. Mit zunehmendem Verkehrsaufkommen erwiesen sich die eingesetzten Maschinen als zu klein, sodass TAP zusätzlich drei 168-sitzige Boeing 727-200 an Air Atlantis überstellte. Obwohl sich Großbritannien zum wichtigsten Verkehrsmarkt entwickelte, flog die Gesellschaft Pauschalreisetouristen aus allen westeuropäischen Staaten und Skandinavien an Portugals Sonnenstrände. 1988 lösten drei Boeing 737-300 die älteren 737-200 und 727-100 ab. Bei Kapazitätsengpässen stellte TAP kurzfristig zusätzliche Transportkapazität bereit. Nachdem aufgrund der Anfang der 90er-Jahre herrschenden Rezession die jährlichen Passagierzahlen auf 500.000 Fluggäste absackten, erschien ein eigenständiger Flugbetrieb nicht mehr sinnvoll und Air Atlantis wurde Anfang 1993 aufgelöst.

Neben der Boeing 707 gehörte auch die Boeing 727-100 zu den ersten bei Air Atlantis eingesetzten Flugzeugmustern. CS-TBL (C/N 19405/398) war von Oktober 1985 bis Dezember 1987 von TAP gemietet.

Wie alle Flugzeuge bei Air Atlantis, stammte auch die Boeing 737-3K9 CS-TIG (C/N 24213/1794) aus den Beständen der Muttergesellschaft TAP.

Air Columbus

Die 1989 als Transporte Aereo Nao Regular gegründete Air Columbus war ein auf der Atlantikinsel Madeira ansässiges Gemeinschaftsunternehmen von portugiesischen Firmen (66%) und der dänischen **Sterling Airways** (34%). Mit von Sterling gemieteten Boeing 727-200 wurden Pauschalreisecharterflüge vornehmlich für deutsche Reiseveranstalter nach Madeira und an die Algarve durchgeführt 1991 stießen zwei Boeing 737-300 zur Flotte. 1993, nach dem Zusammenbruch des wichtigsten Kunden in Deutschland und dem fast zeitgleichen Konkurs von Sterling Airways, musste auch Air Columbus den Flugbetrieb einstellen.

Ihre ersten Boeing 727-200 mietete Air Columbus von der dänischen Sterling Airways.

Portugalia

Die Regionalfluggesellschaft Portugalia wurde am 25. Juli 1989 gegründet und nahm im darauf folgenden Jahr, am 7. Juli 1990, mit Maschinen vom Typ Fokker 100 den Flugverkehr auf. Nach verlustreichen Anfangsjahren verzeichnete das Unternehmen 1993 erstmals einen Betriebsgewinn. Nach Erhalt der sechsten Fokker 100 wurde die ursprüngliche Bemalung leicht modifiziert. Ihre Heimatbasis hat Portugalia am internationalen Flughafen von Lissabon, dort werden in einem eigenen Werftbetrieb nahezu alle Wartungsarbeiten an den Flugzeugen durchgeführt. Zu den Hauptreisezeiten in den Sommer- und Winter-

monaten ist Portugalia (PGA) auch im Charterfluggeschäft aktiv. Von Lissabon, Faro und Porto betreibt PGA ein dichtes Streckennetz innerhalb der Region: zu den Kanarischen Inseln, nach Deutschland, Frankreich, Großbritannien und Norditalien. Da sich die Fokker 100 für einige Dienste als zu groß erwies, gelangte im Mai 1997 erstmals auch der neue Embraer-Regionaljet ERJ-145 zum Einsatz. 1999 interessierte sich die SAir Group für Portugalia und beteiligte sich aus strategischen Gründen mit 42% am Gesellschaftskapital, das von dem bis dahin alleinigen Eigentümer, der Espirito Santo Gruppe, erworben wurde. Bis zum Konkurs der SAir Group und dem Auseinanderbrechen der »Qualiflyer Alliance« operierte PGA eng mit den übrigen Mitgliedern der Allianz.

Flotte:

6 Embraer ERJ-145	6 Fokker 100

Portugalia betreibt auf ihrem Streckennetz sechs Fokker 100, die alle von dem Leasingunternehmen GECAS gemietet sind. Als drittes Flugzeug stieß im Januar 1991 CS-TPC (C/N 11287) zur Flotte.

SATA

Die 1947 gegründete SATA - Servicio Acoreano de Transportes Aereos führt den Regionalflugverkehr zwischen den einzelnen Inseln der Azoren durch. Die Hauptbasis befindet sich am Flughafen Ponta Delgada auf der Insel Sao Miguel. Mit einer Beech C-45 begann am 15. Juni 1947 der Flugbetrieb, wenig später kamen zwei De Havilland DH.104 Dove zum Einsatz. Beide Maschinen wurden erst im Frühjahr 1972 außer Dienst gestellt und verkauft. Im Juni 1963 und Februar 1964 wurde die Flotte um zwei Douglas DC-3 erweitert und eine dritte DC-3 kam im August 1969 hinzu. Ab dem 14. Juli 1964 konnten mit diesen Flugzeugen auch reine Frachttransporte durchgeführt werden. Als Ersatz für die veraltete Flotte bestellte die Fluglinie 1968 zwei Hawker Siddeley HS.748, von denen die erste Maschine im April 1969 zur Auslieferung gelangte. In den kommenden Jahren wurde die HS.748 das Rückgrat der Flotte, zumeist standen fünf dieser Flugzeuge im Einsatz. 1975 erfolgte die Außerdienststellung der letzten DC-3. Zwischen Juli 1976 und August 1977 hatte SATA zwei von der portugiesischen Luftwaffe gemietete Douglas DC-6 (CS-TAK und CS-TAL) im Einsatz.

Im Juli 1987 setzte SATA probeweise eine von British Aerospace gemietete BAe 146 auf ihrer wichtigsten Route zwischen Ponta Delgada und Santa Maria ein. Im April 1988 mietete SATA eine zweite BAe 146,

doch da sich der Flugzeugtyp nicht wirtschaftlich betreiben ließ, wurden beide Maschinen an den Hersteller retourniert und ab Dezember 1989 durch BAe ATP ersetzt. 1992 erfolgte die Außerdienststellung der letzten beiden HS.748.

Nachdem die nationale **TAP** Mitte der 90er-Jahre ihre Monopolstellung auf den Routen vom portugiesischen Festland zu den Azoren aufgeben musste, mietete SATA hierfür eine Boeing 737-300. 1998 und 1999 kamen als Ergänzung zwei weitere Maschinen desselben Typs hinzu. Da die so geschaffene Kapazität aber immer noch nicht ausreichte, entschloss man sich für die Beschaffung von zwei Airbus A310-300. Die Maschinen gelangten im Juni 1999 und Februar 2000 zur Ablieferung.

Neben den Verbindungen zum Festland fliegt SATA mit ihren ATP nach wie vor die »Inselhüpfer«-Dienste zu den acht Azoreninseln Santa Maria, Sao Miguel (Ponta Delgada), Terceira, Graciosa, Sao Jorge, Pico, Faial und Flores. Neben den Liniendiensten führt SATA auch Charterflüge nach Nordafrika durch.

Flotte:

4 BAe ATP	2 Airbus A310-300
3 Boeing 737-300	

Für lange Jahre war die britische HS.748 der wichtigste Flugzeugtyp der SATA. CS-TAG (C/N 1687) wurde am 30. April 1972 abgeliefert.

Zwischen Juli 1976 und August 1977 hatte SATA zwei von der portugiesischen Luftwaffe gemietete Douglas DC-6 (CS-TAK und CS-TAL) im Einsatz.

Derzeit hat SATA zwei Boeing 737-300 im Einsatz. Als erste Maschine konnte am 31. Oktober 1995 CS-TGP (C/N 24131/1541) übernommen werden.

Die wichtigen Verbindungen zwischen dem Festland und den Azoren werden von SATA mit zwei Airbus A310-300 beflogen. Als erstes dieser Flugzeuge gelangte CS-TGU (C/N 571) »Terceira« am 11. Juni 1999 zum Einsatz.

TAP Air Portugal

Transportes Aereos Portugueses TAP wurde 1944 von der portugiesischen Regierung als Flugbetriebsabteilung der Verkehrsluftfahrtbehörde gegründet. Vordringliche Aufgaben waren zunächst Erkundungs- und Streckenerprobungsflüge für zukünftige Langstreckendienste in die Kolonien und in Länder mit starkem portugiesischsprachigen Bevölkerungsanteil Die ersten Flüge erfolgten zwischen Lissabon und Porto, sowie zwischen Lissabon und der Ilha do Sal. Am 14. März 1945 erfolgte durch die Regierung eine Umwandlung der TAP in eine Linienfluggesellschaft mit staatlichem Eigentümer. Der offizielle Flugbetrieb begann am 19. September 1946 mit der Aufnahme der Route Lissabon–Madrid. Zum Einsatz kamen Maschinen vom Typ DC-3. In kurzen Abständen wurden jetzt neue Routen eröffnet, zumeist innerhalb Europas. Ab dem 10. August 1947 flog TAP nach Paris, kurze Zeit später auch nach London. Bereits im Januar desselben Jahres flogen DC-3 erstmals in die Kolonialgebiete Angola (Luanda) und Mosambik (Laurenco Marques). Ab Mai 1947 kamen hier DC-4 zum Einsatz, von denen TAP vier Exemplare von der niederländischen Regierung gekauft hatte. 1950 endete der Interkontinentaldienst in Luanda und das Streckensegment nach Laurenco Marques wurde von DC-3 beflogen.

Anfang der 50er-Jahre geriet TAP tief in die roten Zahlen, sodass die Regierung 1953 75% ihrer Anteile an eine private Investorengruppe verkaufte. Als Ersatz für die langsamen DC-4 bestellte TAP fünf Lockheed L.1049G Super Constellation, die ab Juli 1955 zur Ablieferung gelangten. Da sich diese Maschinen hervorragend bewährten, kaufte TAP im Mai 1961 zwei weitere Flugzeuge von der mexikanischen Aerovias Guest. 1960 begannen TAP und Panair do Brasil ihre so genannten »Freundschaftsflüge« zwischen Lissabon und Rio de Janeiro, via der Ilha do Sal, Recife und Sao Paulo. Bei diesen Flügen kamen DC-7C der Panair zum Einsatz. Zugang zu diesen weit unterhalb der offiziellen IATA-Tarife verkauften Flügen hatten nur portugiesische und brasilianische Staatsangehörige.

Nach Außerdienststellung der meisten DC-4 mietete TAP 1960 für ihre Europastrecken drei DC-6B der französischen **UAT**, und **BEA** betrieb in einem Poolabkommen Vickers Viscount und Comet 4B auf den Strecken nach Großbritannien. Am 18. Januar 1962 bestellte TAP bei Sud Aviation drei SE.210 Caravelle 6R, die im Juli (zwei Maschinen) und November (eine Maschine) zur Auslieferung gelangten.

Nachdem 1963 mehrere afrikanische Staaten als Reaktion auf die portugiesische und südafrikanische Apartheid-Politik der TAP und SAA die Überflugrechte verweigerten, wurde Luanda via Sao Tome und Portugiesisch-Guinea angeflogen. Am 16. Dezember 1965 erhielt TAP ihre erste Boeing 707-382B (CS-TBA), die bereits zwei Tage später auf den Afrika-Routen zum Einsatz kam und die L.1049G ablöste. Schon zuvor flog eine von **SABENA** gemietete 707 auf diesen Strecken, sodass man mit dem neuen Flugzeugmuster bereits wertvolle Betriebserfahrungen sammeln konnte. Am 19. Juni 1966 übernahm die sechs Tage zuvor gelieferte zweite Boeing 707-382B (CS-TBB) die Rio-Route von L.1049G, welche wiederum vorübergehend auf dichtbeflogenen Europastrecken zum Einsatz gebracht wurden. Als Unterstützung für die drei Caravelle bestellte TAP am 23. März 1966 bei Boeing drei 727-100, die im März und April 1967, und im Februar 1968 zur Ablieferung gelangten. Zwei 727-100C Kombifrachter rundeten 1968 die Flotte ab. Im selben Jahr erfuhr auch die 707-Flotte eine Erweiterung um weitere zwei Flugzeuge.

Ihre erste von zwei Boeing 747 erhielt TAP am 16. Februar 1972 (CS-TJA), gefolgt von der zweiten Maschine (CS-TJB) am 16. Mai desselben Jahres. Beide Flugzeuge kamen unverzüglich auf den Routen nach Angola, Südafrika, Mosambik, und Südamerika zum Einsatz und unterstützten dort die Boeing 707. Wegen Kapazitätsmangel kaufte TAP im Mai 1973 zwei weitere Boeing 707, diesmal von **British Caledonian Airways**.

Zur Erneuerung ihrer Mittelstreckenflotte bestellte TAP am 5. Februar 1974 zwei Boeing 727-200 mit verlängertem Rumpf und Platz für bis zu 147 Passagiere. Nach der Ablieferung der Maschinen im Januar und Februar 1975 zeichnete sich ein baldiges Ende der Lebenszeit für die Caravelle ab, die alle im Laufe des November 1975 außer Dienst gestellt und nach Ekuador verkauft wurden.

Durch die Revolutionswirren Anfang 1975 kam der Flugbetrieb teilweise zum Erliegen und TAP wurde im April 1975 wieder verstaatlicht. In vollem Umfang betriebener Luftverkehr war erst nach einer 1977 erfolgten wirtschaftlichen Reorganisation wieder möglich. 1979 erhielten die Flugzeuge die heutige Bemalung und das Logo der TAP erfuhr eine Erneuerung.

Im September 1979 orderte die Gesellschaft bei Lockheed drei Exemplare des Langstreckenmusters L-1011-500 TriStar, im August 1981 gefolgt von einer Bestellung für zwei weitere Maschinen. Aufgrund vielschichtiger Probleme wirtschaftlicher und finanzieller Art ge-

langten die ersten drei Flugzeuge aber erst im Frühjahr 1983 zur Ablieferung, gefolgt von den übrigen beiden Einheiten im Juni 1983 und März 1984. Zeitgleich konnten zwischen Juni und November 1983 die ersten fünf von insgesamt zwölf Boeing 707 außer Dienst gestellt werden. Da die Boeing 747 inzwischen nicht mehr wirtschaftlich betrieben werden konnten, wurden auch diese Flugzeuge im Juni und Oktober 1984 aus dem Dienst genommen und verkauft.

Auf den Europastrecken kamen ab Juni 1983 neue Boeing 737-200 zum Einsatz und lösten dort die Boeing 727-100 ab, sodass hiervon nur noch die 727-100C-Kombifrachter und 727-200 im Einsatz verblieben. 1988 übernahm TAP mit dem Airbus A310 ihr erstes Flugzeugmuster aus europäischer Herstellung.

Eine grundlegende Flottenrestrukturierung begann Anfang der 90er-Jahre mit der Umrüstung auf eine einheitliche Airbus-Flotte. Den Anfang machte im April 1992 der A320, der die letzten Boeing 727 ablöste. Die jeweils im Dezember 1994 und April 1995 ausgelieferten A340-300 lösten die TriStar auf den Langstrecken ab. Neueste »Familienmitglieder« sind seit Dezember 1997 der A319 und der A321, der im Frühjahr 2000 zur Auslieferung gelangte.

Seit Mitte der 90er-Jahre gibt es Bestrebungen zur erneuten Privatisierung der TAP, doch wurde dieser Weg bisher nur zögerlich beschritten. Im April 1999 beteiligte sich die SAir Group mit 20% am Gesellschaftskapital der TAP, und diese wurde so Mitglied in der »Qualiflyer Alliance«. Nach dem Auseinanderbrechen der Gruppe bemüht sich TAP um die Aufnahme in eine andere Allianz.

TAP hält noch Anteile an Air Sao Tome und war 1994 beim Aufbau der Air Macau beteiligt. Im Wartungskomplex am Flughafen Lissabon erbringt TAP auch Wartungsdienstleistungen für andere Fluggesellschaften.

Flotte:	
16 Airbus A319	5 Airbus A310-300
11 Airbus A320	4 Airbus A340-300
2 Airbus A321	

Mit dem Einsatz der SE.210 Caravelle 6R, von der drei Maschinen zum Einsatz kamen, konnte TAP ihr europäisches Streckennetz erfolgreich ausbauen. Als letztes Exemplar gelangte CS-TCC (C/N 137) am 27. November 1962 zur Ablieferung.

Relativ spät, erst Mitte der 60er-Jahre, lösten Boeing 707-300 die Lockheed Super Constellation auf den Langstreckendiensten der TAP ab. Als erste der neuen Maschinen erhielt die Fluglinie CS-TBA (C/N 18961/456) am 16. Dezember 1965. Im Januar 1987 wurde das Flugzeug außer Dienst gestellt und in die USA verkauft.

Insgesamt hatte TAP vier Boeing 747-200B im Einsatz. CS-TJA (C/N 20501/178) »Portugal« gelangte am 16. Februar 1972 zur Ablieferung. Am 4. Juni 1984 verkaufte TAP die Maschine als N301TW an TWA - Trans World Airlines.

Als Ersatz für ihre Caravelle beschaffte TAP sechs Boeing 727-100. Später wurde diese Flotte durch Gebrauchtflugzeuge, die zumeist in den damaligen Kolonien Guinea-Bissau, Angola und Mosambik zum Einsatz kamen, ausgebaut. CS-TBO (C/N 19968/660) flog von November 1968 bis September 1988 bei der Fluggesellschaft.

Von der Boeing 727-282 hatte TAP die drei Schwesterflugzeuge CS-TBW (C/N 21949/1494), CS-TBX (C/N 21950/1579) und CS-TBY (C/N 22430/1715) im Einsatz.

1983 lösten insgesamt sieben Boeing 737-200 die veralteten SE.210 Caravelle 6R und Boeing 727-82 ab. TAP mietete CS-TES (C/N22637/ 848) von November 1987 bis Dezember 1995 von Intercredit Corp. Zuvor flog die Maschine als D-ABHX bei der Condor.

Nachfolgemodell der Boeing 737-200 wurde bei TAP die größere 737-300. Als zweites Flugzeug gelangte CS-TIB (C/N 24365/1695), hier in der Expo-Sonderbemalung, am 30. März 1989 zur Ablieferung. Seit Juni 1999 fliegt die Maschine als 9H-ADM bei Air Malta.

Als Ersatz für die Boeing 707 und 747 beschaffte TAP fünf Lockheed L-1011-500 TriStar. CS-TED (C/N 1242) stieß am 19. Juni 1983 zur Flotte. Im Januar 1997 erfolgte ihr Verkauf an die kanadische Air Transat (C-GTSP).

Der Airbus A310-300 war das erste von TAP eingesetzte Flugzeug aus europäischer Produktion. CS-TEW (C/N 541) »Vasco da Gama« kam im Mai 1990 zur Flotte und ist derzeit zur Ausmusterung vorgesehen.

Die moderne Mittelstreckenflotte der TAP besteht aus Airbus A319/A320/A321. Der A319-111 CS-TTJ (C/N 979) »Viana da Mota« gelangte im März 1999 zur Ablieferung und ist von ILFC gemietet. In der TAP-typischen Kabinenauslegung können 132 Passagiere befördert werden.

Das Rückgrat der neuen TAP-Langstreckenflotte ist der Airbus A340-313, von dem seit November 1994 vier Exemplare im Einsatz stehen.

Rumänien

TAROM

TAROM steht als Abkürzung für »Transporturile Aeriene Romane« und bezeichnet die rumänische staatliche Fluggesellschaft, die 1946 als rumänisch-sowjetisches Gemeinschaftsunternehmen TARS (Transporturi Aeriene Romana Sovietica) gegründet wurde. Neben einem Inlandsstreckennetz führten mit Lisunow Li-2 bediente internationale Routen nach Prag, Budapest und Warschau. 1954 erwarb der rumänische Staat die von sowjetischer Seite gehaltenen Unternehmensanteile, sodann erfolgte die Umbenennung in TAROM. Zur gleichen Zeit erhielt das Unternehmen die ersten IL-14, mit der es möglich wurde, längere Routen – speziell ins westliche Ausland – aufzunehmen. Neue Zielorte waren Paris, Brüssel und Kopenhagen, aber auch Moskau wurde angeflogen. Viermotorige IL-18 gelangten ab 1960 zur Auslieferung, und diese Flugzeuge bildeten für lange Jahre das Rückgrat der Flotte. Belgrad, Athen, Sofia und Frankfurt wurden neu mit diesen Maschinen bedient. 1966 erfolgte die Einführung der An-24, deshalb konnten die veralteten IL-14 schon bald ausgemustert werden.

Der Strahlbetrieb begann bei TAROM am 14. Juni 1968 mit BAC 1-11 aus britischer Produktion, Anfang 1968 hatte man sechs solcher Maschinen bestellt. Erste Streckenerfahrungen mit dem neuen Flugzeugmuster konnten auf der Route Bukarest–London gesammelt werden. 1973 lösten zwei IL-62 die IL-18 auf den wichtigsten Langstrecken ab, doch die IL-62 erbrachten nicht die geforderten Leistungen, weswegen 1974 zunächst zwei Boeing 707-320C beschafft wurden. Die IL-62 kamen anschließend ausschließlich auf Charterflügen zu den Ferienorten am Schwarzen Meer zum Einsatz. Mit den neuen Boeing 707 eröffnete TAROM im April und Mai 1974 neue Langstreckendienste nach New York (via Amsterdam) und Peking. Zur Ablösung älterer IL-18 beschaffte TAROM zwischen 1976 und 1977 zunächst sechs Tu-154B, aber auch zwei leistungsverbesserte IL-62M und zwei weitere Boeing 707 aus Beständen der PanAm. Bis 1980 wurde die Tu-154 Flotte auf elf Exemplare erweitert.

Nach dem politischen Wechsel in Rumänien hatte TAROM die Absicht, ihre gesamte Flotte auf Weststandard zu bringen, aber aufgund der schwierigen wirtschaftlichen Situation des Landes musste dieses Vorhaben um einige Jahre hinausgezögert werden. Ab 1992 übernahmen die neu gelieferten Airbus A310-300 alle Langstreckendienste von der 707 und Ende 1993 stießen die ersten Boeing 737-300 zur Flotte. In der Folge wurden viele der unverkäuflichen Flugzeuge aus sowjetischer Produktion eingemottet oder als Ersatzteilspender verwendet. Ab 1997 ersetzten ATR-42 viele An-24 auf den Inlands- und Regionaldiensten. ATR-42-500 mit verbesserten Leistungsparametern kamen bereits 1998 zum Einsatz. Frachtlinien- und charterdienste werden zunehmend durch das Tochterunternehmen Romavia wahrgenommen.

Zu den wichtigsten von der Heimatbasis Bukarest/Otopeni angeflogenen Zielorte zählen Abu Dhabi, Amman, Amsterdam, Athen, Bahrain, Bangkok, Beirut, Berlin, Brüssel, Chicago, Damaskus, Delhi, Dubai, Frankfurt, Istanbul, Kairo, Karatschi, Kopenhagen, Kuwait, Larnaca, London, Madrid, Moskau, New York, Paris, Prag, Rom, Sofia, Teheran, Tel Aviv, Warschau, Wien und Zürich. Kooperationsabkommen hat TAROM mit **Alitalia, Austrian Airlines, Iberia, LOT** und **MALEV** abgeschlossen.

Flotte:	
7 ATR-42-500	2 Boeing 737-700
2 Boeing 737-500	2 Boeing 707-320C (Frachter)
8 Boeing 737-300	2 Airbus A310-325ET

Wichtigstes Flugzeugmuster der TAROM während der 50er-Jahre war die IL-14.

Für lange Jahre bildeten die IL-18V und IL-18D das Rückgrat der Mittel- und Langstreckenflotte. Insgesamt kamen elf dieser Flugzeuge zum Einsatz, ab 1976 wurden sie teilweise durch Tu-154B ersetzt.

Bis zur Beschaffung der Boeing 737-300/-500 war die britische BAC 1-11 das wichtigste Kurz- und Mittelstreckenflugzeug auf dem TAROM-Streckennetz. Zum Einsatz kamen Flugzeuge der Serien 400 und 500, von der YR-BCI (C/N 144) abgebildet ist.

Die zwei für Langstreckendienste beschaffte IL-62 entsprachen nicht den geforderten Leistungen und kamen ausschließlich auf Charterflügen zum Einsatz.

Nachfolgemuster der IL-14 auf Kurz- und Regionaldiensten wurde 1966 die An-24. Insgesamt verfügte TAROM über 32 dieser Flugzeuge.

Derzeit erfolgt die Umstellung der Mittelstreckenflotte auf die Boeing 737-700, von der momentan vier Maschinen im Einsatz sind. Zwei weitere Maschinen folgen im März und August 2003.

Russland

Aeroflot

Die Wurzeln der Aeroflot reichen zurück zu der 1923 gegründeten Dobrolet, die noch im selben Jahr mit dem Flugbetrieb zwischen Moskau und Ninji Nowgorod (heute Gorki) begann. Wenig später gab es auch Verbindungen nach Charkow, Kiew, Odessa, Batumi, Tiflis und Ortschaften südwärts des Urals. Zum Einsatz gelangten Flugzeuge von Junkers, De Havilland und Vickers. Gegen Ende der 20er-Jahre konnte das Streckennetz weiter nach Zentralasien ausgebaut werden, einschließlich der internationalen Routen nach Urga (Mongolei) und Kabul (Afghanistan). Mit der Übernahme der ukrainischen Fluglinie Ukvozduchput, die am 15. April 1925 mit einer aus sechs Dornier Komet bestehenden Flotte auf der Linie Charkow-Kiew den Flugbetrieb aufgenommen hatte, entstand 1929 die Dobroflot. Nach dem Zusammenschluss des gesamten zivilen Luftverkehrs in der Sowjetunion erfolgte 1932 die Reorganisation zur Grazdasnij Wozdusnyi Flot, genannt Aeroflot. Weiterhin selbständig, bis 1960, blieb nur die unter der Verwaltung der Glawsewmorputj stehende Polarflugabteilung. Bis zur Auflösung der Aeroflot im Jahre 1991 waren diese Flugzeuge am rot-weiß gestreiften Leitwerk und dem roten Kabinenstreifen zu erkennen.

Mit dem Ausbruch des Zweiten Weltkriegs auf sowjetischem Territorium musste Aeroflot 1941 alle internationalen und nationalen Dienste zu Zielorten westlich von Moskau einstellen. Nach dem Krieg konzentrierte sich das Unternehmen auf den Wiederaufbau und die Erweiterung ihres bereits dichten Inlandsstreckennetzes. Auch wurden einige internationale Verbindungen in die Hauptstädte befreundeter, kommunistischer Staaten eingerichtet. Auf nahezu allen Routen kamen bis in die 50er-Jahre Lisunow Li-2, IL-12 und IL-14 zum Einsatz. In dieser Zeit profitierte Aeroflot enorm von der einsetzenden Rivalität zwischen den sowjetischen Konstruktionsbüros und den westlichen Flugzeugherstellern um die Einführung des ersten strahlgetriebenen Passagierflugzeugs in den Verkehrsliniendienst. Von der Existenz eines solchen sowjetischen Flugzeugs erfuhr die westliche Welt am 22. März 1956 mit der Ankunft von General Serow in London. Zu diesem Zeitpunkt war die britische DH.106 Comet 1 in Folge mehrerer Abstürze gerade mit einem Flugverbot belegt worden. Die Ablieferungen der

Tu-104 an Aeroflot begannen im Mai 1956 und der erste Linieneinsatz des Typs erfolgte am 15. September 1956 auf der Route Moskau–Irkutsk. Die 50-sitzige Tu-104 stellte nur eine Zwischenlösung zur 70-sitzigen Tu-104A dar, die im Herbst 1957 viele internationale Rekorde für Geschwindigkeit und Flughöhe mit Nutzlast erringen konnte. Weitere Entwicklungsschritte führten zur 100-sitzigen Tu-104B und der kleineren 44- bis 56-sitzigen Tu-124, die auf Inlandsrouten im April 1959 und Oktober 1962 erstmals zum Streckeneinsatz gelangten. In dieser Zeit kamen vermehrt neue Flugzeugtypen zur Ablieferung, welche weitgehend die älteren Muster wie die Li-2, IL-12 und IL-14 ablösten. Zu diesen neuen Typen gehörten die Antonow An-10 und die größere An-10A, die Iljuschin IL-18, die riesige Tu-114 und schließlich, im Oktober 1962, erschien das ultimative Kurzstreckenflugzeug, die An-24. Durch die rasche Verfügbarkeit der An-24 konnten die veralteten IL-14 bis 1966 auf nahezu allen wichtigen Kurz- und Regionalstrecken ersetzt werden.

Die 75-sitzige IL-18 war für den Einsatz auf langen Mittelstrecken konzipiert, und kam am 20. April 1959 erstmals bei Aeroflot zum Einsatz. Ab Januar 1960 beflog der Typ auch die wichtigen internationalen Routen nach Sofia und Bukarest, gefolgt von Ost-Berlin und Kairo. In den kommenden Jahren entwickelte sich die IL-18 zum wichtigsten Langstreckentyp und dominierte bis zur Verfügbarkeit der IL-62 die Aeroflot-Routen nach Afrika, Südostasien und in den Mittleren Osten. Die verbreitetsten Varianten waren die 90- bis 100-sitzige IL-18V und die IL-18D mit größerer Kraftstoffkapazität. Die aus dem Tu-95 Bomber weiterentwickelte Tu-114 war bei ihrem Erscheinen das weltgrößte Verkehrsflugzeug und wurde von Aeroflot am 24. April 1961 erstmals auf der fast 7000 Kilometer langen Transkontinentalroute zwischen Moskau und Chabarowsk im östlichen Sibirien eingesetzt. Im Oktober 1963 eröffnete Aeroflot mit diesem Flugzeugtyp ihre erste Interkontinentalroute nach Havanna auf Kuba, das nonstop nach einer 20-stündigen Flugzeit erreicht wurde. Weitere mit Tu-114 bediente Zielorte waren Montreal, Delhi, Conakry, Accra, Paris und Tokio. Insgesamt hatte Aeroflot zirka 30 dieser Giganten im Einsatz.

Zu diesem Zeitpunkt arbeiteten die Konstruktionsbüros bereits fieberhaft an einer Flottenerneuerung mit Strahlverkehrsflugzeugen. Das Langstreckenmuster IL-62 absolvierte im Januar 1963 seinen Erstflug, gefolgt von der Mittelstreckenmaschine Tu-134 im Dezember desselben Jahres. Beide Flugzeugtypen konnten 1967 in den Linien-

In der Wiederaufbauphase nach der Beendigung des Zweiten Weltkriegs war die Iljuschin IL-14 das wichtigste Flugzeugmuster im Dienst der Aeroflot und kam auch auf langen Strecken zum Einsatz. Hier CCCP-L1729 Mitte der 50er-Jahre auf dem Londoner Flughafen Heathrow.

Das Erscheinen des ersten sowjetischen Strahlverkehrsflugzeugs Tupolew Tu-104A im Jahr 1956 sorgte im westlichen Ausland für Aufsehen. Mit diesem Flugzeugmuster war es Aeroflot möglich, die Reisezeiten zwischen Moskau und den sibirischen Zielorten zu halbieren.

dienst gestellt werden, Anfang 1972 gefolgt vom heutigen Standard-Verkehrsflugzeug Tu-154. Die neueste, heute noch produzierte Variante ist die Tu-154M, die 1984 in den Einsatz ging. Das erste sowjetische Großraumflugzeug, die IL-86, kam erstmals im Juli 1981 zum Einsatz. Konzipiert als Nachfolgemuster der IL-62 erreichte die IL-86 aber nie die geforderten Leistungen und konnte deswegen maximal nur auf langen Mittelstrecken eingesetzt werden.

Das prestigeträchtige Überschallverkehrsflugzeug Tu-144, das der westlichen Concorde ähnelt, war permanent problembehaftet und kam nur kurzfristig zum Einsatz, im späteren Einsatzleben als Frachter. Da die Entwicklung leistungsfähiger Passagierflugzeuge absoluten Vorrang hatte, bestand bei Aeroflot ein permanenter Kapazitätsengpass an

Frachtflugzeugen. Als Weiterentwicklung der An-10A erhielt Aeroflot eine kleinere Anzahl an An-12, für größere Transportaufgaben standen militärische An-22 mit zivilen Kennzeichen zur Verfügung. Zur Bewältigung von Frachtaufgaben auf Kurzstrecken entwickelte Antonow die An-26, eine Abwandlung der An-24. Das Standard-Frachtflugzeug der Aeroflot war aber die IL-76.

Bei den Bemalungsvarianten auf den abgebildeten Flugzeugen handelt es sich nur um eine kleine Auswahl, da Design und Aufbringung der Farbgebung bis 1975 den jeweiligen Flugzeugherstellern vorbehalten war. Das erklärt, weswegen die IL-62 und die Tu-134, welche im selben Jahr in Dienst gestellt wurden, völlig unterschiedliche Bemalungen erhielten. Die bis 1991 beibehaltene Standardbemalung für alle Flugzeugtypen wurde 1975 eingeführt, zuerst auf Tu-154 und IL-76.

Die 75-sitzige IL-18 war für den Einsatz auf langen Mittelstrecken konzipiert, und kam am 20. April 1959 erstmals bei Aeroflot zum Einsatz. Die wichtigsten Varianten waren die IL-18V (Mittelstrecke) und IL-18D (Langstrecke) mit einer Passagierkapazität für 90 bis 100 Fluggäste.

Als Nachfolgemodell der sprithungrigen Tu-104 konzipierte das Konstruktionsbüro Tupolew die riesige, viermotorige Tu-114 mit acht gegenläufigen Propellern, die sich allerdings nicht durchsetzen konnte.

Bis zur Beschaffung des westlichen Airbus A310-300 war die IL-62M jahrzehntelang das Standard-Langstreckenflugzeug der Aeroflot.

Das Nachfolgemodell der Tu-104A/Tu-124 auf den Mittelstrecken wurde die Tu-134, hier die modernere Version Tu-134A.

Anfang 1972 stellte Aeroflot die dreistrahlige Tu-154 in Dienst, und dieses Muster wurde schon bald das Standardverkehrsflugzeug der Aeroflot. Seit 1984 ist die leistungsstärkere Tu-154M im Einsatz.

Das erste sowjetische Großraumverkehrsflugzeug, die IL-86, sollte ursprünglich die IL-62/IL-62M auf den wichtigsten Langstrecken ablösen, erfüllte aber nicht die geforderten Leistungen. Eine für sowjetische Verhältnisse geringe Anzahl dieser Flugzeuge kam auf Mittelstrecken und Charterdiensten zum Einsatz.

Für großvolumige Frachttransporte setzte Aeroflot jahrzehntelang die An-22, das größte propellergetriebene Flugzeug der Welt, ein. Diese Maschinen unterstanden dem Kommando der sowjetischen Luftwaffe, trugen aber Zivilbemalung.

Weitgehend eigenständig operierte die Polarflugabteilung der Aeroflot, deren Flugzeuge an der roten Farbgebung zu erkennen waren. Zum Einsatz kamen ausschließlich propellergetriebene Flugzeuge, hier eine IL-18.

Das Standard-Frachtflugzeug der Aeroflot war die IL-76.

Aeroflot war der größte Betreiber des aus tschechischer Produktion stammenden Kleinverkehrsflugzeugs Let-410. Besonders bei der Polarflugabteilung kam der Flugzeugtyp bei der Versorgung entlegener Gemeinden zum Einsatz.

Aeroflot - ARIA

Aeroflot wurde 1923 als die staatliche Luftverkehrsgesellschaft der Sowjetunion gegründet und entwickelte sich aufgrund ihres Auftrags zur weltweit größten Fluglinie. Durch die politischen Veränderungen in der früheren Sowjetunion nach 1991 erfolgte eine tiefgreifende Restrukturierung der gesamten russischen Luftfahrtindustrie. Aeroflot konzentrierte ihr Kerngeschäft zunächst auf die wichtigsten Inlandsrouten und auf internationale Dienste. Viele der ehemaligen Aeroflot-Direktorate wurden unter neuem Namen wirtschaftlich selbständig. Nahezu alle der neuen GUS-Staaten gründeten ihre eigenen nationalen Fluggesellschaften und übernahmen ehemalige Aeroflot-Flugzeuge. Im Jahr 1993 wurde die neue Aeroflot-Russian International Airlines (ARIA) gegründet, die ein ausschließlich international ausgerichtetes Streckennetz befliegt. Alle anderen Dienste delegierte man an die eigenständigen Fluglinien. Nur ein geringer Teil der ehemaligen Flotte wurde übernommen und erstmals leaste man aus Gründen der operationellen Wirtschaftlichkeit westliches Fluggerät. Ab Juli 1992 erhielt Aeroflot-ARIA fünf Airbus A310-300, die vorwiegend auf den Routen nach Japan und Ostasien zum Einsatz kommen. Seit 1996 stehen bei ARIA neben den A310 auch weitere Flugzeuge westlicher Typen im Dienst, dazu gehören die Langstreckenmuster Boeing 767-300, Boeing 777 und das Kurzstreckenmodell Boeing 737-400. Auf Frachtdiensten gelangt eine DC-10-30F zum Einsatz, weitere vier DC-10-30F befinden sich im Zulauf. Nach einer Teilprivatisierung im Jahr 1997 hält der russische Staat 51% der Anteile, der Rest liegt bei den rund 15.000 Mitarbeitern.

ARIA bedient derzeit 138 Zielorte auf allen Kontinenten, abgesehen von Australien und dem pazifischen Inselarchipel.

Flotte:

11 Airbus A 310-308ET	10 Boeing 737-400
16 Iljuschin IL-86	12 Tupolew Tu-134A/A-3
4 Boeing 767-300ER	17 Iljuschin IL-62M
6 Iljuschin IL-96-300	4 Tupolew Tu-154B
2 Iljuschin IL-96T	24 Tupolew Tu-154M
2 Boeing 777-200ER	12 Iljuschin IL-76TD
1 MDC DC-10-30F	

Nachfolgemodell der inzwischen veralteten IL-62M ist bei ARIA die Boeing 767-300, von der zunächst vier Maschinen gemietet wurden.

Als erstes westliches Fluggerät kam in der Sowjetunion der europäische Airbus A310-300 bei Aeroflot zum Einsatz. Anfänglich flogen die Maschinen in der etwas ungewöhnlichen Farbgebung mit einem großen Zarenadler im Leitwerk.

Pulkovo Avia

Die ehemalige Leningrad-Division von Aeroflot, 1932 gegründet, wurde nach der Auflösung der Sowjetunion in eine eigenständige Fluggesellschaft ausgegliedert und führte zunächst unter dem Aeroflot-Namen einen unregelmäßigen Flugbetrieb durch.

Nach Gründung der neuen **Aeroflot - Russian International Airlines (ARIA)** entstand 1992 in St. Petersburg (ehemals Leningrad) der Pulkovo Aviation-Konzern, benannt nach der Heimatbasis auf dem Flughafen Pulkovo. Die neue Gesellschaft übernahm von der ehemaligen Aeroflot-Division alle Flugzeuge, bediente aber weiterhin für ARIA ein nationales und internationales Streckennetz ab St. Petersburg. 1996 änderte man den Firmennamen in Pulkovo Aviation Enterprise und die Flugzeuge erhielten ein eigenes Erscheinungsbild. Zeitgleich erfolgte die Betriebseinstellung vieler unrentabler Routen, speziell im Inland. Neu eingerichtete Routen führten verstärkt ins westliche Ausland und nach Israel. Pulkovo Avia ist weiterhin in einer strategischen Allianz mit ARIA verbunden und befliegt einige Routen im

Codesharing. Auch im Passagier- und Frachtcharter ist Pulkovo Avia aktiv. Ziele im Inland und den angeschlossenen ehemaligen Sowjetrepubliken sind Adler/Sotchi, Almaty, Archangelansk, Baku, Barnaul, Bishkek, Chelyabinsk, Ekatharinenburg, Eriwan, Irtusk, Kaliningrad, Karaganda, Kiew, Krasnodar, Krasnoyarsk, Mineralnye Vody, Moskau, Murmansk, Norilsk, Novosibirsk, Omsk, Petropavlowsk, Rostov, Samara, Surgut, Taschkent, Tiflis, Tyumen, Ufa, Wladiwostok und Wolgograd. Das internationale Streckennetz umfasst Amsterdam, Berlin, Düsseldorf, Frankfurt, Hamburg, Hannover, Helsinki, Kopenhagen, München, Prag, Stockholm, Tel Aviv und Wien.

Flotte:

3 Tupolew Tu-134A	10 Tupolew Tu-154M
7 Tupolew Tu-134A-3	8 Iljuschin IL-86
11 Tupolew Tu-154B-2	

Neben der unverwüstlichen Tu-154 bildet die kleinere Tu-134A das Rückgrat der Pulkovo-Flotte.

Für den Einsatz auf stark frequentierten Routen wie St. Petersburg–Moskau setzt Pulkovo Avia das Großraumflugzeug IL-86 ein.

Transaero Airlines

Unter Beteiligung von **Aeroflot - Russian Inernational Airlines (ARIA)** und den Flugzeugherstellern Iljuschin und Yakowlew entstand 1990 mit Transaero Airlines eine der ersten privaten Aktiengesellschaften Russlands. Der Flugbetrieb konnte aber erst Anfang 1992 aufgenommen werden, zum Einsatz gelangten eine IL-76M (Frachter), eine Tu-154S (Frachter) und zwei Großraumpassagierflugzeuge vom Typ IL-86. Für medienwirksame Bekanntheit sorgte eine Aktion, in der Tausende von russischen Emigranten nach Israel ausgeflogen wurden. Ende 1992 wurden zwei Boeing 737-200 geleast und im April 1994 erhielt Transaero die erste Boeing 757. Außerdem trat man der IATA bei. Nach dem Zulauf weiterer Boeing 757 im Jahre 1995 konnten noch mehr internationale Routen eröffnet werden. Auch die Anzahl der auf den Mittelstrecken eingesetzten Boeing 737-200 erhöhte sich um drei Exemplare.

Ab 1996 führte Transaero im Wettbewerb mit ARIA auch Langstreckendienste in die USA durch. Mit zwei ex-American Airlines DC-10-30 flog man von Moskau nach Los Angeles und Orlando. 1997 erwarb Transaero 30% der Geschäftsanteile der lettischen Riga Air. Die anhaltenden wirtschaftlichen Probleme Russlands führten 1997 zu ei-nem dramatischen Rückgang der Passagierzahlen, sodass viele Routen – auch die in die USA – eingestellt werden mussten. Zur Kostensenkung retournierte die Fluglinie alle Boeing 757 und DC-10-30 an die Leasinggesellschaften und reduzierte das Personal auf 980 Beschäftigte.

In Folge der langsamen Erholung der russischen Wirtschaft mietete Transaero 1998 zwei Boeing 737-700 und im November 2000 übernahm man von Airbus Asset Management einen A310-324ET. Die Belegschaft wurde auf 1150 Mitarbeiter erweitert.

Zu den wichtigsten, vom Moskauer Flughafen Sheremetjevo angeflogenen Zielen gehören Almaty (Kasachstan), Kiew (Ukraine), Norilsk und Sotchi (Russische Föderation), Riga (Lettland), Taschkent (Usbekistan), Tel Aviv, Istanbul und Ankara, sowie Dubai und Sharjah.

Flotte:

5 Boeing 737-200 Advanced	1 Airbus A310-324ET
2 Boeing 737-700	1 Iljuschin IL-86

Als erste private russische Fluggesellschaft setzte Transaero ab 1992 die Boeing 737-200 ein, die inzwischen aber von den moderneren Boeing 737-700 abgelöst wurde.

Während ihrer Expansionsphase kam zwischen 1995 und 1997 bei Transaero auf Linien- und Charterdiensten die Boeing 757-200 zum Einsatz.

Als einziges Flugzeugmuster aus der Sowjet-Ära kommt bei Transaero noch das Großraumflugzeug IL-86 zum Einsatz.

Vnukovo Airlines

Vnukovo Airlines entstand nach dem Auseinanderbrechen der ursprünglichen **Aeroflot** aus dem Vnukovo Aviation-Direktorat im Jahr 1993. Vom Vorläufer übernahm man Flugzeuge, Bodenabfertigungsgerätschaften und das Personal. Von den Moskauer Flughäfen Vnukovo und Domodedovo werden vorwiegend Zielorte im Süden und Südosten der russischen Föderation bedient, ebenso Destinationen in der ehemaligen Sowjetrepublik Kasachstan. Ferner betreibt die Gesellschaft einen ausgedehnten Passagier- und Frachtcharterdienst. Internationale »Shopping-Flüge« führen nach Dubai, Sharjah, Istanbul und Alexandria. In Deutschland waren die Flugzeuge der Vnukovo Airlines Mitte der 90er-Jahre zumeist auf Aussiedlerflügen in Düsseldorf, Hannover und Frankfurt zu sehen.

Schnell entwickelte sich Vnukovo zu einer führenden und nach westlichen Maßstäben geführten Fluglinie, wobei Pünktlichkeit und Service die herausragenden Merkmale gegenüber anderen russischen Flug-

gesellschaften darstellten. Vnukovo Airlines ist der größte Betreiber des Großraumflugzeugs IL-86. Bereits im Oktober 1993 erhielt die Fluglinie mit der Tupolew Tu-204 das seinerzeit neueste Flugzeug aus russischer Produktion. Zunächst kamen zwei Vorserienmaschinen zum Einsatz, die 1994 gegen zwei Serienflugzeuge ausgetauscht wurden. Eine weitere Tu-204 stieß im März 1995 zur Flotte. Für den Einsatz als Frachter erhielt Vnukovo Airlines 1998 drei Tu-204-100S. Ende 2001 erfolgte die Außerdienststellung der veralteten Tu-154B-1 und B-2. Im Verlauf des Jahres 2002 wird die Gesellschaft von Sibir Airlines übernommen.

Flotte:

3 Tupolew Tu-154B-1/B-2	6 Tupolew Tu-204
12 Tupolew Tu-154M	20 Iljuschin IL-86

Wie bei vielen der Aeroflot-Nachfolgegesellschaften bildet die Tu-154M auch bei Vnukovo Airlines das Rückgrat der Flotte.

Als größtes Flugzeugmuster betreibt Vnukovo Airlines die IL-86, hier in der neuen, attraktiven Farbgebung.

Schweden

Falcon Air A/B

Die Gründung der Falcon Air erfolgte im März 1984 unter dem Namen Falcon Aviation A/B mit dem Ziel, innerschwedische Nacht-postdienste für das Postministerium durchzuführen. Einen entspre-chenden Beförderungsvertrag erhielt das Unternehmen 1986 und begann den Flugbetrieb als Falcon Cargo im Oktober desselben Jahres mit drei Lockheed L.188CF Electra. Das vierte und letzte Exemplar

stieß im Dezember 1987 zur Flotte. Im Juni 1991 begann mit der Übernahme einer Boeing 737-300QC die Umstellung auf strahl-getriebene Flugzeugmuster. Zwei weitere 737 folgten im November und Dezember desselben Jahres und die L.188CF wurden außer Dienst gestellt. Gleichzeitig führte das Unternehmen eine neue Bema-lung ein und erweiterte seine Aktivitäten in die Gebiete des Frachtli-nien- und Ad-hoc-Geschäfts, sowie der Pauschalreise-Charterflüge. Im Auftrag des **SAS** werden die im nächtlichen Posteinsatz fliegenden Maschinen tagsüber auf innerschwedischen Liniendiensten eingsetzt. Falcon Air ist am Flughafen Malmö-Sturup ansässig und beschäftigt derzeit zirka 170 Personen.

L.188CF SE-IVS (C/N 2003) war eine von vier Electras, die bei Falcon Cargo auf Nachtposteinsätzen und Ad-hoc-Charterflügen im Einsatz standen. SE-IVS wurde im September 1986 von der kanadischen Northwest Territorial Airways erworben. Am 20. März 1993 wurde das Flugzeug als EI-CHW an Hunting Cargo Airlines (Irland) abgegeben.

Die Boeing 737-33AF SE-DPA (C/N 25401/2067) fliegt seit Oktober 1991 bei Falcon Cargo Nachtpost- und Passagierdienste. Insgesamt hat Falcon Cargo drei solcher Flugzeuge im Einsatz (SE-DPA, -DPB und -DPC). Sie haben die veralteten Lockheed L.188CF abgelöst.

Linjeflyg

Linjeflyg wurde 1957 gegründet, um die Dienste des Vorgängers Air-taco A/B zu übernehmen. Airtaco bestand seit 1950 und befand sich im Besitz der führenden schwedischen Zeitungsverlage *Dagens Nyheter* und *Stockholms Tidningen*. Anfang 1957 bestand Airtaco's Flotte aus acht Douglas DC-3, einer Lockheed 12A und vier Lodestars mit denen Zeitungslieferfluge von Stockholm und Malmö aus in die Provinz-hauptstädte durchgeführt wurden. Auf dem Rückweg beförderten die Flugzeuge oftmals zahlende Passagiere. Zu dieser Zeit stand das **SAS** unter dem Druck der schwedischen Regierung zur Ausweitung des innerschwedischen Streckennetzes. Zu diesem Zweck kaufte SAS 50% der Anteile von Airtaco und reorganisierte das Unternehmen als Linjeflyg. Mit Wirkung zum 2. April 1957 übernahm das neu gegrün-dete Unternehmen die komplette Flotte und das Streckennetz der Airtaco A/B. Linjeflyg nahm am 14. April 1957 den Flugbetrieb zwi-schen Stockholm/Bromma, Kalmar und Visby auf. Diese Routen wurden mit DC-3 bedient. Zur Ausweitung des Streckennetzes erwarb Linjeflyg am 30. September 1957 weitere sechs DC-3 von SAS, die ab 1960 weitgehend von der größeren Convair 340/400 abgelöst wurden. Zur Bedienung der Zubringerstrecken beschaffte Linjeflyg 1967 zu-nächst zwei Nord 262A, die später durch zwei weitere Exemplare ergänzt wurden. Im April und Mai 1973 kamen die ersten zweistrah-ligen Fokker F-28 zum Einsatz und die Nord 262 wurden ausgemus-tert. In den nächsten Jahren baute Linjeflyg ihre F-28-Flotte zügig aus und die letzten Convair wurden im Laufe des Jahres 1979 stillgelegt und verkauft. Anfang der 80er-Jahre war Linjeflyg mit drei F-28-1000

und 17 F-28-4000 der europaweit größte Betreiber dieses Flugzeug-typs. Ein Streckennetz mit 21 Zielorten verband Schwedens wichtigste Geschäfts- und Ferienzentren miteinander. Es erstreckte sich von Gallivare im Norden bis nach Kristianstad im Süden. Dazwischen lagen Lulea, Skelleftea, Umea, Ornskoldsvik, Kramfors, Östersund, Sundsvall,

Linjeflyg war die letzte europäische Linienfluggesellschaft die das Flugzeugmuster Convair 340/440 in großer Stückzahl im Einsatz hatte. Alle diese Maschinen wurden in den 70er-Jahren durch die modernere zweistrahlige Fokker F-28 abgelöst. SE-BSP, eine CV-440-75, (C/N 356) wurde am 9. April 1968 von SAS erworben und im Oktober 1977 außer Dienst gestellt. Sie wurde im Februar 1978 auf dem Flughafen Stockholm/Bromma abgewrackt.

Borlange, Karlstad, Stockholm/Arlanda, Trollhättan, Jönköping, Visby, Norrköping, Kalmar, Rönneby, Vaxjö, Halmstad und Angelholm. Zentraler Umsteigepunkt (Hub) im Netzwerk war bis zum 1. Oktober 1983 Stockholm/Bromma, doch mit der Schließung dieses stadtnahen Flughafens wurden alle Operationen auf den internationalen Flughafen Arlanda verlegt. Neben den Linienverbindungen operierte Linjeflyg weiterhin Zeitungslieferflüge, sowie Pauschalreise- und Ad-hoc-Char-

terflüge. Zubringerstrecken wurden mit Saab-Fairchild SF-340 bedient, welche von Swedair gechartert waren.

In den 90er-Jahren ersetzten Boeing 737-300 die F-28 auf den wichtigsten Inlandsrouten, nachdem sich die Fokker 100 nicht hatte durchsetzen können. 1995 stockte SAS seine Beteiligung von 50% auf 100% auf und das Linjeflyg-Streckennetz mitsamt der Flotte wurde in die Operationen des SAS integriert.

Die Fokker F-28 bildete für lange Jahre das Rückgrat der Linjeflyg-Flotte. SE-DGM, ein Flugzeug der Serie 4000, (C/N 11128) gelangte am 25. November 1977 zur Ablieferung und wurde nach dem Zusammenschluss mit dem SAS am 1. Januar 1993 in deren Flotte integriert.

Boeing 737-59D SE-DNA (C/N 24694/1834) in der neuen Linjeflyg-Bemalung. Die 737-500 erhielt den Vorzug gegenüber der Fokker 100 bei der Flottenmodernisierung Anfang der 90er-Jahre. SE-DNA »Medelpad« wurde am 10. April 1990 als erste 737-500 von Linjeflyg übernommen und am 1. Januar 1993 als SE-DAN »Agne Viking« in die Flotte des SAS übernommen.

Transair Sweden A/B

Transair Sweden wurde 1950 unter dem Namen Nordisk Aerotransport A/B gegründet und führte zunächst linienmäßig betriebene Zeitungs-Frachtflüge sowie Ad-hoc-Frachtcharterflüge mit Douglas DC-3 durch. Der Name Transair Sweden wurde erst 1957 angenommen. Im selben Jahr erhielt das Unternehmen die ersten beiden von insgesamt elf Curtiss C-46. Damit war Transair Sweden der größte Betreiber dieses Flugzeugtyps in Europa. Ab 1958 wurden einige Frachtliniendienste im Auftrag des **SAS** beflogen. Die ersten DC-6 stießen 1959 zur Flotte und mit diesem Flugzeugtyp stieg Transair Sweden in den lukrativen Pauschalreise-Chartermarkt ein. Im Januar 1961 begann eine langjährige Zusammenarbeit mit den Vereinten Nationen, für welche die Gesellschaft auf Kontrakt-Basis den Luftverkehr im Kongo (Zaire) abwickelte. 1963 unterzeichnete Transair Sweden einen eigenständigen Lufttransportvertrag mit der kongolesischen Regierung zur Durchführung von Inlandsdiensten für zwei Jahre. Hierfür wurde ein eigenständiges Unternehmen, die Transair Congo, gegründet und mit einer DC-6 und vier C-46 aus Beständen der Muttergesellschaft ausgestattet. Nach der Rückkehr der letzten Flugzeuge aus dem Kongo flog man ab 1965 verstärkt Frachtflüge für das SAS und eine Flotte von neun Douglas DC-7 ersetzte die DC-6/DC-6B auf den Passagiercharterdiensten. Die letzten C-46 verließen die Fluggesellschaft bis Mitte 1966, dafür kamen zwei weitere DC-7 aus Beständen der South African Airways hinzu. Das Jet-Zeitalter begann bei Transair Sweden im November 1967, als die ersten beiden von zunächst drei Boeing 727-100C eine Flottenmodernisierung einläuteten. Das dritte Flugzeug wurde im September 1968 übernommen, und eine vierte 727-100 stieß erst im Februar 1979 zur Flotte. Die Ausmusterung der DC-7 begann Ende 1967 und das letzte

dieser Flugzeuge wurde im April 1970 außer Dienst gestellt. Danach war Transair Sweden ein reiner Strahlflugzeugbetreiber, dessen Maschinen ausschließlich auf Pauschalreise-Charterdiensten im Auftrag verschiedener schwedischer Reiseveranstalter zum Einsatz kamen.

Im Oktober 1968 kauften die Svenska Handelsbanken die Fluggesellschaft und ermöglichten mit ihrer Investition eine dringend benötigte Kapitalzufuhr. Neben den eigenen Charterdiensten flog Transair Sweden ab Anfang der 70er-Jahre vermehrt solche Flüge für **Scanair** und bediente ein Frachtliniennetz im Auftrag des SAS und der norwegischen Fred. Olsen Air Transport. Nächtliche Post- und Passagierflüge verbanden Kopenhagen mit Malmö, während die Frachtflüge Kopenhagen sternförmig mit Stockholm, Hamburg, Amsterdam und Paris verbanden. 1975 übernahm das SAS schließlich Transair Sweden und integrierte das Streckennetz in sein Netzwerk. Die für Scanair operierten Boeing 727 wurden nach der Sommersaison 1981 verkauft.

Die Douglas DC-3 gehörte zur Grundausstattung der Transair Sweden-Flotte. Nach Einführung der größeren Douglas DC-6 und DC-7 flogen die DC-3 zumeist Fracht. SE-BSN wird im Sommer 1966 in Kopenhagen/Kastrup mit Stückgut beladen.

Vor der Einführung der Boeing 727-100C bildete das Flugzeugmuster Douglas DC-7 das Rückgrat der Transair Sweden-Flotte. DC-7B SE-ERD (C/N 45089/729) »Norrköping« wurde von einem Flugzeugmakler aus den USA erworben und am 14. März 1965 in Dienst gestellt. Zuvor flog die Maschine als N820D bei Eastern Air Lines.Die Außerdienststellung erfolgte im November 1969 und im darauf folgenden Jahr wurde das Flugzeug in Malmö/Sturup abgewrackt.

Auf ihren Pauschalreiseflügen setzte Transair Sweden ab November 1967 letztendlich vier Boeing 727-100 ein.

Schweiz

Air City S.A.

Vorläufer dieses Unternehmens war Air City Genève, die ab 1987 Geschäftsreiseflugzeuge im Auftrag ihrer jeweiligen Halter bereederte. Mit der Übernahme der in Sion (Wallis) ansässigen Jonathan Airways im selben Jahr erfolgte die Umbenennung in Air City S.A. 1988 erwarb das Unternehmen die erste SE.210 Caravelle 10 zur Durchführung von Passagiercharterflügen im Auftrag kleinerer Reiseveranstalter. Nach der Übernahme einer zweiten Caravelle verlegte Air City den Firmensitz an den Flughafen Basel/Mulhouse. Pläne zum Erwerb einer Douglas DC-8-62F für Frachtcharterflüge mussten 1990 aufgegeben werden, nachdem die entsprechende Finanzierung gescheitert war.

Am 2. Mai 1991 ging Air City in Konkurs, da das erforderliche Kapital für eine notwendige Flottenerweiterung von den Anteilseignern nicht aufgebracht und neue auch Investoren nicht eingeworben werden

konnten. Aufgrund fehlender Transportkapazität verweigerten wichtige Reiseveranstalter die Verlängerung der mit Air City abgeschlossenen Verträge.

Zwischen 1988 und 1991 hatte Air City zwei SE.210 Caravelle 10R im Einsatz, hier HB-ICJ (C/N 169).

Air Engiadina

Mit dem Ziel der besseren Anbindung des Engadin an regionale Wirtschaftszentren wurde am 22. April 1987 die Air Engiadina gegründet und mit einer BAe Jetstream 31 im Januar 1988 der Linienverkehr von Samedan nach Zürich aufgenommen. Ab 1989 flog man zwischen Zürich und Eindhoven, eine neue Verbindung folgte 1992 nach München. Auf dieser Route kam eine Dornier 228 zum Einsatz. Als erste Fluglinie erhielt Air Engiadina das neue, schnelle Turbopropflugzeug von Dornier, die Do 328, welches auf der Route Bern–Wien zum Einsatz gelangte. 1994 folgten die Verbindungen Bern–London und Bern–Amsterdam. Zeitgleich verlegte das Unternehmen seinen Firmensitz nach Bern und übernahm die Sunshine Aviation. Hierfür wurde das Aktienkapital auf 10,8 Millionen Schweizer Franken aufgestockt. Mit dem Beginn des Sommerflugplans 1995 erweiterte man das Streckennetz nach Frankfurt und verlegte die London-Route zum City-Airport. Saisonale Kettencharter führten nach Elba. Mit Abliefe-

rung der vierten Do 328 am 27. Oktober 1995 konnte gleichzeitig die letzte Jetstream ausgemustert werden. Die fünfte Do 328 des Unternehmens traf im Herbst 1996 in Bern ein. Das Streckennetz erfuhr eine weitere Ausdehnung, neue Zielorte waren Budapest, Dublin, Marseille, Toulouse und Venedig. 1998 weitete Air Engiadina ihr Geschäftsfeld aus und wurde, gemeinsam mit der österreichischen Air Alps, Mitbegründer der KLM-Alps Aviation mit Sitz in Innsbruck.

Man wurde 1999 Mitglied in der KLM/Northwest »Wings«-Allianz und aus Marketinggründen erhielt die komplette Flotte die Bemalung der **KLM**-Franchiseunternehmen. Nach dem Zusammenbruch der Air Alps Aviation im Jahre 2001 konnte Air Engiadina zwar zunächst ihr wirtschaftliches Überleben sichern, doch musste das Unternehmen nach weiteren schweren finanziellen Verlusten im darauf folgenden Jahr ebenfalls Konkurs anmelden und wurde von Air Switzerland übernommen. Dieses Unternehmen hat den Flugbetrieb bislang noch nicht aufgenommen.

Nachdem mit der Jetstream 31 die Transportkapazität erschöpft war, expandierte Air Engiadina ihren Flugbetrieb mit der Dornier 328. Für diesen Typ war die Fluglinie Erstbetreiber. HB-AEH (C/N 3036) kam am 27. Oktober 1995 zur Flotte und wurde am 18. März 1999 an Air Alps Aviation abgegeben.

Air Switzerland hat im Jahr 2002 die Do 328-Flotte und das Streckennetz der zuvor in Konkurs geratenen Air Engiadina übernommen.

Balair AG

Balair (Basler Luftverkehr) wurde im September 1925 gegründet und nahm mit einer aus sechs Fokker F.VII/3m bestehenden Flotte im darauf folgenden Jahr den Flugbetrieb zu deutschen Städten entlang des Rheins, sowie nach Lyon, auf. Zwischen 1925 und 1930 bediente Balair die Routen nach Berlin, Frankfurt und München in enger Kooperation mit der D.L.H. (Deutsche Luft-Hansa). 1931 erfolgte der Zusammenschluss des Unternehmens mit Ad Astra zur **Swissair**.

Die neue Balair wurde 1953 zunächst als Flugschule für Verkehrspiloten ins Leben gerufen, an der die Swissair mit 36% beteiligt war. Vier Jahre später, nachdem Swissair ihren Geschäftsanteil auf 57% erhöht hatte, begann Balair mit dem Charterbetrieb von Passagier- und Frachtflügen. Zunächst fanden DH.104 Dove und Vickers Viking Verwendung. Aus Swissair-Beständen erhielt man 1959 die erste Douglas DC-4. 1961 folgte die DC-6B in Ergänzung zur DC-4 und im April 1964 lösten Fokker F-27 die veralteten Vickers Viking ab. Zeitweise flog Balair mit den F-27 für Swissair Inlanddienste zwischen Zürich, Genf und Basel. Ferner wurden im Swissair-Auftrag die Frachtrouten nach Frankfurt, Paris, London, Köln und Rotterdam beflogen. Langstreckencharter führten Balair-Flugzeuge bis nach Colombo, Bangkok und Tokio. In der Folge des israelisch-arabischen Sechs-Tage-Krieges 1967 beschaffte Balair eine Douglas DC-3, welche bis zu ihrer Außerdienststellung im Jahre 1974 ausschließlich im Auftrag der Vereinten Nationen flog. Für Hilfsflüge nach Afrika hatte Balair im Auftrag der UNO und des Internationalen Roten Kreuzes eine Zeitlang zwei Boeing C-97-Frachter und Transall C-160 im Einsatz.

Erstmalig kam 1968 mit einer von Swissair gemieteten Convair 990A Coronado ein Strahlflugzeug bei Balair zum Einsatz und am 17. April

1970 hielt mit der Übernahme der ersten DC-9-33CF (HB-IDN, C/N 47465/584) das erste eigene Strahlmuster bei der Gesellschaft seinen Einzug. Im darauf folgenden Jahr stieß eine DC-8-55F Frachtmaschine zur Flotte, welche auf den Langstreckenchartern das Propellermuster DC-6B(F) ersetzte. Die letzte DC-6B(F) wurde allerdings erst viel später, im Jahre 1982, außer Dienst gestellt. Der Betrieb von Passagier-Liniendiensten für die Swissair fand ebenfalls 1971 sein Ende und Balair konzentrierte ihre Aktivitäten auf das Pauschalreisegeschäft zu Sonnenzielen rund um das Mittelmeer im Auftrag schweizerischer Reiseveranstalter. Ab 1972 kam eine DC-8-63 auf den Fernstrecken nach Colombo, Bangkok und Rio de Janeiro zum Einsatz. Innerhalb weniger Jahre etablierte sich Balair zur führenden schweizerischen Charterfluggesellschaft. Mit der DC-10-30 stieß 1979 das erste Großraumflugzeug zur Flotte. In schneller Folge flog man zu weiteren Fernzielen in Ostafrika, der Karibik und in Fernost. 1982 gehörte Balair zu einer der ersten europäischen Fluggesellschaften, die die neuen MDC DC-9-80 (MD-81/82/83) in Dienst stellen konnten. 1986 folgte der erste Airbus A310. Anfang der 90er-Jahre standen bei Balair ein Airbus A310, eine DC-10-30, eine MDC MD-83 und drei MDC MD-82 im Einsatz. Im März 1992 erhielten die Balair-Maschinen eine grundlegend neue Farbgebung, mit so genanntem »Billboard«-Schriftzug (Schrift über den ganzen Rumpf), blauem Unterrumpf und gelben Tragflächen. Im selben Jahr stellte das Unternehmen die DC-10-30 außer Dienst, dafür übernahm man zwei weitere A310 der Serie -300.

Am 1. Januar 1993 fusionierte Swissair ihre beiden Chartergesellschaften Balair und **CTA** zur BalairCTA.

Modelle 757-200 und 767-300. Nach dem Zusammenbruch der Swissair übernahm der Reiseveranstalter Hotelplan die Balair, die seither als **Belair** auf dem Chartermarkt aktiv ist.

Als erstes größeres Verkehrsflugzeug flog ab 1957 die Vickers Viking bei Balair.

Aus Swissair-Beständen erhielt Balair 1959 ihre erste Douglas DC-4, die häufig auf Langstreckencharterflügen zum Einsatz kam. Bei der HB-ILB (C/N 10359 / DC90), die am 20. Dezember 1960 zur Flotte kam, handelte es sich um eine C-54A-15-DC. Balair kaufte die Maschine von American International Airways und verkaufte sie 1963 in die USA zurück.

Die Douglas DC-6A/C HB-IBS (C/N 45531/1015) hatte ein langes Einsatzleben bei Balair, von Januar 1969 bis September 1982.

Erstes Strahlmuster der Balair war die von Swissair gemietete Convair CV-990-30A-6 HB-ICH (C/N 17), die von März 1968 bis März 1971 betrieben wurde.

Balair erwarb ihre erste eigene Düsenmaschine, die DC-8-55F HB-IDU (C/N 45817/248), am 2. April 1971 von der amerikanischen Flying Tiger Line. Am 4. Oktober 1979 wurde HB-IDU als N9110V an Overseas National Airways verkauft.

Zur Bewältigung gestiegener Transportnachfrage beschaffte Balair am 1. Mai 1972 die DC-8-63PF HB-IDZ (C/N 46074/468) aus Beständen der Eastern Air Lines. Nach Einführung des Airbus A310-300 wurde HB-IDZ überflüssig und am 10. Dezember 1985 an UPS verkauft.

Für den Einsatz auf den Mittelstrecken zu den Sonnenzielen rund ums Mittelmeer war in den 70er-Jahren die DC-9-30 das Standardflugzeug der Balair. Die DC-9-34 HB-IDT (C/N 47711/844) gelangte werksneu am 3. November 1976 zur Ablieferung und wurde am 21. Januar 1985 als N936L an Ozark Air Lines in die USA verkauft.

1982 gehörte Balair zu einer der ersten europäischen Fluggesellschaften, die das neue zweistrahlige MDC-Muster DC-9-82 in Dienst stellen konnten. HB-INW (C/N 49569/1405) gehörte zu den zuletzt ausgelieferten Flugzeugen und gelangte werksneu am 18. September 1987 zur Ablieferung. Am 1. Januar 1993 wurde die Maschine in die Flotte der fusionierten BalairCTA übernommen.

Mit der DC-10-30 stieß 1979 das erste Großraumflugzeug zur Flotte. Balair übernahm die werksneue HB-IHK (C/N 46998/267) am 31. Januar 1979. Am 15. Januar 1993 erfolgte der Verkauf an den Hersteller MDC mit anschließendem Einsatz bei Martinair Holland als PH-MCO.

Erster Airbus A310 der Balair war HB-IPK (C/N 412), eine Maschine der Serie -322, die am 21. März 1986 zur Ablieferung gelangte. Bei allen nachfolgenden A310 der Balair handelte es sich um Flugzeuge der Serie -325ET für den Langstreckeneinsatz.

Nachdem am 1. Januar 1993 Balair und CTA zur BalairCTA fusioniert wurden, erhielten alle Flugzeuge in der Flotte eine entsprechende Farbgebung. Von der Langstreckenversion A310-325ET flogen bei BalairCTA drei Exemplare, HB-IPL (C/N 640), die hier abgebildete HB-IPM (C/N 642) und HB-IPN (C/N 672).

Die Balair-Boeing 767-300ER HB-IHV (C/N 30564/798) gelangte am 11. August 2000 zur Ablieferung und trägt die neuen Balair-Farben.

Classic Air

Die Classic Air wurde am 17. November 1985, exakt 50 Jahre nach dem Erstflug der DC-3, in Grenchen gegründet. Unternehmensgegenstand ist der Betrieb von klassischen Flugzeugen, insbesondere der Douglas DC-3, zu exclusiven Charterflügen. Nach einer aufwändigen technischen Überholung konnte die erste von insgesamt drei Maschinen, HB-ISA, im Jahre 1986 in Dienst gestellt werden. Eine zweite DC-3 folgte 1987. Anfang der 90er-Jahre transportierte Classic Air jährlich über 16.000 Fluggäste auf Rundflügen, aber auch auf mehrtägigen Reisen.

Classic Air betreibt drei Douglas DC-3 (HB-ISA, -ISB und -ISC) auf Nostalgie-Rundflügen und auf Charterflügen. HB-ISB trägt hier die Swissair Nostalgie-Bemalung.

Crossair

Crossair wurde am 14. Februar 1975 unter dem Namen Business Flyers Basel AG gegründet und führte von Basel und anderen schweizerischen Flughäfen aus mit einer Cessna 320 und einer Piper J-4 Lufttaxi-Dienste durch. Weitere Aktivitäten des Unternehmens waren Flugzeugcharter und die Pilotenausbildung. In den darauf folgenden Jahren wurde die Cessna-Flotte weiter ausgebaut.

Im November 1978 änderte man den Firmennamen in Crossair und beantragte Linienverkehrsrechte zur Durchführung von Regionaldiensten zwischen Zürich und Lyon, Luxemburg, Innsbruck, Klagenfurt, Nürnberg und Lugano. Mitte 1978 erteilte das schweizerische Luftamt die gewünschten Verkehrsrechte und Crossair bestellte vier werksneue Fairchild Metroliner II. Mit den ersten beiden gelieferten Flugzeugen eröffnete die Fluggesellschaft am 2. Juli 1979 die Routen nach Nürnberg, Klagenfurt und Innsbruck, gefolgt am 19. Juli 1979 von der Verbindung nach Luxemburg. In den nächsten Jahren erwarb man weitere Metros, von denen schließlich sieben Exemplare im Einsatz standen. 1982 ging Crossair eine Kooperation mit der **Swissair** ein und operierte für diese Regionaldienste auf den Strecken von Basel nach Düsseldorf und Paris, von Genf nach Zürich und, ab Mai 1986, von Zürich nach Tirana. Im Juli 1984 wurde Crossair als erste Regionalfluggesellschaft Vollmitglied in der IATA.

Mit einer Bestellung über zehn Exemplare war Crossair »Lauch Customer« für das fortschrittliche Regionalverkehrsflugzeug Saab-Fairchild SF.340, mit dem das Streckennetz erheblich erweitert werden konnte. Von den wichtigsten Abflugorten Zürich, Basel und Genf flog die Gesellschaft nach Amsterdam, Bern, Brüssel, Düsseldorf, Frankfurt, Innsbruck, Klagenfurt, Lugano, Luxemburg, München, Nizza, Paris, Straßburg und Venedig. Ferner wurden europaweit Charterflüge durchgeführt. Mit dem Zulauf weiterer SF.340 konnte die Metro-Flotte ausgedünnt werden und zwei dieser Maschinen fanden ihren Weg zu CPS, einem Luftfrachtunternehmen, an dem Crossair beteiligt war. 1986 betrug das Aktienkapital 80 Millionen Schweizer Franken, doch benötigte Crossair für ihre strategischen Expansionsbedürfnisse weitere Gelder, sodass die Swissair ihre Beteiligung auf 70% erhöhte. Crossair wurde erneut Erstbesteller, diesmal für die Saab 2000, das schnellste propellergetriebene Regionalverkehrsflugzeug. Dieses Flugzeugmuster, das aufgrund immer neu auftretender technischer Probleme erst 1994 in Dienst gestellt werden konnte, versprach auf Strecken mit einer Flugzeit von bis zu 1 Stunde und 20 Minuten verbesserte Wirtschaftlichkeit durch die Kombination von nahezu Strahlflugzeug-Geschwindigkeit zu Turboprop-Kosten.

1990 wurden erstmals über 1 Millionen Passagiere befördert, und als erstes Strahlmuster kam die BAe 146-200 zur Flotte. Als Übergangslösung bis zur Ablieferung der Saab 2000 beschaffte man einige

Fokker 50. Nach dem Rückzug von Saab aus dem kommerziellen Flugzeugbau musste Crossair ihre Flottenpolitik neu definieren und entschied sich für die Regionaljets des brasilianischen Herstellers Embraer. Im März 2000 erhielt Crossair den ersten ERJ-145, der das Rückgrat der Flotte bildet. Um im EU-Binnenmarkt operieren zu können, gründete Crossair das Tochterunternehmen Eurocross mit Sitz in Mulhouse und transferierte hierfür zwei BAe 146 und Saab 2000.

Im Rahmen einer umfassenden Reorganisation der SAir-Gruppe übernahm Crossair 1997 die gesamte MD-80-Flotte der Swissair und damit auch das zentrale Mittelstreckensegment mit Flugzeiten von bis zu 1 Stunde und 45 Minuten. Die mit diesem Flugzeugmuster durchgeführten Charterdienste fielen ebenfalls in den Verantwortungsbereich der Crossair.

Nach dem Zusammenbruch der Swissair konzentrierte sich der Neuaufbau einer nationalen schweizerischen Fluggesellschaft um die profitable Crossair herum, die große Teile der Swissair-Flotte und deren Verkehrsrechte übernahm. Seit März 2002 fliegt das Unternehmen unter dem Namen **Swiss International Air Lines**.

Mit einer Bestellung über zehn Exemplare war Crossair Erstkunde für die Saab-Fairchild SF-340A. Als dritte Maschine übernahm Crossair am 28. Oktober 1984 die HB-AHC (C/N 009).

1990 kam als erstes Strahlmuster die BAe 146-200 zur Crossair-Flotte und erhielt dort die liebevolle Bezeichnung »Jumbolino«. Als drittes Exemplar erwarb man HB-IXD (E.2073) am 13. August 1990 aus Beständen der USAir. Im November 1993 gab Crossair das Flugzeug beim Hersteller British Aerospace für Avro RJ85 in Zahlung.

Die Fokker 50, von der Crossair fünf Exemplare im Einsatz hatte, dienten nur als Übergangslösung bis zur Ablieferung der Saab 2000. Als erstes dieser Flugzeuge übernahm Crossair HB-IAN (C/N 20182) am 8. Mai 1990. Am 10. April 1995 wurde die Maschine an den Hersteller retourniert.

Crossair war Erstkunde für das schnelle Turbopropmuster Saab 2000. HB-IZF (C/N 009) flog seit dem 31. Oktober 1994 bei dem Unternehmen und wurde im März 2002 an die Swiss International Air Lines überstellt.

Im Rahmen einer umfassenden Reorganisation der SAir-Gruppe übernahm Crossair 1997 die gesamte MD-80-Flotte der Swissair.

Im März 2000 erhielt Crossair den ersten ERJ-145, der das Rückgrat der Flotte bildet.

CTA - Compagnie de Transport Aérien Genève

CTA wurde im September 1978 als Nachfolgegesellschaft der **SATA** gegründet, die sich zu diesem Zeitpunkt in wirtschaftlichen Schwierigkeiten befand und den Flugbetrieb bereits eingestellt hatte. Anteilseigner waren die **Swissair** (57%), der Kanton Genf und ein Genfer Bankenkonsortium (43%). CTA übernahm neben den wichtigen Charterverträgen auch die drei SE.210 Caravelle 10 der SATA, aber nicht deren MDC DC-8. Der Flugbetrieb konnte am 2. November 1978 zu Zielorten im Mittelmeergebiet, in Nordafrika und dem Nahen Osten aufgenommen werden. CTA wurde zum führenden Charterflugunternehmen im französischsprachigen Raum der Schweiz und musste Mitte der 80er-Jahre aufgrund von Kapazitätsengpässen mehrere Caravelle von anderen Fluggesellschaften mieten. Die Ablösung der veralteten Caravelle durch vier MDC MD-87 begann am 30. April 1988 mit dem Ersteinsatz zwischen Genf und Antalya. 1990 begann man mit planmäßigen Charterflügen im Auftrag der Swissair nach Neapel und Palermo, und mit weiteren Sub-Chartern für die SAir-Gruppe addierten sich diese Aktivitäten auf nahezu 40% der Geschäftstätigkeit. Ab März 1992 vermietete CTA zwei MD-87 langfristig an Swissair, wo sie von Montags bis Freitags auf deren Linienstreckennetz zum Einsatz kamen. Als Ersatz mietete CTA eine MD-83 für ihre Charteraktivitäten. Vom Frühjahr 1992 bis zum 30. November 1992 war eine dritte MD-87 an **Balair** vermietet.

Am 1. Januar 1993 fusionierte Swissair ihre beiden Charterfluglinien Balair und CTA zur **BalairCTA**.

Von der bankrotten SATA übernahm CTA drei SE.210 Caravelle 10R, darunter HB-ICO (C/N 255), die am 20. Dezember 1988 an Air Service Nantes in Frankreich verkauft werden konnte.

Vier MDC MD-87 lösten ab 1988 bei CTA die veralteten SE.210 Caravelle ab. Als drittes Exemplar gelangte HB-IUC (C/N 49587/1541) am 16. Dezember 1988 zur Ablieferung.

Edelweiss Air

Der schweizerische Reiseveranstalter Kuoni Reisen AG und die griechische Fluggesellschaft Venus Airlines gründeten am 19. Oktober 1995 die Edelweiss Air. Zur Anschaffung des notwendigen Fluggeräts erhöhte man im Dezember desselben Jahres das Gesellschaftskapital auf 3,5 Millionen Schweizer Franken. Im Januar 1996 gelangte die erste MDC MD-83 zur Ablieferung, eine zweite baugleiche Maschine folgte im März 1996. Ab der Sommersaison 1996 startete man zu den traditionellen Zielen im Mittelmeergebiet und bot Städteflüge innerhalb Europas an. Nach dem Ausstieg der Venus Air wurde Kuoni Reisen alleiniger Gesellschafter. Aufgrund guter Auslastungszahlen erwarb das Unternehmen eine dritte MD-83. Ab Februar 1999 erfolgte die Umstellung der Flotte auf den Flugzeugtyp Airbus A320 und bis Juni desselben Jahres standen schon drei dieser Maschinen im Einsatz. Als neuester Flugzeugtyp fliegt ein Airbus A330-200 die Langstreckendienste der Edelweiss Air.

Edelweiss Air gehörte Ende der 90er-Jahre zu den zahlreichen europäischen Fluggesellschaften, die im Rahmen einer Flottenrestrukturierung von amerikanischem Fluggerät zum europäischen Airbus wechselten. Der A320-214 HB-IHX (C/N 942) kommt bei Edelweiss Air seit dem 29. Januar 1999 zum Einsatz.

Flotte:	
3 Airbus A320-200	1 Airbus A330-200

Globe Air

Die Charterfluggesellschaft Globe Air AG wurde bereits 1957 gegründet, begann aber erst Ende 1960 mit einer von **BEA** erworbenen Airspeed AS.57 Ambassador den Flugbetrieb zu Sonnenzielen rund ums Mittelmeer. Ferner führte man Städtetouren, speziell nach Frankreich und Großbritannien, durch. Rechtzeitig zur Sommersaison 1961 erhielt Globe Air ihre zweite Ambassador, und eine weitere dieser Maschinen folgte im Februar 1962. Gleichzeitig stellte man im Unternehmen bereits Überlegungen zum Ersatz dieses inzwischen veralteten Flugzeugtyps an. Die Entscheidung fiel auf die Handley Page HP.7 Dart Herald und im September 1962 orderte Globe Air zwei dieser Maschinen. Kurze Zeit später wurde die Bestellung um zwei weitere Exemplare, plus eine Option, erweitert. Als erstes Flugzeug gelangte HB-AAG »Herald of Berne« am 4. Mai 1963 zur Ablieferung, gefolgt von HB-AAH »Herald of Zürich« am 7. August 1963. Am 13. März 1964 folgte HB-AAK »Herald of Basle«, und als letzte Maschine HB-AAL »Herald of Interlaken« am 18. Mai 1965. Inzwischen (September, November und Dezember 1963) hatte man die drei AS.57 ausgemustert und an die britische **Autair International Airways** verkauft. Ende 1965 platzierte Globe Air bei Handley Page Optionen für drei Flugzeuge der neuen Variante Herald 700, die aber nicht gebaut wurde.

Für den Einsatz auf ihren Fernstrecken nach Ostafrika und Mittel- und Fernost erwarb Globe Air von der israelischen El Al zwei Bristol 175 Britannia 313, die am 3. April 1964 und am 5. März 1965 zur Ablieferung gelangten.

Die Hauptsaison lief von Juni bis September. In dieser Zeit entwickelte sich Palma de Mallorca zum wichtigsten Zielort, während die Hauptabflugorte Zürich, Genf, Basel, Bern und London/Gatwick waren. Saisonal flog man auch zu den Kanarischen Inseln, nach Malaga, Valencia, Venedig und Dubrovnik. Bei Auftragscharterdiensten flog Globe Air Schüler und Studenten nach Tel Aviv, via Nikosia (Zypern), und nach Bardufoss in Norwegen. Im Winter flog man hauptsächlich Safari-Flüge nach Nairobi, via Brindisi, Athen, Kairo, Khartoum, Juba und Entebbe. Die hohe tägliche Nutzungsdauer der Flugzeuge machte es erforderlich, notwendige Wartungsarbeiten möglichst weit ans Limit zu ziehen und in die operativ schwächeren Wintermonate zu legen. In der Nacht vom 19. zum 20. April 1967 stürzte die Britannia HB-ITB mit 117 Passagieren und neun Besatzungsmitgliedern an Bord in der Nähe von Nikosia ab. Alle Insassen kamen ums Leben. Die zweite Britannia, HB-ITC, wurde vorübergehend mit einem Flugverbot belegt, und damit kamen alle Langstreckencharter der Globe Air zum Erliegen. Nur mit Mühe konnte die Fluggesellschaft über den Sommer einen eingeschränkten Flugbetrieb aufrecht erhalten und beantragte die Betriebseinstellung zum 17. Oktober 1967. Am darauf folgenden Tag entzog das schweizerische Luftamt dem Unternehmen die Betriebsgenehmigung und die verbliebene Flotte von zwei Herald (HB-AAK, HB-AAL) und einer Britannia (HB-ITC) musste abgestellt werden.

Wichtigstes Mittelstreckenmuster der Globe Air war die Handley Page Dart Herald, von dem vier Flugzeuge im Einsatz standen. HB-AAK (C/N 173) »Herald of Basle« gelangte am 13. März 1964 zur Ablieferung und wurde, nachdem sie monatelang abgestellt war, am 18. Juli 1968 als F-OCLY an die französische Europe Aero Service - EAS verkauft.

Globe Air betrieb auf ihren Langstreckencharterflügen zwei Bristol 175 Britannia 313, die aus Beständen der israelischen El Al erworben wurden. HB-ITB (C/N 13232) kam am 3. April 1964 zur Flotte und stürzte am 19. April 1967 in der Nähe des Flughafens von Nikosia auf Zypern ab.

Phoenix Airways

Die Gründung der Basler Fluggesellschaft Phoenix Airways erfolgte im Oktober 1970. Von Basel, Zürich und Genf plante das Unternehmen Flüge in den Mittelmeerraum, nach Nordafrika und den Mittleren Osten. Hierzu bestellte Phoenix Airways bei der British Aircraft Corporation eine BAC 1-11 Srs. 500, die am 1. April 1971 zur Ablieferung gelangte. Der Flugbetrieb begann noch im selben Monat und bereits im Laufe der Sommersaison wurde klar, dass die Transportkapazität zukünftig nicht ausreichen würde. Deswegen mietete Phoenix für den Einsatz auf ihren Fernstrecken ab März 1972 eine Boeing 707 von Israel Aircraft Industries. Eine eigene Boeing 707 folgte im November desselben Jahres.

Infolge der Ölkrise von 1973 geriet Phoenix Airways in wirtschaftliche Schwierigkeiten, von denen sich das Unternehmen nicht wieder erholen konnte. Im April 1974 musste Phoenix Airways ihre BAC 1-11 an den Hersteller zurückgeben und versuchte, mit den verbliebenen Boeing 707 den Flugbetrieb aufrecht zu erhalten. Ende September 1974 musste die Gesellschaft ihren Flugbetrieb einstellen, und nachdem Versuche zur Einwerbung zusätzlichen Kapitals erfolglos verlaufen waren, entzog das schweizerische Luftamt der Phoenix Airways im Oktober 1974 die Flugbetriebsgenehmigung.

Rechte Seite: Die kurzlebige Phoenix Airways hatte diese BAC 1-11 Srs. 529FR HB-ITL (C/N 212) im Einsatz.

SATA

Die SATA – »Société Anonyme des Transport Aérien« – wurde 1966 gegründet und war für die nächsten zwei Jahre lang zunächst im Lufttaxi-Geschäft tätig. 1968 spezialisierte sich die SATA auf Passagier- und Frachtcharterdienste und stieg in das Pauschalreisegeschäft ein. Als erstes großes Flugzeug beschaffte das Unternehmen eine Convair 640, HB-IMM, die am 6. Juni 1968 in Dienst gestellt werden konnte. Von März bis November 1969 flog eine Vickers Viscount 800 bei SATA, die im November 1969 durch eine andere Maschine gleicher Bauart ersetzt wurde, und die bis zum Dezember 1971 im Einsatz stand. Ab Genf flog SATA zu Zielorten in Westeuropa und in das Mittelmeergebiet. Zusätzlich flog man auch im Auftrag der **Swissair**. Zwischen April und Juni 1969 flog die Viscount HB-ILP in Swissair-Farben. Mit steigendem Verkehrsaufkommen entschied man sich bei SATA zum Erwerb modernen Fluggeräts und beschaffte werksneu die SE.210 Caravelle 10R HB-ICN, die am 6. März 1970 zur Auslieferung gelangte. Im Februar 1971 erwarb man ein baugleiches Flugzeug aus Beständen der dänischen **Sterling Airways**. 1972 kaufte SATA eine Caravelle 10R

von der **UTA** und übernahm eine Caravelle 6R im Lease vom Hersteller SNIAS/Aérospatiale. Mit weiter steigenden Verkehrszahlen wurde der Zukauf einer weiteren Caravelle 10R, diesmal von ALIA - Royal Jordanian Airlines, notwendig. Als neues Betätigungsfeld nahm SATA das Pauschalreise-Fernstreckengeschäft nach Nord- und Südamerika und in die Karibik in ihr Flugprogramm auf und beschaffte hierfür zwei DC-8-63CF von der Flying Tiger Line, die im Juni 1974 und Oktober 1975 übernommen werden konnten. Ebenfalls 1975 kündigte SATA die Bestellung eines Airbus A300B4 an, doch wurde dessen Beschaffung zugunsten einer ehemaligen Swissair-DC-8-53 (HB-IDB) fallen gelassen. Dieses Flugzeug stieß am 25. Februar 1976 zur Flotte.

Am 18. Dezember 1977 stürzte die ex-ALIA Caravelle HB-ICK während des Anflugs auf Funchal/Madeira ins Meer. Aufgrund ungenügender Versicherungsdeckung geriet die Fluggesellschaft in erhebliche finanzielle Schwierigkeiten, sodass, nach einer schwachen Sommersaison 1978, die Einstellung des Flugbetriebs beschlossen werden musste. Am 31. Oktober 1978 führte SATA ihren letzten Flug durch und die neugegründete **CTA** übernahm deren Charterverträge und die aus noch drei Exemplaren bestehende Caravelle-Flotte.

Als erstes Flugzeug ihrer Flotte erwarb SATA die Convair CV-440-11 HB-IMM (C/N 412) am 3. April 1968 von der Swissair und ließ die Maschine im Juni desselben Jahres zur CV-640 mit Propellerturbinenantrieb umrüsten. Am 17. Juli 1973 verunglückte HB-IMM bei der Landung in Tromsö (Norwegen) und musste als Totalverlust abgeschrieben werden.

Von März bis November 1969 mietete SATA die Vickers Viscount 803 HB-ILP (C/N 177) der irischen Aer Lingus.

Schon kurz nach der Aufnahme des Flugbetriebs entschied man sich bei SATA zum Erwerb modernen Fluggeräts und beschaffte werksneu die SE.210 Caravelle 10R HB-ICN (C/N 253), die am 6. März 1970 zur Auslieferung gelangte.

Für ihr Pauschalcharter-Fernstreckengeschäft beschaffte SATA zwei DC-8-63CF von der Flying Tiger Line. Als erste Maschine stieß HB-IDM (C/N 46001/395) »Ville de Carouge« am 18. Juni 1974 zur Flotte.

Swissair

Die Swissair (Schweizerische Luftverkehr AG) war bis zu ihrer Betriebsaufgabe im Jahr 2001 die nationale schweizerische Fluggesellschaft und gehörte zu den weltweit bekanntesten Fluglinien. Die Gründung der Swissair erfolgte am 26. März 1931 durch die Fusion der beiden privaten Luftverkehrsunternehmen Ad Astra Aero AG und Basler Luftverkehr - Balair.

Die Gründung der Ad Astra Aero erfolgte bereits 1919 durch das Unternehmen Frick & Co. und die Gesellschaft begann 1922 mit Flugboot-Diensten zwischen den großen Schweizer Seen, bevor man sich der Aufnahme von internationalen Flugstrecken zuwandte.

Balair wurde im September 1925 gegründet und flog ab April 1926 mit einer kleinen Fokker-Flotte von Basel zu Zielen in Deutschland und Frankreich.

Swissair übernahm diese aus F.VIIB und F.VIIB/3m bestehende Flotte der Balair und das gemeinsame Streckennetz, das knapp 5500 Kilometer maß. Die Belegschaft umfasste 64 Personen. Am 2. Mai 1932 trafen zwei Lockheed Orion-Schnellverkehrsflugzeuge bei Swissair ein, die zunächst auf der Route Zürich–München–Wien zum Einsatz gelangten. Diese Maschinen flogen 97 km/h schneller als alle anderen Konkurrenzmuster und ihr Einsatz wurde ein großer Erfolg.

Auf dem 16-sitzigen, zweimotorigen Doppeldecker Curtiss Condor setzte Swissair erstmals in Europa eine Stewardess ein, die sich um das Wohl der Passagier kümmerte. Eine weitere Flottenerneuerung fand am 4. Dezember 1934 mit der Übernahme der ersten 14-sitzigen Douglas DC-2 statt, deren Ersteinsatz am 17. Januar 1935 auf der Strecke Zürich–Basel–London erfolgte. Swissair flog die DC-2 bis zu ihrem Verkauf nach Südafrika und wurde damit zeitlängster Betreiber dieses Flugzeugmusters weltweit. Das Nachfolgemodell DC-3 setzte Swissair erstmals 1937 ein, und weitere solcher Maschinen wurden in der unmittelbaren Nachkriegszeit erworben. Abgelöst wurden sie 1949 durch die Convair CV-240. Die letzten beiden DC-3 transferierte Swissair Mitte der 50er-Jahre an ihr Tochterunternehmen zur Flugvermessung, bevor das letzte Exemplar 1969 endgültig verkauft wurde.

Nachdem die Swissair ihren Flugbetrieb bei Kriegsbeginn einstellen musste, erfolgte die Aufnahme des Nachkriegsluftverkehrs in der Schweiz am 16. Juli 1945 mit einem Flug von Zürich nach Paris, via Genf. Ab dem 30. Juli desselben Jahres wurden auch Amsterdam und London wieder angeflogen. Im Februar 1947 übernahm Swissair das in Bern ansässige Luftfahrtunternehmen Alpar. Den Status der nationalen Fluggesellschaft erhielt Swissair ebenfalls 1947. Privataktionäre hielten 70% der Unternehmensanteile, die schweizerische Bundesregierung die restlichen 30%. Der erste Langstreckenflug der Swissair konnte nach langer Vorbereitungszeit erstmals am 29. April 1949 zwischen Zürich, Genf und New York durchgeführt werden, zum Einsatz gelangte das Flugzeugmuster Douglas DC-4. Die 1951 eingeführten Douglas DC-6/DC-6B lösten die DC-4 weitgehend ab. Aufgrund deren höherer Reisegeschwindigkeit und Reichweite sah sich Swissair in der Lage, neue Langstreckenverbindungen einzurich-

Als letzte DC-3 flog HB-IRX bis zum 6. Juni 1969 bei der Swissair und wurde dann als ET-ADC an Ethiopian Airlines verkauft. Zur Swissair kam die Maschine im September 1946.

Erstes Langstreckenflugzeug der Swissair war die DC-4, mit der am 29. April 1949 der Transatlantikdienst zwischen Zürich, Genf und New York eröffnet werden konnte.

ten. Am 27. Mai 1954 flog man erstmals nach Rio der Janeiro und Sao Paulo, gefolgt am 23. April 1957 von einer Route nach Tokio.

Auf den Mittelstrecken ersetzten Convair 440 ab Juni 1956 das Vorgängermuster CV-240. Zum Ende desselben Jahres kam auf den wichtigsten Langstrecken erstmals das ultimative Kolbenmotorverkehrsflugzeug – ausgerüstet mit den leistungsstarken Compound-Triebwerken – die Douglas DC-7C »Seven Seas« zum Einsatz.

Das Jet-Zeitalter begann für Swissair mit dem Einsatz der revolutionären SE.210 Caravelle 3 am 21. Mai 1960 auf der Route zwischen Zürich und London. Hauteinsatzgebiet der Caravelle wurden aber zunächst die Mitteloststrecken der Swissair. Die Bestellung für sechs Exemplare des französischen Strahlmusters erfolgte am 13. Juni 1958 durch **SAS**, die ein Flugzeug für Swissair beinhaltete. Am 4. Oktober desselben Jahres orderte SAS weitere drei Caravelle für Swissair.

Als erster Langstreckenjet gelangte am 30. Mai 1960 eine DC-8-30 auf der Route Zürich–New York zum Einsatz.

Nach dem erfolgreichen Ersteinsatz der Caravelle orderte Swissair über das SAS vier weitere dieser Maschinen, welche 1962 zur Ablieferung gelangten und den Einsatz von Düsenflugzeugen auf nahezu allen

europäischen Hauptverkehrsstrecken ermöglichten. Am 4. September 1963 stürzte die HB-ICV (C/N 147) »Schaffhausen« kurz nach dem Start in Zürich infolge eines Feuers an Bord nahe der Ortschaft Dürrenäsch ab. 1965 entschied sich Swissair für die amerikanische Douglas DC-9-15 als Nachfolgemuster für die Caravelle und am 20. Juli 1966 konnte mit der HB-IFA (C/N 45731/34) das erste Exemplar des neuen Mittelstreckenflugzeugs übernommen werden. Neben der niederländischen **KLM** war Swissair die zweite Fluggesellschaft, welche die DC-9-15 in Europa zum Einsatz brachte. Da sich die DC-9-15 in ihrer Passagierkapazität jedoch als zu klein erwies, kamen nur fünf dieser Flugzeuge zur Ablieferung, und Swissair orderte die größere DC-9-32. Bis zur Verfügbarkeit der DC-9-32 mietete man als Übergangslösung zwischen Juni 1966 und Dezember 1967 eine BAC 1-11 Srs. 301AG von **British Eagle International Airlines**. Insgesamt betrieb Swissair 29 DC-9-32, sowie eine DC-9-33F Frachtmaschine.

Auf den Fernstrecken hatten mittlerweile DC-8-50 und Convair CV-990A Coronado die älteren DC-8-30 abgelöst. Während die DC-8-50 vorwiegend auf den Transatlantikrouten anzutreffen waren, bedienten die CV-990A vorwiegend die Streckennetze nach Mittel- und Fernost.

Nachfolgemuster der DC-4 wurde die DC-6B, von der Swissair neun Exemplare im Einsatz hatte. HB-IBO (C/N 44087/415) wurde am 14. Oktober 1953 abgeliefert und am 1. Mai 1964 als SX-DAM an Olympic Airways verkauft.

Mit der DC-7C war es der Swissair erstmals möglich, die wichtige Transatlantikstrecke nach New York in beiden Richtungen ohne Zwischenlandungen zu befliegen. Insgesamt hatte Swissair fünf dieser Flugzeuge im Einsatz, als letztes Exemplar gelangte HB-IBP (C/N 45553/1038) »Schwyz« am 4. November 1958 zur Auslieferung. Wegen der Verfügbarkeit moderner DC-8-Jets nahm Swissair HB-IBP bereits im März 1962 aus dem Einsatz und verkaufte das Flugzeug im Juni desselben Jahres als SE-CCH an das skandinavische SAS. Foto: via Stephan Reuter

Bis zur Einführung der zweistrahligen Caravelle war die Convair CV-440 Metropolitan das wichtigste Kurz- und Mittelstreckenverkehrsflugzeug der Swissair-Flotte, von dem 14 Exemplare im Einsatz standen. HB-IML (C/N 365) gelangte am 27. September 1956 zur Ablieferung und wurde erst am 19. Oktober 1968 als HR-SAU an die honduranische Fluglinie SAHSA abgegeben.

Ein Jahrzehnt lang war die SE.210 Caravelle das wichtigste Mittelstreckenflugzeug in der Swissair-Flotte. HB-ICY (C/N 43) »Lausanne« flog vom 8. Juli 1960 bis zum Verkauf an Transavia Holland (PH-TRP) am 11. November 1969 für die Fluglinie.

Die DC-9-15 erwies sich im Swissair-Streckeneinsatz als zu klein, sodass nur fünf Exemplare des Typs zur Auslieferung gelangten. Als zweites Flugzeug übernahm Swissair HB-IFB (C/N 45732/41) »Obwalden« am 1. August 1966. Bereits zwei Jahre später, am 16. August 1968, wurde die Maschine als N119 an die US-Luftfahrtbehörde FAA verkauft.

Swissair war eine der wenigen Fluggesellschaften, welche die DC-9-30 als Vollfrachter im Einsatz hatten. Die DC-9-33F HB-IFU (C/N 47384/543) gelangte am 22. Oktober 1969 zur Ablieferung und am 1. November desselben Jahres in den Liniendienst.

Die CV-990A war mit einer Höchstgeschwindigkeit von über 1000 km/h das schnellste – und »durstigste« – Verkehrsflugzeug ihrer Zeit. Von diesen eleganten Maschinen hatte Swissair acht Exemplare im Einsatz und zählte damit zu den größten Betreibern dieses Musters. Mit der HB-IDE (C/N 45919/312) »Genève« kam am 23. November 1967 erstmals die leistungsstärkere DC-8-62 »Super Sixty« zum Einsatz, welche für die nächsten Jahre das Rückgrat der Swissair-Langstreckenflotte bilden sollte.

Mit der Ablieferung von zwei Boeing 747-257B im Januar und März 1971 begann bei Swissair das Zeitalter der Großraumflugzeuge. Neues Standard-Langstreckenflugzeug, welches nach der ersten Ölkrise die CV-990A und auch weitgehend die DC-8-Muster ersetzte, wurde die MDC DC-10-30, von der Swissair insgesamt 13 Exemplare im Einsatz hatte. Als erste Maschine stieß HB-IHA (C/N 46575/57) »St. Gallen« am 30. November 1972 zur Flotte.

Vor Ablieferung ihrer zwölf bestellten DC-9-51 mietete Swissair zwischen 1974 und 1975 zwei DC-9-41 vom SAS. Am 17. Dezember 1974 erfolgte in Long Beach der Erstflug des DC-9-51 Prototypen mit der Registrierung N54641 (C/N 47654/757) und diese Maschine traf als HB-ISK »Hori« am 19. November 1975 in Zürich ein.

Gemeinsam mit **Austrian Airlines** war Swissair Erstbesteller für die DC-9-80, später als MD-80 bezeichnet. Im Oktober 1977 bestellte die Gesellschaft 15 Maschinen, plus fünf Optionen. Die erste MD-81 HB-INC (C/N 48002/938) wurde der Fluglinie am 13. September 1980 übergeben und am 5. Oktober 1980 auf der Route Zürich–Frankfurt–Zürich in Dienst gestellt. Insgesamt hatte Swissair 24 eigene dieser 114-sitzigen Maschinen im Einsatz, plus zwei Exemplare, die im Frühjahr 1993 von Guinness Peat Aviation (GPA Group) gemietet wurden. Bei einigen dieser Flugzeuge erfolgte der Umbau zur MD-82. Gemeinsam mit der **Lufthansa** war Swissair auch »Launch Customer« für den Airbus A310-200, und setzte als erste Fluggesellschaft weltweit ab Februar 1986 den A310-322 »Intercontinental« ein.

Wiederum Erstbesteller war Swissair im Dezember 1987 für die Fokker 100 mit einer Bestellung über zehn Maschinen, die als Ablösung für die verbliebenen DC-9-32 und DC-9-51 beschafft wurden und im Frühjahr 1988 erstmals zum Einsatz kamen.

Als Nachfolgemodell für die inzwischen veralteten DC-10-30 erteilte Swissair eine Order für sechs MDC MD-11, die später um weitere sechs Exemplare erhöht wurde. Als erste Maschine traf HB-IWA (C/N 48443/

458) am 6. März 1991 in Zürich ein. Weitere zwei Bestellungen folgten, und 1998 übernahm man auch die MD-11 der deutschen Charterfluggesellschaft **LTU**, an der sich die SAir-Gruppe beteiligt hatte. Zum Zeitpunkt ihrer Betriebseinstellung flogen bei der Swissair 19 MD-11. Zuvor war am 2. September 1998 HB-IWF (C/N 48448/465) »Vaud« infolge eines Kabelbrandes an Bord nahe Neuschottland abgestürzt.

Mitte der 90er-Jahre fällte man bei Swissair die Entscheidung zu einer umfassenden Flottenrestrukturierung mit Flugzeugen des Herstellers Airbus Industrie. Als neuestes Langstreckenmuster kam im September 1998 der Airbus A330-200 zur Flotte, im Mittelstreckensegment beschaffte man zunächst den Airbus A321 (Erstablieferung HB-IOA, C/N 517, am 17. Januar 1995), gefolgt vom A320 (Erstablieferung HB-IJA, C/N 533, am 31. Mai 1995) und dem A319 (HB-IPV, C/N 578, am 25. April 1996).

Die zeitgleiche Konzernrestrukturierung war sehr ambitioniert und konzentrierte sich auf die »Qualiflyer Alliance«, einem Zusammenschluss von Luftverkehrsgesellschaften, mit der Swissair im Mittelpunkt. Als Vorbild diente hier die »Star Alliance« der Lufthansa. Mit einem hohen Einsatz an Eigen- und Fremdkapital kaufte die SAir-Group am Markt zusammen, was gerade »günstig« erschien. Man übernahm die Unternehmensmehrheit an **Sabena** (mit Sobelair), **AOM**, **Air Liberte**, **Air Littoral**, LTU, sowie Minderheitsanteile an **Air Europe Italy**, **Volare Airlines**, **Portugalia** und **LOT**.

Rund um die eigene Tochtergesellschaft **Balair** gruppierte man Sobelair, Air Europe Italy und LTU und fasste diese Gesellschaften zur »European Leisure Group« zusammen.

Das Streckennetz erstreckte sich auf 109 Zielorte in 64 Ländern in Europa, Afrika, Nord- und Südamerika, sowie in Nah- und Fernost.

Nach einem zunächst erfolgversprechenden Start brach für die »Qualiflyer Alliance« aber schon sehr bald eine schwierige Zeit an, da die meisten Beteiligungen horrende Verluste machten und weitere kapitalkräftige Partner nicht hinzugewonnen werden konnten. Nach dem Einbruch der gesamten Weltluftfahrt in Folge der Terroranschläge vom 11. September 2001 gerieten die Finanzen bei der SAir-Group vollends außer Kontrolle und man musste im November 2001 den Weg zum Konkursrichter antreten. Nach hektischen Bemühungen errichteten die Regierung und Gläubigerbanken auf der Plattform der wirtschaftlich noch gesunden **Crossair** eine neue nationale Fluggesellschaft mit dem Namen **Swiss International Air Lines**.

Fast zwei Jahrzehnte lang bildete die DC-9-32 das Rückgrat der Swissair-Mittelstreckenflotte. Insgesamt betrieb Swissair 29 dieser Flugzeuge, sowie eine DC-9-33F-Frachtmaschine.

Ein Jahrzehnt lang war die SE.210 Caravelle das wichtigste Mittelstreckenflugzeug in der Swissair-Flotte. HB-ICY (C/N 43) »Lausanne« flog vom 8. Juli 1960 bis zum Verkauf an Transavia Holland (PH-TRP) am 11. November 1969 für die Fluglinie.

Das Standard-Langstreckenmuster der Swissair in den 60er-Jahren war die DC-8-50.

Die CV-990A war das schnellste Verkehrsflugzeug ihrer Zeit. Von diesen formschönen Maschinen hatte Swissair acht Exemplare im Einsatz und zählte damit zu den größten Betreibern dieses Musters.
HB-ICE (C/N 14) kam am 3. August 1962 zur Swissair und wurde am 7. Juni 1975 als EC-CNJ an die Spantax verkauft.

Ende der 60er-Jahre gelangte bei Swissair die leistungsstärkere DC-8-62 in den Einsatz. HB-IDL (C/N 46134/513) »Aargau« erhielt Swissair am 6. Februar 1970. Mit dem Verkauf in die USA verließ das Flugzeug am 15. Juni 1984 die Flotte.
Foto: via Marcel Walther

Eine typische Szene auf dem Züricher Flughafen Kloten Ende der 60er-Jahre. Eine CV-990A und eine DC-8-62 bei der Rampenabfertigung. Beide Flugzeugtypen bildeten zu dieser Zeit das Rückgrat der Swissair-Langstreckenflotte.
Foto: via Marcel Walther

Mit der Ablieferung von zwei Boeing 747-257B im Januar und März 1971 begann bei Swissair das Zeitalter der Großraumflugzeuge. Als zweite Maschine kam HB-IGB (C/N 20117/126) am 25. März 1971 in die Flotte und stand bis zum 16. Januar 1984 im Einsatz.

Ab 1973 wurde die MDC DC-10-30 neues Standard-Langstreckenflugzeug der Swissair. Insgesamt hatte die Fluglinie 13 Exemplare dieses Musters im Einsatz.

Ab 1975 unterstützen insgesamt zwölf MDC DC-9-51 die kleineren DC-9-32 auf dem europäischen Streckennetz der Swissair. HB-ISW (C/N 47784/902) »Dübendorf« wurde am 2. Mai 1979 übernommen und am 5. August 1988 als YV-41C an die venezolanische LAV Aeropostal vekauft.

Mit einer Bestellung für 15 Flugzeuge war Swissair der so genannte »Launch Customer« für die MD-80. Insgesamt hatte Swissair 26 Exemplare des Typs im Einsatz. Die MD-81 HB-INN (C/N 48012/997) »Appenzell/Rh.« gelangte am 29. August 1981 zur Ablieferung und wurde im Juli 1997 in die USA verkauft.

Gemeinsam mit der Lufthansa war Swissair Erstbesteller für den Airbus A310-200. Insgesamt standen bei Swissair fünf A310-221 im Dienst und HB-IPB (C/N 251) kam am 30. Mai 1983 zur Swissair. Die Maschine wurde am 31. Juli 1995 außer Dienst gestellt und in die USA verkauft. Heute fliegt sie als Frachter bei Federal Express (N447FE).

Als erste europäische Fluggesellschaft betrieb Swissair das Mittelstreckenmuster Fokker 100, von dem zehn Exemplare im Einsatz standen. Als viertes Flugzeug gelangte HB-IVD (C/N 11252) am 14. Juli 1988 zur Ablieferung. Im September 1996 erfolgten Außerdienststellung und Verkauf der Maschine.

Die MD-11 HB-IWT (C/N 48486/509) kam am 2. November 1998 zur Flotte. Die Maschine flog zuvor bei der deutschen Charterfluggesellschaft LTU als D-AERX.

Nach der Entscheidung zur Flottenneuausrüstung beschaffte Swissair als neues Langstreckenmuster den Airbus A330-223. Als erstes dieser Flugzeuge gelangte HB-IQA (C/N 229) am 4. September 1998 zur Ablieferung.

Die Erneuerung der Mittelstreckenflotte konzentrierte sich auf die Airbus A320-Familie, die den aus MD-80 und Fokker 100 bestehenden Flugzeugmix beendete. Der A320-214 HB-IJI (C/N 577) wurde am 21. März 1996 abgeliefert, der größere A321-111 HB-IOG (C/N 642) am 21. Januar 1997. Hier steht die Maschine, noch mit deutscher Werksregistrierung D-AVZH, in Hamburg-Finkenwerder zur Ablieferung bereit.

Swiss International Air Lines

Nach einer höchst problematischen Expansionspolitik mit ihrer »Qualiflyer Alliance« und dem Absturz der gesamten Weltluftfahrt in Folge der Terroranschläge vom 11. September 2001 musste die SAir-Group im November 2001 Konkurs anmelden. Den Neuaufbau einer neuen nationalen schweizerischen Luftverkehrsgesellschaft unterstützten die Gläubigerbanken, der Kanton Zurich und die schweizerische Bundesregierung. Auf der Plattform der wirtschaftlich noch gesunden **Crossair**, die große Teile der **Swissair**-Flotte und deren Verkehrsrechte übernahm, errichtete man die **Swiss International Air Lines**, die den Flugbetrieb offiziell im März 2002 aufnehmen konnte. Die Neuausrichtung des Streckennetzes konzentriert sich auf Regional- und Mittelstrecken, doch werden auch Profit versprechende Langstrecken beflogen. Die zukünftige Regionalflotte wird aus den Embraer-Mustern ERJ-145 und ERJ-170 (bestellt) bestehen, auf den Mittelstrecken kommen Airbus A319 und A320, und auf den Langstrecken A330-200 und A340-600 (bestellt) zum Einsatz. Alle anderen derzeit noch eingesetzten Flugzeugmuster werden nunmehr zügig außer Dienst gestellt und verkauft. Ausmusterungstermin für MD-80, Saab 2000 und BAe 146/Avro 85 ist 2003, 2004 werden die A321 und MD-11 die Flotte verlassen haben.

Nach dem Desaster mit der »Qualiflyer Alliance« strebt Swiss nunmehr die Mitgliedschaft in einer bereits bestehenden Allianz an, Favorit ist derzeit die von **Air France** angeführte »Skyteam«-Allianz.

Die Transformation von der Swissair zur Swiss International verdeutlicht dieses Bild.
Foto: via Michael Vogel

Aus Crossair-Beständen stammen die Saab 2000 und Avro RJ85. Beide Flugzeugmuster stehen ab 2003 zur Ausmusterung an.

Die Regionalflotte wird auf den Flugzeugtyp Embraer ERJ-145 standardisiert. Neu hinzu kommen wird die größere ERJ-170.

Auch die ehemaligen Swissair MD-80 werden ab 2003 durch modernere Flugzeuge der Airbus A320-Familie ersetzt.

Die zukünftige Mittelstreckenflotte der Swiss International Air Lines wird aus Airbus A319 und A320 bestehen.

Ab 2004 muss auch die MD-11 für die Nachfolgemodelle Airbus A330-200 und A340-600 Platz machen. Foto: Armin Rosbach

Neuer Standard-Langstreckenjet wird der Airbus A330-200.

Tellair

Tellair, eine kurzlebige schweizerische Charterfluggesellschaft, wurde am 18. März 1968 durch ein aus **British Eagle Airways**, den Kantonen Bern und Wallis, sowie den Touristikverbänden von Interlaken und Sion bestehenden Konsortium gegründet. Ziel des Unternehmens war die Übernahme und Durchführung des Touristikfluggeschäfts der zuvor in Konkurs gegangenen **Globe Air**. Während British Eagle für die Durchführung des Flugbetriebs verantwortlich zeichnete, brachten die Kantone und Touristikverbände die notwendigen Charterverträge in das Gemeinschaftsprojekt ein. Der für die Wintersaison 1968 beabsichtige Start der Fluggesellschaft musste nach dem Konkurs der British Eagle im November 1968 bis auf weiteres verschoben werden, und Tellair begann Verhandlungen zum Erwerb von zwei Bristol 175 Britannia 300. Die Auswahl fiel auf die beiden letztgebauten Britannias (G-ARKA und G-ARKB) aus der großen British Eagle-Flotte, und am Nachmittag des 27. Februar 1969 konnte G-ARKA von Liverpool aus zur technischen Überholung bei Airline Engineering in Luton überführt

werden. Die Ablieferung an Tellair erfolgte am darauf folgenden Tag in Basel. Geflogen von Cockpitbesatzungen der **Caledonian Airways** führte der Tellair-Eröffnungsflug am 29. März 1969 von Zürich nach Agadir. Die zweite Britannia, G-ARKB konnte am 2. Mai 1969 übernommen werden und flog erstmals für Tellair am 3. Mai 1969 von Zürich nach Djerba. Für den Einsatz auf Kurzstreckendiensten erwarb Tellair am 11. März 1969 eine Convair CV-440 (HB-IMQ) von der **Lufthansa**. Zu den weiteren Zielorten im Tellair-Streckennetz zählten Faro, Funchal, Istanbul, Las Palmas, Mombasa, Palma de Mallorca, Rhodos, Tanger und Tunis, saisonale Charterdienste führten nach London/Heathrow und Gatwick.

Im Oktober 1969 ordnete das schweizerische Luftamt an, dass die eingesetzten Britannia bis zum Monatsende angekauft und in das schweizerische Luftfahrtregister eingetragen werden mussten. Hierfür wurden die Kennzeichen HB-ITF und HB-ITC reserviert, aber die Tellair-Teilhaber konnten die für diesen Schritt notwendigen Finanzmittel nicht aufbringen. Somit sah sich das Unternehmen gezwungen, am 31. Oktober 1969 seinen Flugbetrieb einzustellen.

Auf Kurzstreckencharterflügen kam bei Tellair diese Convair CV-440 HB-IMQ (C/N 213) zum Einsatz.

Tellair betrieb zwei Bristol 175 Britannia 324. G-ARKA (C/N 13516) war die zweitletzte gebaute Britannia und wurde der Fluglinie am 24. März 1969 übergeben. Zuvor flog die Maschine bei British Eagle.

Transvalair

Die in Sion (Wallis) ansässige Frachtfluggesellschaft Transvalair flog mit zwei Canadair CL-44D4 zwischen 1974 und 1981 weltweite Frachtcharterdienste. Zunächst erwarb man am 20. März 1974 die HB-IEN (C/N 25) von **Transmeridian Air Cargo** und nach einer erfolgreichen Einsatzzeit wurde die Beschaffung eines weiteren Flugzeugs erforderlich. Diese Maschine, HB-IEO (C/N 32), konnte am 15. Dezember 1977 von **Tradewinds Airways** angekauft werden. Viele Flüge operierte das Unternehmen für Libyan Arab Air Cargo und für die libysche Erdölindustrie. Mit der Entscheidung zur Durchführung dieser Dienste in eigener Regie erfolgte die Gründung der United African Airways, an die HB-IEO im Dezember 1979 abgegeben wurde, gefolgt von HB-IEN im Februar 1981. Anschließend betätigte sich Transvalair vornehmlich als Frachtagent und mietete bei Bedarf Fluggerät an, trat aber als Luftverkehrsunternehmen nicht mehr in Erscheinung.

Als erstes von zwei baugleichen Flugzeugen kam bei Transvalair die Canadair CL-44D4-2 »Swingtail« HB-IEN (C/N 25) auf weltweiten Frachtcharterflügen zum Einsatz.

Skandinavien

SAS - Scandinavian Airlines System

SAS ist der nationale »Flag Carrier« von Dänemark, Norwegen und Schweden und wurde im Jahre 1946 gegründet. In den ersten Nachkriegsjahren, in denen **British European Airways** und **Air France** die Führungsrollen im europäischen Luftverkehr innehatten, stieg hier unerwartet das SAS zur drittgrößten Fluggesellschaft auf. Hierbei handelte es sich zunächst nur um ein Experiment internationaler Kooperation zwischen mehreren Fluggesellschaften, welches seinerzeit beispiellos war und auch heute noch ist. Dieses Konsortium repräsentierte die nationalen Fluggesellschaften Dänemarks (DDL - Det Danske Luftfartselskap A/S), Norwegens (DNL - Det Norske Luftfartselskap) und Schwedens (SILA - Svensk Intercontinental Lufttrafik AB). Nach langwierigen Verhandlungen konnte am 31. Juli 1947 letztendlich eine Einigung über die vielschichtigen wirtschaftlichen und rechtlichen Probleme erzielt werden. Im Vertrag erhielten DNL und DDL jeweils 2/7 und SILA 3/7 der Unternehmensanteile zugesprochen, und der SILA-Anteil wurde am 1. Juli 1948 nach dem Zusammenschluss zwischen SILA und ABA (Aktiebolaget Aero Transport) an das letztere Unternehmen übertragen.

Obwohl das SAS offiziell am 1. August 1946 den Flugbetrieb aufnahm, war es zunächst nur für die Vorbereitung und den späteren Betrieb der Fernstrecken zuständig, während die Regionaldienste weiterhin von den nationalen Fluggesellschaften durchgeführt wurden. DDL erwarb DC-3-Fluggerät aus Überschussbeständen der USAAF, ebenso DNL. Ferner beflog DNL mit Wasserflugzeugen vom Typ Junkers Ju 52/3m und Flugbooten des Typs Short Sandringham Routen zu den entlegenen Siedlungen entlang der norwegischen Küste.

Als erstes Langstreckenfluggerät erwarb DNL Flugzeuge des Typs Douglas DC-4, mit denen am 29. Dezember 1946 die Route nach Buenos Aires eröffnet wurde, gefolgt von der Verbindung Oslo–New York im Juni 1947. Zwischenzeitlich hatte ABA als selbstständiges Unternehmen mit dem Namen Swedish Airlines ein Langstreckennetz in den Mittleren Osten errichtet, welches bis Teheran reichte.

Im Hinblick auf die Zusammenlegung aller Dienste unter einer zentralen Dachgesellschaft wurde am 18. April 1948 zunächst die SAS European Division mit Sitz in Kopenhagen eingerichtet, gefolgt von

der Fernstreckenabteilung mit Sitz in Stockholm am 1. Juli desselben Jahres, wobei ABA die Federführung in dem Konsortium übernahm. Zeitgleich übertrug DNL die operative Verantwortung ihrer Buenos Aires- und New York-Routen an ABA. Eine neue Verbindung nach Bangkok wurde ab dem 26. Oktober 1949 beflogen, gefolgt von Johannesburg am 8. Januar 1953.

Zu diesem Zeitpunkt hatten bereits die modernen Douglas DC-6 und DC-6B die veralteten DC-4 auf den wichtigsten Fernverbindungen abgelöst, während auf dem europäischen Streckennetz und auf Inlandsdiensten neben den neuen zweimotorigen Saab 90 Scandia auch weiterhin die altbewährte C-47/DC-3C zum Einsatz kamen. Auch auf den norwegischen Küstendiensten flogen immer noch die »Oldtimer« Ju 52/3m und Short Sandringham.

SAS nutzte in den Jahren 1952 bis 1954 die Ablieferungsflüge ihrer DC-6B's zur Erkundung der Großkreisroute zwischen der US-Westküste und Europa über den Nordpol. Hierbei konnten wertvolle Erfahrungen hinsichtlich der schwierigen Polarnavigation gewonnen werden. Die Transpolarroute von Kopenhagen nach Los Angeles, via Sondre Stromfjord (Grönland) und Winnipeg (Kanada) wurde am 15./16. November 1954 eröffnet und sparte fast zehn Stunden Flugzeit gegenüber der zuvor beflogenen Route über New York. SAS war auch die erste Fluggesellschaft der Welt, die eine Transpolarverbindung zwischen Kopenhagen und Tokio, via Anchorage (Alaska) einrichtete. Der Erstflug fand am 24. Februar 1957 mit Douglas DC-7C statt. Zu diesem Zeitpunkt hatten die wirtschaftlicheren Convair 440 bereits die Saab 90 und DC-3 auf den europäischen und innerskandinavischen Routen abgelöst.

Nach Air France war SAS die zweite Fluggesellschaft die das neue strahlgetriebene Mittelstreckenmuster SE.210 Caravelle bestellte. Der erste Streckeneinsatz erfolgte mit dem Prototypen F-BHHI am 26. April 1959 auf der Route Kopenhagen–Beirut, zehn Tage vor dem Eröffnungsflug der Air France mit diesem Flugzeugtyp zwischen Paris und Istanbul. Der erste Streckeneinsatz mit eigenen Caravelle erfolgte bei SAS am 15. Mai 1959 auf der Route Kopenhagen–Kairo. Mit dem Zukauf weiterer Caravelle Anfang 1960 wurden die von Kolbenmotoren angetriebenen CV-440 auf den wichtigsten Europarouten ersetzt, während die neuen vierstrahligen Douglas DC-8 die langsameren DC-6B und DC-7C auf den wichtigsten Fernstrecken ablösten. Der erste DC-8-Einsatz erfolgte am 1. Mai 1960 auf der Verbindung Kopenhagen–New York.

Im Oktober 1958 unterzeichneten SAS und **Swissair** einen Vertrag zur gemeinsamen Wartung und technischer Kooperation, sowie des gegenseitigen Leasings von Flugzeugen. In einem ersten Schritt verleaste SAS Maschinen des Typs Caravelle an Swissair und erhielt im Gegenzug zwei Convair CV-990A Coronado für ihre Mittel- und Fernostrouten.

1966 umfasste die Caravelle-Flotte 20 Maschinen, die zwischenzeitlich alle auf den Standard der Serie III modifiziert worden waren. 1967 leaste SAS das neue Douglas-Mittelstreckenmuster DC-9-32 von Swissair und traf die Entscheidung, die Flottenerneuerung auf dieses Flugzeug auszurichten. Speziell auf die Wünsche der SAS eingehend, entwickelte Douglas die größere DC-9-41, von der das erste Exemplar (LN-RLK, C/N 47116/308) am 14. Mai 1968 zur Ablieferung gelangte. Bis 1979 erwarb SAS insgesamt 49 Einheiten der DC-9-41. Als weiteres Modell erhielt SAS sodann die kurzrumpfige, aus der DC-9-10 entwickelte, DC-9-21 für kurze Startbahnen. Damit war die Maschine ideal für die oftmals schwierigen operationellen Bedingungen auf

Douglas DC-3 LN-IAF »Fridtjof Viking« gehörte zur Erstausstattung des DNL und wurde 1948 in die SAS-Flotte eingebracht.

Saab 90 A-1 Scandia LN-KLK (C/N 90.109) »Nial Viking« war die neunte von insgesamt 17 gebauten Serienflugzeugen und kam am 5. März 1951 beim SAS als SE-BSF zur Ablieferung. Die Maschine wurde am 12. September 1951 in das Flottenregister des DNL übertragen und erst am 4. Juli 1957 an ABA retourniert. Am 12. Oktober 1957 verkaufte SAS »Nial Viking« an die brasilianische Fluglinie VASP. Dort stand die Maschine als PP-SQX bis August 1965 im Einsatz und wurde danach in Sao Paulo-Congonhas abgewrackt.

Douglas DC-6B OY-KMA (C/N 43548/238) »Torkil Viking« flog beim SAS vom 26. Juni 1952 bis August 1964. Zwischenzeitlich, vom 18. März 1961 bis zum 20. November 1962, war das Flugzeug als HS-TGD »Suranaree« an Thai International vermietet. Nach ihrer Einsatzzeit beim SAS flog die Maschine als YK-AED bei Syrian Arab Airlines, später Syrianair, und wurde erst 1979 in Damaskus außer Dienst gestellt.

Flughäfen in Norwegen und Schweden. Die erste DC-9-21 (LN-RLL, C/N 47301/382) gelangte am 22. März 1969 zur Ablieferung.

1974 wurden die letzten Caravelle außer Dienst gestellt und die Mittelstreckenflotte bestand ausschließlich aus DC-9 aller Varianten (Srs. -21, -32, -33F, -41, -51).

Erstes Großraumgerät der SAS war die Boeing 747, welche ab März 1971 auf den verkehrsstärksten Langstrecken zum Einsatz kam. Die dreistrahlige MDC DC-10 stieß Ende 1974 zur Flotte und löste die veralteten DC-8-62/-63 auf den meisten der verbliebenen Langstrecken ab. Ergänzt wurde die SAS-Flotte in den späten 70er-Jahren durch ein weiteres Großraumflugzeug, das Mittelstreckenmuster Airbus A300B4. Strukturelle Veränderung der Gesellschaft und Anpassung der Kapazitäten führten Mitte der 80er-Jahre dazu, die Boeing 747 und Airbus A300 zu verkaufen. Als Ersatz bestellte SAS elf Boeing 767-300ER.

SAS war nicht nur der Pionier auf den Transpolarstrecken, sondern auch die erste westliche Gesellschaft mit Verkehrs- und Überflugrechten über Sibirien. Die in Kooperation mit **Aeroflot** geflogene Route Kopenhagen–Tokio, via Moskau, trug den Namen »Trans-Siberian-Express«, während die Flüge nach Bangkok, via Taschkent, die Bezeichnung »Trans-Asian-Express« trugen. Aus Wettbewerbsgründen kam auf beiden Routen das Flugzeugmuster DC-8-62/-63 zum Einsatz.

Neben Swissair, **Austrian Airlines** und **Finnair** gehörte SAS zu den ersten Betreibern der technologisch fortschrittlichen DC-9-80, später als MD-80 bezeichnet. Als erstes Flugzeug kam die MD-81 OY-KGT (C/N 49380/1225) am 10. Oktober 1985 zur Ablieferung. Das letzte dieser Flugzeuge, eine MD-83, wurde am 31. März 1992 übernommen. Zu diesem Zeitpunkt war SAS der größte europäische Betreiber der MD-80; die Flotte umfasste 62 Einheiten der Serien -81 (133 Sitze), -82 (156 Sitze), -83 (133 Sitze) und -87 (110 Sitze).

1987 führte SAS Verhandlungen mit der belgischen **SABENA** mit dem Ziel der technischen und der operationellen Kooperation, besonders im Hinblick auf gemeinsam betriebene Nordatlantikflüge. Da diese

Bemühungen jedoch fruchtlos blieben, versuchte SAS noch im selben Jahr einen Minoritätsanteil an der **British Caledonian Airways** zu erwerben. Im Verlauf des Jahres 1988 baute SAS sein globales Netzwerk strategischer Allianzen aus, und im Dezember 1988 konnte ein Anteil von 24,9% der Airlines of Britain Holdings, der Muttergesellschaft von **British Midland** und Loganair, erworben werden.

1995 wurde die Beteiligung an der schwedischen Inlandsfluggesellschaft **Linjeflyg** von 50% auf 100% aufgestockt und das Streckennetz mit der Flotte in die Operationen der SAS integriert. Mit Einführung der ersten Boeing 737-600 wurde Ende 1998 auch eine völlig neue Farbgebung eingeführt. SAS ist Mitglied der »Star Alliance« und an mehreren anderen Fluggesellschaften beteiligt. Dazu gehören **Air Baltic**, Air Botnia, British Midland, **Cimber Air**, Greenlandair, Skyways Sweden, Spanair und **Wideroe**.

SAS - Scandinavian Commuter operiert als selbstständiges Tochterunternehmen innerhalb Skandinaviens mit einer Flotte von Fokker 50, Saab 2000 und DHC-8Q-400.

Flotte:	
3 MDC DC-9-21	8 MDC MD-90
19 MDC DC-9-41	15 Boeing 737-800
30 Boeing 737-600	7 Airbus A321-100
18 MDC MD-87	14 Boeing 767-300ER
6 Boeing 737-700	4 Airbus A340-300X
55 MDC MD-80	

Bestellt:	
5 Airbus A321-100	2 Airbus A340-300X

DC-7C SE-CCA (C/N 44928/707) »Halvdan Viking« gelangte am 22. August 1956 als dritte Maschine dieses Flugzeugmusters zur Ablieferung und verbrachte ihr gesamtes Einsatzleben bis zur Außerdienststellung im Januar 1968 bei SAS. Danach wurde SE-CCA in Kopenhagen-Kastrup abgewrackt.

Convair CV-440-75 Metropolitan OY-KPE (C/N 394) »Sune Viking«, hier in der Ursprungsbemalung, stand ab der Ablieferung am 24. Januar 1957 bis zur Veräußerung an die schwedische Linjeflyg als SE-FUG am 30. September 1970 bei SAS auf Regionalstrecken im Einsatz. Seit Mai 1995 fliegt die Maschine als Frachter mit der Registrierung N94CF bei der amerikanischen Four Star Air Cargo, vornehmlich zwischen Puerto Rico und Florida.

Convair CV-440-75 Metropolitan OY-KPD (C/N 393) »Ravn Viking« in der 1968 eingeführten neuen Bemalung. Die Maschine kam am 24. Januar 1957, zusammen mit OY-KPE (C/N 394), zur Ablieferung und wurde am 20. November 1969 an Linjeflyg (SE-CCV) verkauft.

Vor der Bestellung von DC-9-21 evaluierte SAS auch andere Flugzeugmuster auf ihre Einsatztauglichkeit und mietete von August 1967 bis März 1968 diese einzelne BAC 1-11 Srs. 301AG G-ATPL (C/N 035) »Arnold Viking« von der Charterfluggesellschaft British Eagle. Letzter Betreiber des Flugzeuges war bis November 1994 die chilenische LADECO (CC-CYI).

Convair CV-990-30A-6 SE-DAY (C/N 30-10-8) »Adils Viking« in Kopenhagen im Sommer 1965. Im Rahmen des mit der Swissair vereinbarten Flottenaustauschs gelangte diese Maschine am 23. Februar 1962 direkt zum SAS zur Ablieferung. Am 1. Februar 1966 wurde SE-DAY an als HB-ICG »Winterthur« an die Swissair retourniert. Letzter Eigentümer war ab April 1975 die Spantax (EC-CNF), bei der das Flugzeug bis Januar 1983 im Einsatz stand. Danach auf dem Flughafen von Palma/Mallorca abgestellt, wurde es im Laufe des Jahres 1991 abgewrackt.

DC-8-33 OY-KTA (C/N 45384/50) »Dan Viking« wurde am 31. März 1960 als erstes Strahlflugzeug an SAS geliefert und am 26. September 1971 an International Airlease AB verkauft. Zwischenzeitlich zum Frachter DC-8-33F umgebaut, musste die Maschine am 10. August 1989 nach einem Landeunfall in Iquitos, Peru, als Totalverlust abgeschrieben werden.

DC-8-62 SE-DBF (C/N 45905/298) »Ingvar Viking« gelangte am 8. August 1967 zur Ablieferung und wurde am 17. Januar 1977 an Braniff International Airways (N810BN) veräußert. Im Februar 1986 erfolgte durch den Eigentümer IAL Inc. der Umbau zum Frachter DC-8-62F. Seit dem 10. März 1999 steht die Maschine bei Arrow Air/Fine Air im Einsatz.

DC-8-62 LN-MOW (C/N 46131/517) »Roald Viking« in der 1984 neu eingeführten Bemalung. Als eines der letzten Exemplare dieser Serie wurde die Maschine am 25. Februar 1970 vom SAS übernommen und am 23. Dezember 1987 als N772CA an United Air Leasing Corporation verkauft. Ab November 1997 diente sie in Miami als Ersatzteil-spender, die Reste wurden dann im Februar 1998 abgebrochen.

Als eines der wenigen gebraucht erworbenen Flugzeuge stieß DC-8-63PF LN-MOF (C/N 46097/503) »Bue Viking« am 22. Februar 1974 zur SAS-Flotte. Zuvor flog die Maschine als N8755 bei Eastern Air Lines in den USA. Nach erfolgtem Aufbau der DC-10-Flotte wurden LN-MOF und andere DC-8-63 nicht mehr benötigt und fanden Verwendung als Bereitschaftsflugzeuge oder wurden vermietet. So kam LN-MOF bei verschiedenen Fluggesellschaften zum Einsatz, u.a. bei Scanair und Icelandair. Am 27. April 1989 verkaufte SAS die Maschine direkt nach Ende eines Leasingvertrags mit Scanair an den amerikanischen Finanzdienstleister Aerolease Financial Group Inc. als N793AL. Bereits im Juli desselben Jahres wurde das Flugzeug zum Frachter DC-8-63F umgebaut und fliegt derzeit als N815AX bei Airborne Express.

Sud Aviation SE.210 Caravelle III SE-DAB (C/N 11) »Ingemar Viking« in der Ursprungsbemalung in Zürich-Kloten Mitte der 60er-Jahre. Die Maschine gelangte am 18. Oktober 1959 als Caravelle I zur Ablieferung und wurde im September 1960 zur Caravelle III umgerüstet. Nach einem kurzen Gastspiel bei Thai International wurde SE-DAB im Mai 1974 außer Dienst gestellt und bereits im September desselben Jahres in Stockholm-Arlanda abgebrochen.

SE.210 Caravelle III LN-KLH (C/N 3) »Finn Viking« war das dritte Serienflugzeug und die erste an SAS gelieferte Caravelle. Ursprünglich als eine Maschine der Serie I gebaut, gelangte LN-KLH am 10. April 1959 zur Ablieferung und wurde im Oktober 1960 zur Serie III umge-baut. Ausgemustert im August 1974, wurde das Flugzeug am 27. September 1974 dem Norwegischen Luftfahrtmuseum in Gardermoen gestiftet.

Douglas DC-9-21 OY-KGD (47302/422) »Ubbe Viking« gelangte als vierte Maschine dieser Serie am 11. Dezember 1968 zur Ablieferung. Der Einsatz dieses Flugzeuges beim SAS endete am 30. März 1995 mit dem Verkauf an Aircraft Performance Systems als N125NK. Im Oktober 1997 wurde die Maschine in Greenwood, Mississippi, abge-wrackt.

MDC DC-9-41 OY-KGA (C/N 47115/261) »Heming Viking« in der 1984 neu eingeführten Bemalung. Abgeliefert am 29. Februar 1968, war das Flugzeug vom 1. Oktober 1974 bis zum 3. Oktober 1975 als HB-IDW an Swissair vermietet. OY-KGA verließ die SAS-Flotte am 17. September 1991 mit der Übergabe an Northwest Airlines, bei der das Flugzeug heute noch als N751NW im Einsatz ist.

Zur Ablösung der inzwischen veralteten DC-9-41-Flotte beschaffte SAS ab 1988 die MD-87 von McDonnell Douglas und ist heute neben Iberia der größte Betreiber dieses Flugzeugmusters. SE-DIH (C/N 49608/1572) »Slafinn Viking« kam am 31. März 1989 zur Ablieferung und wurde am 6. Dezember 1999 als LN-ROZ umregistriert für die DNL ins norwegische Luftfahrtregister eingetragen.

In den Airbus A300 wurden als neues Mittelstrecken-Großraumflugzeug große Erwartungen gesteckt, die sich jedoch nicht erfüllen sollten. Das Flugzeugmuster erwies sich selbst auf vielen Hauptstrecken als zu groß und wurde deshalb schon nach wenigen Einsatzjahren wieder außer Dienst gestellt. A300B4-120 SE-DFK (C/N 094) »Sven Viking« kam am 10. März 1980 zur Ablieferung und wurde im März 1983 von der Version B2-320 zur B4-120 umgerüstet. Bereits am 20. November 1987 erfolgte der Verkauf an die dänische Charterfluglinie Conair als OY-CNK.

Den Zeichen der Zeit folgend, beschaffte auch SAS mehrere Großraumflugzeuge vom Muster Boeing 747 für den Einsatz auf den Nordatlantik- und Fernostrouten. Es zeigte sich jedoch schnell, dass die 747 zu groß war und nur bedingt wirtschaftlich betrieben werden konnte. Auch der leihweise Einsatz einer Maschine bei dem Charter-Tochterunternehmen Scanair brachte keinen Erfolg. Es fiel die Entscheidung, die Boeing 747 nur bis zum Ende des Abschreibungszeitraums in der Flotte zu belassen und dann auszumustern. Zwischenzeitlich wurden mehrere dieser Maschinen an andere Fluggesellschaften vermietet. So verbrachte die abgebildete Boeing 747-283B Combi SE-DFZ (C/N 21575/358) »Knut Viking« mehrere Leasingperioden bei Nigeria Airways. Das Flugzeug stieß am 2. März 1979 zur Flotte und wurde am 6. April 1988 bei McDonnell Douglas für MD-80 in Zahlung gegeben. Nach Stationen bei sechs weiteren Fluglinien wurde die Maschine schließlich im Februar 1997 zum Frachter umgebaut und fliegt heute als N921FT bei Polar Air Cargo.

Zur Abdeckung eines erhöhten Bedarfs an Langstreckenflugzeugen erwarb SAS 1987 die DC-10-30 LN-RKD (C/N 46961/236) »Bjarne Viking« von Thai International, welche 1989 als 9M-MAX an Malaysian Airlines weiterverkauft wurde. Derzeit fliegt die Maschine bei Northwest Airlines mit der Registrierung N232NW.

Nachfolgemuster der DC-10-30 auf den Langstrecken wurde die Boeing 767-300ER. OY-KDL (C/N 24477/337) »Tjohild Viking« kam am 19. November 1990 zur Ablieferung und steht derzeit noch im Einsatz.

Als Nachfolgemuster der DC-9 orderte SAS die Boeing 737-600. LN-RPA, eine 737-683 (C/N 28290/100) »Arnljot Viking« gelangte am 10. Oktober 1998 zur Ablieferung.

Scanair A/S

Scanair wurde am 30. Juni 1961 ursprünglich als rein dänisches Unternehmen gegründet, obwohl 45% des Kapitals von der skandinavischen Fluggesellschaft SAS eingebracht wurde. Weitere Anteilseigner waren das schwedische Industrieunternehmen SAAB, sowie eine schwedische und eine norwegische Reederei. Mit von SAS gemieteten DC-6 wurden Charterflüge nach Spanien und Nordafrika durchgeführt, aber auch einzelne Pauschalreise-Gruppencharter in die USA. Nach einer Reorganisation am 1. Oktober 1965 wurde Scanair ein vollständiges Tochterunternehmen des SAS, mit einer Anteilsaufteilung 3:2:2 von ABA, DDL und DNL, den Eigentümern des SAS. Verwaltungssitz und Operationsbasis verlegte man von Kopenhagen nach Stockholm und das erforderliche Fluggerät wurde nunmehr vom SAS zur Verfügung gestellt. Zunächst bestand die Flotte aus zwei Douglas DC-8-55. Am 1. Oktober 1969 übernahm Scanair die Operationen der schwedischen Charterfluglinie **Transair** und deren Flotte, bestehend aus Boeing 727-100. Diese Maschinen flogen in Sunjet/Transair-Bemalung, während die DC-8 ihre Sunjet/SAS Farben behielten. Durch schnelles Wachstum wurde Scanair innerhalb weniger Jahre zum Marktführer von Charterflügen aus Schweden und Norwegen ins Mittelmeergebiet. Auf dem Langstreckensektor wurden Pauschalreiseflüge in die USA, nach Canada, Sri Lanka und Thailand angeboten. Für die Charterflüge in die USA und nach Kanada erhielt Scanair für die Sommersaison 1982 eine Boeing 747-200 von SAS, aber dieses Muster konnte nicht wirtschaftlich betrieben werden und wurde bereits im August 1982 an die Muttergesellschaft retourniert. Auf ihrem wirtschaftlichen Höhepunkt Ende der 80er-Jahre hatte Scanair Verträge mit mehr als 20 skandinavischen Reiseveranstaltern. 1983/84 erhielt das Unternehmen drei Airbus A300B4 aus SAS-Beständen, die aufgrund ihrer geringen Reichweite nur relativ kurze Zeit in der Flotte blieben und von denen einer 1986 und die beiden anderen 1987 ausgemustert und an die dänische **Conair** verkauft wurden. Ab 1988 wurde die Flotte auf MDC DC-10-30 standardisiert

und die restlichen DC-8-62/-63 ausgemustert. Nunmehr waren Nonstopflüge zwischen Skandinavien und den Kanarischen Inseln mit voller Nutzlast und mehr als 250 Passagieren möglich. Für Charterdienste mit geringerer Passagiernachfrage erhielt Scanair zwei MD-80 von SAS.

Obwohl alljährlich mehr als zwei Millionen Fluggäste befördert wurden, gerieten die ständig steigenden Kosten und eine verschärfte Konkurrenz immer mehr zum Problem. Um einen möglichen Konkurs abzuwenden, fusionierte Scanair am 1. Januar 1994 mit der sich ebenfalls in wirtschaftlichen Schwierigkeiten befindenden dänischen Conair zur **Premiair**, welche inzwischen vom britischen Reiseveranstalter **Airtours** übernommen wurde.

DC-10-10 SE-DHT (C/N 47833/322) kam am 5. Juni 1980 bei Western Air Lines als N915WA zur Ablieferung. Scanair mietete die Maschine von United Aviation Services am 11. Oktober 1988. Am 22. Dezember 1988 auf SE-DHT umregistriert und auf den Namen »Dumbo« getauft, verblieb das Flugzeug bis zur Fusion mit Conair in der Flotte und flog danach als OY-CNT »Barnse« bei Premiair. Im Februar 2001 wurde OY-CNT von der Scandinavian Leisure Group an die Aircraft Investment Group verkauft und anschließend als N833AA in Manston, Kent, abgestellt.

DC-8-62 SE-DBG (C/N 45921/322) stand bei Scanair von Oktober 1977 bis Mai 1982 im Einsatz. 1986 wurde die Maschine zum Frachter DC-8-62AF umgebaut und fliegt seit November 1998 bei Iberia Cargo.

Zwischen Februar 1992 und Oktober 1993 übernahm Scanair vom SAS leihweise die MD-82 SE-DFS (C/N 49384/1237) »Snehvit«. Heute fliegt die Maschine weiterhin als LN-ROP »Bjoern Viking« beim SAS.

Spanien

Air Europa

Die spanische, in Palma de Mallorca ansässige Air Espana S.A., arbeitet unter dem Namen Air Europa, und wurde im Juni 1986, als Joint Venture von zwei spanischen Finanzierungsgesellschaften und der britischen ILG - International Leisure Group, gegründet. Anteilseigner waren die Banco Bilbao (49%), die Banco Viscaya (26%) und ILG (25%). Als Mitglied in der Air Europe Gruppe war Air Europa zuständig für Pauschalcharterflüge von Nord- und Westeuropa zu den Balearen und den Kanarischen Inseln. Lokale Charterflüge führten auch nach Nordafrika. Der Flugbetrieb wurde am 21. November 1986 mit einer Boeing 737-300 aufgenommen und der Erstflug führte von London-Gatwick nach Palma de Mallorca. Im Dezember 1987 transferierte **Air Europe** eine ihrer Boeing 757 an Air Europa, im Mai 1988 traf dann die erste eigene 757 in Palma ein.

Nach dem Konkurs des britischen Partners ILG übernahmen mehrere Reiseveranstalter und Banken deren Anteile, sodass der Flugbetrieb fortgeführt werden konnte. 1991 erhielt Air Europa drei Boeing 757ER für den Einsatz auf Langstrecken. Da die Mitte der 90er-Jahre eingesetzten Boeing 767-300 nicht die notwendige Einsatzflexibilität erzielten, wurden sie gegen weitere Boeing 757 eingetauscht. 1995 stieg die Fluglinie in Konkurrenz zur **Iberia** ins Linienfluggeschäft ein und baute eine zweite Operationsbasis in Madrid auf. Innerhalb von Spanien flog man zu sieben Zielen. Für den Einsatz auf Langstreckenchartern nach Bangkok, Cancun, Havanna, New York und Santo Domingo kam im August 1996 eine Boeing 767-200 zum Einsatz, der im Juli 1997 eine zweite, baugleiche, Maschine folgte. 1998 wurde Air Europa ein Iberia-Franchisepartner und vermietet langfristig sechs ihrer

Boeing 757 und drei 737-400 an Iberia. Mit zwei 1998 gelieferten Boeing 767-300ER, die ebenfalls in Iberia-Bemalung fliegen, betreibt Aer Europa einige derer Langstrecken. Eigene Langstrecken-Linienflüge operiert Air Europa zwischen Madrid und New York.

1999 begann die Lieferung von Boeing 737-800, die zur Ablösung der 737-400 bestimmt sind.

Mit der Air Europa Express, die ausschließlich die Kanarischen Inseln miteinander verbindet, gründete Air Europa im Jahre 1996 eine eigene Regionalfluggesellschaft. 1999 verlegte man den Geschäftsbetrieb auf die Balearen und an das spanische Festland und richtete neue Operationszentren in Palma und Barcelona ein. Die Flotte besteht aus 16 Flugzeugen vom Typ BAe ATP, damit ist die Fluggesellschaft der weltweit größte Betreiber dieses Musters.

An die Stelle der Air Europa Express auf den Kanaren tritt im Juli 1999 die Air Europa Canarias Lineas Aéreas, die zwei Boeing 737-300 auf Charterflügen nach Großbritannien, Skandinavien und Westeuropa zum Einsatz bringt.

Seit dem Sommer des Jahres 2000 betreibt Air Europa ein weiteres Tochterunternehmen, die Aerolineas de Baleares, vier Boeing 717 auf Regionaldiensten.

Flotte:	
4 Boeing 737-300	6 Boeing 757-200
7 Boeing 737-400	2 Boeing 767-200ER
10 Boeing 737-800	5 Boeing 767-300ER

Das erste bei Air Europa eingesetzte Flugzeugmuster war die Boeing 737-300. EC-EHA (C/N 23331/1111) flog bei der Gesellschaft von Februar 1988 bis Oktober 1995.

Die Boeing 737-800 sind bei Air Europa als Ablösung für Boeing 737-300/-400 vorgesehen. EC-HKQ (C/N 28388/533) ist von der japanischen Itochu Lease Company gemietet und gelangte am 9. Mai 2000 zur Ablieferung.

Air Europa Express ist der weltweit größte Betreiber des britischen Turbopropmusters ATP.

Aviaco

Aviaco (Aviacion y Comercio, S.A.), die spanische Charter- und Linienfluggesellschaft, wurde am 18. Februar 1948 durch eine Gruppe in Bilbao ansässiger Unternehmer und weiterer privater Investoren gegründet. Mit dem neuartigen Großraum-Frachtflugzeug Bristol Br.170 wollte man auf einem Frachtstreckennetz Frischfisch, Obst, Gemüse und andere landwirtschaftliche Produkte von Nordspanien nach Westeuropa befördern. Im Lauf des Jahres 1948 erhielt Aviaco zwar sechs Br.170, aber aus politischen Gründen (Unabhängigkeitsbestrebungen des Baskenlandes) zunächst keine Betriebsgenehmigung der spanischen Behörden. Erst Ende 1948 konnte der Frachtflugbetrieb zu Zielen in Frankreich aufgenommen werden, der sich aber als unwirtschaftlich erwies und 1950 eingestellt wurde. Aviaco ersuchte und erhielt eine Flugbetriebsgenehmigung für Passagier-Liniendienste und ließ ihre Br.170 Freighter zu 55-sitzigen Br.170 Wayfarer umbauen. Mit diesen Maschinen begann 1950 der Flugbetrieb auf Strecken auf dem spanischen Festland, zu den Balearen, nach Marseille in Frankreich, nach Marokko und zu den in Nordwestafrika gelegenen spanischen Kolonien. Die Route nach Spanisch-Guinea musste aufgegeben werden, nachdem die staatliche **Iberia** hierfür die Streckenrechte erhielt. Zum Ausgleich erhielt Aviaco 1953 die Streckenrechte nach Brüssel und Amsterdam. Im selben Jahr übernahm Aviaco eine 5%ige Unternehmensbeteiligung an Royal Air Maroc. 1952 erwarb Aviaco SE.161

Languedoc der **Air France**, die neben den Br.170 zum Einsatz kamen. Sie flogen vorwiegend die Strecken Bilbao–Madrid–Barcelona, Barcelona–Palma–Marseille, Barcelona–Madrid–Santa Cruz de Tenerife, und Barcelona–Brüssel–Amsterdam. Für den Einsatz auf Kurzstrecken erwarb Aviaco 1957 sieben viermotorige Kleinverkehrsflugzeuge vom Typ De Havilland DH.114 Heron und von Iberia mietete man drei Douglas DC-4 für die Westeuropa-Routen. Zwischen 1959 und 1960 wurden die SE.161 außer Dienst gestellt und durch Convair CV-440 Metropolitan aus **SABENA**-Beständen ersetzt. Zu diesem Zeitpunkt flog Aviaco einige Routen für Royal Air Maroc und erweiterte ihr Streckennetz in Nordafrika. Da 1962 bald die Kapazitätsgrenze erreicht war, nutzte man bei Aviaco die guten Geschäftsbeziehungen zur belgischen SABENA und mietete von dieser kurzfristig drei DC-3 und zwei DC-6B, sowie von Iberia eine L.1049G Super Constellation für den Einsatz auf langen Charterdiensten nach Nordwesteuropa und nach Großbritannien. 1964 übernahm Iberia 66,3% der Unternehmensanteile an Aviaco und transferierte eine ATL-98 Carvair. Aviaco kaufte zwei weitere ATL-98 und gab dafür bei Aviation Traders Ltd. die verbliebenen Br.170 in Zahlung. Zum Einsatz kamen die drei Carvair ausschließlich auf der »Puente Aereo« (Luftbrücke) zwischen dem spanischen Festland (Barcelona, Valencia) und Palma de Mallorca. Zur Überbrückung eines Kapazitätsengpasses mietete Aviaco zwischen April und November 1965 eine Vickers Viscount 831 der **British United Airways**. Ende der 60er-Jahre erwarb Iberia weitere Unter-

Zwischen 1959 und 1960 wurde bei Aviaco das Mittelstreckenflugzeug Convair CV-440 in Dienst gestellt. EC-ARP (C/N 444) wurde im April 1962 aus VARIG-Beständen übernommen.

Von Iberia mietete Aviaco drei Douglas DC-4 für die Westeuropa-Routen. EC-AEK (C/N 42923 / DA 17) flog ab November 1966 für zwei Jahre bei Aviaco.

nehmensanteile und transformierte Aviaco zu einer reinen Charterfluggesellschaft. Lediglich die Inseldienste zwischen den Kanarischen Inseln und der Luftbrücken-Verkehr zwischen den Balearen und dem Festland wurden noch linienmäßig beflogen, hier kamen ab 1972 Fokker F-27 Friendship zum Einsatz. Nachdem bei Iberia MDC DC-9-30 die SE.210 Caravelle ersetzt hatten, wurden zwischen April 1972 und Juni 1973 insgesamt elf Caravelle an Aviaco abgegeben und lösten die auf Charterdiensten eingesetzten Propellerflugzeuge ab.

Zur Herstellung einer Flottenhomogenität zwischen Iberia und Aviaco beschaffte auch Aviaco die 110-sitzige DC-9-30. Als erstes Flugzeug gelangte am 4. Juni 1974 die DC-9-32 EC-CGN (C/N 47637/731) zur Ablieferung. Die für 1974 geplante Übernahme von zwei Fokker F-28 Fellowship wurde verworfen und die bereits zur Übernahme bereit stehenden Flugzeuge nicht übernommen. 1976 erfolgte die Erweiterung der DC-9-Flotte um jeweils vier DC-9-34 und DC-9-34CF, sodass Aviaco schließlich 15 DC-9-32, 4 DC-9-34 und 4 DC-9-34CF im Einsatz hatte.

Zwischen 1974 und 1976 verließen die meisten Caravelle die Flotte, die drei letzten Exemplare verkaufte man 1980/81 an die neue deutsche Charterfluggesellschaft **Aero Lloyd**.

Zwischen 1973 und 1985 kamen auf Langstreckencharterflügen über den Atlantik, nach Skandinavien und Westeuropa insgesamt 14 DC-8-50 und DC-8-63 zum Einsatz. Danach flogen auf solchen Routen oftmals von Iberia gemietete Airbus A300B4.

Wegen Unwirtschaftlichkeit gab Iberia 1987 einen Großteil ihrer Inlanddienste auf, deren Betrieb Aviaco übernahm und damit wieder Linienflugbetrieb durchführte. Um genügend Flugzeugkapazität vorrätig zu haben, überstellte Iberia fünf ihrer DC-9-32 an Aviaco. Zumeist ab Madrid wurden Almeria, Badajoz, Bilbao, Barcelona, Fuerteventura, Granada, Ibiza, Jerez, La Coruna, Lanzarote, Las Palmas, Menorca, Murcia, Malaga, Mahon, Oviedo, Pamplona, Palma de Mallorca, Reus, Santander, San Sebastian, Sevilla, Teneriffa, Vitoria, Valencia, Vigo, Valladolid und Zaragoza angeflogen.

Die Ablieferung neuer MDC MD-88 mit 155 Sitzplätzen begann im August 1991 und im darauf folgenden Jahr hatte Aviaco, erster Betreiber dieses Typs in Europa, 13 solcher Flugzeuge im Einsatz. Die fünf von Iberia übernommenen DC-9-32 wurden retourniert, ebenso erhielt die Muttergesellschaft alle DC-9-34 und -34CF.

Immer größerer Konkurrenzdruck der zahlreichen spanischen Charterfluggesellschaften und die Fokussierung auf die innerspanischen Liniendienste machte eine eigenständige Aviaco überflüssig und am 1. September 1999 löste der Hauptanteilseigner (90%) von Iberia und Aviaco, das staatliche Instituto Nacional de Industrie (INI) die Aviaco auf. Flotte und Streckennetz wurden von der Iberia übernommen.

Die ATL-98 EC-AXI (C/N 16) gelangte am 20. Juni 1964 zur Ablieferung und wurde erst im März 1969 an die Dominicana de Aviacion verkauft.

Auf den Inseldiensten zwischen den Kanarischen Inseln kamen ab 1972 Fokker F-27 zum Einsatz. Aviaco übernahm EC-BOC (C/N 10353) werksneu am 15. März 1968 und erst im März 1992 wurde die Maschine außer Dienst und in Madrid abgestellt. Im März 1994 erfolgte der Verkauf an Cubana de Aviacion als CU-T1290.

Zwischen April 1972 und Juni 1973 erhielt Aviaco insgesamt elf Caravelle von der Muttergesellschaft Iberia. Die Caravelle 10R EC-BIE (C/N 230) wurde am 31. Juli 1974 transferiert und im Mai 1980 an die deutsche Charterfluglinie Aero Lloyd (D-AAST) verkauft.

Das Rückgrat der Aviaco-Flotte bildete lange Jahre die Douglas DC-9-30, von der das Unternehmen schließlich 23 DC-9-32, DC-9-34 und DC-9-34CF im Einsatz hatte.

Wegen der Flottenstandardisierung auf DC-9-30 wurde die für 1974 geplante Übernahme von zwei Fokker F-28 Fellowship verworfen und die bereits zur Übernahme bereit stehenden Flugzeuge nicht übernommen.

Bis zur Ablieferung ihrer neuen MDC MD-88 im August 1991 mietete Aviaco mehrere MD-83, darunter auch EC-EUF (C/N 49663/1437), die vom 31. März 1990 bis zum 1. September 1991 im Einsatz stand.

Zwischen 1973 und 1985 kamen auf Langstreckencharterflügen über den Atlantik, nach Skandinavien und Westeuropa insgesamt 14 DC-8-50 und DC-8-63 zum Einsatz.
Die DC-8-54F EC-CQM (C/N 45668/187) kam bei Aviaco zehn Jahre lang, von April 1975 bis April 1985, zum Einsatz. Die DC-8-63 EC-BSE (C/N 46155/529) wurde am 8. April 1981 von Iberia transferiert und flog bei Aviaco nur zweieinhalb Jahre lang, bis zu ihrem Verkauf in die USA im November 1983.

Canafrica - Transportes Aeros/Airsur

Das spanische Charterflugunternehmen Canafrica - Transportes Aeros wurde im Jahr 1985 gegründet, nahm den Flugbetrieb aber erst im Mai des darauf folgenden Jahres auf. Heimatbasis der Fluglinie war Madrid und zum Einsatz kam eine Douglas DC-8-61 mit einer Bestuhlung für 265 Passagiere. Regelmäßige Passagiercharterflüge erfolgten von Deutschland, Frankreich, Großbritannien, Irland, Italien und Österreich zu Zielen an den Küsten des spanischen Festlandes, den Balearen und Kanaren, sowie nach Portugal. Von den Kanarischen Inseln flog man reguläre Charterdienste nach Nord- und Westafrika. Im April 1987

wurde die DC-8 außer Dienst gestellt und durch zwei von der GPA Group gemietete, 165-sitzige, MD-83 ersetzt. Im Juni 1988, nach nur 25 Monaten Betriebsdauer, erfolgte aus wirtschaftlichen Gründen eine Reorganisation der Fluglinie, und der Firmenname wurde in AirSur geändert. Aufgrund ausstehender Mietzahlungen mussten beide MD-83 Ende Oktober 1990 an die GPA Group retourniert werden, und als Ersatz stießen zwischen 1990 und 1991 insgesamt drei DC-9-10 zur Flotte. Anfang 1992 richtete AirSur einen samstäglichen Rundkurs Las Palmas–Hamburg–Palma de Mallorca–Hamburg–Las Palmas ein. Infolge weiterer finanzieller Schwierigkeiten musste AirSur 1993 ihren Flugbetrieb jedoch einstellen.

Erstes Flugzeug der Canafrica war diese einzelne DC-8-61 EC-DZA (C/N 46032/436), die zwischen Mai 1986 und Oktober 1987 von der amerikanischen United Aviation Company Inc. an die Fluglinie vermietet wurde.

Futura International Airways

Die Gründung der Futura International Airways erfolgte 1989 mit dem Ziel, Pauschalreisen von Irland nach Spanien durchzuführen. Hauptanteilseigner an dem Joint Venture ist **Aer Lingus** mit 85% Geschäftsanteilen, die restlichen 15% halten spanische Investoren. Die Hauptverwaltung wurde in Palma de Mallorca eingerichtet, Operationsbasen sind Palma und Teneriffa. Im März 1990 erfolgte die Betriebsaufnahme mit einem Flug von Dublin nach Palma, die Flotte bestand aus drei von GECAS gemieteten Boeing 737-400. Schnell expandierte das Streckennetz nach Westeuropa, Zielorte waren Basel, Düsseldorf, Manchester, München und Wien. Nach dem Zusammenbruch des Ostblocks flog Futura auch Touristen aus Ungarn, Tschechien und der Ukraine zu spanischen Sonnenzielen. 1995 wurde die Flotte um weitere Boeing 737-400 aufgestockt und die Passagierzahlen überschritten die 1,5 Millionen-Grenze. Zwischen 1997 und 1999 wurde die Flotte nochmals um drei weitere 737-400 erweitert. Im November 1999 gelangte die erste 189-sitzige Boeing 737-800 zur Ablieferung, von der zur Zeit sechs Exemplare im Einsatz stehen. Zeitgleich führte Futura eine neue Farbgebung für ihre Flugzeuge ein.

Flotte:	
10 Boeing 737-400	6 Boeing 737-800

Die zu Betriebsbeginn in März 1990 verfügbare Flotte umfasste drei Boeing 737-400. Zu diesen Flugzeugen gehörte auch EC-ETB (C/N 24545/1805), die bei Futura bis April 1998 im Einsatz stand.

Im November 1999 gelangte die erste Boeing 737-800 für Futura zur Ablieferung, von der zurzeit sechs Exemplare im Einsatz stehen. EC-HJJ (C/N 28617/503) wird seit März 2000 von der Leasinggesellschaft GECAS gemietet.

Hispania Lineas Aereas

Die kleine spanische Charterfluggesellschaft Hispania wurde im April 1983 als Kooperative von ehemaligen Mitarbeitern der **TAE** und **Transeuropa**, die über 70% der Unternehmensanteile verfügten, gegründet. Mit dem Flugbetrieb konnte bereits am 28. April begonnen werden, zum Einsatz gelangten vier SE.210 Caravelle 10R aus ehemaligen Transeuropa-Beständen. Die Hauptoperationsbasis befand sich am Flughafen von Palma de Mallorca. Im Rahmen ihrer Expansionspolitik bemühte sich Hispania Anfang 1986 um ausländische Investmentpartner und konnte hierfür **Aer Lingus** gewinnen, die sich mit 25% an dem Unternehmen beteiligten. Da sich die Zusammenarbeit sehr schwierig gestaltete, zog sich Aer Lingus bereits kurze Zeit später wieder zurück und machte Platz für die niederländische **Transavia**, die 50% der Unternehmensanteile übernahm. Nach der Ausmusterung der Caravelles stießen jeweils zwei Boeing 737-200 und -300 zur Flotte, und im März 1989 gelangten zwei von AWAS gemietete Boeing 757-200 zur Ablieferung. Von der britischen **Monarch Airlines** mietete Hispania kurzfristig eine weitere Boeing 757. Ferner erteilte man eine Bestellung für zwei weitere Boeing 737-300 als Ersatz für die 737-200.

Infolge erheblicher finanzieller Probleme musste Hispania zwischen Juli und Oktober 1989 ihre gemieteten Flugzeuge zurückgeben, den Flugbetrieb einstellen und Konkurs anmelden.

Erstes Fluggerät der Hispania waren vier aus Transeuropa-Beständen übernommene SE.210 Caravelle 10R. EC-CIZ (C/N 247) gelangte ab April 1983 zum Einsatz.

Als Nachfolgemuster für die Caravelle entschied man sich bei Hispania für die Boeing 737-200. EC-DXV (C/N 22407/698) flog ab dem 20. November 1985 für das Unternehmen und war von der GPA Group gemietet.

Iberia - Lineas Aereas de Espana

Die Gründung der Iberia (Lineas Aereas de Espana SA) erfolgte im April 1939 als Compania Mercantil Anonima, firmierte aber von Beginn an als Iberia. Der Flugbetrieb konnte am 7. Juli 1940 mit Junkers Ju-52/3m aufgenommen werden. Die Wurzeln der Fluggesellschaft reichen bis auf das Jahr 1921 und die Fluggesellschaften CLASSA, LAPE und TAE zurück. Als nationale spanische Fluglinie erhielt Iberia das Monopol zum Betrieb eines Linienflugverkehrs. Die Regierung hielt 51% der Firmenanteile, die übrigen 49% waren im Besitz der Luft-Hansa. Im Juni 1941 reichte das Streckennetz bis zu den Balearen, den Kanarischen Inseln, und Marokko. Das staatliche Instituto Nacional de Industria - INI übernahm die deutschen Anteile am 14. August 1943, die Staatsanteile im darauf folgenden Jahr. Während der Kriegszeit kam der internationale Flugverkehr nahezu zum Erliegen und die erste von vielen Douglas DC-3 kam Anfang 1944 auf Inlandrouten zum Einsatz.

Der Nachkriegsflugverkehr begann im März 1946 mit der Wiedereröffnung der Route zu den Kanarischen Inseln, die 1942 hatte eingestellt werden müssen. International flog Iberia wieder ab dem 3. Mai 1946, zum Einsatz kam eine DC-4 zwischen Madrid und London. Im August desselben Jahres wurde der Anflug von Rom aufgenommen. Auf Inlandsrouten kamen zumeist DC-3 zum Einsatz, obwohl zeitweise auch noch Ju-52/3m anzutreffen waren. Ihre erste Langstrecke eröffnete die Fluglinie am 22. September 1946 zwischen Madrid und Buenos Aires, in Zusammenarbeit mit der argentinischen FAMA (heute Aerolineas Argentinas). Als nächstes Fernziel flog Iberia ab dem 17. April 1949 nach Caracas, via Las Palmas, der Ilha do Sal und San Juan. Am 15. März 1950 folgten Havanna und Mexiko City. Gleichzeitig baute Iberia ihr europäisches Streckennetz aus und verlängerte in Afrika die Spanisch-Guinea-Route bis nach Douala in Kamerun.

Am 27. Februar 1952 bestellte Iberia als Ersatz für ihre DC-4 bei Lockheed drei L.1049 Super Constellation, die erste dieser Maschinen gelangte im Juni 1954 zur Ablieferung und kam am 4. August 1954 erstmals zwischen Madrid und New York zum Einsatz. Den regulären Liniendienst mit den L.1049 nahm Iberia am 2. September desselben Jahres auf. Nur kurze Zeit später wurde mit L.1049 die Route nach Bermuda und Havanna, via Lissabon und Santa Maria (Azoren) eingerichtet. 1946 übernahmen »Super Connies« alle Dienste nach Venezuela und Brasilien von der DC-4. Zwei weitere L.1049G orderte Iberia im Dezember 1955, die im Sommer 1957 zur Ablieferung kamen. Damit konnte die Flugfrequenz auf der New York-Route auf drei Flüge pro Woche erhöht werden. Bis 1958 hatten L.1049 die DC-4 auf nahezu allen Fernstrecken ersetzt. Zur Vermeidung von Kapazitätsengpässen mietete Iberia 1960 je eine L.1049 von TWA und Cubana und ersetzte damit DC-4 auf den meisten Flügen zu den Kanarischen Inseln. Im März 1961 kaufte Iberia drei weitere L.1049G von der niederländischen **KLM**.

Ab 1961 erfolgte mit der Ablieferung der ersten DC-8 die sukzessive Ablösung der L.1049 auf den Routen nach New York (29. Juni), Bogota (30. Juli), Bermuda und Mexiko City (31. August), und Buenos Aires (29. Oktober). Nur der Havanna-Dienst wurde bis Februar 1966 noch von L.1049G beflogen. Danach kamen die dort eingesetzten Maschinen auf den Routen nach Spanisch-Westafrika, Accra (Ghana) und Bata (Rio Muni) zum Einsatz, dort ersetzten sie die letzten DC-4.

Im Oktober 1963 ließ Iberia sieben ihrer L.1049 zu Frachtern umbauen, andere L.1049 kamen bis zur endgültigen Außerdienststellung im Mai 1967 auf Charterdiensten für **Aviaco** zum Einsatz.

Ab Februar 1957 übernahm Iberia insgesamt zehn Convair CV-440 für den Einsatz auf ihren Inland- und Europastrecken. Hier ersetzten sie die inzwischen veralteten Douglas DC-3.

Am 1. Mai 1962 gelangte die erste SE.210 Caravelle 6R zum Einsatz auf der Route Madrid–Zürich und ersetzte die CV-440. Die 13 Caravelle 6R wurden ab 1967 von sieben Caravelle 10R unterstützt. Diese Maschinen waren allerdings nur als Übergangslösung gedacht, da Iberia bereits am 30. Juni 1967 ihre erste DC-9-30 (EC-BIG, C/N 47037/121) hatte übernehmen können. Insgesamt kamen bei der Gesellschaft 35 dieser Maschinen zum Einsatz, die Teilflotte bestand aus 31 DC-9-32 und vier DC-9-33RC (Rapid Change) für den wechselweisen Passagier- und Frachtverkehr. 1972 begann die Außerdienststellung der Caravelle und die meisten dieser Flugzeuge wurden an die Charter-Tochter Aviaco abgegeben. Die letzte Caravelle verließ im März 1974 die Iberia-Flotte.

Für den Kurzstreckeneinsatz erhielt Iberia im Herbst 1967 ihre ersten Fokker F-27 Friendship. DC-9-30 und F-27 lösten die letzten CV-440 auf nahezu allen Inlandsrouten ab. Ferner übernahmen die DC-9 von den Caravelles alle wichtigen Europastrecken.

Im Oktober 1963 ließ Iberia sieben ihrer L.1049G zu Frachtern umbauen. EC-AQN (C/N 4645) stieß am 15. März 1961 zur Flotte, zuvor flog die Maschine als PH-LKK bei KLM. Als Frachter flog die Maschine noch bis Mai 1967 und wurde dann an einen US-Flugzeughändler verkauft. Anschließend fand das Flugzeug als Transporter auf Biafra-Hilfsflügen Verwendung und stürzte im Januar 1968 beim Anflug auf den Flughafen von Port Harcourt ab.

Ab Februar 1957 übernahm Iberia insgesamt zehn Convair CV-440 für den Einsatz auf ihren Inland- und Europastrecken. Als fünfte Maschine gelangte EC-AMV (C/N 405) am 1. April 1957 zur Ablieferung, die erst am 21. Oktober 1972 als T.14-3 an die spanische Luftwaffe verkauft wurde.

Im Herbst 1970 begann bei Iberia mit der Ablieferung von zwei Boeing 747-200B das Zeitalter der Großraumflugzeuge und diese lösten umgehend die DC-8-63 auf den Langstrecken nach Südamerika und in die USA ab.

Ab April 1972 unterstützten zwei Boeing 727-200 die DC-9-30 auf dem europäischen Streckennetz und bis Herbst 1974 gelangten insgesamt 28 dieser Maschinen zur Ablieferung. Weitere acht 727-200 übernahm Iberia in den Jahren 1978/79.

Drei DC-10-30 kamen zwischen März und Juni 1973 zur Langstreckenflotte und ersetzten dort DC-8-63 auf den Interkontinentalrouten nach Mittelamerika. Einige der DC-8 transferierte man an Aviaco. Im Dezember 1987 kündigte Iberia eine umfangreiche Flottenerneuerung an. MD-87, Boeing 757 und A320 ersetzten die technisch veralteten DC-9 und Boeing 727. Die erste MD-87 (EC-290 / EC-EUF, C/N 49827/1654) gelangte am 6. April 1990 zur Ablieferung, gefolgt vom Airbus A320-200 im März 1991 und der Boeing 757 im August 1993. Die Erneuerung der Langstreckenflotte begann im Februar 1996 mit der Übernahme des ersten Airbus A340-300. Bis 2002 haben 15 dieser Flugzeuge die Boeing 747 und DC-10 abgelöst haben. Mit der Umstellung auf eine reine Airbus-Flotte werden im Mittelstreckensegment mittelfristig alle Flugzeuge von MDC durch die neuen Airbus A321 und A319 ersetzt. Den ersten A321 übernahm Iberia im Juni 1999, gefolgt vom A319 im Januar 2000.

Als Konsequenz wirtschaftlicher Probleme zum Ende der 80er-Jahre leitete der Hauptanteilseigner, das staatliche Instituto Nacional de Industria - INI, 1990 eine umfassende Reorganisation der Iberia mit klar definierten Profitcentern ein. Als langfristiges Ziel wurde die Privatisierung der Fluggesellschaft angestrebt. Derzeit hält das INI 99,7% der Unternehmensanteile, private Investoren die verbleibenden 0,3%. Zunächst soll der Staatsanteil an Iberia auf 48% gesenkt werden. So wurden die beiden Regionalfluglinien Binter Canarias und Binter Mediterraneo gegründet. Während Binter Canarias das zuvor von Aviaco bediente Streckennetz innerhalb der Kanarischen Inseln übernahm, war Binter Mediterraneo für den Betrieb von Liniendiensten zwischen den Balearen und dem Festland, in die östliche Levante,

nach Südfrankreich, Italien und Nordafrika verantwortlich. Beide Unternehmen betrieben eine homogene, aus CASA CN-235 bestehende Flotte, die später durch ATR-42/ATR-72 ersetzt wurde.

Im Februar 1988 gründete Iberia gemeinsam mit der **Lufthansa** in einem Joint Venture-Unternehmen die Charterfluggesellschaft **Viva Air**. 1996 übernahm Iberia die Lufthansa-Anteile und wandelte Viva Air in eine Linienfluggesellschaft um. Im März 1999 wurde das Unternehmen in die Iberia integriert. Zuvor, im Januar desselben Jahres, war schon Aviaco in die Iberia eingegliedert worden.

Mit der Liberalisierung und Öffnung von Teilen des südamerikanischen Luftverkehrsmarktes beteiligte sich Iberia finanziell an den lokalen Fluggesellschaften VIASA, Aerolineas Argentinas und Ladeco. Nach unbefriedigender wirtschaftlicher Entwicklung dieser Geslllschaften stieß Iberia ihre Beteiligungen zur Jahrtausendwende aber wieder ab. Im Gegenzug trat Iberia der von **British Airways** geführten »Oneworld«-Allianz bei.

Flotte:

6 Airbus A300B4	29 Boeing 757-200
(in Madrid abgestellt)	(3 von Air Europa gemietet)
4 Airbus A319	12 MDC DC-9-32 *)
43 Airbus A320	24 MDC MD-87
2 Airbus A321-200	13 MDC MD-88
22 Boeing 727-200 Advanced *)	15 Airbus A340-300
3 Boeing 737-400	2 Boeing 767-300ER
(von Air Europa gemietet)	(von Air Europa gemietet)
	*) zur Ausmusterung vorgesehen

Am 1. Mai 1962 gelangte die erste von insgesamt 13 SE.210 Caravelle 6R zum Einsatz bei Iberia. Als eines der ersten Flugzeuge wurde EC-ARL (C/N 110) am 18. April 1962 abgeliefert.

Vor der Einführung der Großraumflugzeuge zu Beginn der 70er-Jahre war die DC-8-63 das Standard-Langstreckenflugzeug bei der Iberia. EC-BQS (C/N 46079/476) wurde am 2. August 1969 abgeliefert und am 6. März 1981 an Aviaco transferiert.

Zur Überbrückung von Kapazitätsengpässen mietete Iberia für ein Jahr, von März 1969 bis März 1970, die CV-990A EC-BQA (C/N 36) der Spantax.

Als Standard-Mittelstreckenflugzeug standen bei Iberia ab 1967 insgesamt 35 DC-9-30 im Einsatz. Die Teilflotte setzte sich aus 31 DC-9-32 und vier DC-9-33RC (Rapid Change) für den wechselweisen Passagier- und Frachtverkehr zusammen. Die DC-9-32 EC-BIO (C/N 47090/190) »Villa de Bilbao« gelangte am 7. November 1967 zur Ablieferung und wurde im Februar 1979 an Aviaco abgegeben.

Ab April 1972 unterstützten Boeing 727-200 die DC-9-30 auf dem europäischen Streckennetz. Bis Herbst 1974 gelangten insgesamt 28 dieser Flugzeuge zur Ablieferung. EC-CIE (C/N 20975/1080) kam am 30. Oktober 1974 zur Iberia und wurde erst im Juli 2000 in Madrid abgestellt.

Für den Kurzstreckeneinsatz erhielt Iberia im Herbst 1967 ihre ersten Fokker F-27 Friendship. EC-BOE (C/N 10361) wurde am 15. Mai 1968 an Iberia abgeliefert und am 28. Januar 1980 als F-GCJV an die französische Air Alpes verkauft.

Als zweite Boeing 747-156 erhielt Iberia am 14. November 1970 die EC-BRP (C/N 19958/91). Mit dem Verkauf an TWA verließ das Flugzeug am 17. Februar 1981 die Flotte.

Zwischen März und Juni 1973 kamen drei DC-10-30 zur Langstrecken-flotte und ersetzten dort DC-8-63 auf den Interkontinentalrouten nach Mittelamerika. Als zweites Exemplar übernahm Iberia EC-CBO (C/N 46926/99) am 8. Mai 1973. Am 30. Oktober 1996 wurde die Maschine an Continental Airlines in den USA verkauft.

Erstes Großraumflugzeug für Mittelstrecken war bei Iberia der Airbus A300B4. EC-DNQ (C/N 156) gelangte am 2. Februar 1982 zur Ablieferung.

Nach Auflösung der Aviaco übernahm Iberia deren MD-88 Flotte, hier EC-FPJ (C/N 53310/2024).

Nachfolgemuster für die Mittelstreckenmaschinen der Typen Boeing 727-200 und DC-9-30 ist die Airbus-Familie A319/A320/A321. Den A321-211 EC-HAE (C/N 1027) übernahm Iberia am 9. Juli 1999.

Neues Standard-Langstreckenflugzeug der Iberia ist der Airbus A340-300. EC-GHX (C/N 332) »Maria Pita« gelangte am 13. April 2000 zur Ablieferung.

Lineas Aereas Canarias

Die kleine spanische Fluggesellschaft Lineas Aereas Canarias - LAC wurde im Mai 1984 durch eine 21-köpfige Investorengruppe gegründet und hat ihren Firmensitz auf der Insel Teneriffa. Zu den wichtigsten Anteilseignern zählte die Reederei Lineas Armas SA, die kanarische Entwicklungsgesellschaft Sodican, die S.M. Bull Group und der Tabakunternehmer Carlos Badt. Von der Heimatbasis am Flughafen Reina Sofia begann das Unternehmen am 25. September 1985 mit dem Flugbetrieb zwischen den Inseln Teneriffa und Lanzarote. Zum Einsatz kam eine gemietete Vickers Viscount 800. Das Inselstreckennetz, das in Konkurrenz zu **Aviaco** beflogen wurde, umfasste bald auch die Zielorte La Palma, Hierro, Gran Canaria und Fuerteventura. Hierfür erwarb man eine zweite Viscount 800. Zusätzlich flog LAC Passagier- und Frachtcharterdienste

nach Funchal (Madeira) und Porto Santo, und nach Nordafrika. Zu den Hauptzielorten gehörten hier Marrakesch, Casablanca und Laayounne (Marokko) und Nouadhibou (Mauretanien). Da sich das Geschäft äußerst positiv entwickelte, suchte man bei LAC schon bald nach neuen Perspektiven und fand diese im Pauschalreisegeschäft für verschiedene westeuropäische Reiseveranstalter. Von den Kanaren flog man zu Zielorten in Deutschland, Frankreich, Großbritannien, Italien und Skandinavien (Dänemark, Norwegen, Schweden). Hierfür mietete LAC im Oktober 1987 eine MD-83. Im April 1988 übernahm LAC die Charterverträge zu den Kanarischen Inseln von der zuvor in Konkurs gegangenen **Spantax**, sowie deren beide MD-83. Im Mai und Juni desselben Jahres erfolgte die Außerdienststellung der beiden Viscounts, sodass die Flotte nunmehr aus drei MD-83 bestand. Am 1. März 1991 fusionierte LAC mit der spanischen Meridiana Air SA.

Die Erstausstattung der LAC bestand aus zwei Vickers Viscount 800. Die zweite Maschine, EC-DYC (C/N 262), übernahm die Gesellschaft am 25. Oktober 1985. Im Mai 1989 wurde EC-DYC außer Dienst gestellt.

Mit Umwandlung der LAC in eine reine Pauschalreise-Charterfluggesellschaft erfolgte die Flottenumstellung auf die MDC MD-83.

Oasis International Airlines

Die spanische Charterfluggesellschaft Oasis International Airlines nahm unter dem Namen Andalusair am 27. Mai 1988 mit einer MD-83 den Flugbetrieb auf. Zum Jahresende übernahm die OASIS-Hotelgruppe das Unternehmen und änderte den Firmennamen. Die Heimatbasis verlegte man zum Flughafen Palma de Mallorca. Von dort, aber auch ab Madrid, Malaga, Mahon und den Kanarischen Inseln aus flog die Gesellschaft Passagiercharterdienste zu Zielen in Belgien, Deutschland, Frankreich, Großbritannien, den Niederlanden und Norditalien.

1992 erhielt OASIS auch einen Airbus A310-300, die weitere Flotte bestand aus sechs MD-83. Nachdem sich die OASIS-Gruppe an Hotels auf der Yucatan-Halbinsel in Mexiko finanziell beteiligt hatte, übernahm sie auch die lokale Fluggesellschaft Aerocancun. Seitdem fanden im Rahmen der Kapazitätsoptimierung saisonale Flugzeugtransfers zwischen OASIS International und Aerocancun statt. 1995 erhielt man die Genehmigung für Flüge von Spanien in die USA. Wegen Überexpansion geriet die OASIS-Gruppe bald darauf in finanzielle und wirtschaftliche Schwierigkeiten, sodass am 8. November 1996 der Flugbetrieb eingestellt werden musste.

Das Rückgrat der OASIS-Flotte bildete die MDC MD-83. EC-EPM (C/N 49631/ 1596) flog von Juni 1989 bis Dezember 1991 bei dem Unternehmen und war von Irish Aerospace gemietet.

Spanair

Die spanische Charterfluggesellschaft Spanair wurde 1986 mit Unterstützung der skandinavischen Fluggesellschaft **SAS** und des Reiseveranstalters Viajes Morsano gegründet und nahm den Flugbetrieb im März 1988 mit einer aus MDC MD-83 bestehenden Flotte auf. Die Maschinen wurden von Irish Aerospace und der GPA Group gemietet und einheitlich mit 163 Passagiersitzen ausgestattet. Von der Heimatbasis Palma de Mallorca und von den Kanarischen Inseln aus fliegt Spanair Pauschalcharterdienste zu Zielorten in Großbritannien, Deutschland, Frankreich, den Benelux-Staaten, der Schweiz, Österreich, Italien, Griechenland und Skandinavien. Schon frühzeitig engagierte sich Spanair im Linienfluggeschäft und flog am 1. Juni 1988 ihren ersten solchen Dienst zwischen Palma und Bilbao. Nach der Übernahme der Spanair durch die britische **Airtours International** erweiterte die Gesellschaft

ihre Flotte um zwei Boeing 767-300ER, die auf Langstreckencharterflügen in die USA, die Karibik und nach Mexiko zum Einsatz kommen. Elf MD-83 bilden derzeit das Rückgrat der Flotte, als Nachfolgemodell wurden 2002 die ersten Airbus A320 übernommen.

Flotte:	
3 MDC MD-87 (zur Ausmusterung bestimmt)	9 Airbus A320
32 MDC MD-82 / -83 (davon 5 zur Ausmusterung bestimmt)	5 Airbus A321-200
	2 Boeing 767-300ER

Das Standardflugzeug bei Spanair ist die MD-80. EC-HHP (C/N 49501/1292-2), eine MD-82, wurde 1987 bei Shanghai Aviation in der VR China produziert und kam bei CAAC/China Eastern Airlines zum Einsatz. Spanair mietet die Maschine seit dem 30. Oktober 1999 von GECAS.

Das Nachfolgemuster für die MD-80 bei Spanair ist der Airbus A320, hier EC-IAZ (C/N 1631).

Spantax

Spantax S.A. Transportes Aereos wurde am 6. Oktober 1959 als Lufttaxi-Unternehmen unter dem Namen Spanish Air Taxi gegründet. Mit DC-3 flog man Versorgungsdienste in der Spanischen Sahara und der Westsahara für Geologenteams. 1962 erhielt das Unternehmen einen staatlichen Auftrag zum Betrieb regulärer Flüge zwischen Spanien, der Spanischen Sahara und Mauretanien. Im selben Jahr gewährte Spantax durch logistische und technische Hilfe der mauretanischen Regierung Hilfe beim Aufbau der Air Mauretanie. Die Liniendienste nach Mauretanien wurden bis 1965 fortgesetzt, hier kamen zumeist DC-6 und ein DC-6 »Swingtail«-Frachter zum Einsatz.

1960 stieg Spantax in das lukrative Pauschalreisegeschäft ein und flog mit Douglas DC-6 sonnenhungrige Touristen von Großbritannien an die spanischen Sonnenküsten. Hauptzielorte waren Palma de Mallorca, Malaga und Teneriffa. Zu einer Zeit, in der viele Charterfluggesellschaften kamen und gingen, stand der Name Spantax für Verlässlichkeit. Dies sollte sich aber in den kommenden Jahren dramatisch ändern.

1963 übernahmen DC-7C die wichtigsten Verbindungen und unterstützten die DC-6-Flotte. Das Jet-Zeitalter begann bei Spantax 1967, als die Gesellschaft im Februar und März zwei Convair CV-990A Coronado aus Beständen der American Airlines erwarb. Bis 1975 kauf-

te Spantax insgesamt 14 dieser Flugzeuge und wurde zum weltweit größten Betreiber des Musters, das für lange Zeit das Rückgrat der Flotte bildete. Im Gegenzug wurden die DC-6 und DC-7C ausgemustert.

Die ersten regulären Charterflüge in die USA führte die Fluglinie 1972 durch, doch die hierfür eingesetzten Coronados erwiesen sich als ungeeignet, weswegen Spantax Anfang 1973 zwei DC-8-61 von der amerikanischen United Air Lines kaufte.

Von 1967 bis 1981 bedienten DHC-6 Twin Otter die Lokalrouten zwischen den Kanaren und in die Spanische Sahara, und zwischen 1978 und 1981 fand auf diesen Routen auch eine einzelne DHC-7 Verwendung. Einzelne Kurzstrecken führte Spantax mit Fokker F-27 im Auftrag der **Iberia** durch, doch ab dem 1. April 1972 wurde **Aviaco** mit der Wahrnehmung dieser Dienste beauftragt.

Inzwischen hatten sich Deutschland, die Schweiz und Skandinavien zu den wichtigsten Chartermärkten entwickelt, doch brachten einige schwere Unfälle die Spantax in Verruf und einige Reiseveranstalter zogen ihre Transportverträge zurück. In Folge der ersten Ölkrise von 1973 sah sich Spantax zu einer umfassenden Flottenmodernisierung gezwungen, bei der die sprithungrigen Coronados durch DC-9 ersetzt wurden und danach nur noch als Ersatzflugzeuge Verwendung fanden. Ab 1977 kamen auf den Langstrecken in die USA und nach Skandinavien DC-10-30 zum Einsatz, auf den Mittelstrecken vermehrt Boeing 737-200.

Mehrere Versuche einer dringend notwendigen wirtschaftlichen Unternehmensreorganisation brachten nicht die gewünschten Erfolge, und nach dem missglückten Startabbruch einer DC-10 in Malaga im September 1982 verschlechterte sich die finanzielle Situation zusehends. Bis 1987 blieben die in der Kritik stehenden Mehrheitsgesellschafter, die Bay-Familie, an der Spitze der Spantax, doch mit zunehmenden Problemen war man zum Verkauf eines Minoritätsanteiles an einen ausländischen Investor bereit. Aufgrund der desolaten Finanzlage übernahm im Frühjahr 1987 die in Luxemburg ansässige Aviation Finance Group die gesamte Spantax und stellte auch das neue Management. Mit der Zufuhr frischen

Kapitals konnte eine Flottenmodernisierung auf den Flugzeugtyp MD-83 vorgenommen werden und die alten Maschinen wurden entweder an die Leasinggeber zurückgegeben oder verkauft.

Zwischenzeitlich hatte sich die spanische Regierung bereit erklärt, auf die Zahlung von insgesamt rund 9 Milliarden Peseten an ausstehenden Abfertigungs- und Flugsicherungsgebühren sowie Sozialversicherungsbeiträgen zu verzichten. Weitgehend entschuldet und mit einem neuen Image versehen, ging Spantax mit dem Ziel einer Fusion auf Partnersuche. Da diese letztendlich erfolglos verlief und Spantax inzwischen erneut Verluste in Höhe von 135 Millionen Peseten angehäuft hatte, musste die Gesellschaft am 31. März 1988 Konkurs anmelden.

Die DC-4 gehörte zu den ersten bei Spantax eingesetzten Flugzeugtypen. Die C-54D-10-DC EC-AUY (C/N 10792 / DC523) kam am 27. Juni 1963 in die Flotte und stand bis 1971 im Einsatz. Danach wurde die Maschine abgestellt und später abgewrackt.

Bis zum Einsatz der Convair CV-990A war die DC-7C bei Spantax das Standard-Flugzeugmuster für den Charterflugbetrieb. Als eines der letzten dieser Flugzeuge kam EC-BSP (C/N 45158/744) erst 1969 zur Spantax und flog dort bis zur Außerdienststellung im Januar 1977.

Spantax war der weltweit größte Betreiber der Convair CV-990A Coronado. Die Maschinen stammten aus Beständen der American Airlines, Modern Air und Swissair. EC-BZP (C/N 18) kam am 12. April 1972 zur Flotte, zuvor flog die Maschine bei American Airlines als N6844. Erst im Mai 1984 wurde EC-BZP außer Dienst gestellt und 1991 schließlich auf dem Flughafen Palma/Mallorca abgewrackt.

Speziell für ihre Langstrecken-Charterflüge nach Skandinavien und in die USA beschaffte Spantax zwei Douglas DC-8-61CF. EC-CCG (C/N 45898/320) konnte am 25. Februar 1973 übernommen werden und flog bei der Gesellschaft bis zur Ausmusterung am 22. Oktober 1984.

Nachfolgemuster für die DC-8-61 bei Spantax wurde die DC-10-30. Spantax mietete EC-DUG (C/N 46576/73) zwischen März 1984 und Oktober 1986 von Aeronautics & Astronautics Leasing. Zuvor flog die Maschine als HB-IHB bei der Swissair.

1987 konnte mit der Zufuhr frischen Kapitals und unter einem neuen Management eine Flottenmodernisierung auf den Flugzeugtyp MD-83 vorgenommen werden. EC-EFJ (C/N 49575/1414) gelangte werksneu am 29. Oktober 1987 zur Ablieferung.

Im Rahmen einer Flottenmodernisierung kamen nach der Ölkrise von 1973 Flugzeuge der Typen DC-9-30 und, ab 1977, Boeing 737-200 als Ersatz für die sprithungrigen CV-990A zum Einsatz. Nur kurzfristig stand bei Spantax die DC-9-32 EC-DTI (C/N 47639/735) zwischen Juni und Oktober 1983 im Einsatz. Die Boeing 737-200 EC-DTR (C/N 22597/773) mietete Spantax von November 1983 bis Februar 1988 von der GPA Group Ltd. Ursprünglich flog die Maschine als D-AHLE bei Hapag-Lloyd Flug.

Transeuropa

Transeuropa - Compania de Aviacion S.A. wurde im Juli 1965 in Madrid gegründet und gehörte für die nächsten fünfzehn Jahre zu den spanischen Charterfluggesellschaften der ersten Generation. Zwischen März und Juli 1966 erwarb das Unternehmen vier Douglas DC-4 von der **Air France** und zwei DC-7C aus den USA. Eine dritte DC-7C kam im April 1967 hinzu. Rechtzeitig zur Sommersaison 1966 konnte der Flugbetrieb von der Heimatbasis Palma de Mallorca zu Zielen in Belgien, Deutschland, Frankreich, Großbritannien und Skandinavien aufgenommen werden. Ein wichtiges zweites wirtschaftliches Standbein für Transeuropa stellten die mit DC-4 durchgeführten Frachtflüge im Unterauftrag der **Iberia** dar.

1969 erwarb Transeuropa vom Hersteller zwei SE.210 Caravelle 11R, mit denen ausschließlich die Iberia-Frachtflüge bedient wurden und hier die zuvor eingesetzten DC-4 ablösten. Im darauf folgenden Jahr erwarb Transeuropa eine Craravelle 10R. Die letzte DC-7C wurde am

1. Januar 1972 außer Dienst gestellt. Nachdem Iberia 1973 ihre eigenen DC-9-33RC in Dienst gestellt hatte, wurden die beiden Caravelle 11R an Transeuropa retourniert und kamen anschließend als Passagierflugzeuge zum Einsatz. Zwischen 1975 und 1979 stockte Transeuropa ihre Caravelle-Flotte auf sechs Exemplare auf. Von April 1974 bis Juni 1976 wurden die DC-4 ausgemustert.

Fallende Nachfrage aufgrund einer lang anhaltenden Rezession in vielen europäischen Ländern führte zu massiven Umsatz- und Gewinneinbrüchen bei Transeuropa. Versuche der spanischen Regierung, das Unternehmen zu stützen, blieben erfolglos und aufgrund ihrer wirtschaftlichen und finanziellen Situation musste Transeuropa am 13. August 1982 den Flugbetrieb einstellen. Die übrig gebliebenen Charterverträge und einige Mitarbeiter wurden von **Aviaco** übernommen.

Nachdem Anfang 1983 die Versuche zu einem Neubeginn gescheitert waren, gründeten ehemalige Transeuropa- und TAE-Mitarbeiter die Fluggesellschaft **Hispania Lineas Aereas**.

Nach der Außerdienststellung der DC-7C bildete die SE.210 Caravelle 10R das Rückgrat der Transeuropa-Flotte. EC-BRJ (C/N 250) wurde am 3. März 1970 werksneu bei Transeuropa abgeliefert und im Dezember 1980 als HB-ICI an die schweizerische CTA verkauft.

Die ersten bei Transeuropa eingesetzten Flugzeugtypen waren Douglas DC-4, die vorwiegend als Frachter zum Einsatz kamen, und DC-7C für den Charterflugbetrieb.

Universair

Universair, eine weitere neue, in der Boomphase der 80er-Jahre entstandene spanische Charterfluggesellschaft, wurde im Juni 1986 als Joint Venture der beiden Hotelketten Hoteles Hola und Hoteles Doliga gegründet und schlug ihren Firmensitz in Palma de Mallorca auf. Ausländische Anteilseigner waren die britische Fluglinie **Orion Airways** und der belgische Reiseveranstalter Sunair (Sun International Holding). Den Flugbetrieb zu Zielen in Großbritannien, Belgien und Deutschland konnte das Unternehmen am 5. Juli 1987 mit einer aus Sunworld-Beständen stammenden Boeing 737-300 aufnehmen. In den nächsten drei Betriebsjahren kamen noch vier weitere 737-300 hinzu.

Aus wirtschaftlichen Gründen stellte Universair den Flugbetrieb zum 1. November 1990 ein und ging anschließend in Liquidation.

Zwischen 1986 und 1990 kamen bei Universair fünf Boeing 737-300 zum Einsatz.

Viva Air

Am 24. Februar 1988 gründete die **Iberia** gemeinsam mit der **Lufthansa** in einem Joint Venture-Unternehmen die Charterfluggesellschaft Viva Air. Von ihrer Basis in Palma de Mallorca, aber auch von anderen Flughäfen entlang der spanischen Ostküste, flog man zu Zielen in Deutschland, Frankreich, Großbritannien und Irland. Zum Einsatz kamen von Leasinggesellschaften gemietete Boeing 737-300, von denen zuletzt zehn Flugzeuge betrieben wurden. Aufgrund eines Kapazitätsmangels transferierte Iberia im Januar 1990 drei ihrer DC-9-32 (EC-BIL, EC-BIU und RC-BPF) an Viva Air.

1996 übernahm Iberia die Lufthansa-Anteile und wandelte Viva Air in eine Linienfluggesellschaft um. Nunmehr verfügte Iberia über 96% der Firmenanteile, jeweils 2% hielten das staatliche INI, Dachgesellschaft der Iberia und Aviaco, und der Reiseveranstalter Paukner. Liniendienste führten von Barcelona, Malaga und Madrid nach London/Heathrow, von Malaga nach Paris/Orly, Frankfurt und Dublin, von Palma nach Frankfurt, Manchester und Paris/Orly, sowie von Alicante nach Paris/Orly.

Im März 1999 wurde Viva Air in die Iberia integriert. Zuvor, im Januar desselben Jahres, war schon **Aviaco** in die Iberia eingegliedert worden.

Das Rückgrat der Viva Air-Flotte bildeten zehn Boeing 737-300, hier EC-ELJ (C/N 24299/1598), und drei DC-9-32.

Tschechien

CSA Czech Airlines

Die Ursprünge der CSA reichen auf den Juli 1923 zurück, als in Prag die Ceskoslovenske Statni Aerolinie gegründet wurde. Am 28. Oktober desselben Jahres begann der Flugbetrieb zwischen Prag und Bratislava mit ehemaligen Militär-Doppeldeckern vom Typ Avia A-14. Diese Route wurde 1930 nach Wien und Zagreb erweitert. Es folgten weitere internationale Verbindungen nach Rumänien und in die Sowjetunion. 1927 erfolgte die Gündung einer weiteren tschechischen Fluggesellschaft, der CLS - Ceskoslovenske Letecka Akciova Spolecnost. Beide Unternehmen wurden bei der Invasion der Tschechoslovakei durch deutsche Truppen im März 1939 in die Dienste der Luft-Hansa integriert. Am 15. September 1945 hob man die staatliche CSA durch die Zusammenlegung der beiden Vorkriegsunternehmen aus der Taufe, doch mit dem Flugbetrieb konnte erst im Jahr 1947 begonnen werden. Zum Einsatz kamen Douglas DC-3 aus militärischen Überschussbeständen. Neben Inlandsrouten nach Bratislava, Karlsbad und Brünn flog die Gesellschaft auch zu 24 Zielorten im Ausland. Aufgrund der politischen Veränderungen ab 1948 beschaffte CSA zum Flottenausbau ausschließlich Flugzeugtypen aus sowjetischer Produktion, dazu gehörten Lisunow Li-2 (Lizenzbau der DC-3) und IL-12. 1949 wurde CSA durch das neu an die Regierung gekommene kommunistische Regime verstaatlicht und acht der im Jahr zuvor bestellten IL-12 gelangten zur Ablieferung.

Im Juni 1951 begann man mit der Durchführung von Lufttaxi-Diensten im Inland und hierzu wurde eine eigene Lufttaxi-Abteilung ins Leben gerufen. Ausgerüstet wurde dieser Dienst mit leichten zweimotorigen Aero 45, ab 1959 unterstützt von Omnipol L-200 Morava. Anfang der 60er-Jahre transferierte CSA ihre Lufttaxi-Dienste an die Slov-Air.

1955 erhielt CSA als Nachfolgemodell der veralteten DC-3, Li-2 und IL-12 die moderne IL-14, die unter der Bezeichnung Avia 14 in der CSSR in Lizenz gefertigt wurde. Als erste Fluggesellschaft außerhalb der UdSSR erhielt CSA zum Jahresende 1957 drei Strahlverkehrsflugzeuge vom Typ Tupolew Tu-104A, die erstmals am 9. Dezember auf der Route Prag–Moskau zum Einsatz gelangten. Drei weitere dieser Maschinen konnten später erworben werden. Im Sommer 1959 war CSA die erste Fluggesellschaft des kommunistischen Lagers, die ihr internationales Streckennetz zu Zielorten außerhalb Europas ausdehnte. Von Prag flog man mit Tu-104A nach Bombay, mit Zwischenlandungen in Kairo und Bahrain. Ab dem 24. August 1960 wurde diese Route nach Rangun und Djakarta verlängert. Ebenfalls 1960 gelangte die erste von zunächst

sechs Iljuschin IL-18 zur Ablieferung, die unverzüglich die Avia 14 und Tu-124 auf allen wichtigen Europarouten ersetzten. Ferner wurde eine neue Route nach Westafrika eingerichtet. Aus politischen Gründen erfolgte am 3. Februar 1962 die Aufnahme eines Liniendienstes zwischen Prag und Havanna. In Ermangelung geeigneten Fluggerätes mietete CSA deshalb von Cubana de Aviacion eine Bristol Britannia 318. Für den wirtschaftlich sinnvollen Betrieb ihres Langstreckennetzes mietete CSA im Mai 1968 eine Iljuschin IL-62 von der Aeroflot und bestellte vier dieser Flugzeuge zur Ablieferung im Jahr 1969.

Am 4. Mai 1970 konnte CSA nach langer Vorbereitungszeit ihre ersten Liniendienste nach Nordamerika aufnehmen. Von Prag aus flog man nach New York, mit Zwischenlandungen in Amsterdam und Montreal. Nach dem Ausbau der IL-62-Flotte konnte auch das Fernstreckennetz um weitere Destinationen erweitert werden. Eine neue Route führte nach Singapur, das via Teheran und Bombay angeflogen wurde, und Djakarta bediente man mit Zwischenstopps in Kuwait, Bombay, Kuala Lumpur und Singapur. Auch Beirut wurde in den Flugplan aufgenommen. Zu den in Nordafrika gelegenen Zielorten Tunis, Tripolis und Algier kamen ab Dezember 1971 neu gelieferte Tu-134A zum Einsatz, lediglich die Route nach Freetown (Sierra Leone) an der westafrikanischen Küste wurde noch mit IL-18 bedient. Die Tu-134/Tu-134A wurde schnell das Arbeitspferd der CSA-Flotte und deckte nahezu das gesamte europäische Streckennetz, von Moskau bis Madrid, ab. Ab April 1988 kamen hier auch die modernen Tu-154M zum Einsatz.

Nach dem politischen Umbruch zu Beginn der 90er-Jahre gehörte CSA zu den ersten Fluggesellschaften des ehemaligen Ostblocks, die ihre Flotte mit westlichem Fluggerät modernisierten. Als Ersatz für die veralteten IL-62M bestellte man zunächst zwei Airbus A310-300, für die Tu-134A-3 kamen fünf Boeing 737-500. Auf den Inlands- und Regionaldiensten lösten vier ATR-72 die letzten Yak-40 ab.

Nach der Teilung der Tschechoslowakei in die Staaten Tschechische Republik und Slowakei erhielt CSA den neuen Namen CSA Czech Airlines. Im April 1992 wurde auf allen im Einsatz stehenden Flugzeugen ein abgeändertes Erscheinungsbild eingeführt. Ende der 90er-Jahre erfolgte schließlich die Ausmusterung der letzten Tu-134A-3 und Tu-154M.

Flotte:	
5 ATR-42	9 Boeing 737-400
4 ATR-72	2 Airbus A310-304ET
10 Boeing 737-500	

Für mehr als ein Jahrzehnt bildete die 1955 erstmals eingesetzte IL-14 (Avia 14) das Rückgrat der CSA-Kurzstreckenflotte.

Als erste Fluggesellschaft außerhalb der Sowjetunion konnte CSA im Sommer 1957 die Tu-104A auf ihren Fernstrecken einsetzen.

Auf dem Mittelstreckennetz fand die kleinere Tu-124A Verwendung.

Zur Bedienung der aus politischen Gründen eingerichteten Langstreckenroute Prag–Havanna mietete CSA zwei Bristol Britannia 318 von
der Cubana de Aviacion.

1960 gelangten die ersten von zunächst sechs IL-18 zur Ablieferung,
die auf Mittel- und Langstrecken Tu-104A und Tu-124A ablösten.

Für ihre Langstreckendienste konnte CSA ab1969 vier IL-62 einsetzen,
welche die veralteten und für einige Streckensegmente ungeeigneten
IL-18D ersetzten.

Nachfolgemuster der IL-18V und Tu-124A auf dem Mittelstreckennetz
der CSA war ab Dezember 1971 die Tu-134A. Nahezu zwei Jahrzehnte
lang war dieser Flugzeugtyp das Arbeitspferd auf nahezu allen
Europarouten des Unternehmens.

Erst kurz vor der politischen Wende, im April 1988, stellte CSA als
eine der letzten Ostblockfluggesellschaften die modernste Variante
der Tu-154, die Tu-154M, in Dienst. Der Flugzeugtyp sollte die Tu-
134A und die letzten IL-18 ersetzen, doch diese Rolle übernahmen
sehr bald die neu gelieferten Boeing 737-500.

Im Gegensatz zu
den meisten ande-
ren Ostblockflug-
linien kam bei CSA
nicht die ansonsten
weit verbreitete An-
24, sondern die
kleine Yak-40 auf
nahezu allen
Inlands- und
Regionalstrecken
zum Einsatz.

Ukraine

Air Ukraine/Avialinii Ukrainy

Nach der politischen Unabhängigkeit der Ukraine von der Sowjetunion übernahm die neue Regierung Ausrüstung und Personal der ehemaligen Aeroflot Kiew-Direktion und gründete 1991 die neue nationale Fluggesellschaft Air Ukraine. Das Inland- und Regionalstreckennetz wurde nahezu unverändert weiter betrieben, die internationalen Liniendienste aber von Grund auf neu aufgebaut. Von der Hauptbasis Kiew-Borispol werden Athen, Chicago, Damaskus, Kairo, New York, Peking, Prag, Sharjah, Sofia, Tel Aviv, Tianjin, Warschau und Washington angeflogen. Von Lvov führen internationale Routen nach Prag und Warschau. Ferner führt die Gesellschaft weltweite Passagiercharterflüge durch.

Auf den Inlands- und Regionaldiensten kam zunächst eine große aus Antonow An-24/An-26 und Yakowlew Yak-40 bestehende Flotte zum Einsatz. Kurz- und Mittelstrecken bedienten Tupolew Tu-134A, Tu-154

und Yak-42. Sieben Iljuschin IL-62M, von denen sechs Exemplare von der polnischen Fluglinie LOT erworben wurden, flogen vorwiegend nach Sharjah, China, und in die USA. Auf Frachtdiensten kamen zwei viermotorige Turboprops vom Typ Iljuschin IL-18 zum Einsatz.

Ab 1992 lagerte Air Ukraine ihre Inlands- und Regionaldienste an neu gegründete Tochtergesellschaften aus. Dies sind Crimea Air mit acht An-24RV, einer Yak-42 und einer Yak-42D; Dniproavia mit einer An-26, fünf Yak-40 und sieben Yak-42D; Odessa Airlines mit vier Yak-40, vier Tu-154B und drei Tu-154B-1; **Ukraine International Airlines** mit zwei Boeing 737-200 Advanced und drei Boeing 737-300; Ukraine National Airlines mit 21 An-24B/An-24RV und sieben An-30.

Flotte:	
2 Tupolew Tu-134A	3 Tupolew Tu-154M
3 Tupolew Tu-134A-3	3 Iljuschin IL-62M
7 Tupolew Tu-154B-2	

In den ersten Betriebsjahren setzte Avialinii Ukrainy das Kurzstreckenmuster Antonow An-24 auf Inlands- und Regionalrouten ein.

Die inzwischen veraltete Tupolew Tu-134A bildet immer noch einen wichtigen Teil der Mittelstreckenflotte.

Ukraine International Airlines

Für die Durchführung von Liniendiensten ins westliche Ausland mit modernem Fluggerät gründete der noch junge Staat der Ukraine gemeinsam mit Guiness Peat Aviation (GPA) und Austrian Airlines im Oktober 1992 eine separate Joint Venture-Fluggesellschaft mit dem Namen Air Ukraine International. Mit zwei von GPA gemieteten Boeing 737-400 konnte bereits kurze Zeit später der Flugbetrieb zu den Destinationen Amsterdam, Brüssel, Frankfurt, London, Manchester, München, Paris und Wien aufgenommen werden. Zielgruppe waren Geschäftsleute, die in dem aufstrebenden Land unternehmerisch tätig werden wollten. Da die gesteckten Erwartungen aber nicht erreicht werden konnten, retournierte man die Boeing 737-400 und setzte zwei gemietete Boeing 737-200 ein. Nach weiteren wirtschaftlichen Verlusten stieg GPA 1995 aus dem Unternehmen aus, sodass eine komplette Reorganisation der Fluggesellschaft erforderlich wurde. Der Firmenname änderte sich in Ukraine International Airlines. Im selben Jahr übernahm man die erste Boeing 737-300. Basis ist der Flughafen Kiew-Borispol, an dem man zusammen mit **Air Ukraine** eine Wartungshalle unterhält.

Flotte:	
2 Boeing 737-200 Advanced	3 Boeing 737-300

Drei Boeing 737-300 fliegen derzeit bei Ukraine International Airlines. UR-GAF (C/N 24237/1624) ist von der Leasinggesellschaft Pembroke Capital gemietet und stieß im März 1998 zur Flotte. Zuvor flog die Maschine als D-AGEG bei der deutschen Germania Fluggesellschaft.

Ungarn

Malev

Die Gründung der MALEV erfolgte am 26. April 1946 als ungarisch-sowjetisches Gemeinschaftsunternehmen mit dem Namen Maszovlet, doch konnte der Flugbetrieb erst am 29. März 1949 aufgenommen werden. Zum Einsatz kam eine aus elf Lisunow Li-2 und sechs Poliparkow Po-2 bestehende Flotte. Den heutigen Namen Magyar Legiközlekedesi Vollat (MALEV) erhielt die Gesellschaft am 25. November 1954, nachdem der ungarische Staat die 50%ige sowjetische Beteiligung zurückgekauft hatte. Wegen des verstärkten Ausbaues des Streckennetzes wurde die Li-2 Flotte 1955 um 14 weitere Exemplare verstärkt, die Po-2 dagegen ausgemustert. Zwischen 1958 und 1960 erfolgte die Neuausrüstung der Flotte mit Iljuschin IL-14, von denen viele DDR-Lizenzbauten mit der Bezeichnung VEB 14 waren. Die letzten Li-2 wurden erst 1964 außer Dienst gestellt. Mit den neuen IL-14 war es MALEV möglich, ihr Streckennetz auch ins westliche Ausland zu erweitern. Zu den ersten Zielen zählten hier Amsterdam, Kopenhagen, Paris, Rom, Stockholm und Zürich. Als osteuropäisches Fernziel kam Moskau hinzu. Im Mai 1960 erhielt MALEV ihr erstes Turbopropflugzeug vom Typ IL-18 und mit diesem neuen viermotorigen Flugzeugtyp konnten auch entferntere Ziele angeflogen werden, sodass neue Routen nach Nordafrika und Mittelost eröffnet wurden. Auch innerhalb Europas kam die IL-18 verstärkt zum Einsatz, da die IL-14 inzwischen veraltet war. Im April 1961 nahm MALEV ihre seinerzeit wichtigste internationale Route Budapest–Brüssel–London/Heathrow in Betrieb. Im Dezember 1968 begann mit dem Einsatz der zweistrahligen Tu-134 der Strahlbetrieb bei MALEV, hier war die Fluggesellschaft eine der ersten Exportkunden für die 64-sitzige Grundversion des Typs. In späteren Jahren ersetzte MALEV diese Maschinen durch die größere Tu-134A mit 78 Sitzplätzen. Im September 1973 stießen die ersten dreistrahligen Tu-154B zur Flotte, und dieser Flugzeugtyp ersetzte allmählich die IL-18 auf allen wichtigen Liniendiensten.

Mit der politischen Wende wurden die sowjetischen Flugzeugtypen ab 1989 zunächst durch Boeing 737-200, später Boeing 737-400 und -500 ersetzt. Auch die neuen Langstreckenmaschinen kamen von Boeing. Die ersten beiden Boeing 767-200ER erhielt MALEV im April 1993. Im selben Jahr erfolgte auch eine Teilprivatisierung des Unternehmens und **Alitalia** beteiligte sich mit 30% am Kapital. Nachdem die Übernahme einiger Alitalia DC-9-32 verworfen wurde, beschaffte MALEV ab Dezember 1995 sechs Fokker 70 zum Einsatz auf ihren kurzen Europastrecken. Nach der Ablieferung der letzten Maschine wurden alle Tupolew Tu-134A stillgelegt und verkauft, doch einige Tu-154B blieben noch bis zum Ende der 90er-Jahre im Einsatz. Ein ungarisches Bankenkonsortium kaufte 1998 die Anteile von der Alitalia wieder zurück, nachdem sich die Kooperation als unvorteilhaft für das Unternehmen erwiesen hatte. MALEV ist assoziiertes Mitglied in der von **Air France** und Delta Airlines geführten »Skyteam Alliance«. Mit anderen Fluggesellschaften, darunter **British Airways** und **TAROM**, bestehen Codeshare-Vereinbarungen. Wichtigste MALEV-Zielorte sind Amsterdam, Athen, Bangkok, Barcelona, Beijing, Berlin, Beirut, Bratislava, Brüssel, Damaskus, Dublin, Düsseldorf, Frankfurt, Hamburg, Helsinki, Istanbul, Kairo, Kiew, Larnaca, Ljubljana, London, Madrid, Moskau, München, New York, Paris, Prag, Rom, Sarajewo, Skopje, Sofia, St. Petersburg, Stockholm, Stuttgart, Tel Aviv, Thessaloniki, Tirana, Toronto, Tripolis, Warschau, Wien, Zagreb und Zürich.

Flotte:

7 Boeing 737-300	1 Boeing 767-300ER
6 Boeing 737-400	6 Fokker 70
2 Boeing 737-500	5 Tupolew Tu-154B-2
2 Boeing 767-200ER	(abgestellt)

Bis in die 60er- Jahre war die IL-14 der wichtigste Flugzeugtyp in der MALEV-Flotte.

Mit der Verfügbarkeit der IL-18 war es MALEV ab 1960 möglich, auch entferntere Zielorte in ihr Streckennetz aufzunehmen. Auch auf Europastrecken kam der Flugzeugtyp verstärkt zum Einsatz.

Im Dezember 1968 begann mit dem Einsatz der 64-sitzigen Tu-134 der Strahlbetrieb bei MALEV. In späteren Jahren ersetzte MALEV diese Maschinen durch die größere Tu-134A mit 78 Sitzplätzen.

Im September 1973 stießen die ersten dreistrahligen Tu-154B zur Flotte, und dieser Flugzeugtyp ersetzte allmählich die IL-18 auf allen wichtigen Liniendiensten.

Mit der Boeing 767-200ER konnte MALEV im April 1993 ihr erstes Langstreckenmuster in Dienst stellen. Hauptzielorte sind Bangkok, New York, Peking und Toronto.

MALEV beschaffte ab Dezember 1995 sechs Fokker 70 zum Einsatz auf ihren kurzen Europastrecken. Nach der Ablieferung der letzten Maschine im April 1998 wurden alle Tu-134A stillgelegt und verkauft.

Weißrussland

Belair

Die weißrussische BELAIR - Belarussian Airlines wurde 1992 von privaten Investoren in Minsk gegründet. Wichtigstes Standbein ist der Betrieb von zwei Iljuschin IL-76 Frachtflugzeugen, mit denen weltweite Frachtcharterdienste durchgeführt werden. Auf Regionalstrecken kommt eine Yakowlew Yak-40 zum Einsatz. Seit 1996 fliegen zwei gemietete Tupolew Tu-134A auf Passagiercharterdiensten nach Westeuropa, in die Türkei und zu anderen Zielen im Vorderen Orient.

Flotte:

2 Iljuschin IL-76TD	1 Yakowlew Yak-40
2 Tupolew Tu-134A	

Auf Passagiercharterdiensten kommen bei Belair zwei Tupolew Tu-134A zum Einsatz.

Belavia

Im November 1993 entstand aus der ehemaligen Aeroflot-Division in Weissrussland die neue nationale Fluggesellschaft Belavia. Wie in vielen anderen ehemaligen Republiken innerhalb der UdSSR, übernahm die neue Fluglinie die Ausrüstung und Flugzeuge der Aeroflot-Division und bediente weiterhin die alten Routen. Aufgrund der nunmehr stark eingeschränkten finanziellen Möglichkeiten musste sich auch das Belavia-Management mit den für russische Verhältnisse ungewohnten westlichen wirtschaftlichen Geschäftsgrundlagen befassen. Schnell erkannte man, dass Kundenservice und Pünktlichkeit wichtige Marketinginstrumente darstellten und eine Zusammenarbeit mit westlichen Partnergesellschaften meist zu zufriedenstellenden Ergebnissen führte. In der ehemaligen Sowjetunion bedient Belavia die Destinationen Adler, Astana, Chelyabinsk, Ekatherinenburg, Karaganda, Kiew, Krasnodar, Moskau, Novosibirsk, Samara, Taschkent und Tiflis. Internationale Ziele sind Berlin, Frankfurt, Istanbul, Larnaca, London, Peking, Prag, Shannon, Stockholm, Tel Aviv, Wien und Warschau. Die Hauptbasis befindet sich am Flughafen Minsk 1.

Flotte:

5 Antonow An-24	9 Tupolew Tu-134A
3 Antonow An-26	10 Tupolew Tu-154B-2
3 Yakowlew Yak-40	5 Tupolew Tu-154M

Belavia betreibt drei Antonow An-26B als Frachtflugzeuge.

Vom Mittelstreckenmuster Tupolew Tu-134 stehen bei Belavia eine Tu-134A und sechs Tu-134A-3 im Einsatz.

Zypern

Cyprus Airways

Cyprus Airways wurde am 24. September 1947 als Gemeinschaftsunternehmen der zypriotischen Regierung und der britischen Fluggesellschaft **BEA** gegründet, die jeweils 40% des Firmenkapitals hielten. Die restlichen 20% verteilten sich auf einige zypriotische Geschäftsleute. Mit zunächst drei Douglas DC-3 begann BEA am 6. Oktober 1947 mit dem Flugbetrieb auf der Route Nicosia–Athen. Ab April 1948, nach Übernahme der BEA-Flugzeuge, bediente Cyprus Airways die Route in eigener Regie. Nächste Ziele waren Haifa, Istanbul, Rom, Beirut und Kairo. 1950 übernahm **BOAC** 23% der Anteile, verkaufte diese aber im Juni 1959 wieder an die zypriotische Regierung. Erste Langstreckenrouten führten 1950 nach Karthoum (Sudan) und Bahrein, via Bagdad und Kuwait.

Am 16. April 1953 begann BEA den Betrieb für Cyprus Airways auf der Athen-Route mit Vickers Viscount 701. Im Februar 1958 übernahm BEA vorübergehend den gesamten Flugbetrieb für Cyprus Airways, darunter auch die wichtige Verbindung Nicosia–London/Heathrow. Am 4. Juli 1961 begann mit von BEA gemieteten DH.106 Comet 4B der Strahlbetrieb, zuerst auf den Routen nach London, Kairo, Khartoum und Istanbul. Im September 1969 erhielt Cyprus Airways ihre ersten eigenen Düsenflugzeuge, zwei Hawker Siddeley HS.121 Trident 2E. Diese Maschinen kamen ab November desselben Jahres auf den Routen nach London, Athen und Rom zum Einsatz. Von BEA kaufte man zwei Trident 1E.

Bei Ausbruch des Zypernkriegs im Juli 1974, als türkische Truppen den Flughafen von Nikosia besetzten und dabei zwei Tridents zerstörten, musste Cyprus Airways den Flugbetrieb einstellen. Bereits im September 1974 konnte mit einer von der British Aircraft Corporation gemieteten BAC 1-11 ein eingeschränkter Flugbetrieb von der neuen Operationsbasis Larnaca aufgenommen werden. Ab Februar 1975 kamen drei von **British Midland Airways** gemietete Vickers Viscount

800 auf regionalen Liniendiensten zum Einsatz. Für Passagiercharterdienste mietete man übergangsweise drei MDC DC-9-10 und eine DC-8-50. Die verbliebenen beiden Tridents kamen nicht wieder zum Einsatz, sondern blieben in Nikosia interniert, bis sie im Mai 1977 ausgeflogen und an British Airways verkauft werden konnten. Zeitgleich erfolgte der Neuaufbau der Flotte mit BAC 1-11 Srs. 500 und Boeing 707/720.

Für Frachtdienste mietete Cyprus Airways zwischen 1976 und 1978 zwei Bristol 175 Britannia von der irischen Fluglinie **Aer Turas**, die schließlich durch größere Canadair CL-44 ersetzt wurden.

Die Ablieferung von drei Airbus A310 im ersten Quartal 1984 leitete eine grundlegende Flottenerneuerung ein, die mit der Lieferung von zunächst vier A320-200 ab Mai 1989 fortgesetzt wurde. 1991 führte Cyprus Airways die heute noch aktuelle Farbgebung ihrer Flugzeuge ein, verbunden mit einem neuen Servicekonzept.

Von Larnaca und, in geringerem Umfang, Paphos fliegt Cyprus Airways nach Amman, Amsterdam, Athen, Bahrain, Beirut, Berlin, Birmingham, Brüssel, Damaskus, Dubai, Frankfurt, Hamburg, Heraklion, Jeddah, Kuwait, London/Heathrow, Mailand, Manchester, Moskau, München, Paris, Riyadh, Rom, Tel Aviv, Thessaloniki, Wien und Zürich.

Für reine Touristik-Charterdienste gründete Cyprus Airways am 12. Juni 1991 die Tochtergesellschaft **Eurocypria Airlines**, die mit drei von der Muttergesellschaft gemieteten A320 im März 1992 den Flugbetrieb aufnahm.

Flotte:	
10 Airbus A320	4 Airbus A310-200

Von März 1973 bis Juli 1974 stand bei Cyprus Airways die HS.121 Trident 1C 5B-DAD (C/N 2114) im Einsatz, die von Kuwait Airways erworben wurde. Erst im Mai 1977 konnte die Maschine von Nikosia ausgeflogen und an British Airways verkauft werden.

Für den Wiederaufbau der Flotte nach dem Zypernkrieg mietete Cyprus Airways übergangsweise drei DC-9-10 und eine DC-8-52.

Für Frachtdienste mietete Cyprus Airways im April 1978 die CL-44D-4 5B-DAN (C/N 30). Am 4. November 1980 stürzte das Flugzeug beim Landeanflug auf die von der britischen Luftwaffe genutzte Luftwaffenbasis Akrotiri ab.

Zur Deckung von Kapazitätsbedarf mietete Cyprus Airways von August 1976 bis März 1977 und von Januar bis Oktober 1978 diese Boeing 720-023BB G-BCBA (C/N 18014/143) von der britischen Monarch Airways.

Lange Jahre bildeten vier BAC 1-11 Srs. 500 das Rückgrat der Cyprus Airways-Flotte. 5B-DAH (C/N 258) gelangte am 28. Januar 1978 zur Ablieferung und wurde im Juni 1995 als ZS-NUI an die südafrikanische Nationwide Air Charter verkauft.

Heute verfügt Cyprus Airways über eine reine Airbus-Flotte der Typen A310 und A320. Als erster A310-203 kam 5B-DAQ (C/N 300) »Soli« im Februar 1984 zur Ablieferung, der A320-231 5B-DAV (C/N 037) »Kinyras« folgte im Mai 1989.

Das Charterflug-Tochterunternehmen Eurocypria Airlines betreibt drei von Cyprus Airways transferierte Airbus A320-200 auf europaweiten Pauschalreisecharterflügen.

Zwischen Januar und April 2003 haben vier Boeing 737-800 (5B-DBU / -DBV /-DBW und -DBX) die von Cyprus Airways gemieteten A320 abgelöst.